**Kohlhammer
Urban-
Taschenbücher**

W0067483

Band 426

Grundkurs Theologie

herausgegeben von
Georg Strecker

Band 6

Der auf 10 Bände angelegte »Grundkurs Theologie« gibt einen umfassenden, allgemeinverständlichen Einblick in die Probleme und Aufgabenstellungen, die sich für die wissenschaftliche Theologie heute ergeben. Die von international anerkannten Autoren verfaßten Beiträge führen systematisch in alle wichtigen theologischen Bereiche ein. Reichhaltige Literaturangaben spiegeln den gegenwärtigen Stand der Forschung wider und regen zur Weiterarbeit an.

In memoriam
Hans-Joachim Birkner
(1931 – 1991)

Die „Systematische Theologie" war Hans-Joachim Birkner zu seinem 60. Geburtstag am 9. Mai 1991 zugedacht. Kurz vor dem Abschluß der Korrekturen erreichte uns, die Schüler und Freunde, die Nachricht von seinem plötzlichen Tod am 21. September 1991. Das Buch, das den Lebenden ehren und erfreuen sollte, kann nun nur noch ein wehmütiges Zeichen des Dankes und der Erinnerung an den gütigen Menschen, den unbestechlichen Forscher, den liebenswürdigen Kollegen und den hochgeschätzten Freund sein, mit dem ich für knapp vier Jahrzehnte auf einem erfüllten und reichen Wege verbunden war.

Hamburg, am 3. Oktober 1991 *Hermann Fischer*

Inhalt

Einleitung

Probleme zeitlicher Abgrenzung:
Der Erste Weltkrieg als Epochenwende

ANDRESEN, C. (Hg.), Handbuch der Dogmen- und Theologiegeschichte Bd. 3, 1984. - BECKER, G., Theologie in der Gegenwart, 1978. - GEFFRÉ, C., Die neuen Wege der Theologie, 1973. - GRASS, H., Einführung in die Theologie, 1978, 83-102. - DERS., Literatur zur systematischen Theologie, ThR 44, 1979, 133-186; ThR 45, 1980, 133-177. - GRESCHAT, M. (Hg.), Theologen des Protestantismus im 19. und 20. Jahrhundert II, 1978. - HÄRLE, W., HERMS, E., Deutschsprachige protestantische Dogmatik nach 1945, VuF 27, 1982, 1-100; VuF 28, 1983, 1-87. - HERMELINK, H., Das Christentum in der Menschheitsgeschichte III. Nationalismus und Sozialismus 1870-1914, 1955. - HÜBNER, E., Evangelische Theologie in unserer Zeit, ³1969. - KANTZEN-BACH, F.W., Programme der Theologie, 1978. - KATTENBUSCH, F., Die deutsche evangelische Theologie seit Schleiermacher I. Das Jahrhundert von Schleiermacher bis nach dem Weltkrieg, ⁶1934, II. Zeitenwende auch in der Theologie, 1934. - MILDENBERGER, F., Geschichte der deutschen evangelischen Theologie im 19. und 20. Jahrhundert, 1981. - NEUENSCHWANDER, U., Denker des Glaubens I-II, ³1978.1973. - NOWAK, K., Evangelische Kirche und Weimarer Republik. Zum politischen Weg des deutschen Protestantismus 1918-1932, 1981. - REINISCH, L. (Hg.), Theologen unserer Zeit, 1960. - RENZ, H., GRAF, F.W. (Hg.), Umstrittene Moderne. Die Zukunft der Neuzeit im Urteil der Epoche Ernst Troeltschs (= Troeltsch-Studien, Bd. 4), 1987. - SCHOLDER, K., Die Kirchen und das Dritte Reich I. Vorgeschichte und Zeit der Illusionen 1918-1934, 1977. II. Das Jahr der Ernüchterung 1934. Barmen und Rom, 1985. - SCHULTZ, H.J. (Hg.), Tendenzen der Theologie im 20. Jahrhundert, 1966. - STEPHAN, H., SCHMIDT, M., Geschichte der evangelischen Theologie in Deutschland seit dem Idealismus, ³1973. - TANNER, K., Die fromme Verstaatlichung des Gewissens, 1989. - THIMME, F., ROLFFS, E. (Hg.), Revolution und Kirche. Zur Neuordnung des Kirchenwesens im deutschen Volksstaat, 1919. - TILLICH , P., Vorlesungen über die Geschichte des christlichen Denkens II. Aspekte des Protestantismus im 19. und 20. Jahrhundert, hg. u. übers. von I.C. HENEL (= Bd. II der Ergänzungs- und Nachlaßbände zu den Gesammelten Werken), 1972. - TRILLHAAS, W., Die evangelische Theologie im 20. Jahrhundert, VOR-GRIMLER, H., GUCHT, R. VANDER (Hg.), Bilanz der Theologie im 20. Jahrhundert. II. Perspektiven, Strömungen, Motive in der christlichen und nichtchristlichen Welt, 1969, 88-124. - ZAHRNT, H., Die Sache mit Gott. Die protestantische Theologie im 20. Jahrhundert, ⁷1970. - DERS. (Hg.), Gespräch über Gott. Die protestantische Theologie im 20. Jahrhundert. Ein Textbuch, 1968. - *Zum Schmunzeln (!):* Des Theologen Faust. Ein neuzeitliches Historienspiel von K. Stumpf, hg. von G. Molbtiez, 1989.

Die evangelische Theologie im 20. Jahrhundert gehört zu den spannendsten Kapiteln der Theologiegeschichte. Ihre Entwicklung verläuft in der ersten Hälfte des Jahrhunderts stürmisch, z.T. dramatisch. Vor allem in ihrem systematischen Zweig wird sie durch den Ersten Weltkrieg - ganz anders als die katholische Theologie - aus den Bahnen ruhiger Arbeit an den überlieferten Problemen herausgerissen und zu neuen Fragestellungen und Problemlösungen gedrängt. Daraus erwachsen imponierende theologische Konzeptionen, die, bewußt oder unbewußt, direkt oder indirekt, bis zur Stunde den Diskurs bestimmen und zur Auseinandersetzung nötigen. Die evangelische systematische Theologie der Gegenwart lebt immer noch in erstaunlichem Ausmaß von den Problemstellungen und Einsichten, die in der Theologie der Väter- bzw. der Großvätergeneration ausgearbeitet worden sind. Diese Generation zeichnet sich durch eine beeindruckende Fülle systematisch-theologischer Potenzen aus. Seit Mitte der 80er Jahre des vorigen Jahrhunderts wird in buchstäblich jährlicher Abfolge ein systematischer Theologe von Rang nach dem anderen geboren, manchmal mehrere in einem Jahr. Die Reihe wird eröffnet durch RUDOLF BULTMANN (1884-1976), der, obwohl Neutestamentler, mit seinen hermeneutischen Problemstellungen der systematischen Theologie entscheidende Anstöße vermittelt hat. Es folgen WERNER ELERT (1885-1954), KARL BARTH (1886-1968), PAUL TILLICH (1886-1965), FRIEDRICH GOGARTEN (1887-1967), PAUL ALTHAUS (1888-1966), EMANUEL HIRSCH (1888-1972), EMIL BRUNNER (1889-1966). Am Ende des Ersten Weltkrieges sind sie ungefähr 30 Jahre alt und damit befaßt, die Grundlinien ihrer eigenen theologischen Konzeption zu entwickeln. Sie betreten fast gleichzeitig die theologische Szenerie, übertönen mit kräftiger Stimme den bisherigen Gesprächsverlauf und verändern abrupt die Priorität der Themen. Jeder dieser Theologen hat auf seine Weise Geschichte gemacht und über die akademische Arbeit hinaus auch in das bewegte kirchenpolitische Geschehen eingegriffen. Weder die um 1900 geborene Theologengeneration, z.T. durch den Zweiten Weltkrieg um ihre Entfaltung gebracht (DIETRICH BONHOEFFER), noch die gegenwärtige hat dem von den damaligen Protagonisten hervorgebrachten Reichtum an Fragestellungen, Ansätzen und durchgeführten Konzeptionen (bis jetzt) etwas Ebenbürtiges an die Seite zu stellen.

Im Unterschied zur andauernden Wirksamkeit dieses theologischen Erbes bis in die Gegenwart gilt für jene ältere Generation, daß sie selbst ein gegenläufiges Verhältnis zu der ihr überkommenen Gestalt von Theologie entwickelt hat. Die Vertreter der sog. dialektischen Theologie, vor allem K. Barth, F. Gogarten, E. Brunner, ab 1922 für einen begrenzten Zeitraum auch R. Bultmann, profilieren den eigenen theologischen Ansatz gerade in der polemischen Absage an ihre Väter, die Repräsentanten der sog. liberalen Theologie: WILHELM HERRMANN (1846-1922), ADOLF VON HARNACK (1851-1930), ERNST TROELTSCH (1865-1923). Damit können sich partiell durchaus Reverenz und Dankbarkeit gegenüber dem Lehrer verbinden, wie sie etwa R. Bultmann oder K. Barth gegenüber W. Herrmann bekundet haben (K. BARTH, Die dogmatische Prinzipienlehre bei Wilhelm Herrmann, ZZ 3, 1925, 246-280 = DERS., Die Theologie und die Kirche, 1928, 240-284). Aber als Problemlösungspotential für das eigene Verständnis von Offenbarung, Glaube und Theologie kommt der als *Verfallsgeschichte* rekonstruierte *protestantische Modernismus* nicht in Betracht. Hier wissen sich die dialektischen Theologen durch das Bewußtsein einer zu Ende gehenden Epoche bestimmt, das als konstitutives Element ihrer eigenen theologischen Arbeit die neuen Themen und Schwerpunkte vorzeichnet. Selbst Theologen wie W. Elert, P. Althaus und E. Hirsch, die von Hause aus der dialektischen Theologie reserviert gegenüberstehen, gewinnen gleichwohl ein kritisch-distanziertes Verhältnis zur liberalen bzw. kulturprotestantischen Ausprägung der Theologie. Eigentümlich schillernd bleibt der Weg P. Tillichs. Einerseits bewegt er sich unmittelbar nach dem Ende des Ersten Weltkrieges mit seinen kulturtheologischen Erwägungen auf einem Problemfeld, das schon in den Debatten um die Modernität des Protestantismus im Mittelpunkt stand, und rühmt E. Troeltschs "Soziallehren der christlichen Kirchen und Gruppen" als "großes theologisches Buch", das für die Weiterentwicklung der Theologie von großer Bedeutung sei. In wesentlichen dogmatisch-theologischen Einsichten und Urteilen hingegen folgt er der jungen dialektischen Theologie und deutet die Zeitenwende als "Kairos".

Dieser Bruch vollzieht sich im Verlauf des Ersten Weltkrieges, dem damit auch für die Theologie die Funktion einer Epochenwende zukommt. Mit dieser Einschätzung stand die neue Generation von Theologen übrigens nicht allein. Sie wurde auch von der Gegenseite geteilt, dort also, wo man sich der Problemlasten nicht durch das Zerhauen des Gordischen Knotens meinte entledigen zu können. E. TROELTSCH, mit feinem Gespür für geschichtliche Entwicklungen ausgestattet, hat den Weltkrieg als "totale Umwälzung" charakterisiert: "Da schwankt der Boden unter den Füßen und tanzen rings um uns die verschiedensten Möglichkeiten weiteren Werdens ..." (Ges. Schriften III, 1922, 6). Nicht das Faktum des Bruches war also strittig, sondern seine nähere Deutung einschließlich der für notwendig erachteten Konsequenzen.

Dafür aber erwies es sich als folgenreich, daß die Wortführer derjenigen Theologie, der die Kritik galt, nicht mehr oder nur noch ansatzweise in die Auseinandersetzung mit der neuen theologischen Bewegung eintreten konnten. WILHELM BOUSSET starb 1920, W. HERRMANN 1922, E. TROELTSCH 1923, KARL HOLL 1926. Der öffentliche Disput zwischen A. V. HARNACK und K. BARTH, eingeleitet durch Harnacks bekannte "Fünfzehn Fragen an die Verächter der wissenschaftlichen Theologie unter den Theologen" (1923), blieb ein vereinzeltes Ereignis (vgl. K. BARTH, Ges. Vorträge III 7-31 = J. MOLTMANN (Hg.), Anfänge der dialektischen Theologie I$^{2-4}$ 323-347). Es gehört zu den wiederholt beobachteten Eigentümlichkeiten, daß sich neue Theorien nicht immer durch die bessere Lösung alter Problemlasten durchsetzen, sondern auch deshalb, weil die Vertreter alter Theorien aussterben. Oft fällt solch ein Umschwung mit einem Generationswechsel zusammen. Genau das war die Situation der evangelischen Theologie, vor allem in ihrem systematischen Zweig, nach dem Ersten Weltkrieg, der den Traditionsbruch noch verschärfte.

Und das alles vollzog sich vor dem Hintergrund einer fast total neuen Situation für die evangelische Kirche in Deutschland. Mit der Revolution vom 9.11.1918, dem Zusammenbruch der Monarchie und der Flucht Kaiser Wilhelms II. nach Holland ging für den Protestantismus insgesamt eine Welt zu Ende. Die evangelische Kirche war seit der Reformation durch das Notinstitut des landesherrlichen Kirchenregimentes in besonderer Weise auf die politische Obrigkeit ausgerichtet und angewiesen gewesen. Selbst wenn sich im 19. Jahrhundert in einzelnen Kirchen Konsistorien, Landeskirchenämter oder ähnliche Behörden herausgebildet hatten, die die Kompetenz des Landesherrn in Angelegenheiten der Kirchenleitung relativierten, so änderte das grundsätzlich nichts an der rechtlichen Konstruktion. Diese Konstruktion, wie problematisch sie auch immer gewesen sein mag, brach mit den Ereignissen von 1918 zusammen. Damit war die Kirche ihrer bisherigen rechtlichen Ordnung beraubt. Die Forderung nach Trennung von Staat und Kirche mit der Streichung der staatlichen Zuschüsse an die Kirche schien auch ihr finanzielles Fundament zu bedrohen. Nimmt man schließlich hinzu, daß die politische Gesinnung von Kirche und Theologie, aufgrund der engen Bindung an die Obrigkeit bisher kaiser- bzw. königstreu, nach 1918 ins Leere stieß, dann wird der tiefe Einschnitt deutlich, den die Geschehnisse von 1918 für die evangelische Kirche in Deutschland bedeuteten. Sie mußte sich beinah von heute auf morgen eine neue rechtliche Ordnung geben, ihre institutionellen Grundlagen sichern und sich auch politisch neu orientieren.

Die dramatischen Vorgänge innerhalb der Theologie haben also in einem generellen Prozeß politisch-kultureller und kirchlicher Umwälzungen ihren Kontext. Allenthalben war man genötigt, die Fundamente neu zu legen. Das rechtfertigt es, für einen Überblick über die evangelische systematische Theologie im 20. Jahrhundert nicht beim kalendarischen Beginn dieses Jahrhunderts, sondern beim Ersten Weltkrieg einzusetzen. Er hat den Charakter einer geschichtlichen Zäsur.

Die Ereignisse überfallen die Theologie aber nicht ohne jede Vorbereitung und Vorwarnung. Schon vor dem Ersten Weltkrieg hat E. TROELTSCH die Ambivalenz der Moderne wahrgenommen und die Krisenphänomene unbefangen analysiert. K. BARTH verspürt erste Zweifel an der Leistungskraft akademischer (liberaler) Theologie während seiner Anfänge als Pfarrer in Safenwil, wird neben der Not der Verkündigung von der sozialen Not seiner Arbeitergemeinde bedrängt. Das öffnet ihm Zugänge zur Schweizer religiös-sozialen Bewegung mit ihrer Kritik an der bürgerlich-kapitalistischen Wirtschaftsordnung. Auch EDUARD THURNEYSEN (1888-1974) und E. BRUNNER stehen in enger Beziehung zu den religiösen Sozialisten in der Schweiz. Sogar GOGARTEN bekundet (u.a. unter dem Pseudonym Leonhard Hagebucher in einem Aufsatz über "Die Schweizer Religiös-Sozialen", Die Tat 6, 1914/15, 312-315) über einen kürzeren Zeitraum Interesse und Sympathie für die Ziele dieser Gestalt des Religiösen Sozialismus. Außerdem befindet er sich noch vor dem Ersten Weltkrieg in gedanklichem und persönlichem Austausch mit ARTHUR BONUS (1864-1941) und wird kritisch eingestimmt gegen den Intellektualismus und die Verwissenschaftlichung des Lebens. TILLICH hat nach seinen wiederholten Selbstzeugnissen, die allerdings aus späterer Zeit stammen, durch sein Studium bei MARTIN KÄHLER (1835-1912) früh einen Blick für die theologischen Schwächen des Liberalismus entwickelt. Es gibt also vorbereitende Signale für Veränderungen in der theologischen Szenerie. Diese Vorgeschichte der theologischen Krise liegt noch weithin im dunkeln. Es mag zu den reizvollen Aufgaben der Theologiegeschichtsschreibung gehören, Licht in dieses Dunkel zu bringen und so das Bewußtsein für die weiteren Horizonte der Vorbereitung des Umbruchs zu schärfen. Am Faktum und an der Bedeutung des Umbruchs wird solch eine differenzierende Sicht kaum etwas ändern.

Der Erste Weltkrieg als Epochenwende gilt allerdings vornehmlich für die *deutschen* Verhältnisse. Schon aus europäischer und vollends aus außereuropäischer Perspektive ergibt sich ein anderes Bild. Und sie gilt auch nur für die *evangelische* Theologie. Die katholische Theologie war aufgrund ihrer Einbindung in eine festgefügte Tradition und Institution ganz anders für die Bewältigung der Krisensituation gerüstet. Sehr viel nachhaltiger als durch äußere Einwirkungen ist ihre Entwicklung durch innertheologische und vor allem innerkirchliche Prozesse bestimmt worden. Das dokumentiert die herausragende Bedeutung des Zweiten Vatikanischen Konzils (1962-1965). Die Geschichte der katholischen Theologie ist im 20. Jahrhundert geprägt durch die Bewegung auf das Konzil hin und durch die Impulse, die von ihm ausgegangen sind.

Die *zeitliche Begrenzung* der Darstellung, die mit dem Einsatz beim bzw. nach dem Ersten Weltkrieg gegeben ist, erklärt sich also aus Besonderheiten, die gerade für den Weg der *evangelischen* systematischen Theologie im 20. Jahrhundert bezeichnend sind. Das schließt dann weitere Begrenzungen ein. Die im chronologischen Sinne parallele Entwicklung der *katholischen* Fundamentaltheologie, Dogmatik und Moraltheologie kann hier nicht verfolgt werden, so wünschenswert das wäre. Dazu bedürfte es anderer Prinzipien der Rekonstruktion. Deshalb wird nur von Fall zu Fall auf die katholische Theologie Bezug genommen. Auch die Entwicklung der *außereuropäischen* Theologie kann, von vereinzelten Hinweisen abgesehen, in einem Überblick über die wesentlichen Tendenzen der systematischen Theologie im 20. Jahrhundert nicht Gegenstand der Darstellung sein; im übrigen fehlt es mir dazu an Kompetenz. Es müssen also gleich eingangs die auch für den Verfasser spürbaren Grenzen des Buches eingestanden werden. Dafür versucht es allerdings, die inneren Entwicklungslinien der evangelischen Theologie im deutschsprachigen Raum sichtbar zu machen. Es konzentriert sich auf die großen Konzeptionen, die ihre anfängliche Gestalt in und unter dem Einfluß der Krisensituation des Ersten Weltkrieges empfangen haben und in der weiteren Entwicklung auf unterschiedliche Weise in einen Gegensatz zur Theologie BARTHs getreten sind und zusammen mit dieser, die ihrer Bedeutung entsprechend in einem gesonderten Kapitel zur Darstellung kommt, in ihrer Wirkung bis in die Gegenwart hineinreichen.

Für die gegenwärtige Interessenlage der systematischen Theologie ergibt sich noch kein übersichtliches Bild. Die Diskussion wogt hin und her und läßt sich nur nach einigen Schwerpunkten beschreiben. Hier wird naturgemäß das eigene Verständnis des Verfassers von den Aufgaben und Notwendigkeiten der Theologie am nachhaltigsten die Ausführungen bestimmen und dann auch die Urteile subjektiv einfärben.

I. Der Neueinsatz der Theologie nach dem Ersten Weltkrieg

1. Die frühe dialektische Theologie

Allgemeine Literatur

a) Quellen: FÜRST, W. (Hg.), "Dialektische Theologie" in Scheidung und Bewährung 1933-1936. Aufsätze, Gutachten und Erklärungen, 1966. - MOLTMANN, J. (Hg.), Anfänge der dialektischen Theologie I-II, [4.3]1977 (Lit.) - Zwischen den Zeiten, 1-11, 1923-1933.

b) Übergreifende Darstellungen: BOHLIN, T., Glaube und Offenbarung, 1928. - FRIES, H., Bultmann - Barth und die katholische Theologie, 1955. - GESTRICH, C., Neuzeitliches Denken und die Spaltung der dialektischen Theologie, 1977. - GRAF, F.W., Die antihistoristische Revolution" in der protestantischen Theologie der zwanziger Jahre, FS W. Pannenberg, 1988, 377-405. - HÄRLE, W., Dialektische Theologie, TRE VIII 683-696. - PANNENBERG, W., Art. Dialektische Theologie, [3]RGG II 168-174. - SCHMIDT, H.W., Zeit und Ewigkeit. Die letzten Voraussetzungen der dialektischen Theologie, 1927. - SIEGFRIED, T., Das Wort und die Existenz I-III, 1930-1933. - WIESNER, W., Das Offenbarungsproblem in der dialektischen Theologie, 1930.

c) Untersuchungen über mehrere Theologen: BRANDI-HINNRICHS, F., Von der personalen zur politischen Theologie. Die theologie- und kulturgeschichtlichen Hintergründe der Theologie Friedrich Gogartens zwischen 1924 und 1934. Mit einem Vergleich zu Emil Brunner, Diss. theol. Hamburg 1990. - DEMBOWSKI, H., Karl Barth, Rudolf Bultmann, Dietrich Bonhoeffer, 1976. - DUENSING, F., Gesetz als Gericht. Eine lutherische Kategorie in der Theologie Werner Elerts und Friedrich Gogartens, 1970. - KRETZER, A., Zur Methode von Karl Barth und Friedrich Gogarten, Diss. theol. Münster 1957. - LANGE, P., Konkrete Theologie? Karl Barth und Friedrich Gogarten "Zwischen den Zeiten" (1922-1933), 1972. - LESSING, E., Das Problem der Gesellschaft in der Theologie Karl Barths und Friedrich Gogartens, 1972. - SCHWAN, A., Geschichtstheologische Konstitution und Destruktion der Politik. Friedrich Gogarten und Rudolf Bultmann. 1976.

Zu einzelnen Theologen

d) KARL BARTH: *Bibliographie* bis 1966: Antwort. Karl Barth zum siebzigsten Geburtstag, 1956, 945-960; Parrhesia. Karl Barth zum 80. Geburtstag, 1966, 709-723. - Bibliographie Karl Barth, hg. von H.-A. DREWES, Bd. 1: Veröffentlichungen von Karl Barth, erarbeitet von H.M. WILDI, 1984. - *Hauptschriften:* Neben der Kirchlichen Dogmatik I 1 - IV 4 in 13 Bänden, 1932-1967 (Reg. Bd. 1970) und der seit 1971 im Erscheinen begriffenen Gesamtausgabe (= GA) in 6 Abt. (I. Predigten; II. Akademische Werke; III. Vorträge und kleinere Arbeiten; IV. Gespräche; V. Briefe; VI. Aus Karl Barths Leben) insbesondere: Der Römerbrief, (1919) [2]1922 (= [12]1978). - Das Wort Gottes und die Theologie. Gesammelte Vorträge I, 1924. - Die christliche Dogmatik im Entwurf I. Die Lehre vom Worte Gottes, 1927. - Die Theologie und die Kirche. Gesammelte Vorträge II, 1928. - Fides quaerens intellectum, 1931. - Credo, (1936) [4]1946. - Eine Schweizer Stimme 1938-1945, 1945. - Die protestantische Theologie im 19. Jahrhundert, (1947) [3]1960. - Theologische Fragen und Antworten. Gesammelte Vorträge III, 1957. - Einführung in die evangelische Theologie, (1962) [3]1980. - KARL BARTH - MARTIN RADE. Ein Briefwechsel. Mit einer Einleitung, hg. von C. SCHWÖBEL, 1981. - *Über Barth:* KWIRAN, M., Index to Literature on Barth, Bonhoeffer and Bultmann, 1977, Section I (Bibliographie). - ALMÉN, E., Glaube und geschichtliche Verantwortlichkeit. Die Geschichtlichkeit des menschlichen Denkens als theologisches Problem von den Positionen Karl Barths und Paul Tillichs her beleuchtet, 1976. - ANTON, K.-H., Kritik der Identität. Barths Hegelkritik und das theologische Denken des Unterschieds, 1986. - BAKKER, N.T., In der Krisis der Offenbarung. Karl Barths Hermeneutik dargestellt an seiner Römerbrief-Auslegung, 1974. - BALTHASAR, H.U. V., Karl Barth, [4]1976. - BERKOUWER, G.C., Der Triumph der Gnade in der Theologie Karl Barths, 1957. - BOUILLARD, H., Karl Barth I. Genèse et évolution de la théologie dialectique; II 1-2: Parole de Dieu et existence humaine, Aubier 1957. - BRINKSCHMIDT, E., Sören Kierkegaard und Karl Barth, 1971. - BUSCH, E., Karl Barths Lebenslauf, [3]1978. - CRIMMANN, R.P., Karl Barths frühe Publikationen und ihre Rezeption, 1981. - DANNEMANN, U., Theologie und Politik im Denken Karl Barths, 1977. - DANTINE, W. - LÜTHI, K. (Hg.), Theologie zwischen gestern und morgen. Interpretationen und Anfragen zum Werk Karl Barths, 1968. - EICHER, P. - WEINRICH, M., Der gute Widerspruch. Das unbegriffene Zeugnis von Karl Barth, 1986. - FÄHLER, J., Der Ausbruch des 1. Weltkrieges in Karl Barths Predigten 1913-1915, 1979. - FREY, C., Die Theologie Karl Barths, 1988. - HÄRLE, W., Der Aufruf der 93 Intellektuellen und Karl Barths Bruch mit der liberalen Theologie, ZThK 72, 1975, 207-224. - DERS., Sein und Gnade. Die Ontologie in Karl Barths Kirchlicher Dogmatik, 1975 (Bibliographie 352-428). - HAFSTAD, K., Wort und Geschichte. Das Geschichtsverständnis Karl Barths, 1985. - JÜNGEL, E., Art. Barth, TRE V 251-268. - DERS., Barth-Studien, 1982. - DERS., Gottes Sein ist im Werden, [4]1986. - DERS., Karl Barths Lehre von der Taufe, 1968. - KLAPPERT, B., Die Auferweckung des Gekreuzigten, [2]1974. - KOOI, C. VAN DER, Anfängliche Theologie. Der Denkweg des jungen Karl Barth (1909-1927), 1987. - KORSCH, D., Christologie und Autonomie, EvTh 41, 1981, 142-170. - KRAUSE, B., Leiden Gottes - Leiden des Menschen. Eine Untersuchung zur Kirchlichen Dogmatik Karl Barths, 1980. - KRECK, W., Grundentscheidungen in Karl Barths Dogmatik, 1978. - KRÖTKE, W., Der Mensch und die Religion nach Karl Barth, 1981. - DERS., Sünde und Nichtiges bei Karl Barth, [2]1983. - KÜNG, H., Rechtfertigung. Die Lehre Karl Barths und eine katholische Besinnung, [4]1964. - KUPISCH, K., Karl Barth in Selbstzeugnissen und Bilddokumenten, 1977. - LINDEMANN, W., Karl Barth und die kritische Schriftauslegung, 1973. - LÜTZ, D., Homo Viator. Karl Barths Ringen mit Schleiermacher, 1988. - MARQUARDT, F.-W., Der Christ in der Gesellschaft: 1919-1979, 1980. - DERS., Theologie und Sozialismus. Das Beispiel Karl Barths, [3]1985. - QUADT, A., Gott und Mensch. Zur Theologie Karl Barths in ökumenischer Sicht, 1976. - RENDTORFF, T. (Hg.), Die Realisierung der Freiheit, 1975. - RUSCHKE, W.M., Entstehung und Ausführung der Diastasentheologie in

Karl Barths zweitem "Römerbrief", 1987. - SEVEN, F., Die Ewigkeit Gottes und die Zeitlichkeit des Menschen. Eine Untersuchung der hermeneutischen Funktion der Zeit in Karl Barths Theologie der Krisis und im Seinsdenken Martin Heideggers, 1979. - SPIECKERMANN, I., Gotteserkenntnis. Ein Beitrag zur Grundfrage der neuen Theologie Karl Barths, 1985. - STADTLAND, T., Eschatologie und Geschichte in der Theologie des jungen Karl Barth, 1966. - STICKELBERGER, H., Ipsa assumptione creatur. Karl Barths Rückgriff auf die klassische Christologie und die Frage nach der Selbständigkeit des Menschen, 1979. - STOCK, K., Anthropologie der Verheißung, 1980. - SYKES, S.W., Karl Barth: Studies of his Theological Methods, Oxford 1979. - Theologie zwischen den Zeiten. Zum 100. Geburtstag von Karl Barth, EvTh 46, 1986, 295-493. - Zur Theologie Karl Barths, ZThK Beiheft 6, 1986. - WEBER, O., Karl Barths Kirchliche Dogmatik. Mit einem Nachtrag von H.-J. KRAUS, [8]1977. - WINZELER, P., Widerstehende Theologie. Karl Barth 1920-1935, 1982. - ZENGEL, J., Erfahrung und Erlebnis. Studien zur Genese der Theologie Karl Barths, 1981. - s. auch II.1., III.1.-5.

e) FRIEDRICH GOGARTEN: *Bibliographie* bis 1971: VOHN, J., Sittliche Erkenntnis zwischen Rationalität und Glauben, 1977, 406-416. - *Hauptschriften:* Die religiöse Entscheidung, 1921. - Von Glauben und Offenbarung, 1923. - Illusionen, 1926. - Ich glaube an den dreieinigen Gott, 1926. - Glaube und Wirklichkeit, 1928. - Politische Ethik, 1932. - Einheit von Evangelium und Volkstum?, 1933. - Ist Volksgesetz Gottesgesetz?, 1934. - Gericht oder Skepsis. Eine Streitschrift gegen Karl Barth, 1937. - Die Verkündigung Jesu Christi, (1948) [2]1965. - Der Mensch zwischen Gott und Welt, (1952) [3]1960. - Entmythologisierung und Kirche, (1953) [4]1967. - Verhängnis und Hoffnung der Neuzeit. Die Säkularisierung als theologisches Problem, (1953) [2]1958. - Die Wirklichkeit des Glaubens, [2]1965. - Jesus Christus - Wende der Welt, [2]1967. - Luthers Theologie, 1967. - Die Frage nach Gott, 1968. - Gehören und Verantworten. Ausgewählte Aufsätze, hg. v. H.G. GÖCKERITZ in Zusammenarbeit mit M. BULTMANN, 1988. - s. auch II.3. - *Über Gogarten:* BAUER, A.V., Freiheit zur Welt, 1967. - DUBACH, A., Glauben in säkularer Gesellschaft, 1973. - DUENSING, F., Gesetz als Gericht (s.o. I.1.c). - FISCHER, H., Christlicher Glaube und Geschichte, 1967. - GRAF, F.W., Friedrich Gogartens Deutung der Moderne, ZKG 100, 1989, 169-230. - HENKE, P., Art. Gogarten, TRE XIII 563-567. - HÜFFMEIER, W., Gott gegen Gott. Hermeneutische Untersuchungen zum Gottes- und Todesverständnis Friedrich Gogartens unter besonderer Berücksichtigung seiner Luther-Interpretation, Diss. theol. Tübingen 1972. - KAHL, J., Philosophie und Christologie im Denken Friedrich Gogartens, Diss. theol. Marburg 1967. - KRETZER, A., Methode (s.o. I.1.c). - KROEGER, M., Friedrich Gogarten liest über "Die Frage nach Gott", Göttingen 1967 (Institut für den wissenschaftlichen Film, Göttingen. Filmdokumente zur Zeitgeschichte G 120/1968), 1969. - DERS., Friedrich Gogarten in einem Gespräch über die Säkularisierung. Göttingen 1967 (Institut für den wissenschaftlichen Film, Göttingen. Filmdokumente zur Zeitgeschichte G 121/1968), 1969. - LANGE, P., Konkrete Theologie? (s.o. I.1.c). - LESSING, E., Das Problem der Gesellschaft (s.o. I.1.c). - MÜHLEN, K.-H. ZUR, Reformatorische Vernunftkritik und neuzeitliches Denken, 1980. - NAVEILLAN, C., Strukturen der Theologie Friedrich Gogartens, 1972.

- PENZO, G., F. Gogarten, Il problema di Dio tra storizismo ed esistenzialismo, Roma 1981. - SCHWAN, A., Geschichtstheologische Konstitution (s.o. I.1.c). - STROHM, T., Theologie im Schatten politischer Romantik, 1970. - THYSSEN, K.-W., Begegnung und Verantwortung, 1970. - VOHN, J., s.o. - WAGLER, R., Der Ort der Ethik bei Friedrich Gogarten, 1961. - WETH, R., Gott in Jesus. Der Ansatz der Christologie Friedrich Gogartens, 1968. - WIESER, G., Friedrich Gogarten, 1930.

f) EMIL BRUNNER: *Bibliographie* bis 1959: VOGELSANGER, P. (Hg.), Der Auftrag der Kirche in der modernen Welt. Festgabe zum 70. Geburtstag von Emil Brunner, 1959, 349-370; bis 1962: KEGLEY, C.W. - BRETALL, R.W. (Ed.), The Library of Living Theology III, New York 1962, 355-382. - *Hauptschriften:* Erlebnis, Erkenntnis und Glaube, 1921. - Die Mystik und das Wort, (1924) [2]1928. - Der Mittler, (1927) [4]1947. - Religionsphilosophie evangelischer Theologie, (1927) [2]1948. - Gott und Mensch, 1930. - Das Gebot und die Ordnungen, (1932) [4]1978. - Natur und Gnade. Zum Gespräch mit Karl Barth, (1934) [2]1935 (1. Aufl. jetzt FÜRST, W. [Hg.], "Dialektische Theologie" [s.o. I.1.a], 169-207). - Der Mensch im Widerspruch, (1937) [4]1965. - Wahrheit als Begegnung, (1938) [2]1963. - Offenbarung und Vernunft, (1941) [2]1961. - Gerechtigkeit. Eine Lehre von den Grundsätzen der Gesellschaftsordnung, (1943) [3]1981. - Dogmatik I-III, (1946-1960) [4]1972. [3]1972. [2]1964. - Das Mißverständnis der Kirche, [2]1957. - Das Ewige als Zukunft und Gegenwart, 1953. - Christentum und Kultur, 1979. - Ein offenes Wort. Vorträge und Aufsätze I-II, ausgewählt von R. WEHRLI, 1981-1982. - *Über Brunner:* BEINTKER, H., Art. Brunner, TRE VII 236-242. - HEIDEMANN, E.P., The Relation of Revelation und Reason in E. Brunner und H. Bavinck, Assen 1959. - LEIPOLD, H., Missionarische Theologie, 1974. - PÖHL, J.H., Das Problem des Naturrechtes bei Emil Brunner, 1963. - ROESSLER, R., Person und Glaube, 1965. - SALAKKA, Y., Person und Offenbarung in der Theologie Emil Brunners während der Jahre 1914-1937, Helsinki 1960. - SCHELD, S., Die Christologie Emil Brunners, 1981. - STOLZ, W., Theologisch-dialektischer Personalismus und kirchliche Einheit, 1953. - VOLK, H., Emil Brunners Lehre von der ursprünglichen Gottebenbildlichkeit des Menschen, 1939. - DERS., Emil Brunners Lehre von dem Sünder, 1950. - VOLKEN, L., Der Glaube bei Emil Brunner, 1947.

g) EDUARD THURNEYSEN: *Bibliographie* bis 1958: Gottesdienst - Menschendienst. Eduard Thurneysen zum 70. Geburtstag, 1958, 333-350; bis 1968: BOHREN, R. - GEIGER, M. (Hg.), Wort und Gemeinde. Eduard Thurneysen zum 80. Geburtstag, 1968, 521-526. - *Hauptschriften:* Dostojewski, (1921) 1963. - Christoph Blumhardt, (1926) 1962. - Das Wort Gottes und die Kirche, 1927. - Die Bergpredigt, (1936) [6]1965. - Die Lehre von der Seelsorge, (1946) [2]1957. - Christ und Welt. Fragen und Antworten, 1951. - Seelsorge im Vollzug, 1968. - Das Wort Gottes und die Kirche, hg. mit E. WOLF, 1971. - KARL BARTH - EDUARD THURNEYSEN, Briefwechsel I. 1913-1921; II. 1921-1930, hg. von E. THURNEYSEN, 1973. 1974 (= K. BARTH, GA V. Briefe). - *Über Thurneysen:* BOHREN, R., Prophetie und Seelsorge. Eduard Thurneysen, 1982. - LANDAU, R., "Bruchlinien" - Beobachtungen zum Aufbruch einer Theologie. Erinnerungen an die Theologie Eduard Thurneysens, EvTh 45, 1985, 139-158. - QUERVAIN, P.F. DE, Psychoanalyse und dialektische Theologie. Zum Freud-Verständnis bei K. Barth, E. Thurneysen und P. Ricoeur, o.J. (1978).

h) RUDOLF BULTMANN: *Bibliographie* bis 1967: Exegetica, Aufsätze zur Erforschung des NT, hg. von E. DINKLER, 1967, 483-507; bis 1974: ThR NF 39, 1975, 91-93. - LATTKE, M., Register zu Rudolf Bultmann, Glauben und Verstehen Bd. I-IV, 1984. - *Systematisch-theologisch bedeutsame Werke:* Jesus, (1926) UTB 1988. - Glauben und Verstehen (= GuV). Gesammelte Aufsätze I-IV, 1933-1965. - NT und Mythologie. Das Problem der Entmythologisierung der neutestamentlichen Verkündigung (1941), BARTSCH, H.-W. (Hg.), Kerygma und Mythos I, [3]1954, 15-48. Neuausgabe hg. von E. JÜNGEL, (1985) [3]1988. - Theologie des NT, (1953) [9]1984. - Geschichte und Eschatologie, [3]1979. - Das Verhältnis der urchristlichen Christusbotschaft zum historischen Jesus, 1960 (= Exegetica, 445-469). - KARL BARTH - RUDOLF BULTMANN, Briefwechsel 1922-1966, hg. v. B. JASPERT, 1971 (= K. BARTH, GA V. Briefe). - Theologische Enzyklopädie, hg. von E. JÜNGEL u. K.W. MÜLLER, 1984. - Das verkündigte Wort. Predigten, Andachten, Ansprachen 1906-1941, hg. von E. GRÄSSER in Zusammenarbeit mit M. EVANG, 1984. - *Über Bultmann:* KWIRAN, M., Index to Literature on Barth, Bonhoeffer and Bultmann, 1977, Section III *(Bibliographie).* - BARTH, K., Rudolf Bultmann. Ein Versuch, ihn zu verstehen, 1952 (jetzt zusammen mit der 2. Aufl. von Christus und Adam nach Röm 5, 1964). - BARTSCH, H.-W. u.a. (Hg.), Kerygma und Mythos I-VII 1, 1948-1979. - BOUTIN, M., Relationalität als Verstehensprinzip bei Rudolf Bultmann, 1974. - DIECKMANN, B., "Welt" und "Entweltlichung" in der Theologie Rudolf Bultmanns, 1977. - EVANG., M., Rudolf Bultmann in seiner Frühzeit, 1988. - GOEBEL, H.T., Wort Gottes als Auftrag. Zur Theologie von Rudolf Bultmann, Gerhard Ebeling und Wolfhart Pannenberg, 1972. - GRESHAKE, G., Historie wird Geschichte, 1963. - JASPERT, B. (Hg.), Rudolf Bultmanns Werk und Wirkung, 1984. - JENSEN, O., Theologie zwischen Illusion und Restriktion. Analyse und Kritik der existenz-kritizistischen Theologie bei dem jungen Wilhelm Herrmann und bei Rudolf Bultmann, 1975. - JÜNGEL, E., Glauben und Verstehen. Zum Theologiebegriff Rudolf Bultmanns, 1985. - KIENZLER, K., Logik der Auferstehung. Eine Untersuchung zu Rudolf Bultmann, Gerhard Ebeling und Wolfhart Pannenberg, 1976. - KOCH, T., Theologie unter den Bedingungen der Moderne. Wilhelm Herrmann, die "Religionsgeschichtliche Schule" und die Genese der Theologie Rudolf Bultmanns, Unveröffentlichte Habilitationsschrift, München 1970. - KÖRNER, J., Eschatologie und Geschichte, 1957. - LORENZMEIER, T., Exegese und Hermeneutik. Eine vergleichende Darstellung der Theologie Rudolf Bultmanns, Herbert Brauns und Gerhard Ebelings, 1968. - MARLÉ, R., Bultmann und die Interpretation des NT, [2]1967. - MARTIN, G.M., Vom Unglauben zum Glauben, 1976. - OTT, H., Geschichte und Heilsgeschichte in der Theologie Rudolf Bultmanns, 1955. - PEERLINCK, F., Rudolf Bultmann als Prediger, 1970. - SCHMITHALS, W., Art. Bultmann, TRE VII 387-396. - DERS., Die Theologie Rudolf Bultmanns, [2]1967. - DERS., Zu Rudolf Bultmanns 100. Geburtstag, ThR 51, 1986, 79-91. - SCHNÜBBE, O., Der Existenzbegriff in der Theologie Rudolf Bultmanns, 1959. - STEGEMANN, W., Der Denkweg Rudolf Bultmanns, 1978. - THEUNIS, F., Offenbarung und Glaube bei Rudolf Bultmann, 1960. - TÖDT, H.E., Rudolf Bultmanns Ethik der Existenztheologie, 1978.

Unter "dialektischer Theologie" versteht man eine vor allem durch BARTH, GOGARTEN, E. BRUNNER und BULTMANN geprägte Strömung innerhalb der evangelischen Theologie nach dem Ersten Weltkrieg. Der Begriff, ganz ähnlich wie derjenige der "liberalen Theologie" keine Selbstbezeichnung, sondern nach Auskunft Barths (ZZ 11, 1933, 536) der Bewegung 1922 "von irgend einem Zuschauer angehängt", trifft mit der Hervorhebung der besonderen Denk- und Argumentationsform für die erste Phase bis etwa zur Mitte der 20er Jahre eine charakteristische Gemeinsamkeit dieser neuen Theologie und hat sich deshalb zu Recht eingebürgert. Das publizistische Organ der frühen dialektischen Theologie ist die nach einem Artikel Gogartens benannte und von ihm zusammen mit Barth, Thurneysen und Georg Merz (als Schriftführer) 1922 gegründete Zeitschrift *Zwischen den Zeiten*, die von 1923 bis 1933 erschien.

Die Anfänge der dialektischen Theologie sind tief verflochten in die Ereignisse der damaligen Zeit. Der Erste Weltkrieg wirkt als Anstoß - im doppelten Sinne des Wortes. Das allgemeine Krisenbewußtsein schlägt sich in der Theologie auf besondere Weise nieder. Mit dem Zusammenbruch der bisherigen Staats- und Lebensordnung gerät auch das überkommene Wert- und Normengefüge einer weithin auf Fortschrittsgläubigkeit gegründeten bürgerlich-liberalen Welt ins Wanken. Kulturoptimismus schlägt um in Kulturpessimismus. OSWALD SPENGLER (1880-1936) beschwört den "Untergang des Abendlandes" (I-II 1918.1922). Das Buch (der 1. Band) wird von Gogarten in seinem expressionistischen Manifest "Zwischen den Zeiten" (1920) mit "Jubel" begrüßt - als Diagnose einer Zeit, "wo das Vertrauen auf die Entwicklung und die Kultur den Todesstoß bekommt" (Anf. II, 98f). Die psychologisch tief angesetzte Durchleuchtung menschlicher Grenzsituationen in den Romanen F.M. DOSTOJEWSKIs (1821-1881) erschließt eigene Lebenserfahrungen und gewinnt Bedeutung für die Interpretation zentraler Inhalte des christlichen Glaubens. Nach K. Barth läßt sich hinter "die Gebrochenheit der Lebenserkenntnis Dostojewskis" nicht wieder zurückkehren zu den Griechen oder zu GOETHE (Ges. Vorträge I, 58), auch wenn oder gerade weil Dostojewski für seine aufrüttelnde Botschaft den Verbrecher (Rodion Raskolnikow), die Dirne (Sonja), den Empörer (Iwan Karamasow) oder den "Idioten" (Fürst Myschkin) als Medium wählt. 1921 veröffentlicht E. Thurneysen eine knappe, mitreißende Studie über DOSTOJEWSKI, dessen

Werke im Geiste und mit den Mitteln der dialektischen Theologie gedeutet werden. Hintergrund des Verständnisses ist auch hier Do- STOJEWSKIs "tiefes, kritisches Mißtrauen gegen *Kultur* und *Gesell- schaft* ... Er witterte in allen ihren stolzen Türmen und Zinnen den *babylonischen* Turm, die tiefe Tendenz des Menschen, sich in der Welt einzurichten und wohl zu fühlen ohne Gott und gegen Gott als Selber-Gott..." (Dostojewski 42). Eine ähnliche Wirkung hat SÖREN KIERKEGAARD (1813-1855) mit seinen scharf konturierten Analysen christlicher Existenz und den harschen Urteilen über die "bestehende Christenheit". Die Übersetzung seiner Werke, die bis auf wenige Bände bereits vor dem Ersten Weltkrieg abgeschlossen ist, löst in der Nachkriegszeit einen geistig-intellektuellen Erd- rutsch aus. Für die Philosophie und Theologie wird er förmlich neu entdeckt. Auch die Kultur- und Christentumskritik FRIEDRICH NIETZSCHEs (1844-1900), auf dem Höhepunkt preußisch-deutscher Saturiertheit im letzten Drittel des 19. Jahrhunderts formuliert, kommt erst jetzt zum Zuge. Die politischen und lebensweltlichen Turbulenzen schlagen auf die Theologie voll durch; ihr Einfluß be- darf freilich im einzelnen noch genauerer Untersuchung. Umge- kehrt wird man die Wirkung der dialektischen Theologie mit den radikalen kultur-, religions-, theologie- und kirchenkritischen Aus- fällen nach dem Ersten Weltkrieg gerade auch aus dieser Verfloch- tenheit mit dem radikalen Zeitgeist erklären können. Daneben hat- ten abgewogene und bei allem Wandel auf Kontinuität bedachte Analysen, Konzeptionen und Programme so gut wie keine Chance.

Die Verzahnung der theologischen Grundlagendiskussion mit der veränderten politisch-gesellschaftlichen und geistig-kulturellen Si- tuation ist durch autobiographische Dokumente und Publikationen aus damaliger Zeit hinlänglich belegt. Unter den Theologen hat K. BARTH früher als alle anderen das Ausmaß der mit dem Ersten Weltkrieg ausgelösten Katastrophe empfunden, obwohl er als Schweizer nicht unmittelbar betroffen war. "Es ist eine dunkle Welt, von welcher Seite man es auch ansehen mag", heißt es schon knapp zwei Wochen nach Ausbruch des Krieges am 13.08.1914 (K. BARTH - M. RADE, Ein Briefwechsel, 94). Am Ende des Monats bringt er RADE gegenüber das "Ärgernis" zur Sprache, das die *"Christliche Welt"* mit ihrer (positiven) Einstellung zum Krieg dar- stellt (ebd. 95). In einer Predigt am 18. Oktober 1914 verurteilt er vor seiner Gemeinde in Safenwil den Krieg im Gegensatz zur all- gemeinen Kriegsbegeisterung in Deutschland als ein in jeder Be- ziehung "namenloses Unrecht und ein jammervolles Unglück", der "das wilde Tier im Menschen" losgelassen habe. Und über die Männer der *Bildung* bzw. Wissenschaft, der *Sozialdemokratie* und der christlichen *Kirchen* bricht er (mit Jes 14,12) in die Klage aus: "Wie bist Du vom Himmel gefallen, du schöner Morgenstern" (K. BARTH, Predigten 1914 = GA, 1974, 518f., 526-528). Erst vor einigen Jahren ist der aufschlußreiche Brief K. Barths an W. Herrmann vom 4.11.1914, von dessen Existenz man durch einen Brief Barths vom 5.11.1914 an Thurneysen schon länger wußte (BARTH - THURNEYSEN, Briefwechsel I, 19) bekannt geworden. In einer nur mühsam austarierten Mischung aus Verehrung für den Lehrer und Empörung gegen sein politisches Verhalten bezieht sich Barth direkt auf das unter Federführung A. v. Harnacks entstandene Manifest der 93 Intellektuellen "An die Kulturwelt" und den Aufruf "An die evangelischen Christen im Auslande", die Herrmann beide unterzeichnet hatte. Angesichts der Behauptungen in diesen Dokumenten drängen sich nach Barth (1) Zweifel an der Gründlichkeit und Sachlichkeit deutscher *Wissenschaft* und (2) Irritation über die Umstilisierung des *Erlebnisses* als eines konstitutiven Erkenntnisund Willensprinzips von Dogmatik und Ethik zu einem Element der "Kriegstheologie" auf, und schließlich scheint (3) die *"Gemeinschaft im Geist"* aufgekündigt zu sein, wenn die deutschen evangelischen Christen jede Schuld am Krieg für Deutschland rundweg bestreiten, um sie anderen Völkern aufzulasten. "Es tut uns ... leid, daß *keiner* unserer verehrten deutschen Lehrer ein so weltüberlegenes Wort gefunden hat wie z.B. der Franzose Romain Rolland" (K. BARTH - M. RADE, Briefwechsel 114-116). ROLLAND hatte am 22./23.9.1914 einen Aufruf gegen das Kriegsgeschehen publiziert und darin die These vertreten: "Die zwei sittlichen Mächte, deren Schwäche durch diese Kriegsseuche am meisten offenbar geworden ist, sind das *Christentum* und der *Sozialismus*" (vgl. BARTH - RADE, Briefwechsel 117, Anm. 7). Der Eindruck, den Rollands Doppelkritik bei Barth hinterlassen hatte, klingt noch 13 Jahre später (1927) in dessen autobiographischen Notizen für das Fakultätsalbum der Evangelisch-theologischen Fakultät Münster nach (K. BARTH - R. BULTMANN, Briefwechsel 1922-1966, 1971, 301-310). In ihnen berichtet Barth über seinen theologischen Werdegang, u.a. auch über seine eigene Entwicklung im Pfarramt seit 1909 und die neuen Probleme, die sich ihm damit aufdrängen. "Eine *Wendung* brachte erst der *Ausbruch* des Weltkriegs. Er bedeutete für mich konkret ein doppeltes Irrewerden: einmal an der Lehre meiner sämtlichen theologischen Meister in Deutschland, die mir durch das, was ich als ihr Versagen gegenüber der Kriegsideologie empfand, rettungslos kompromittiert erschien - sodann am Sozialismus, von dem ich gutgläubig genug noch mehr als von der christlichen Kirche erwartet hatte, daß er sich jener Ideologie entziehen werde, und den ich nun zu meinem Entsetzen in allen Ländern das Gegenteil tun sah" (306f, Hervorhebung von H.F.). Die autobiographischen Aufzeichnungen Barths von 1927 stimmen darin mit den frühen Zeugnissen überein, daß sie den Bruch ("Wendung") mit der Tradition und dem Zeitgeist - unbeschadet vorbereitender Ereignisse - auf den "Ausbruch des Weltkriegs" datieren. Allerdings schlägt sich das doppelte Irrewerden in einer eigentümlich zwiespältigen Konsequenz nieder: Barth bricht nur mit der "liberalen" Theologie, während das Versagen des Sozialismus ihn nicht daran gehindert hat, 1915 der Sozialdemokratischen Partei der Schweiz beizutreten. Mit dieser parteipolitischen Entscheidung setzt Barth sich aber zu Entwicklungen der neuzeitlichen Freiheitsgeschichte in ein positives Verhältnis, während er sie in theologischer Perspektive nur kritisch, ja geradezu als Verfälschung und Zerstörung der Theologie einzustufen vermag! (Vgl. auch 117-122)

In der Spätzeit (1957 und kurz vor seinem Tod 1968) hat Barth zu seinem Bruch mit der Theologie der Väter noch einmal ein vielzitiertes und -diskutiertes Votum zu Protokoll gegeben: "Mir persönlich hat sich ein Tag am Anfang des Augusts jenes Jahres als der *dies ater* eingeprägt, an welchem 93 deutsche Intellektuelle mit einem Bekenntnis zur Kriegspolitik Kaiser Wilhelms II. und seiner Ratgeber an die Öffentlichkeit traten, unter denen ich zu meinem Entsetzen auch die Namen so ziemlich aller meiner bis dahin gläubig verehrten Lehrer wahrnehmen mußte. Irre geworden an ihrem Ethos, bemerkte ich, daß ich auch ihrer Ethik und Dogmatik, ihrer Bibelauslegung und Geschichtsdarstellung nicht mehr werde folgen können, daß die Theologie des 19. Jahrhunderts jedenfalls für mich keine Zukunft mehr hatte." Und dementsprechend bildet das "verhängnisvolle Jahr 1914" für Barth den ideologischen Höhe- und Schlußpunkt des 19. Jahrhunderts (K. BARTH, Evangelische Theologie im 19. Jahrhundert, 1957, 6. Ähnlich hat Barth sich in seinem Nachwort zu der von HEINZ BOLLI besorgten Schleiermacher-Auswahl, Siebenstern-Taschenbuch 113/114, 1968, 293 geäußert). In letzter Zeit ist die Bedeutung dieser rückblickenden Äußerungen wiederholt in Zweifel gezogen worden (W. HÄRLE, Der Aufruf der 93 Intellektuellen; J. ZENGEL, Erfahrung und Erlebnis, 62-81). Der Datierungsirrtum BARTHs - das Manifest der 93 Intellektuellen ist nicht Anfang August, sondern erst am 4. Oktober 1914 veröffentlicht worden (vgl. W. HÄRLE 213) - hat hier im Zusammenhang mit weiteren Erwägungen zu relativierenden Schlußfolgerungen veranlaßt, die durch die inzwischen publizierten BARTH-Texte als erledigt gelten können; W. Härle hat seine Deutung in dem von ihm verfaßten TRE-Artikel "Dialektische Theologie" denn auch nicht wiederholt. Im Lichte der frühen Aussagen Barths dürften diese Spätzeugnisse die Eindrücke und Erfahrungen im Zusammenhang mit dem Kriegsausbruch ziemlich zuverlässig wiedergeben.

Andere Vertreter und Sympathisanten der frühen dialektischen Theologie kommen später, im Verlaufe des Krieges oder gar erst in der Nachkriegszeit, zu ähnlichen Einsichten wie Barth und brechen dann mit den liberalen Traditionen des 19. Jahrhunderts. GOGARTEN z.B. gibt sich noch 1915 kriegs- und modernitätsbegeistert: Das "Lebensgefühl und die daraus sich notwendig ergebenden religiösen Gedanken und Gefühle" sind verwurzelt in der modernen Welt. "Und zu ihr haben wir uns alle bekannt in den Augusttagen des vorigen Jahres als zu dem Wertvollsten, das das Erdenleben für uns hervorgebracht hat" (Religion und Volkstum, 2). Fünf Jahre später, 1920, wird Gogarten in seiner Positionsbestimmung "Zwischen den Zeiten" das Gegenteil behaupten: "Wir gehörten nie zu der Zeit, die heute zu Ende geht" (Anf. II, 95). BULTMANN nähert sich erst ab 1922 mit der Rezension der zweiten Auflage von Barths "Römerbrief" (vgl. Anf. I, 119-142) bestimmten Einsichten und Urteilen der dialektischen Theologie an und geht gleichzeitig auf Distanz zur "liberalen" Theologie. Der Erste Weltkrieg scheint für Bultmanns theologische Entwicklung aber ohne signifikante Bedeutung geblieben zu sein, seine Publikationen im näheren oder weiteren Umfeld dieses Ereignisses lassen davon nichts erkennen. Dieser Befund wird bestätigt durch einen Brief Bultmanns im Jahre 1926 an ERICH FOERSTER: "Für viele sind freilich die Eindrücke des Krieges die Veranlassung zu einer Revision ihrer Daseinsbegriffe gewesen; ich gestehe Ihnen, daß das für mich nicht zutrifft..., daß der Krieg für mich kein erschütterndes Erlebnis war. Natürlich viel Einzelnes, aber nicht der Krieg als solches ... Ich glaube also nicht, daß der Krieg meine Theologie beeinflußt hat ... Ich bin der Meinung, daß, wenn nach der Genesis unserer Theologie gefragt werden soll, die innere Auseinandersetzung mit der Theologie unserer Lehrer eine ungleich größere Rolle spielt als Eindrücke des Krieges oder der Dostojewskij-Lektüre" (zitiert nach W. SCHMITHALS, Die Theologie Rudolf Bultmanns, 9f). Ähnlich wie Barth hat hingegen TILLICH den Ersten Weltkrieg als epochales Geschehen verstanden (zur Literatur s.u. V. 2). Sehr pointiert schreibt er: "Das 20. Jahrhundert beginnt in Europa im August 1914 mit dem Ausbruch des ersten Weltkrieges. Es beginnt in Amerika im November 1929, ein halbes Menschenalter später, mit dem Ausbruch der großen wirtschaftlichen Krise" (Das christliche Menschenbild im 20. Jahrhundert = GW III 182). Dieses Urteil ist allerdings aus der Rückschau formuliert (1952 bzw. 1955) und läßt sich durch ähnliche ergänzen (vgl. u.a. Auf der Grenze, GW XII 34f; Autobiographische Betrachtungen, GW XII 58). Beschreibt es auch die Wahrnehmung Tillichs beim Ausbruch bzw. während des Ersten Weltkrieges oder handelt es sich um nachträgliche Stilisierung? Immerhin ist Tillich 1914 als Freiwilliger in den Ersten Weltkrieg gezogen! In den bisher veröffentlichten Briefen sowie autobiographischen Zeugnissen und Dokumenten aus der damaligen Zeit (vgl. dazu GW XIII 69-82; EW V 70-125; EW VI, 89-136) finden sich zunächst so gut wie keine Hinweise auf die grundstürzenden Veränderungen, die durch den Krieg ausgelöst worden sind. Das ändert sich etwa ab 1916. In einem Brief vom 27.11.1916 meditiert Tillich über die Leiden des Krieges und die dadurch ausgelöste Resignation (GW XIII 70), und am 10.12.1916 heißt es dann in einem Brief an den Vater: "Wir erleben eine der furchtbarsten Katastrophen mit, das Ende des ganzen Weltzustandes, den man später mit dem Ausdruck Wachsen und Verbreiten der europäischen Kultur benennen wird. Dieser Weltzustand geht zu Ende, und das ist von den schwersten Wehen begleitet" (zitiert nach W. und M. PAUCK, Paul Tillich. Sein Leben und Denken, 1978, 63). Diese Einschätzung wird unmittelbar nach dem Ende des Krieges bestätigt (u.a. E W V 142f) und hält sich durch, so daß auch in diesem Falle die rückblickenden Äußerungen aus späteren Jahren Vertrauen verdienen.

Der Erste Weltkrieg markiert eine auch für die Theologie folgenreiche Zäsur. Es wäre verfehlt, den theologischen Neueinsatz umstandslos aus den damaligen politisch-militärischen Ereignissen und dem sie begleitenden allgemeinen Krisenbewußtsein herleiten zu wollen. Aber das Gegenteil ist genauso abwegig. Eine Deutung der dialektischen Theologie als Ergebnis rein innertheologischer Reflexionsprozesse, wie sie etwa G.C. BERKOUWER für die Theologie K. Barths versucht hat, muß künstlich die Rahmenbedingungen kirchlicher und theologischer Arbeit unterschlagen, auf die in den entsprechenden Publikationen ausdrücklich Bezug genommen wird. Freilich ist die Entstehungsgeschichte der dialektischen Theologie und der parallelen Strömungen ein vielschichtiger Prozeß und bisher nur in Ansätzen rekonstruiert. Erst wenn die Nachlässe, vor allem die Briefwechsel, der damaligen Protagonisten kritisch erschlossen sein werden, wird sich auch ein genaueres Bild über das verschlungene Motiv- und Interessengeflecht der theologischen Aufbruchsbewegung nach dem Ersten Weltkrieg zeichnen lassen.

Inhaltlicher Kern dieser Theologie ist die Neuentdeckung der Souveränität Gottes. Gott offenbart sich als der "ganz Andere", der schlechthin Jenseitige, der souveräne Herr, verhält sich inkommensurabel zu allem menschlichen Werk. Zwischen Gott und Mensch besteht ein "unendlich qualitativer Unterschied". Diese pointierte Aussage KIERKEGAARDs gewinnt in einer auf schroffe Antithetik zugespitzten Gestalt programmatische Bedeutung für diesen neuen Typus von Theologie. Am unendlich qualitativen Unterschied brechen sich alle harmonischen Einheitskonstruktionen, sie werden als "Illusionen" (Gogarten) entlarvt. Angesichts des politischen, wirtschaftlichen, geistigen und kulturellen Zerfalls allen Menschenwerkes wird der Raum wieder frei für die Frage nach Gott, vor dem sich der Mensch niemals auf sein eigenes Werk, seine Leistung, berufen kann. So schärft gerade die allgemeine Krisensituation den Blick für eine zentrale, lange Zeit verschüttete Einsicht des christlichen Glaubens. Gott bedeutet nach dem oft zitierten Wort R. BULTMANNs "die radikale Verneinung und Aufhebung des Menschen" (R. BULTMANN, GuV I 2), und die Kritik gegen die herkömmliche Theologie lautet, daß sie diesen grundlegenden Gedanken erweicht, das provozierende und skandalöse Wort vom Kreuz zugunsten anderer Worte in den Hintergrund gedrängt und überhaupt statt von Gott in erhöhtem Ton vom Menschen gesprochen habe. In diesem radikal verfochtenen Verständnis von der schlechthinnigen Andersartigkeit Gottes gegenüber dem Menschen und seiner Welt sind die kritischen Abgrenzungen der dialektischen Theologie wie ihre eigenen Schwerpunkte, Perspektiven und ihr Argumentationsstil begründet.

Die frühe dialektische Theologie verdankt ihre Stoßkraft der *Kritik*. Hier findet sie ihr einheitsstiftendes Element, das die einzelnen Vertreter auch noch zu verbinden vermochte, nachdem sie sich spürbar auseinanderentwickelt hatten. Gegenstand der Kritik ist die neuprotestantische Theologie der letzten 200 Jahre mit FRIEDRICH SCHLEIERMACHER (1768-1834) als beherrschender Figur. Inhalt der Kritik ist deren enge Verflechtung von Theologie und Anthropologie oder gar die Ersetzung der Theologie durch Anthropologie. Indem Begriffe wie Religion, Frömmigkeit, religiöse Erfahrung oder "religiöses Apriori" (E. TROELTSCH) in den Mittelpunkt rücken und die überlieferte Begrifflichkeit verdrängen, orientiert sich die theologische Fragestellung am Menschen, verfehlt nach dem Urteil der dialektischen Theologie damit aber schon im Ansatz ihr Thema und leitet eine verhängnisvolle Problemverschiebung ein. Die Analyse des menschlich-frommen Bewußtseins bemächtigt sich des Wunders der Offenbarung und des Glaubens und bietet Gesichtspunkte der Erklärung, die zugleich solche der Entschärfung sind. Dagegen richtet sich der globale Vorwurf der dialektischen Theologie, und im Zuge der *Anthropologie-Kritik* kommt es zur folgenschweren Verwerfung des Religionsbegriffs überhaupt. Religion ist Unglaube, der eigenmächtige Versuch des Menschen, den unendlichen Qualitätsunterschied zu überspringen und zur Einheit mit Gott zu gelangen. Darum hat die Kritik in besonderer Weise am Religionsverständnis anzusetzen. Religion steht in einem ausschließenden Gegensatz zur Offenbarung Gottes in Jesus Christus. Barth beruft sich für diese von der tatsächlichen religiösen Wirklichkeit abgehobene dogmatische Interpretation von Religion auf LUDWIG FEUERBACHs Religionskritik und polt sie dialektisch zur *theologischen Religionskritik* um. Mit der theologischen Religionskritik verbindet sich noch ein weiterer kritischer Gesichtspunkt. Religion, verstanden als menschliche Bemühung, steht in einem korrelativen Zusammenhang mit anderen menschlichen Aktivitäten, gilt als "Produkt der menschlichen Kulturgeschichte", als "verhängnisvollstes Werk des Menschen" (Gogarten). Der Neuprotestantismus, der seine Selbstauslegung mittels des Religionsbegriffs vollzieht, ist also im Kern "Kulturprotestantismus", und so konkretisiert sich die Religionskritik zur *Absage an den Kulturprotestantismus.* Damit sind einige entscheidende und wirkungskräftige Momente genannt, durch die sich die dialektische Theologie von ihrer neuprotestantischen Vorgeschichte absetzt.

Positiv beginnt die dialektische Theologie als *"Theologie des Wortes Gottes".* Sie erwächst aus einer Neubesinnung auf die biblische Botschaft, zu der ihre Wortführer, die bis auf Bultmann dem Pfarramt entstammen, durch die notvolle Aufgabe der Predigt und Unterweisung veranlaßt waren. Barth hat sich mehrfach, vor allem im Vorwort zur 2. Auflage seines Römerbriefes, zu dieser Wurzel seiner Theologie bekannt. Unter dem Eindruck des Ersten Weltkrieges beginnt freilich die Bibel völlig neu zu sprechen. Während der Arbeit am Römerbrief schreibt Barth an Thurneysen am 27.9.1917: "Es war mir über der Arbeit oft, als wehe mich von weitem etwas an von Kleinasien oder Korinth, etwas Uraltes, Ururorientalisches, undefinierbar Sonniges, Wildes, Originelles, das irgendwie hinter diesen Sätzen steckt ... Paulus - was muß das für ein Mensch gewesen sein und was für Menschen auch die, denen er diese lapidaren Dinge so in ein paar verworrenen Brocken hinwerfen, andeuten konnte! ... Die Reformatoren, auch Luther, reichen doch *lange* nicht an Paulus heran ... Und dann *hinter* Paulus: was für Realitäten müssen das sein, die den Mann *so* in Bewegung setzen konnten!" (Briefwechsel I 236). Allerdings bietet Barth mit seiner Kommentierung des Römerbriefes keine historisch-kritische Untersuchung, sondern eine theologische Auslegung. Hermeneutischer Schlüssel der Schriftinterpretation ist das "Wort Gottes", das als Wort in und hinter den Wörtern den unendlichen Qualitätsunterschied zwischen Gott und Mensch markiert.

Diese *theologische Dialektik*, in der Frühphase der Theologie des Wortes Gottes eine charakteristische Gemeinsamkeit des Denkens und der Argumentation, nimmt bald, je nach Herkunft und Interessenlage der einzelnen Theologen, eine spezifische Färbung an, die im Ergebnis zur Spaltung führt. In einem berühmt gewordenen Dictum hat Barth im Vorwort zur 2. Auflage des RömerbriefKommentars die Leitlinien seines theologischen Denkens formuliert: "Wenn ich ein 'System' habe, so besteht es darin, daß ich das, was Kierkegaard den 'unendlichen qualitativen Unterschied' von Zeit und Ewigkeit genannt hat, in seiner negativen und positiven Bedeutung möglichst beharrlich im Auge behalte. 'Gott ist im Himmel und Du auf Erden.' Die Beziehung *dieses* Gottes zu *diesem* Menschen, die Beziehung *dieses* Menschen zu *diesem* Gott ist für mich das Thema der Bibel und die Summe der Philosophie in einem" (XIII). Die theologische Dialektik entspringt der *"innere(n) Dialektik der Sache"* (ebd.). Die Offenbarung Gottes ist dialektisch, sofern durch sie das Entgegengesetzte aufeinander bezogen wird. Die dialektische Einheit bleibt "unanschaulich", kann nur vom Gegensatz her beschrieben werden. D.h. für die Offenbarung Gottes: Gerade auch in seiner Offenbarung bleibt Gott der Verhüllte. "Unbekannt ist und bleibt uns Gott" (Römerbrief, [2]1922, 59). Und erläuternd dazu: "Die höchste *Entfernung zwischen Gott und Mensch* ist ihre wahre Einheit ... Als der *unbekannte* Gott wird Gott in Jesus *erkannt*" (a.a.O. 88). Es charakterisiert Barths Kommentierung des Römerbriefes, daß die Offenbarung Gottes vornehmlich als Gericht über die Wirklichkeit ausgelegt wird. Der Mensch und seine Welt sind durch die im Kreuz Jesu Christi offenbar gewordene "Todeslinie" gezeichnet. Neben der Wirklichkeit der Krisis kommt - in unanschaulicher, "dialektischer Identität" - auch die Wirklichkeit der Gnade zur Sprache, aber als zweiter, nicht als erster Satz: "Ein anderes ist und bleibt das, was Gott ist und tut, ein anderes das Sein und Tun des Menschen. Unüberschreitbar ist zwischen hier und dort die Todeslinie gezogen - die Todeslinie, die freilich die Lebenslinie, das Ende, das der Anfang, das Nein, das das Ja ist" (a.a.O. 86). Gegenüber eingespielten, zu Harmlosigkeiten tendierenden Denkgewohnheiten muß aufs neue der Sinn für das Spezifische an Gott geweckt werden, "der Gedanke an die Gletscherspalte, an die Polarregion, an die Verwüstungszone, die zu überschreiten ist, wenn der Schritt vom Vergänglichen zum Unvergänglichen wirklich getan sein soll" (a.a.O. 25). Barths theologische Phantasie verfügt über ein schier unerschöpfliches Reservoir an paradoxen

Begriffen, Bildern und Metaphern, um das dialektische Verhältnis zwischen Gott und Mensch nach allen Seiten auszuleuchten.

1922, im Erscheinungsjahr der neuen Bearbeitung des Römerbriefes, veröffentlicht Barth seinen Vortrag *"Das Wort Gottes als Aufgabe der Theologie"* (Anf. I 197-218). Hier spricht er sich noch einmal eigens in einer methodischen Besinnung über sein Argumentationsverfahren aus. Die Aufgabe scheint unlösbar. Der Theologe, der als solcher von Gott reden soll, ist doch Mensch und kann als solcher nicht von Gott reden. Er muß um beides wissen und kann nur so Gott die Ehre geben (a.a.O. 199). Wie läßt sich unter solchen Voraussetzungen Theologie treiben? Drei Wege erscheinen Barth diskussionswürdig: der dogmatische, der kritische (mystische) und der dialektische Weg (a.a.O. 206-215). Die dogmatische Rede, der Barth viel Sympathie entgegenbringt, weil dem Menschen hier die zentralen Aussagen des christlichen Glaubens in Gestalt von Lehre vermittelt werden, vermag den Fragen des Menschen nach Gott nicht gerecht zu werden und tendiert dazu, die Fragen mit den Antworten einfach niederzuschlagen. Daß der Mensch unter das Gericht gestellt ist, sich aller Eigenheit und Selbstheit begeben, sterben muß, wenn er sich Gott verstehend nähern will, das ist die richtige Einsicht, zu der das kritische Verfahren befähigt. Aber das theologische Reden bleibt anthropologisch fixiert, sofern der Mensch, der sich nach Art der Mystiker leer macht, erst die Voraussetzungen dafür schaffen muß, daß Gott in seiner Fülle in ihn eingehen kann. Den Vorzug verdient der *dialektische* Weg, weil hier im klaren Wissen um die bloß relative Geltung des methodischen Vorgehens die großen Wahrheiten der beiden anderen Wege vorausgesetzt sind. "Hier ist mit dem positiven Entfalten des Gottesgedankens einerseits und mit der Kritik des (im Text fälschlich 'der') Menschen und alles Menschlichen andrerseits von vornherein Ernst gemacht; aber beides darf nun nicht beziehungslos geschehen, sondern unter beständigem Hinblick auf ihre gemeinsame Voraussetzung, auf die lebendige, selber freilich nicht zu benennende Wahrheit, die in der Mitte steht und beiden, der Position und der Negation, erst Sinn und Bedeutung gibt ... Der echte Dialektiker weiß, daß diese Mitte unfaßlich und unanschaulich ist, er wird sich also möglichst selten zu direkten Mitteilungen darüber hinreißen lassen ... Auf diesem schmalen Felsgrat kann man nur gehen, nicht stehen, sonst fällt man herunter" (Anf. I 212). Beinahe ist auch das noch zu direkt, zu undialektisch geredet. Eher entspricht dem Gemeinten F. OVERBECKs Satz, wir Menschen kommen überhaupt nur vorwärts, "indem wir uns von Zeit zu Zeit in die Luft stellen", den Barth in seinen Meditationen über OVER-

BECKs Theologie- und Christentumskritik beifällig und - gegen das Original - in Sperrdruck zitiert (Vgl. F. OVERBECK, Christentum und Kultur, 1919, ND 1963, 77 bzw. K. BARTH, Ges. Vorträge II 1-25; 7). In seinem Vortrag von 1922 scheint Barth die Spitzenaussage Overbecks dadurch zu bekräftigen, daß er auch den dialektischen Weg noch einmal aufhebt. Auch diese Methode garantiert nicht die sachgemäße Rede von Gott. Sie ist "weitaus der beste Weg", aber die Möglichkeit, daß Gottes Wort wirklich gesagt, gehört und verstanden wird, liegt noch jenseits des dialektischen Weges und ereignet sich als das schlechthin Neue, als Wunder. So ergibt sich als Fazit: "Das Wort Gottes ist die ebenso notwendige, wie unmögliche Aufgabe der Theologie" (Anf. I 216). Die Dialektik droht sich selbst aufzuheben.

Für sein Verständnis von Dialektik greift Barth auf altreformierte Traditionselemente zurück. Er macht sich die These *"Finitum non capax est infiniti"* zu eigen und rezipiert unter solchem Vorzeichen die im Zusammenhang der Abendmahlskontroverse von der reformierten Theologie im 16. Jahrhundert entwickelte Vorstellung vom sogenannten Extra-Calvinisticum in einem grundsätzlichen Sinne. Aufgrund des qualitativen Unterschiedes von Göttlichem und Kreatürlichem kann Christus nach dieser Vorstellung nur seiner göttlichen Natur nach in den Abendmahlselementen gegenwärtig sein, verbleibt aber seiner menschlichen Natur nach im Himmel, "zur Rechten des Vaters". Barth bringt den Vorbehalt des Extra-Calvinisticum erkenntnistheoretisch und ontologisch zum Zuge und sieht in ihm das dialektische, indirekte Verständnis der Offenbarung und der Wirklichkeit Gottes angemessener gewahrt als in der "himmelstürmende(n) Geradlinigkeit, mit der Luther, aus dem Geheimnis ein Faktum machend, die Realpräsenz des fleischgewordenen Gottes in der Dinglichkeit *ohne* aufhaltendes Aber! verkündigen wollte" (K. BARTH, Ges. Vorträge I 205-207. Vgl. auch BARTHs Aufsatz "Ansatz und Absicht in Luthers Abendmahlslehre", Ges. Vorträge II 26-75, bes. 71). Hier wittert Barth erste Ansätze zur späteren anthropologischen Engführung evangelischer Theologie und schärft dagegen, in Anlehnung an S. KIERKEGAARD, die Indirektheit der Offenbarung ein. Gott geht nicht ein in die Geschichte, auch nicht in dem Menschen Jesus, er berührt die Welt nur, wie die Tangente einen Kreis berührt, "ohne sie zu berühren", sein Handeln an und mit der Welt hat "gar keine Ausdehnung", es gleicht "Einschlagstrichtern und Hohlräumen". "Jesus als der Christus ist die uns unbekannte Ebene, die die uns bekannte senkrecht von oben durchschneidet. Jesus als der Christus kann innerhalb der historischen Anschaulichkeit *nur* als Pro-

blem, *nur* als Mythus verstanden werden" (Römerbrief, ²1922, 5f).
Wohl kann Barth Geschichte als "Prädikat der Offenbarung" gelten
lassen, kann sogar von "einer durch die Offenbarung *qualifizierten*
Geschichte" reden, um dann im gleichen Atemzug aber doch wieder steif und generell zu insistieren: "Wer Geschichte sagt, sagt
eben damit Nicht-Offenbarung". (Ges. Vorträge II 310).

Bleibt Gott in seiner Offenbarung in Jesus Christus aber in Distanz zur Geschichte, verbleibt das Offenbarungsgeschehen auf der
oberen Ebene der "Ur-Geschichte", wie Barth im Anschluß an
OVERBECK formuliert (u.a. Römerbrief, ²1922, 5f), dann scheidet
auch jede Vergewisserung dieses Geschehens im Modus des Erlebnisses oder der Erfahrung aus. *Glaube* ist weder Frömmigkeit noch
Bekehrung, Religion oder Erlebnis, sondern die "unmögliche Möglichkeit", ist "Hohlraum", "Leere" (Römerbrief, ²1922, 114, 62, 96,
174 u.ö.). Barth kann in seiner frühen dialektischen Theologie auch
dem "Ja" Gottes über diese Welt Stimme verleihen (u.a. Römerbrief, ²1922, 53, 95, 148). "Gerade weil Gottes Nein! ganz ist, ist es
auch sein Ja! So haben wir in der Kraft Gottes den Ausblick, das
Tor, die Hoffnung" (a.a.O. 13). Aber das "NEIN" wird strikter zur
Geltung gebracht als das "Ja", der Gegensatz zwischen Gott und
Mensch pointierter als die Beziehung. Unklar bleibt vor allem, wie
sich die wiederholt thematisierte *Beziehung* angesichts des *Gegensatzes* klar sollte denken und verständlich aussprechen, das Gemeinte sich aus dem expressiven Sprachgestus in argumentations-
starke Theologie überführen lassen. Unter der Dominanz eines
diastatischen Grundmusters drohen die dialektisch aufeinander bezogenen Glieder auseinanderzubrechen und zu festen Größen zu
erstarren, das Gericht die Gnade zu verdunkeln. "Der Mensch ist
nicht dazu in die Luft gestellt, um alsbald wieder Boden zu finden.
Hinter dem siegreichen Willen Gottes kann sich niemand verstek-
ken, sondern wer ihn erkennt, der kommt ins Gericht, in die Erschütterung hinein und - nicht mehr heraus" (a.a.O. 59).

Barth hat die Schieflage seiner dialektischen Anfangszeit später
selbst zugestanden und eine Revision vorgenommen, die von ihm
selbst als innere Konsequenz seines theologischen Denkweges beurteilt worden ist, aber auch als Absage, zumindest als einschnei-
dende Relativierung seiner ursprünglichen Einsichten gedeutet
werden kann. Bereits 1925, anläßlich der wichtigen Auseinandersetzung Barths mit ERIK PETERSON, werden erste Ansätze einer
Neuorientierung sichtbar. Peterson hatte in seinem Aufsatz *"Was
ist Theologie"* (1925 = E. PETERSON, Theologische Traktate, 1951,
9-43) gegen Barth u.a. die These vertreten, theologische Erkenntnis
sei nur möglich unter der Voraussetzung, daß Gott Mensch gewor-

den sei und also die Offenbarung eine relative Erkennbarkeit in sich berge. Wäre die Offenbarung paradox, dann gäbe es keine Offenbarung und entsprechend auch keine Theologie (a.a.O. 16, 18). Dieser Einwand veranlaßt Barth (Kirche und Theologie 1925 = Ges. Vorträge II 302-328) zu einer Präzisierung seines Verständnisses von Dialektik, die nun auf die menschliche Rede von Gott eingeschränkt wird. Nur die Theologie hat dialektischen Charakter, nicht hingegen die Offenbarung. "Die Offenbarung, von der die Theologie redet, ist nicht dialektisch, ist kein Paradox" (a.a.O. 319). Darin gibt Barth Peterson Recht, an der dialektischen Verfassung der Theologie aber hält er - gegen Peterson - fest. Zwei Jahre später, in der *"Christlichen Dogmatik"* (1927) erfährt der Gedanke im Zusammenhang einer Analyse des dogmatischen Denkens (447-463) eine nähere Entfaltung und Begründung mit dem Ergebnis, daß das dogmatische Denken im Blick auf seinen Gegenstand immer *dialektisch* sei, nicht aber Gottes Wort. "Gott ... sagt das eine undialektische Wort. Er sagt das Amen, bei dem es sein Bewenden hat" (a.a.O. 459f). Das Interesse Barths verlagert sich zunehmend von der dialektischen Struktur menschlicher Rede von Gott auf das theologische Nach-Denken dieses göttlichen Wortes selbst.

GOGARTEN teilt in seiner anfänglichen dialektischen Theologie methodisch und inhaltlich den Ansatz Barths: Das Verhältnis von Gott und Mensch ist seiner Struktur nach diastatisch. "Zwischen Gott und Mensch ist ein absoluter Gegensatz" (Die religiöse Entscheidung 23.20). Gott als der "ganz Andere" kann nur in Kategorien des Gegensatzes gedacht werden. Die radikale Scheidung zwischen Gott und Mensch gilt nicht an sich, nicht grundsätzlich, sondern nur unter Voraussetzung der Sünde, die sich ihrerseits nur im Glauben erkennen läßt. Weil der Mensch das Wesen ist, das sich zu Gott in Widerspruch gestellt hat, darum kann er Gott nur noch als den sehen, der sich zum Menschen in Gegensatz stellt - und ihn dennoch annimmt, der ihn tötet und lebendig macht (vgl. Die religiöse Entscheidung 10). Insofern ist die diastatische Verhältnisbestimmung nicht, wie Gogarten gegen Einwände HERMANN HERRIGELs hervorhebt, Ausdruck des "prinzipiellen Denkens", sondern entspricht der Einsicht des Glaubens und schlägt sich in der Reflexion dieses Glaubens nieder (ZZ 3, 1925, 77f). So kann Gogarten erklären, daß seine "Theologie durchweg dialektisch bestimmt ist, d.h. daß keine Aussage in ihr ohne ihre Aufhebung, ihren Gegensatz genommen sein will" (Anf. II 150). Theologie ist wesensmäßig "dialektische" Theologie (ZZ 2, 1924, Heft 7, 16).

Damit sind die Weichen für das Offenbarungsverständnis gestellt. Aufgrund des dialektischen Charakters steht Gottes Offenbarung beziehungslos zu menschlicher Erfahrung, Frömmigkeit oder Religion. Religion wird geradezu als die "ungeheuerlichste Anmaßung" des Menschen entlarvt, den "absoluten Gegensatz ... zwischen Schöpfer und Geschöpf vom Geschöpf her überbrücken zu wollen" (Die religiöse Entscheidung 20). Offenbarung ereignet sich "erlebnisjenseitig", im "Jenseits des Erlebnisses: das heißt ... in jener absoluten Objektivität, die das tödliche Ende für jedes Erlebnis und für alles Endliche ist" (a.a.O. 59). Gogarten kann dem Gedanken eine noch zugespitztere, schlechthin paradoxe Fassung geben: "Offenbarung und Erkenntnis der Offenbarung findet statt im Jenseits des Menschen" (a.a.O. 71). Korrelat der Offenbarung ist nicht die menschliche Subjektivität, sondern "Gottes Subjektivität". Das scheint jeden wie auch immer gearteten menschlichen Erkenntniszugang zur Offenbarung auszuschließen. Aber dem Selbstverständnis seiner Theologie folgend sagt Gogarten in einer Gegensatzaussage beides: Offenbarung ereignet sich im "Jenseits" des Menschen und zugleich "in uns". Gott selbst ist es, der seine Offenbarung "in uns und durch uns erkennt und sie uns zu eigen macht" (Die religiöse Entscheidung 70). Wie sich beides miteinander sollte denken lassen können, wird nicht weiter ausgeführt. Alle Erläuterungsversuche würden das Gemeinte auch verfehlen, da Offenbarung und Erkenntnis von Offenbarung gerade als das absolut Unerklärliche respektiert sein wollen. Glaube bezeichnet eine Dimension jenseits menschlicher Möglichkeiten, er ist "Ende und Grenze alles Menschentums, aller Humanität, aller menschlichen Möglichkeiten und Fähigkeiten" (Von Glauben und Offenbarung 52, 49). Wer hier überhaupt verstehen will, ist schon auf dem Weg "zum totalen Mißverständnis". Zur Besonderheit der Offenbarung Gottes gehört eben "die nicht zufällige, also aus historischen oder kulturellen Ursachen folgende, sondern wesentliche und notwendige Unverständlichkeit" (a.a.O. 53f). Dementsprechend kann sich Glaube nur als Wunder ereignen, und wo das geschieht, da "werden die Naturgesetze, wird die Einheit der menschlichen Vernunft und ihrer begrifflichen Ordnung durchbrochen ... Der Ort des Glaubens ist menschlich gesehen leer" (a.a.O. 48). Theologie, die diese Einsichten "dialektisch" zur Aussage bringt, hat damit die Aufgabe, "die Gegenstandslosigkeit alles und jedes Denkens über Gott und Gottes Offenbarung immer von neuem zu erweisen" (Anf. II 143).

Allerdings darf das dialektische Denken nicht als methodisches Instrumentarium gehandhabt werden, um sich nun doch der Offenbarung Gottes zu vergewissern oder gar zu bemächtigen. Das wäre immer noch der Weg der Religion. Gott antwortet auf die Sünde des Menschen mit Vergebung und schenkt ihm Leben und Seligkeit. Aber diese Antwort läßt sich nicht aus dem Wesen Gottes erschließen oder als "dialektische Gegenseite" der faktisch sündig verfaßten, letztlich aber in Gott gegründeten Individualität gewinnen, sondern ergibt sich "ganz allein ... aus dem hörenden Hören auf Gottes Wort" (Von Glauben und Offenbarung 81f).

Soweit variiert Gogarten Gedanken Barths, auf den er seinerseits gewirkt hat. Er unterscheidet sich aber dadurch von ihm, daß er seinem theologischen Ansatz schon ziemlich früh, nachweislich ab 1922, durch die Vermittlung mit einer philosophisch ausgearbeiteten Ich-Du-Beziehung (F. EBNER, E. GRISEBACH, M. BUBER) eine personalistische Fundierung gibt, die auch für sein Verständnis von Dialektik nicht folgenlos bleibt. Allerdings darf diese Modifikation nicht lediglich auf philosophischen Fremdeinfluß zurückgeführt werden. Gogarten befand sich wohl in freundschaftlich-kritischem Gespräch mit EBERHARD GRISEBACH - nach eigener Aussage seit 1921 (vgl. dazu das Vorwort zu "Von Glauben und Offenbarung" 1923; andere zeitliche Datierung bei J. KAHL, Philosophie und Christologie im Denken Friedrich Gogartens 20) - und hat dieser Auseinandersetzung auch öffentlich Bedeutung für die Entwicklung seiner Theologie zugesprochen. Aber er interpretiert schon 1917 Wirklichkeit als Verhältnis zwischen Ich und Du. Erlebnis ist "nur möglich zwischen einem Ich und einem Du. Es verlangt zwei, die auch beide handeln" (Religion weither 14. Ähnlich "Fortschritt oder Ewigkeit?", Die Tat 10, 1918/19, 422f). Der Ich-Du-Gedanke ist Gogarten also nicht erst durch die Ich-Du-Philosophie vermittelt, aber unter ihrem Einfluß geklärt und seiner radikalen Dialektik integriert worden. Dieser Vorgang läßt sich an der eigentümlichen Vorstellung von der geschichtlichen Absolutheit der Offenbarung verdeutlichen.

Um die Offenbarung Gottes allen subjektiv-personalen Vergewisserungsversuchen, auch denen über ein geschichtliches Verständnis, wie es etwa E. TROELTSCH versuchte, zu entziehen, spricht Gogarten von einer "absoluten Objektivität der Offenbarung". Mit der Objektivität der Offenbarung bricht ein *absolut* Neues an - in der Geschichte, also *geschichtlich!* Insofern muß Offenbarung als "objektiv geschichtliche Tatsache" in "absoluter Wesensverschiedenheit" von anderen geschichtlichen Tatsachen verstanden werden (Die religiöse Entscheidung 57f). In absurd klingender Formulierung, die Gogarten selbst so charakterisiert, heißt es, "daß die geschichtliche Offenbarung Gottes, wie sie die Bibel verkündigt, für unsere geschichtliche Auffassung ein Vakuum, ... ein Unerforschbares ist" (a.a.O. 61f). Der Ausdruck *"geschichtlich"* soll ein übergeschichtlich-metaphysisches, der Ausdruck *"absolut"* ein historischpsychologisierendes Mißverständnis des Offenbarungsgeschehens abwehren. Nur aus dieser doppelten Frontstellung, nicht aus sich selbst heraus ergibt die auf den ersten Blick unverständliche Verbindung beider Begriffe einen Sinn. Der absolut geschichtlichen Offenbarung entspricht die Glaube als Anerkennung (a.a.O. 58), als Entscheidung des Gehorsams (Illusionen 11).

Geschichtlich ist nun aber auch die Begegnung von Ich und Du qualifiziert. In einer Auseinandersetzung mit seinem Lehrer E. TROELTSCH setzt Gogarten dessen geschichtsphilosophischer Interpretation von Wirklichkeit, vor allem dem Verständnis von Individualität als "Monade" (Anf. II 171-190, bes. 184), eine Doppelthese entgegen: 1. Geschichte im verantwortlichen Sinne ist Begegnung des Menschen mit dem anderen Menschen, des "Ich" mit dem "Du". 2. Geschichte ist Begegnung mit Gott (Anf. II 187). Die Begegnung des Menschen mit dem Du gibt der Geschichte Inhalt, die Begegnung mit Gott bewahrt sie vor einer Auflösung in Relativismus und Naturalismus, verleiht ihr den Charakter des Unbedingten und stellt den Menschen in die Entscheidung. "Wirkliche Geschichte ist eine Handlung, die aus einer *doppelten,* einer zweideutigen Begegnung besteht: der mit einem anderen Menschen und der mit Gott. Und die eine Begegnung ist der anderen gleich, insofern als keine ohne die andere tatsächlich möglich ist" (Anf. II 188). Das "Du" begegnet aber immer in der Seinsweise des Zufälligen, des raum-zeitlich bestimmten Gegenübers und läßt sich deshalb nicht verstehen oder denken, sondern nur anerkennen (Ich glaube an den dreieinigen Gott 37). In der Beziehung zum Du wiederholt sich also die Beziehung zur Offenbarung: Anerkennung. Die gegensätzliche bzw. "zweiheitliche" Struktur von menschlich-geschichtlicher Wirklichkeit hat ihren Grund in der Welt als Schöpfung Gottes. Im "Glauben an die Schöpfung" wird die zweiheitliche Verfaßtheit der Wirklichkeit und damit der Anspruch des Du an das Ich anerkannt (a.a.O. 43). Die Begegnung des Geschöpfes mit Gott dem Schöpfer vollzieht sich konkret in der Begegnung mit seinen Werken, seinen Geschöpfen (a.a.O. 58), concretissime: in der Begegnung mit dem Du. In der Anerkenntnis meiner unlösbaren Gebundenheit an das Du glaube ich an Gott den Schöpfer, im Du meines Mitmenschen stoße ich auf das Du Gottes.

Der Ich-Du-Personalismus Gogartens kann seiner theologischen Funktion nach als Versuch verstanden werden, Gott aus der Ferne des unendlich qualitativen Unterschiedes zum Menschen (wieder) in die geschichtliche Wirklichkeit hineinzuholen. Das Offenbarungsgeschehen wird mit Hilfe des Schöpfungsglaubens konkretisiert. Als Folge solcher theologischen Neuorientierung, die mit einer neuen Offenheit für die geschichtliche Wirklichkeit des Menschen einhergeht, wandelt sich auch die Dialektik. Sie wird jetzt begrenzt auf die Gegebenheiten des menschlichen Daseins. Dialektik, verstanden als Gegensatzbestimmung von Gott und Mensch, würde ein Wissen von Gott voraussetzen, weil sich nur daran der Gegensatz festmachen ließe. Hinsichtlich eines solchen Wissens von Gott - sei es auch durch Offenbarung und Glaube konstituiert - wird Gogarten zurückhaltender. Alle Aussagen über Gott wollen nicht eine nähere Bestimmung seiner Wirklichkeit geben, sondern die Zeitlichkeit und Vergänglichkeit des *Menschen* ins rechte Licht rücken. Unser Wissen von Gott ist "zugleich und *vor allem* ein Wissen von uns selbst ... ein Wissen von uns vor dem Angesichte Gottes oder, was dasselbe heißt, ein Wissen von uns als Geschöpfen Gottes" (a.a.O. 52. Hervorhebung von H.F.). Gottes Ewigkeit z.B. ist kein zureichender Begriff für Ewigkeit bzw. das Wesen Gottes, sondern Ausdruck für die Zeitlichkeit des menschlichen Wesens in ihrem dialektischen Sinn. Das Reden von Gott erschließt die Wirklichkeit des Menschen, ist also *anthropologisch* ausgerichtet. Pointiert: *Aussagen über Gott sind Chiffren der dialektischen Verfassung menschlicher Wirklichkeit.* "Denn nicht um die Dialektik des Gottesverhältnisses geht es hier..., weil das Verhältnis des Menschen zu Gott schlechthin undialektisch ist. Sondern es geht um die Dialektik des menschlichen Daseins, die sich allerdings erst vom Glauben an die Schöpfung aus in ihrer ganzen Tiefe enthüllt" (ebd.). Jetzt (1926) ist die Dialektik also einem Entwurf personalistischer Theologie eingeordnet, der 1929 (ZZ 7, 1929, 493-511) - mit partiell positiver Bezugnahme auf SCHLEIERMACHERs anthropologischen Ansatz - in seiner Stoßrichtung noch verdeutlicht wird. - K. Barth stand der theologischen Integration des Ich-Du-Personalismus Gogartens von Anfang an reserviert gegenüber. In einem Brief (Rundbrief) vom 7.10.1922 schreibt er hellsichtig u.a.: "Das christologische Problem wird da mit Hilfe einer spekulativen Ich-Du-Philosophie, die ich für eine Roßkur halte, behandelt und gelöst. Weiß der Himmel, wo das noch hinführt. Ich bin auch in dieser Hinsicht einfach besorgt um die Zukunft: Gogarten sitzt mir zu weit *oben,* ich habe, wenn ich ihm zuhöre, immer Lust, mich auf die Seite der unverständigsten Historiker zu stellen" (BARTH - THURNEYSEN, Briefwechsel II 105f). Barth begleitet den weiteren Weg Gogartens zunehmend kritisch, markiert die Differenz ihm gegenüber vor allem in der Einschätzung der *theologischen Anthropologie* und sieht sich dann im Zusammenhang mit der kirchenpolitischen Entscheidung Gogartens für die Bewegung der "Deutschen Christen" zum "Abschied" von ihm und der Mitarbeit an "Zwischen den Zeiten" genötigt.

E. BRUNNER, seit seinen Anfängen mit philosophischen Problemstellungen beschäftigt und theologisch im Schweizer Religiösen Sozialismus beheimatet, wird durch Barths Römerbrief für den
Kampf und die Ziele der neuen theologischen Bewegung gewonnen. Die Kritik an den wirtschaftlichen, sozialen und gesellschaftlichen Zuständen, zu denen der junge Pfarrer - ähnlich wie K. Barth
- durch die Erfahrung konkreter Mißstände in seiner Gemeinde
Obstalden und Filzbach im Kanton Glarus gedrängt wird, verschärft sich durch die Begegnung mit Barths Römerbrief zur *theologischen* Kritik. In einer begeisterten, nur durch wenige kritische
Anfragen temperierten Besprechung des Buches (Anf. I 78-87)
rühmt er es vor allem, daß Barth die "Jenseitigkeit" des Glaubens
dem psychischen Erleben klar entgegengesetzt und damit den
Glauben aus den Fesseln des Psychologismus befreit habe (a.a.O.
84). "Ich rechne es zu den höchsten Verdiensten Barths, daß er es
gewagt - und gekonnt! - hat, dieses zeitlose, überpsychologische,
'schlechthinige' Wesen des Glaubens wieder ins Licht zu rücken,
und daß er allen Versuchungen zum Psychologismus ... mannhaft
widerstand. Die Überwindung des psychologischen Subjektivismus
... muß geschehen, so wertvolle Dienste er uns geleistet hat zur Befreiung aus einem öden Dogmatismus" (a.a.O. 85).

Um die Eigenart des Glaubens herauszuarbeiten, bedient Brunner sich ebenfalls des Denkmodells der *Dialektik*. Zwei Grundgedanken sind für diesen Ansatz bestimmend: Zwischen Gott und
Mensch besteht ein *Widerspruch*. Dieser Widerspruch aber ist um-
fangen von einer *letzten Einheit und Gemeinschaft* zwischen Gott
und Mensch. Der zweite Gedanke führt dazu, daß die Fassung des
Gegensatzes von Gott und Mensch bei Brunner niemals diejenige
Radikalität annimmt, die bei Barth und Gogarten begegnet. Zunächst also: Der Mensch steht im *Widerspruch* zu Gott, und deshalb
trifft ihn Gottes Wort auch als Widerspruch. In seiner Offenbarung
widerspricht Gott dem Menschen. Aufgabe der Theologie ist es,
diesen Widerspruch abzubilden, und deshalb muß sie selbst *dialektisch* sein. Man kann das mißverständliche Wort "dialektisch" nach
Brunner geradezu "wiedergeben mit: den Widerspruch abbildend"
(ZZ 7, 1929, 266 Anm. 5). Und darum ist die legitime Sprache der
dialektischen Theologie das "Paradox" (ebd.). Insofern gilt für das
Verhältnis Gottes zum Menschen der "schroffste Dualismus" (Anf.
I 264). Aber der Widerspruch des Menschen gegen Gott ist nicht
ein Erstes, sondern ein Zweites, er ereignet sich auf dem Boden
einer zuvor gegebenen *Gemeinschaft und Beziehung*. Der Mensch,
der sich gegen Gott wendet, ist und bleibt Geschöpf Gottes. Mit
der Geschöpflichkeit ist Gemeinsamkeit gestiftet. Es gibt eine *"Ur-

beziehung zwischen Schöpfer und Geschöpf. Das Geschöpf ist gesetzt durch die Selbstmitteilung Gottes" (a.a.O. 296). Dieses *Urverhältnis,* durch das Gott und Mensch miteinander verbunden sind, schließt ein Doppeltes ein: eine *"Urgleichheit",* sofern der Mensch als Geschöpf unzertrennlich zu Gott, seinem Schöpfer, gehört, und eine *"Urungleichheit",* sofern Gott als Schöpfer dem Menschen gegenübersteht (ebd.). Sünde heißt dann, diese geschenkte, nur zu empfangende Urgleichheit als eigenständiges Gut autonom in Anspruch nehmen zu wollen.

Dieses Doppelverhältnis - Gegensatz zwischen Gott und Mensch auf dem Boden einer ursprünglichen Gemeinschaft - spiegelt sich auch in der *erkennenden* Beziehung des Menschen zu Gott wider. Einerseits stehen Offenbarung und Vernunft im Gegensatz zueinander. Offenbarung ist "nicht ein Natürliches, Humanes, sondern das Wunder und Paradox, gegen das sich Natur und Vernunft aufbäumen. Dem Denker Torheit, dem Ethiker Ärgernis, *das* Paradox, *der* Denkwiderspruch..., weil es die Voraussetzung alles Denkens, das Gesetz selbst, außer Kraft setzt" (a.a.O. 314). Andererseits läßt sich das Verhältnis von Vernunft und Offenbarung nicht "von vornherein" als "reiner Gegensatz" bestimmen, sondern muß immer als Gegensatz *und* Beziehung *zugleich* gedacht werden. Das Verständnis des Wortes Gottes setzt selbst Vernunft voraus, und die Theologie nimmt, indem sie den Gegensatz von Offenbarung und Vernunft ausarbeitet, ebenfalls Vernunft in Anspruch. Der Gegensatz der Offenbarung gilt also nicht der Vernunft schlechthin, sondern nur derjenigen, die sich selbst behaupten will und als Letztinstanz in Funktion tritt.

Da der Mensch sich faktisch im Widerspruch zu Gott befindet, ist nicht die Vernunft, sondern der *Glaube* das der Offenbarung entsprechende Organ. Glaube darf nicht als "Fühlen", als "Mystik" oder als unmittelbares Erlebnis Gottes mißverstanden werden, er ist Ausdruck einer grundsätzlich gebrochenen Beziehung zur Offenbarung. "Der christliche Glaube ... betont mit derselben Wucht, mit der die Schuld, der Bruch geltend gemacht wird, die Unmöglichkeit einer direkten, ungebrochenen Gottesbeziehung und proklamiert die grundsätzliche Gebrochenheit" (a.a.O. 316; vgl. auch 314). Im Zeichen dieser grundsätzlichen Gebrochenheit unterzieht Brunner die Theologie SCHLEIERMACHERS einer furiosen Kritik. Der Titel seines Schleiermacher-Buches "Die Mystik und das Wort" (1924) beschreibt das Programm: Wort steht *gegen* Mystik, Glaube *gegen* Gefühl, der Glaube an das Wort Gottes *gegen* den Glauben des Menschen an sich selbst (Vorwort zur 2. Auflage 1928, VI). SCHLEIERMACHER setzt nach Brunner richtig an: Bloßer Dogmenglaube, bloßes intellektuelles Fürwahrhalten von Glaubenssätzen ist niemals Glaube. Aus dieser an sich richtigen Erkenntnis wird dann aber der falsche Schluß gezogen, als sei das Wesentliche in der Religion die Subjektivität, das Gefühl, das Erlebnis und nicht die Ausgerichtetheit auf das objektiv andere der Offenbarung Gottes in seinem Wort. Wichtig am Glauben "ist nicht das Was, sondern das Wie, nicht etwas, was unter den geistigen Kategorien wahr - unwahr, richtig - unrichtig, sondern unter den dynamisch-biologischen Kategorien stark - schwach, lebendig - unlebendig gesehen werden muß ... Damit war das große Dogma der neuzeitlichen Theologie formuliert" (Anf. I 277). SCHLEIERMACHER wird für das psychologische Mißverständnis der Theologie in der Neuzeit haftbar gemacht.

BRUNNERs theologischer Ansatz weist gegenüber Barth die Besonderheit auf, daß ihm neben der Einschärfung des qualitativen Unterschiedes von Gott und Mensch von vornherein auch "Die andere Aufgabe der Theologie" (ZZ 7, 1929, 255-276) bewußt war. Das gibt seiner Theologie einen eigenen Zuschnitt. Durch sein anhaltendes Interesse an philosophischen und religionsphilosophischen Fragestellungen war er anders auf solch einen "anderen" Reflexionsgang vorbereitet als Barth. Brunner knüpft wie Gogarten an die Ich-Du-Philosophie an (Die Mystik und das Wort 1924, 395 Anm.) und provoziert damit Barth umgehend zu kritischer Rückfrage (ZZ 1-2, 1923-1924, Heft 8, 58 Anm.). Die Relation von Wort und Glaube erschließt sich nach Brunner aus der Verantwortungssituation des Menschen und wird mit personalen Kategorien ausgelegt. Dafür dient ihm das Selbstverständnis des Menschen als Leitfaden. An diesem Selbstverständnis läßt sich ablesen, daß der Mensch zumindest nach Gott *fragen* kann, es auch tatsächlich tut, und daran kann die Theologie *"anknüpfen"*. Allerdings bestätigt sie den Menschen nicht ohne weiteres mit seiner Frage, sie knüpft nicht positiv, sondern *negativ* an die Frage an, indem sie den Menschen seine eigene Frage nach Gott erst verstehen lehrt. "Diese Fragwürdigkeit ist der Anknüpfungspunkt" (ZZ 7, 1929, 262).

Mit der Theorie des Anknüpfungspunktes knüpft Brunner nun seinerseits an zentrale Problemstellungen der neuprotestantischen Theologie an und relativiert faktisch seine Kritik an SCHLEIERMACHER. Falsch an der bisherigen Theologie ist nach seinem Urteil nicht, *"daß* sie (überhaupt) einen Anknüpfungspunkt für das göttliche Wort im Menschen sucht. Es ist im höchsten Grad unsinnig und unbiblisch, das Vorhandensein eines solchen zu leugnen oder außer Acht zu lassen". Verkehrt an der bisherigen Theologie ist nur, "daß sie diesen Anknüpfungspunkt im Positiven statt im Negativen" sucht (ebd.). Aber auch diese kritische Umkehrung ändert nichts daran, daß der Mensch auf Gottes Wort ansprechbar bleibt, diese Ansprechbarkeit macht sein Person-Sein aus und bedarf der theologischen Interpretation. Damit wächst der *Anthropologie* wieder fundamentaltheologische Bedeutung zu; als Reflexion auf das Sich-Selbst-Verstehen des Menschen ist sie "der gemeinsame Boden des Glaubens und des Nichtglaubens" (a.a.O. 260). In dieser Neueinschätzung der Anthropologie weiß Brunner sich 1929 ausdrücklich mit Gogarten einig (a.a.O. 260f Anm. 1) und über ihn hinaus mit der Tradition neuzeitlicher Theologie. Diese Gemeinsamkeit wird noch dadurch unterstrichen, daß Brunner nicht nur gegen die flaccianische "Irrlehre", nach der durch den Sündenfall "die Erbsünde die Substanz der menschlichen Natur geworden sei", sondern auch gegen überzogene Positionen reformatorischer Theologie Stellung bezieht. Manche Aussagen LUTHERs mit Tendenz zum "absoluten Determinismus" seien "aus der Kampfsituation heraus verständliche Entgleisungen", aber einer Wiederholung nicht fähig. "Der Mensch ist nicht *truncus et lapis,* sondern eben Mensch, und das heißt: ein irgendwie um Gott wissendes Wesen. Sein um Gott Wissen (jetzt also nicht mehr nur 'Frage'!) ist sein Menschsein - wie entstellt und fragwürdig auch dieses Wissen ist. Daß er Mensch ist, daß er Kultur hat, daß er um Sinn sich müht, in Kunst und Wissenschaft, in Philosophie, Recht, Sittlichkeit und Religion, in welcher Gottesferne das auch immer geschehen mag: es ist doch die Folge seiner Gottbezogenheit, der Gott entstammenden *imago Dei"* (a.a.O. 264).

Brunner hat diese Theorie vom "Anknüpfungspunkt" 1932 in einem Aufsatz *"Die Frage nach dem 'Anknüpfungspunkt' als Problem der Theologie"* (ZZ 10, 1932, 505-532) weiterentwickelt und zwei Jahre später in seinem bekannten Dialog mit und gegen K. Barth (Natur und Gnade, Zum Gespräch mit Karl Barth, 1934) zur Lehre von einer *christlichen* natürlichen Theologie ausgebaut. In diese Lehre sind Einsichten eingegangen, die sich ansatzweise schon in der reformatorischen Theologie finden, besondere Dringlichkeit aber noch einmal für die Theologie unter den Bedingungen des neuzeitlichen Wahrheits- und Wirklichkeitsbewußtseins besitzen. Unverkennbar ist aber auch, daß Brunner damit von den steilen Thesen der frühen dialektischen Theologie abgerückt ist. Barth hat diesen Weg skeptisch verfolgt und Brunners theologisches Gesprächsangebot 1934 mit einem schroffen "NEIN!" zurückgewiesen.

R. BULTMANNs Verhältnis zur dialektischen Theologie weist ambivalente Züge auf. Im Unterschied zu Barth, Gogarten und E. Brunner ist er nicht durch die pfarramtliche Praxis geprägt worden, sondern hat sehr gradlinig den Weg eines akademischen Theologen und Professors eingeschlagen. Seiner theologischen Herkunft nach ist er "liberaler" Theologe, wie K. Barth "alter Marburger". Die liberale Theologie begegnet ihm in ihrer historischen Gestalt u.a. in A. v. HARNACK in Berlin, in ihrer systematischen in W. HERRMANN in Marburg, in ihrer neutestamentlichen - ebenfalls in Marburg - in A. JÜLICHER und Repräsentanten der religionsgeschichtlichen Schule (JOH. WEISS, W. HEITMÜLLER). Das Besondere der urchristlichen Botschaft erschließt sich erst auf dem Hintergrund der vorderorientalischen und hellenistischen Religionswelt mit ihren reichen Spuren im Neuen Testament. Dafür dient die historisch-kritische Methode als unerläßliches Instrumentarium, das rückhaltlos auf die biblischen Schriften angewendet wird. Dieser Forschungsmethode ist Bultmann zeit seines Lebens treu geblieben. Ihre Verdienste liegen nach seinem Urteil in der Erziehung zur Kritik, im Ernst der intellektuellen Redlichkeit und in der radikalen Wahrhaftigkeit (GuV I 2f). Den Gesichtspunkt der historischen Kritik macht er auch gegen die erste Auflage von BARTHs Römerbrief geltend (Ethische und mystische Religion im Urchristentum, 1920 = Anf. II 29-47; 40.43). Überhaupt gehört er nach dem Ersten Weltkrieg nicht zu den dialektischen Streitern der ersten Stunde. Noch 1920 ordnet er sich selbst der "liberalen" Theologie zu (a.a.O. 41) und kann sich in seinem Aufsatz *Religion und Kultur* (1920 = Anf. II 11-29) für sein Religionsverständnis ungebrochen auf die Bestimmungen SCHLEIERMACHERS (und W. HERRMANNs) beziehen. Religion ist das Bewußtsein absoluter Abhängigkeit. "Schlechthinige Abhängigkeit ist nur da möglich, wo der Mensch einer Macht begegnet, der sein Innerstes sich frei entfaltet, der er sich befreit und aufatmend in die Arme wirft - sich *unter*wirft in freier Selbsthingabe" (a.a.O. 17f). Das Selbstverständnis Bultmanns als eines liberalen Theologen und die Interpretation der Religion im Sinne SCHLEIERMACHERs hindern ihn aber nicht, sich gleichzeitig, z.T. unter Berufung auf SCHLEIERMACHER selbst, gegen bestimmte liberal-theologische Positionen kritisch abzugrenzen. So hebt er den wesenhaften *Gegensatz* von Religion und Kultur hervor und vermag insoweit auch Barth beizupflichten (a.a.O. 43). Hinsichtlich der kulturkritischen Wahrnehmung der Religion sieht er also SCHLEIERMACHER und BARTH auf gemeinsamem Wege. Auch ansonsten versieht Bultmann seine Zustimmung zur liberalen Theologie schon zu diesem Zeitpunkt mit deutlichen Vorbehalten. So wird gegen die historisch-kritische Theologie eingewandt, es könne nicht ihre Aufgabe sein, Frömmigkeit zu *begründen,* sondern lediglich "zur Selbstbesinnung zu führen, den geistigen Bestand des Bewußtseins klären und reinigen zu helfen" (Anf. II 41). Problematisch ist aus historischen und theologischen Gründen auch die Reduktion auf den "historischen Jesus" als Norm des Christentums (Anf. II 42; vgl. auch 44). Aber mit solchen kritischen Voten bewegt Bultmann sich immer noch im Rahmen und nicht außerhalb der liberalen Theologie.

Das ändert sich ab 1922, zunächst mit der verständnisvollen und auf weiten Strecken auch zustimmenden Besprechung der zweiten Auflage von Barths Römerbrief (Anf. I 119-142). Bultmann gibt Barth grundsätzlich Recht in seinem Kampf *"gegen die psychologi-sierende, historisierende Auffassung der Religion,* die nicht nur in der historischen (sog. liberalen) Theologie eine Rolle spielt oder ge-spielt hat, sondern in der Theologie und dem modernen Geistesle-ben überhaupt" (a.a.O. 119). Darin ist Barth nach Bultmann aber nicht originell, sondern macht sich nur die moderne Polemik gegen "Historismus" und "Psychologismus" zu eigen, die sich schon bei W. HERRMANN findet (a.a.O. 121). Seine Originalität liegt in der neuen, "wuchtigen" Terminologie, mit der er *"die große Paradoxie des Glaubens: die Setzung der Identität des anschaulichen mit dem unanschaulichen Ich,* des unerlösten Menschen mit dem gerechtfer-tigten" zur Aussage bringt. Auch für Bultmann hat Glaube die Qua-lität eines "schlechthinnigen Wunders", ist "Gehorsam", "unmögli-che Möglichkeit", "Wagnis", "Sprung ins Leere" (a.a.O. 127f; 130) und läßt sich nicht als psychologisch verständliches "Erleben" re-konstruieren, wie das bei W. HERRMANN geschieht. Hier steht Bultmann mit Barth gegen den gemeinsamen Lehrer (obwohl Bult-manns Kritik an HERRMANN an diesem Punkt widersprüchlich bleibt: vgl. Anf. I 121 Anm. mit 135!). Aber die Paradoxie scheint ihm bei Barth unklar, "überspannt" zu sein, sofern dessen Argu-mentation auf einen "Glauben jenseits des Bewußtseins" hinaus-läuft, und das ist in *jedem* Sinne absurd (a.a.O. 131). "Glaube ist durchaus eine eigentümliche Bestimmtheit der Inhalte unseres Be-wußtseins" (a.a.O. 132). Um diese Inhalte klar gegen willkürliche Spekulationen abzugrenzen, bedarf es einer genaueren Klärung des Verhältnisses von Glaube und Logos (a.a.O. 133f). Hier sieht Bultmann das "wichtigste" Problem und die "größte Gefahr" für die Theologie Barths (K. BARTH - R. BULTMANN, Briefwechsel 1922-1966, 4). Nach wie vor kritisch bleibt er auch gegenüber Barths "Verhältnis zum Text" (Anf. I 140-142). Barth wird dem individuel-len Leben und Reichtum des Römerbriefes nicht gerecht, vergewal-tigt den Paulus und scheint sich von einem "modernen Inspira-tionsdogma" leiten zu lassen. Bultmann teilt die Einwände, die sein Marburger Kollege A. JÜLICHER in historisch-philologischer und sachlicher Hinsicht gegen Barth vorgebracht hatte (vgl. Anf. I 87-98 und 141 Anm. 4). So fällt Bultmanns Besprechung der zweiten Auflage von Barths Römerbrief eigenartig zwiespältig aus: Er öffnet sich deutlich den Problem- und Fragestellungen der frühen dialektischen Theologie Barths und versteht mit ihm den Glauben als "Paradox", versucht dem Begriff aber durch kritische Durchklärung einen Sinn zu geben, der sich mit Einsichten W. HERRMANNs verbinden läßt (vgl. auch Anf. I 136f). Die Brücken zur theologischen Tradition werden also noch nicht abgebrochen.

Das geschieht erst zwei Jahre später in dem Aufsatz *"Die liberale Theologie und die jüngste theologische Bewegung"* (1924 = GuV I 1-25), der das theologische Selbstverständnis Bultmanns im Gewande theologiegeschichtlicher Aufklärung dokumentiert. Die Argumente gegen die liberale Theologie werden zu prinzipieller Kritik vertieft und verschärft. "Der Gegenstand der Theologie ist Gott, und der Vorwurf gegen die liberale Theologie ist der, daß sie nicht von Gott, sondern vom Menschen gehandelt hat. Gott bedeutet die radikale Verneinung und Aufhebung des Menschen; die Theologie, deren Gegenstand Gott ist, kann deshalb nur den Logos tou Staurou (das Wort vom Kreuz) zu ihrem Inhalt haben; dieser aber ist ein Skandalon für den Menschen. Und so ist der Vorwurf gegen die liberale Theologie der, daß sie sich diesem Skandalon zu entziehen oder es zu erweichen suchte" (a.a.O. 2).

Bultmann verdeutlicht diese Kritik u.a. am Verständnis von *Geschichte*. Das historische Interesse der liberalen Theologie war geleitet von dem Bemühen, dem Glauben ein Fundament zu geben. Solch ein Versuch mußte scheitern, weil Ergebnisse der Geschichtswissenschaft immer nur relative Geltung haben. Gottes Offenbarung sprengt jeden innerweltlichen Relationszusammenhang, seine Transzendenz bedeutet "die Durchstreichung des ganzen Menschen, seiner ganzen Geschichte". Deshalb kann es keine direkte Gotteserkenntnis geben. Wer die Geschichtswissenschaft theologisch in Dienst nimmt, versucht "dem Glauben eine Begründung zu geben, die sein Wesen zunichte macht, weil hier überhaupt eine Begründung versucht wird" (a.a.O. 13). Bultmann versteht die Beziehung von Gott und Mensch jetzt mit Barth schroff diastatisch und übernimmt Vorstellungen, die er zwei Jahre zuvor noch zurückgewiesen hatte. Bedeutet Gott die totale Verneinung des Menschen, dann ist der Mensch unfähig zur Beziehung mit Gott, nur Gott selbst kann sie gewähren. Das ereignet sich im Glauben. "Glaube" ist - in Übereinstimmung mit Formulierungen von 1920 - etwas schlechthin Paradoxes (a.a.O. 22), strikt zu unterscheiden von Erlebnis, Frömmigkeit oder Religion. Aber im Unterschied zur damaligen Position geht Bultmann jetzt noch einen Schritt weiter: *"Der Glaube ist nicht ein Zustand des Bewußtseins"* (ebd.). Soweit er das ist, ist er nicht Glaube. Das Verständnis des Glaubens muß frei gehalten werden von allen Vorstellungen menschlicher Aktivität. "Der *Glaube* kann sich nicht vom Menschen aus erheben, sondern ... kann nur Gottes Schöpfung im Menschen selbst sein; sofern er im Menschen wirklich ist, stellt er sich dar als Gehorsam gegen Gottes Wort. Der Glaubende ist also der von Gott verwandelte, der von Gott getötete und erweckte Mensch, nie der natürliche Mensch" (a.a.O. 19f). Der natürliche Mensch muß aufgehoben werden, damit der neue Mensch werden kann. Aber solche Aufhebung hat nicht den Charakter von Ersetzung, sondern "ist immer eine dialektische, d.h. dies Diesseits ist immer nur von einem Jenseits aufgehoben" (a.a.O. 24). Auf unanschauliche, erlebnisjenseitige Weise ist der sündige der gerechtfertigte Mensch. Mit Anklängen an GOGARTENs Spitzenaussage von der "Erlebnisjenseitigkeit" der Offenbarung und Offenbarungserkenntnis kann Bultmann jetzt formulieren: "Der neue Mensch ist immer der jenseitige, dessen Identität mit dem diesseitigen Menschen nur geglaubt werden kann" (a.a.O. 24). Hatte Bultmann 1920 Barths Behauptung, wir könnten nur glauben, daß wir *glauben,* als Mißverständnis des Paulus und überhaupt als unsachgemäß zurückgewiesen (Anf. I 131), so heißt es nun zustimmend (GuV I 24), Barth könne "sogar Luthers paradoxen Satz erneuern, daß wir nur *glauben,* daß wir glauben".

Theologie ist *"Explikation" des Glaubens.* Mit solcher Auffassung weicht Bultmann bei aller Nähe zu Barth im Entscheidenden doch wieder von ihm ab und folgt Gogarten, der überhaupt und von Anfang an (vgl. u.a. Anf. II 40.45 Anm. 7) viel nachhaltiger auf ihn gewirkt hat als Barth. "Gegenstand der Theologie ist ... Gott, und von Gott redet die Theologie, indem sie redet vom Menschen, wie er vor Gott gestellt ist, also vom Glauben aus" (GuV I 25). Mit diesem Schlußsatz des Artikels hat Bultmann eine Wendung vollzogen, die seinem Vorwurf gegen die liberale Theologie (GuV I 2) die Spitze abbricht. Theologie redet von Gott, indem sie aus der Perspektive des Glaubens vom Menschen redet! Hatte die liberale Theologie etwas anderes gesagt? Jedenfalls scheint in die Zustimmung zu Barth die Differenz zu ihm schon eingebaut zu sein, der nicht in der theologischen Anthropologie, sondern im Wort Gottes die ebenso notwendige wie unmögliche Aufgabe der Theologie gesehen hatte. Bultmann bewegt sich nur scheinbar in den Bahnen der Theologie Barths, im Grunde geht sein Interesse in eine andere Richtung. Es liegt in der Logik dieses Interesses, daß die *theologi-*

sche Fassung der Dialektik als Gegensatzbeschreibung von Gott und Mensch sich zur *anthropologischen* wandelt.

Wie Barth sah sich auch Bultmann zur Auseinandersetzung mit E. Petersons Abhandlung *"Was ist Theologie?"* genötigt (Die Frage der "dialektischen" Theologie, 1926 = Anf. II 72-92). Gegen Petersons Angriffe auf den theologischen Umgang mit der Dialektik präzisiert Bultmann deren Sinn. Das *Geschehen* der Offenbarung Gottes ist nicht dialektisch, deshalb kann von ihm nur in der Weise der Botschaft, der Verkündigung gesprochen werden (Anf. II 77f), der wiederum der ganz undialektische Gehorsam des Glaubens entspricht (a.a.O. 82). *Theologie* aber vollzieht sich im Wissen um ihre eigene Voraussetzung als dialektische, bleibt sich des Unterschiedes ihrer eigenen Rede zum göttlichen Reden bewußt (a.a.O. 79). *"Dialektische"* Theologie kann bestimmt werden als nie über die Wahrheit verfügende, auf die "unanschauliche" Mitte bezogene, dem Glauben angemessene menschliche Rede von Gott. Aber: *menschliche Rede von Gott* ist unter der Voraussetzung des Glaubens *Rede vom Menschen* (a.a.O. 86). Bultmann beendet die Auseinandersetzung mit Peterson mit einem Satz, der der Sache nach schon seine Ausführungen zur liberalen Theologie abschloß: "Gegenstand der Theologie (ist) nichts anderes als die begriffliche Darstellung der Existenz des Menschen als durch Gott bestimmter, d.h. so wie er sie im Lichte der Schrift sehen muß" (a.a.O. 92). 1928 wird "dialektische Theologie" umschrieben als "Einsicht in die Geschichtlichkeit des menschlichen Seins, bzw. ... Einsicht in die Geschichtlichkeit des Redens von Gott" (GuV I 118). Unter der Einwirkung der Daseinsanalytik Martin Heideggers (1889-1976) seit 1924 entfernt Bultmann sich nach kurzer Annäherung zunehmend von Barth und betreibt Theologie als theologische Anthropologie. Barth hat darauf so prinzipiell ablehnend reagiert wie schon im Falle Gogartens und Brunners (vgl. K. Barth - E. Thurneysen, Briefwechsel II 700-702).

So zeichnen sich schon bald nach dem gemeinsamen Aufbruch mit einer geradezu prophetischen Ausstrahlung erste Schwierigkeiten ab, das neu gewonnene Verständnis von der Gottheit Gottes in einer klaren und im Grundsätzlichen einheitlichen Begrifflichkeit zum Ausdruck zu bringen. Die theologische Dialektik, nach Barth "ein grauenerregendes Schauspiel für alle nicht Schwindelfreien" (Ges. Vorträge I 172), wird zum Kristallisationspunkt sehr unterschiedlicher Konzeptionen von Theologie. Auf dem Hintergrund des Extra-Calvinisticum gelangt Barth zu einem Diastasen-Modell, mittels dessen sich die Beziehung Gottes zum Menschen und des Menschen zu Gott nicht mehr einsichtig, sondern nur noch behauptend aussagen läßt, und erreicht später mit seinem in der *Christologie* verankerten *Analogie-Denken* eine überraschend neue Lösung (s. u. III 2). Gogarten, Bultmann und Brunner hingegen arbeiten auf je unterschiedliche Weise die Dialektik in eine anthropologische Grundorientierung der Theologie ein (s.u. IV). Indem Aussagen über Gott methodisch auf die Situation und das Selbstverständnis des Menschen bezogen werden, wächst der *Anthropologie* aufs neue eine konstitutive Bedeutung zu, die grundsätzlich offen ist für den neuprotestantischen Problembestand, selbst wenn er in dieser Ausdrücklichkeit nicht zur Sprache kommt.

2. *Religiöser Sozialismus als theologische Aufbruchsbewegung*

Quellen: GEIGER, M. - LINDT, A. (Hg.), Hermann Kutter in seinen Briefen 1883-1931, 1983. - KUTTER, H., Sie müssen. Ein offenes Wort an die christliche Gesellschaft, 1904. - DERS., Gerechtigkeit. Ein altes Wort an die moderne Christenheit, 1905. - DERS., Wir Pfarrer, 1907. - RAGAZ, L., Das Evangelium und der soziale Kampf der Gegenwart, (1906) [2]1907. - DERS. (Hg.), Neue Wege. Blätter für religiöse Arbeit, 1906-1945 (mit fast 1000 Aufsätzen von Ragaz selbst). - BARTH, K., Der Christ in der Gesellschaft (1919), Ges. Vorträge I, 33-69 (= J. MOLTMANN, Anfänge I [s.o. I.1.a], 3-37). - THURNEYSEN, E., Sozialismus und Christentum, ZZ 1-2, 1923-1924, Heft 2, 58-80. - TILLICH, P., Christentum und soziale Gestaltung (= Ges. Werke [GW] II), 1962. - DERS., Der Widerstreit von Raum und Zeit (= Ges. Werke [GW] VI), 1963. - DERS., Die religiöse Substanz der Kultur (= Ges. Werke [GW] IX), 1967. - WÜNSCH, G., Der Zusammenbruch des Luthertums als Sozialgestaltung, 1921. - DERS., Religion und Wirtschaft, 1925. - DERS., Theologische Ethik, 1925. - DERS., Evangelische Wirtschaftsethik 1927. - DERS., Wirklichkeitschristentum, 1932. - BREIPOHL, R. (Hg.), Dokumente zum religiösen Sozialismus in Deutschland, 1972.

Sekundärliteratur: ALTHAUS, P., Religiöser Sozialismus, 1921. - BIRKNER, H.-J., Religiöser Sozialismus, SCHMIDT, W. (Hg.), Gesellschaftliche Herausforderung des Christentums, 1970, 29-38. - BREIPOHL, R., Religiöser Sozialismus und bürgerliches Geschichtsbewußtsein zur Zeit der Weimarer Republik, 1971 (Lit.!). - DERESCH, W., Predigt und Agitation der religiösen Sozialisten, 1971. - DÖRING, D., Christentum und Faschismus. Die Faschismusdeutung der religiösen Sozialisten, 1982. - GOLLWITZER, H., Reich Gottes und Sozialismus bei Karl Barth, [2]1978. - GUNZ, J., Sozialismus und Religion im Deutschland der Nachkriegszeit, 1933. - KUTTER, H. JUN., Hermann Kutters Lebenswerk, 1965. - LINDT, A., Leonhard Ragaz, 1957. - MARQUARDT, F.-W., Der Christ in der Gesellschaft: 1919-1979, 1980. - DERS., Theologie und Sozialismus. Das Beispiel Karl Barths, [3]1985. - MARSCH, W.-D., Theologie und Marxismus im Religiösen Sozialismus, Int. Dialzschr. 5, 1972, 6-23. - MATTMÜLLER, M., Der Einfluß Christoph Blumhardts auf schweizerische Theologen des 20. Jahrhunderts, ZEE 12, 1968, 233-246. - DERS., Leonhard Ragaz und der religiöse Sozialismus. Eine Biographie I-II, 1957.1968. - PFEIFFER, A., Neuere Literatur zum religiösen Sozialismus, ThPr 13, 1978, 233-239. - SAUTER, G., Die Theologie des Reiches Gottes beim älteren und jüngeren Blumhardt, 1962. - SCHREY, H.-H., Christentum und Sozialismus, ThR 51, 1986, 372-403. - THURNEYSEN, E., Hermann Kutter, ZZ 1-2, 1923-1924, Heft 4, 3-13. - ULRICH, T., Ontologie, Theologie, gesellschaftliche Praxis. Studien zum religiösen Sozialismus Paul Tillichs und Carl Mennickes, 1971.

Der religiöse Sozialismus in Deutschland kann trotz vorbereitender Entwicklungen ebenfalls als eine Folgeerscheinung der mit dem Ersten Weltkrieg eingetretenen allgemeinen Umbruchsituation angesehen werden. In dieser Motivlage, aber auch in bestimmten theologischen Grundeinsichten weist er manche Gemeinsamkeiten mit der frühen dialektischen Theologie auf, während er sich in der praktischen Zielsetzung von ihr unterscheidet und dann auch zu anderen theologischen Urteilen kommt.

Unter religiösem Sozialismus versteht man diejenige Bewegung innerhalb des Protestantismus, die unter Rückgriff auf den Reich-Gottes-Gedanken der Verkündigung Jesu das Verhältnis des christlichen Glaubens und Ethos zu den sozialen Problemen, wie sie in besonderer Dringlichkeit in der Arbeiterschaft zutage traten, in enger Anlehnung an parteipolitische Aktivitäten neu zu bestimmen suchte. Dabei umfaßt der Begriff im einzelnen unterschiedliche Programme und Gruppen. Anstöße gingen vor allem von der Reich-Gottes-Botschaft der beiden Blumhardts aus, von JOHANN CHRISTOPH BLUMHARDT (1805-1880) und seinem Sohn CHRISTOPH (1842-1919), der 1899 unter Verlust seines Pfarrertitels der sozialdemokratischen Partei beitrat und als deren Abgeordneter von 1900 bis 1906 im Württembergischen Landtag tätig war. Schon vor dem Ersten Weltkrieg wirkten diese Impulse im Kreis der Schweizer Religiös-Sozialen, als deren bedeutendste Vertreter HERMANN KUTTER (1863-1931) und LEONHARD RAGAZ (1868-1945) gelten. Den systematischen Mittelpunkt ihres Denkens bildet der Begriff des Reiches Gottes, der die Deutung von Geschichte und menschlicher Wirklichkeit bestimmt, im Gegensatz zu seiner kulturoptimistischen Einfärbung bei ALBRECHT RITSCHL von ihnen aber kultur- und kirchenkritisch eingesetzt wird. Kutter, der dem jüngeren Blumhardt seit 1889 mehrere Besuche in Bad Boll abgestattet hatte, diagnostizierte die soziale Not unter religiöser Perspektive, verstand sie als Folge der Abkehr des Menschen von Gott, an der die Kirche nicht unschuldig war. Unter ausdrücklicher Berufung auf Kierkegaards Christentumskritik tritt er dem durch religiösen Subjektivismus und durch Kompromisse verfälschten kirchlichen Christentum mit schroffer Polemik entgegen (Wir Pfarrer, 1907), während er den lebendigen, in Jesus Christus offenbaren Gott gerade im Kampf der Sozialdemokratie gegen die Herrschaft des Mammons und für eine gerechtere soziale Ordnung wirksam sieht. Die Sozialdemokraten stehen, indem sie den Aufbau einer neuen Welt anstreben, unbewußt im Dienste Gottes. "Gottes Verheißungen erfüllen sich in den Sozialdemokraten. Sie müssen." (Sie müssen 261). Trotz dieser theologischen Einschätzung der sozialdemokratischen Partei tritt er ihr aber nicht bei, sondern sieht seine Aufgabe in einer neuen Verkündigung. Ragaz, der dem jüngeren Blumhardt ebenfalls persönlich begegnet war und 1913 Mitglied der sozialdemokratischen Partei wurde, erkannte in deren Wirken für soziale Gerechtigkeit ähnlich wie Kutter eine Weise des offenbarenden Handelns Gottes. Weder Staat noch Kirche, sondern die von der Sozialdemokratie angestrebte Ordnung ist der Ort, an dem das Reich Gottes zu seiner Verwirklichung kommt. Auf Ragaz' Initiative hin bildete sich 1906 die Schweizer religiössoziale Bewegung, im gleichen Jahr begann ihre Zeitschrift "Neue Wege" unter der Herausgeberschaft von L. Ragaz zu erscheinen.

Diese Gedanken waren von nachhaltigem Einfluß auf die späteren Vertreter der dialektischen Theologie, bestimmten zunächst E. BRUNNER und THURNEYSEN, und durch Vermittlung von Thurneysen wirkte vor allem Kutter auch auf BARTH (Briefwechsel I 16). Ihre eigene Kritik fanden sie hier partiell vorgebildet. Schon die äußeren Umstände seines vornehmlich aus Arbeitern bestehenden Safenwiler Industrieortes drängten Barth zur Beschäftigung mit dem Sozialismus. Im Dezember 1911 hielt er einen Vortrag über "Jesus Christus und die soziale Bewegung" und formulierte: "(D)er eigentliche Inhalt der Person Jesu läßt sich in die beiden Worte: soziale Bewegung zusammenfassen" (zit. bei E. BUSCH, Karl Barths Lebenslauf 82). In einer Predigt vom 25.1.1914 konstatierte er: "Der Sozialismus ist eine sehr wichtige und notwendige Anwendung des Evangeliums" (Predigten 1914, GA I 42). Und in einem Entwurf zu einem Vorwort für den mit Thurneysen gemeinsam veröffentlichten Predigtband "Suchet Gott, so werdet ihr leben" (1917), der in dieser Gestalt allerdings nicht zum Druck kam, bekannte er, "(d)aß wir von *Blumhardt,* dem Ältern und dem Jüngern, und von *Hermann Kutter* entscheidende Anregungen erhalten haben" (Briefwechsel I 232), während sein Verhältnis zu Ragaz eigentümlich distanziert blieb. 1915 trat Barth in die sozialdemokratische Partei der Schweiz ein, und 1931, auf dem Höhepunkt der politischen Turbulenzen in Deutschland, wird er auch Mitglied der deutschen Sozialdemokratie. Allerdings bedeutet der Ausbruch des Ersten Weltkrieges auch für sein Verhältnis zur religiös-sozialen Bewegung eine Zäsur (vgl. die rückblickenden Urteile Briefwechsel BARTH-BULTMANN 306f; KD II 1, 714f). Die schlechthinnige Andersartigkeit Gottes verwehrt eine nahtlose Verschmelzung von politisch-sozialem Handeln mit dem Reiche Gottes. Es ist gerade diese theologische Programmatik des religiösen Sozialismus, wie Barth sie vor allem bei Ragaz vorzufinden meinte (KD I 1, 75f), die seine Hemmungen begründete. In seinem Tambacher Vortrag "Der Christ in der Gesellschaft" heißt es lapidar: "Das Göttliche ist etwas Ganzes, in sich Geschlossenes, etwas der Art nach Neues, Verschiedenes gegenüber der Welt" (Ges. Vorträge I 36). Wenn sich dennoch eine aus theologischen Motiven erwachsene Kritik mit der politischen Opposition der sozialdemokratischen Partei gegen das Bestehende verbindet, um in der konkreten geschichtlichen Situation die Neuorientierung an Gott nicht nur in Einzelheiten, sondern im Ganzen unseres Lebens zu verwirklichen (64), so hat das gleichnishaften Charakter, ist nicht Konsequenz geschichtstheologischer Systematik. Barth formuliert schon hier den Analogie-Gedanken (55) ganz in dem Sinne, der für seine spätere Theologie und Sozialethik so bedeutsam werden sollte. Gleichwohl erinnert seine Einschärfung des "erschreckenden" Gegensatzes von Gottesreich und Gesellschaft eher an eine radikalisierte Zwei-Reiche-Lehre, die die bekannten Kombinationen "christlich-sozial", "evangelisch-sozial", "religiös-sozial" zurückweist und es sich verboten sein läßt, "Christus zum soundsovielten Male zu säkularisieren" (36). Im Stakkato schärft der 1. Römerbrief ein: "Staatsbürgerliche Initiative und staatsbürgerlicher Gehorsam, aber *keine* Kombination von Tron und Altar ... Streik und Generalstreik und Straßenkampf, wenn's sein muß, aber *keine* religiöse Rechtfertigung und Verherrlichung dazu ... Sozialdemokratisch, aber *nicht* religiös-sozial! Der Verrat am Evangelium gehört *nicht* zu den politischen Pflichten" (390). Das ergibt eine spannungsvolle Sicht von Reich Gottes und weltlich-politischem Handeln, die sich bei aller Anlehnung an die kritischen und positiven Gedanken des religiösen Sozialismus doch grundsätzlich von ihm unterscheidet.

Anders als in der Schweiz entwickelt sich der Religiöse Sozialismus in Deutschland zeitlich und wohl auch sachlich in der Folge des Ersten Weltkrieges und der Revolution von 1918. Unabhängig voneinander entstehen verschiedene religiös-soziale Gruppierungen, die sich 1924 zur "Arbeitsgemeinschaft (1926: Bund) der Religiösen Sozialisten Deutschlands" zusammenschließen. Von der 1878 gegründeten "Christlich-sozialen Arbeiterpartei" ADOLF STOECKERs (1835-1909) mit ihrem konservativen Zuschnitt und dem von ihm 1890 mitgegründeten "Evangelisch-sozialen Kongreß",

der sich später sowohl politisch als auch theologisch liberalen Tendenzen öffnete, unterscheidet sich die neue Bewegung des religiösen Sozialismus durch eine positive Einschätzung der sozialdemokratischen Partei, die sich partiell bis zur Parteinahme für den radikalen marxistischen Sozialismus steigert (E. ECKERT). Allen
Gruppierungen gemeinsam ist die Kritik an der bürgerlichen Gesellschaft; die politisch-ökonomischen Analysen von KARL MARX
werden in die religiös-theologische Deutung des Sozialismus integriert. In den frühen 20er Jahren entwickelt sich PAUL TILLICH in
einer Arbeitsgemeinschaft Gleichgesinnter, der u.a. GÜNTHER
DEHN (1882-1970), CARL MENNICKE (1887-1959) und EDUARD
HEIMANN (1889-1967) angehören, zum führenden Theoretiker des
Religiösen Sozialismus, schließt sich aber nur zögernd und spät,
1929, der sozialdemokratischen Partei an. Angesichts der allgemeinen Krisensituation in Kirche, Staat und Gesellschaft nach den Ereignissen von 1918 und der christlich motivierten Versuche prak-
tisch-politischer Neuorientierung geht es diesem Kreis vornehmlich
um die theoretische Durchklärung des Verhältnisses von Christentum und Sozialismus, die sich in dem neugegründeten und von C.
Mennicke herausgegebenen Organ "Blätter für Religiösen Sozialismus", Berlin 1920-1927, publizistisch niederschlägt.

P. TILLICHs Verständnis von Sozialismus mit den daraus für
Kirche und Theologie resultierenden Forderungen klärt sich im
Zusammenhang bestimmter kulturtheologischer und geschichtsphilosophischer Erkenntnisse ab, die in Begriffen wie "Unbedingtheit", "Theonomie" und "Kairos" zu charakteristischem Ausdruck
kommen. Es liegt in der Unbedingtheit des religiösen Prinzips, daß
das Christentum seinem substantiellen Wesen nach jeder bestimmten Kultur- und Gesellschaftsform gegenüber indifferent bleiben
muß. Aber da das Unbedingte sich nur im Bedingten verwirklichen
kann, ist die Liebesethik Jesu als grundlegende christliche Norm
für menschliches Verhalten sehr unterschiedliche Verbindungen
mit den jeweiligen kulturellen Lebensausprägungen eingegangen.
Im gegenwärtigen Moment (1919) muß die christliche Ethik nach
Tillichs Überzeugung "in Opposition treten gegen die kapitalisti-
sche und militaristische Gesellschaftsordnung, in der wir stehen
und deren letzte Konsequenzen im Weltkrieg offenbar geworden
sind" (GW II 14). In dieser Kritik und im Kampf für eine auf dem
Bewußtsein der Gemeinsamkeit gründende "Wirtschaft der Solida-
rität" bekundet sich eine innere Gemeinsamkeit von Christentum
und Sozialismus. Tillich versteht Sozialismus nicht lediglich als Inbegriff eines bestimmten Wirtschaftsprogramms, er ist ihm vielmehr Ausdruck einer umgreifenden kulturellen Lebensordnung,

deren tragende Elemente in der durch das Christentum entscheidend mitgeprägten Geschichte der Neuzeit verankert sind.

Insbesondere an vier Elementen läßt sich das wechselseitige Verhältnis von Sozialismus und Christentum beleuchten. Der Sozialismus lebt von der errungenen *Autonomie*, die sich von falschen Autoritäten befreit und Autorität grundsätzlich befragt. Aber Autonomie entbindet auch selbstzerstörerische Kräfte, wie das Beispiel der bürgerlichen Lebenswelt zeigt, deshalb muß sie vertieft werden zur *Theonomie*, zu einem "freien unbedingten Erfassen des Unbedingten durch alle Dinge hindurch" (GW II 25). Darin vermag das seiner eigenen Autonomie bewußt gewordene (protestantische) Christentum den Sozialismus zu unterstützen und mit ihm eins zu werden. - Autonomie wird praktisch als *weltgestaltende Vernunft*, die sich der Vorherrschaft von Zufall und Willkür entgegenstemmt. Aber die eigenverantwortliche Gestaltung der Welt nach rationalen Gesichtspunkten droht der Technisierung zu verfallen, wenn sie sich nicht der schöpferischen Kräfte und Ideen in der Tiefe vergewissert, die unverfügbar, irrational und letztlich *Gnade* sind. Indem das protestantische Christentum in seiner neuzeitlichen Verfassung den Willen zur vernünftigen Gestaltung des Lebens anerkennt, seine Kraft aber aus dem "Glauben als Erlebnis des Unbedingten" bezieht und den Blick für die Gnade öffnet, bewahrt es den Sozialismus vor den nihilistischen Konsequenzen einer rein technischen Weltbemächtigung. - Der Sozialismus lebt von der Bejahung der *Immanenz* und wehrt sich gegen religiös-mystisch motivierte Weltverachtung. Begrenzt auf reine Diesseitigkeit, würde er aber zur Ideologie der Nützlichkeit verkümmern, wie umgekehrt ein auf reine Jenseitigkeit festgelegtes Christentum an Folgenlosigkeit dahinsiechen würde. Im Rechtfertigungsglauben ist aber ein Verständnis von Wirklichkeit erschlossen, das den absoluten Gegensatz von pervertierter Immanenz und vollkommener Transzendenz hinter sich läßt und damit eine differenziertere Verhältnisbestimmung von Christentum und Sozialismus ermöglicht. Die Wirklichkeit steht in paradoxer Einheit unter Gottes Gericht und seiner Gnade. "Das Reich Gottes kommt in dieser Welt, zugleich aber, seine Grenzen zu setzen ... Über das Diesseits, oder vielmehr: über die *eine* Wirklichkeit ergeht das Ja und Nein; mitten durch die Dinge und Personen hindurch geht der Schnitt, geht das paradoxe Urteil, daß sie absolut und relativ, daß sie vollkommen und nichtig, daß sie ewig und irdisch sind zugleich! Diese Auffassung ist ... eine Konsequenz der Theologie des Glaubens allein, der weder eine absolute sittliche Vollkommenheit noch eine absolute Erkenntnis, noch einen absoluten Zustand gelten läßt, zugleich aber durch alles Relative hindurch den Sinn des Absoluten erfaßt." Einem Sozialismus gegenüber, dessen Immanenz zu beschränkender Nützlichkeit ausartet, hat das Christentum deshalb die *"Heiligung des gesamten Kulturlebens"* einschließlich der sozialistischen Bewegung wahrzunehmen (GW II 26f). Der Kulturkritik der dialektischen Theologie stellt Tillich eine Theologie der Kultur gegenüber, aus der sich auch eine theologische und nicht nur praktisch-politische Einschätzung des Sozialismus ergibt. - Zu den originären Leistungen des Sozialismus nicht dem Begriff, wohl aber dem Empfinden nach gehört schließlich die Ausbildung eines *universalen Menschheitsgefühls,* das sich polemisch gegen die Verengungen des Klassen-, Bildungs-, National- und Konfessionsbewußtseins richtet. Das Christentum konvergiert darin nicht nur mit dem Sozialismus, sofern der Gedanke der Gleichheit aller Menschen vor Gott zu seinen zentralen Inhalten gehört, es vermag diesem universalen Menschheitserlebnis zu seinem eigentlichen Gehalt zu verhelfen. Im *Kreuz Christi* ist die Bedingtheit aller Wirklichkeit, die konfessionellen Selbstgestaltungen des Christentums eingerechnet, offenbar geworden, sofern Jesus sich, mit einer späteren Formulierung Tillichs, dem Christus zum Opfer bringt. Mit dem Ereignis der Selbstpreisgabe des Sohnes Gottes verlieren die trennenden Schranken der endlichen Verhältnisse alles Recht. Das Solidaritätsgefühl, stets in Gefahr, sich zu neuem Klassenbewußtsein zu verfestigen, wird entschränkt und gewinnt den Charakter eines aus unverfügbaren Tiefen gespeisten universalen Menschheitsgefühls.

Christentum und Sozialismus stehen in dieser Verhältnisbestimmung nicht für historisch klar umrissene oder umreißbare Größen, werden vielmehr verstanden als lebendige Bewegungen, die von ihrem eigenen Prinzip her über ihre jeweilige historische Verwirklichung hinausgetrieben werden. So drängt der Geist Christi zum gegenwärtigen Zeitpunkt dazu, das Reich Gottes im Wissen um Gottes Ja und Nein zur Welt gerade in dieser Welt zu befördern und Hoffnungen auf einen transzendenten Einbruch abzuschwören. Der Sozialismus, dessen Ausbildung im Zusammenhang mit einer bestimmten Klassenproblematik steht, hat zu seinem Prinzip den Willen zur Gestaltung der Wirklichkeit am Maßstab der Gerechtigkeit und ist darin universal. In dieser Bewegungsrichtung beider Größen ist die Möglichkeit ihrer Vereinigung angelegt. "So müssen Christentum und Sozialismus sich fortentwickeln und eins werden in einer neuen Welt- und Gesellschaftsordnung, deren Grundlage eine durch Gerechtigkeit gestaltete Wirtschaftsordnung, deren Ethos eine Bejahung des Menschen um deswillen, daß er Mensch ist, und deren religiöser Gehalt ein Erleben des Göttlichen in allem

Menschlichen, des Ewigen in allem Zeitlichen ist" (GW II 33). Näher begründet hat Tillich diese Entwicklungsrichtung in einer "kairosbewußten Geschichtsphilosophie". *Kairos* ist Ausdruck der Erfahrung des Unbedingten im geschichtlich Bedingten, das dadurch gegenüber anderen Ereignissen der Geschichte eine besondere Auszeichnung erfährt, daß es absolut und zugleich nicht absolut ist. Tillich versteht die Zeit nach dem Ersten Weltkrieg als solchen Kairos, der in einer neuartigen geschichtlichen Konstellation Christentum und Sozialismus die Aufgabe ihrer Vereinigung stellt.

Neben dieser ansatzweise skizzierten theoretischen Durchklärung des Verhältnisses von Christentum und Sozialismus bei Tillich, die zudem noch Modifikationen erfahren hat, sind andere Modelle entwickelt worden. Erinnert sei hier lediglich an GEORG WÜNSCH (1887-1964), der im Anschluß an Troeltschs kritische Analyse der lutherischen Sozialethik, und diese überbietend, den "Zusammenbruch des Luthertums als Sozialgestaltung" diagnostiziert (1921). Im Sozialismus entdeckt er eine sozialgestaltende Kraft, die den gegenwärtigen Anforderungen eher gerecht zu werden vermag als die individuellen Antworten lutherischer Sozialethik. Er rezipiert ihn allerdings - wie die meisten religiösen Sozialisten - in einer von seiner weltanschaulichen Einkleidung befreiten Gestalt und interpretiert den so geläuterten Sozialismus als "Leib" des Christentums, das an der Bergpredigt ausgerichtete Christentum umgekehrt als "Seele" des Sozialismus. Die Zuordnung beider Größen zueinander begründet Wünsch mit einer "Schöpfungstheologie", nach der es dem Willen und der Güte Gottes entspricht, daß Welt und Mensch sich auf ihre Vollendung zubewegen. Eine gewisse Nähe zu dem ebenfalls von Troeltsch beeinflußten Tillich ergibt sich dadurch, daß auch nach Wünsch dem geschichtlichen Augenblick für die Beziehung von Christentum und Sozialismus eine besondere Bedeutung zufällt. Im übrigen aber bietet Wünsch eine Konzeption von religiösem Sozialismus, die sowohl im Blick auf die systematische Eigenständigkeit als auch auf den Reichtum der verarbeiteten Probleme und aufgerissenen Horizonte den Rang derjenigen Tillichs nicht erreicht.

Insgesamt freilich muß man einräumen, daß dem Religiösen Sozialismus nach dem Ersten Weltkrieg in Deutschland die große Wirkung versagt geblieben ist. Im Vergleich zum Siegeslauf der dialektischen Theologie nimmt sich seine Bedeutung bescheiden aus, und diese Theologie hat dann wohl auch - trotz mancher verborgener Gemeinsamkeiten - seine Wirkung gehemmt, wie sich am Übergang GÜNTHER DEHNs vom Religiösen Sozialismus zur dialektischen Theologie illustrieren läßt. Eine Theologie, die Gottes

Souveränität im Modell einer kantigen *Diastase* auslegte, vermochte sich eindrücklicher Gehör zu verschaffen als ein Entwurf, der Gottes Herrschaft und die eigenverantwortliche Weltgestaltung des Menschen als spannungsvolle *Einheit* zu denken versucht. Mit dem Einbruch des Nationalsozialismus wurde die Stimme des Religiösen Sozialismus vollends zum Schweigen gebracht, viele ihrer Vertreter, wie z.B. Tillich, in die Emigration gezwungen. Trotz der relativen Wirkungslosigkeit des Religiösen Sozialismus nach dem Ersten Weltkrieg einschließlich seiner Erneuerungsversuche nach dem Zweiten hat diese Bewegung gleichwohl einen Prozeß der Veränderung im Verhältnis der Kirche zum Sozialismus eingeleitet, der noch andauert. Im Religiösen Sozialismus ist eine Thematik erschlossen, die ohne förmliche Rückbeziehung auf ihre Programmentwürfe und in gewandelter Begrifflichkeit weiterhin die sozialethische Diskussion bestimmt. Noch mehr als 1919 scheint sich heute die Wahrheit des Tillichschen Satzes zu bewähren: "Es war die *dogmatische* Fragestellung, welche bisher die Kirche bewegte; von nun an wird es die *ethische* sein" (GW II 13).

3. *Lutherrenaissance und Jungluthertum*

a) KARL HOLL, Gesammelte Aufsätze zur Kirchengeschichte I. Luther, (1921) [7]1948. - DERS., Gesammelte Aufsätze zur Kirchengeschichte III. Der Westen, hg. von H. LIETZMANN, 1928 *(Bibliographie 578-584). - Über Holl:* BODENSTEIN, W., Die Theologie Karl Holls im Spiegel des antiken und reformatorischen Christentums, 1968. - KORSCH, D., Glaubensgewißheit und Selbstbewußtsein, 1989, 145-213. - WALLMANN, J., Karl Holl und seine Schule, ZThK 1978 (Beiheft 4), 1-33. - DERS., Art. Holl, TRE XV 514-518.

b) EMANUEL HIRSCH: *Bibliographie* Emanuel Hirsch, bearb. und hg. von H.-W. SCHÜTTE, 1972. - *Hauptschriften:* Fichtes Religionsphilosophie im Rahmen der philosophischen Gesamtentwicklung Fichtes, 1914. - Die Theologie des Andreas Osiander und ihre geschichtlichen Voraussetzungen. 1919. - Christentum und Geschichte in Fichtes Philosophie. 1920. - Deutschlands Schicksal. Staat, Volk und Menschheit im Lichte einer ethischen Geschichtsansicht, (1920) [3]1925. - Die Reich-Gottes-Begriffe des neueren europäischen Denkens, 1921. - Jesus Christus der Herr, (1926) [2]1929. - Die idealistische Philosophie und das Christentum, 1926. - Kierkegaard-Studien I-II, 1930-1933. - Schöpfung und Sünde in der natürlich-geschichtlichen Wirklichkeit des einzelnen Menschen, 1931. - Das vierte Evangelium in seiner ursprünglichen Gestalt verdeutscht und erklärt, 1936. - Studien zum vierten Evangelium, 1936. - Das Alte Testament und die Predigt des Evangeliums, 1936 (Nachdruck 1986). - Leitfaden zur christlichen Lehre, 1938. - Das Wesen des Christentums, 1939. - Die Auferstehungsgeschichten und der christliche Glaube, 1940 (= Osterglaube, neu hg. v. H.M. MÜLLER,

1988). - Frühgeschichte des Evangeliums I-II. [2]1951. 1941. - Geschichte der neuern evangelischen Theologie im Zusammenhang mit den allgemeinen Bewegungen des europäischen Denkens I-V, 1949-1954. - Lutherstudien I-II, 1954. - Zwiesprache auf dem Wege zu Gott, 1960. - Das Wesen des reformatorischen Christentums, 1963. - Hauptfragen christlicher Religionsphilosophie, 1963. - Predigerfibel, 1964. - Ethos und Evangelium, 1966. - Weltbewußtsein und Glaubensgeheimnis, 1967. - Schleiermachers Christusglaube, 1968. - Betrachtungen zu Wort und Geschichte Jesu, 1969. - Christliche Rechenschaft I-II, bearb. von H. GERDES, (1978) Nachdruck 1989. - Emanuel Hirsch - Paul Tillich. Briefwechsel 1917-1918, hg. v. H.-W. SCHÜTTE, 1973. - s. auch II.3. - *Über Hirsch:* BARTH, U., Die Christologie Emanuel Hirschs, 1992. - BIRKNER, H.-J., Art. Hirsch, TRE XV 390-394. - BÖBEL, F., Allgemein menschliche und christliche Gotteserkenntnis bei Emanuel Hirsch, NZSTh 5, 1963, 296-335. - DERS., Menschliche und christliche Wahrheit bei Emanuel Hirsch, Diss. theol. Erlangen, 1963. - GEIGER, M., Geschichtsmächte oder Evangelium?, 1953. - HERMS, E., Emanuel Hirsch - zu Unrecht vergessen?, Luther 59, 1988, 111-121; 60, 1989, 28-48. - MÜLLER, H.M. (Hg.), Christliche Wahrheit und neuzeitliches Denken. Zu Emanuel Hirschs Leben und Werk, 1984. - RINGLEBEN, J. (Hg.), Christentumsgeschichte und Wahrheitsbewußtsein. Studien zur Theologie Emanuel Hirschs, 1991. - SCHELIHA, A. VON, Emanuel Hirsch als Dogmatiker, 1991. - SCHJØRRING, J.H., Theologische Gewissensethik und politische Wirklichkeit. Das Beispiel Eduard Geismars und Emanuel Hirschs, 1979. - SCHNEIDER-FLUME, G., Die politische Theologie Emanuel Hirschs 1918-1933, 1971. - SCHWEER, W., Die theologische Ethik des Politischen bei E. Hirsch, Diss. theol. Heidelberg, 1969. - STROUP, J., Political Theology and Secularization Theory in Germany, 1918-1933: Emanuel Hirsch as a Phenomenon of his Time, Harvard Theological Review 80, 1987, 321-368.

c) PAUL ALTHAUS: *Bibliographie* bis 1957: KÜNNETH, W. - JOEST, W. (Hg.), Dank an Paul Althaus. Eine Festgabe zum 70. Geburtstag, 1958, 246-272; bis 1966: NZSTh 8, 1966, 237-241. - *Hauptschriften:* Die letzten Dinge, (1922) [10]1970. - Evangelium und Leben, 1927. - Communio sanctorum, 1929. - Grundriß der Ethik, (1931) [2]1953. - Grundriß der Dogmatik, [5]1959. - Theologische Aufsätze I-II, 1929.1935. - Die Wahrheit des kirchlichen Osterglaubens. Einspruch gegen Emanuel Hirsch, [2]1941. - Der Brief an die Römer, [13]1978 (= NTD 6). - Die christliche Wahrheit, (1947-1948) [8]1969. - Um die Wahrheit des Evangeliums, 1962. - Die Theologie Martin Luthers, [6]1983. - Die Ethik Martin Luthers, 1965. - s. auch II.3. - *Über Althaus:* BEYER, A., Offenbarung und Geschichte. Eine Auseinandersetzung mit der Theologie von Paul Althaus, 1932. - GRASS, H., Art. Althaus, TRE II 329-337. - DERS., Die Theologie von Paul Althaus, NZSTh 8, 1966, 213-241. - KNITTER, P., Towards a Protestant Theology of Religions. A Case Study of Paul Althaus and Contemporary Attitudes, 1974. - DERS., Die Uroffenbarungslehre von Paul Althaus - Anknüpfungspunkt für den Nationalsozialismus?, EvTh 33, 1973, 138-164. - KRÖTKE, W., Das Problem "Gesetz und Evangelium" bei W. Elert und P. Althaus, 1965. - LOHFF, W., Zur Verständigung über das Problem der Uroffenbarung. Dank an Paul Althaus, 1958, 151-170. - MANN, W., Ordnungen der Allmacht, 1987. - WALKER, R., Zur

Frage der Uroffenbarung. Eine Auseinandersetzung mit K. Barth und P. Althaus, 1962.

d) FRIEDRICH GOGARTEN: s. o. I.1.e.

e) WERNER ELERT: *Bibliographie:* HÜBNER, F. (Hg.), Gedenkschrift für D. Werner Elert, 1955, 411-424. - *Hauptschriften:* Der Kampf um das Christentum, 1921. - Die Lehre des Luthertums im Abriß, [2]1926 (Nachdruck 1978). - Morphologie des Luthertums I-II, (1931-1932) [3]1965. - Der christliche Glaube, (1940) [6]1988. - Zwischen Gnade und Ungnade, 1948. - Das christliche Ethos, (1949) [2]1961. - s. auch II.3. - *Über Elert:* ALTHAUS, P., Werner Elert zum Gedächtnis, 1955. - DERS., Werner Elerts theologisches Werk. Gedenkschrift für Werner Elert, 1955, 400-410. - DUENSING, F., Gesetz als Gericht (s.o. I.1.c). - HAUBER, R., Werner Elert. Einführung in Leben und Werk eines "Lutheranissimus", NZSTh 29, 1987, 113-146 (mit Bibliographie). - KRÖTKE, W., Problem (s.o. I.3.c). - LANGEMEYER, L., Gesetz und Evangelium, 1970. - OWEN, J.M., Der Mensch zwischen Zorn und Gnade, Diss. theol. Heidelberg 1971. - PETERS, A., Art. Elert, TRE IX 493-497. - DERS., Unter Gottes Heimsuchung - zum theologischen Vermächtnis Werner Elerts, KuD 31, 1985, 250-292.

Im Zuge der theologischen Auseinandersetzung mit der durch den Ersten Weltkrieg und die Revolution von 1918 ausgelösten Umwälzung kristallisiert sich neben dialektischer Theologie und religiösem Sozialismus noch eine weitere Gruppierung heraus, die betont an M. LUTHER anknüpft. Luthers Theologie, vor allem ihre Frühgestalt, erfährt eine erneute Zuwendung zunächst unter historischer Perspektive, gewinnt dann aber für die theologische Orientierung überhaupt Bedeutung und wird in solchem Zusammenhang auch für die Interpretation und Bewältigung der eigenen Gegenwart aktualisiert. In dem Interesse an der Theologie Luthers berührt sich diese Strömung mit der frühen dialektischen Theologie, in der näheren Gestalt dieses Interesses freilich und vollends in der auf das nationale Geschick Deutschlands bezogenen Aktualisierung Luthers tritt sie zu ihr in einen klaren Gegensatz.

Veranlaßt war das neue Interesse an der Theologie Luthers einerseits durch die provozierenden Thesen ERNST TROELTSCHs, der Luther mit seiner theologischen Problemstellung überwiegend dem Mittelalter zugeordnet hatte, ihn jedenfalls nicht als Initiator der Neuzeit verstand (Die Bedeutung des Protestantismus für die Entstehung der modernen Welt, HZ 97, 1906, 1-66), andererseits durch die katholische Lutherdeutung, die die bekannte konfessionelle Polemik wirkungsvoll erneuerte und die evangelische Theologie gleichzeitig mit kritischen Fragen konfrontierte (FRIEDRICH HEINRICH SUSO DENIFLE 1844-1905, HARTMANN GRISAR 1845-1932). Dieser im Ergebnis doppelte Negativ-Effekt gab der protestantischen Luther-Forschung einen neuen Impuls, der zu einer förmlichen "Lutherrenaissance" führte. Die Vorlesungen aus Luthers Frühzeit wurden entdeckt, ediert (Römerbriefvorlesung 1515/16, Galaterbrief 1516/17, Hebräerbrief 1517/18) und ausgewertet. Neben den Arbeiten von HEINRICH BÖHMER (1869-1927), WALTHER KÖHLER (1870-1946) und OTTO SCHEEL (1876-1954) waren es vor allem die Lutherstudien KARL HOLLS (1866-1926), auf die sich die Lutherrenaissance zurückführt.

a) KARL HOLL hat mit grundlegenden Aufsätzen über Luther, die 1921 vereinigt als erster Band seiner "Gesammelte(n) Aufsätze zur Kirchengeschichte" erschienen, das wissenschaftliche Studium der Theologie Luthers auf eine neue Grundlage gestellt und neue Maßstäbe gesetzt. Ausgestattet mit einer ungewöhnlichen philologischen Begabung, die sich bereits an den griechischen Schriftstellern der Alten Kirche bewährt hatte, und einer umfassenden Quellenkenntnis, die sich gerade die eben entdeckten und edierten Vorlesungen des jungen Luther zunutze machte, hat Holl aus der Mitte der Theologie Luthers heraus, von seinem Rechtfertigungsglauben aus, den reformatorischen Ursprung der evangelischen Theologie neu erschlossen. Nach der bekannten These Holls ist "Luthers Religion ... Gewissensreligion im ausgeprägtesten Sinne des Worts" (Ges. Aufs. I, ⁶1932, 35), aber in der Ordnung der Gedanken bleibt der Gottesbegriff das Beherrschende, denn es ist der fordernde Gott, der sich dem Gewissen bekundet. Luther denkt streng "theozentrisch" (37), von Gott aus, in dem höchste Gerechtigkeit und Liebe uneingeschränkt eine Einheit bilden. Diesem Gott steht der Mensch als sittlich geforderter und begnadeter Sünder gegenüber. Die Rechtfertigung des Sünders durch Gott setzt aber nicht den *sittlichen* Maßstab außer Kraft, die Gnade widerspricht nicht der Gerechtigkeit, sondern ist der Weg, auf dem die Gerechtigkeit sich erfüllt. "Gott setzt aus freiem Erbarmen den Sünder zu sich ins Verhältnis. *Daß* er dies tut, ist ein Wunder, das der Mensch nur als Tatsache hinnehmen und verehren kann. Aber Gott *kann* es tun, ohne seiner Heiligkeit etwas zu vergeben. Denn gerade, indem er dem Menschen die Gemeinschaft mit sich gewährt, schafft er die Bedingung dafür, um ihn zu heben und ihm das sündige Wesen abzustreifen ... Gott begründet seinerseits die Gemeinschaft mit dem Menschen, um ihn eben damit für die Gemeinschaft mit sich zu erziehen" (128). Mit der Einschätzung des "Sittlichen" in Luthers Theologie und den mancherlei Modernisierungen, zu denen Holl in der Auseinandersetzung mit den Thesen Troeltschs gelangt, verbleibt sein Lutherverständnis in der Nähe desjenigen Albrecht Ritschls und seiner Schüler. Aber durch seine tiefe Deutung des Rechtfertigungsgeschehens bei Luther wird diese Tradition gleichzeitig aufgebrochen und überboten. Holl arbeitet die spannungsvolle Einheit von Gesetz und Evangelium, Gericht und Gnade, Zorn und Liebe Gottes scharf heraus und leitet zu einem neuen Verstehen der Majestät und Heiligkeit Gottes an. So erreicht er in seinen Arbeiten über zentrale Einzelthemen der Theologie Luthers ein Gesamtbild von seltener Geschlossenheit und hat, ohne förmlich eine Schule zu gründen, gleichwohl prägend auf eine ganze Schülergeneration gewirkt.

b) Im Kreise der Holl-Schüler (HERMANN WOLFGANG BEYER 1898-1942, HEINRICH BORNKAMM 1901-1977, HANNS RÜCKERT 1901-1974) nahm EMANUEL HIRSCH (1888-1972) durch Art und Umfang seiner Forschungsleistungen eine überragende Stellung ein. Von stupendem Fleiß und universaler Gelehrsamkeit, hat Hirsch in nahezu allen Disziplinen der Theologie gearbeitet und bis in sein hohes Alter eine beeindruckende Vielzahl von Publikationen vorgelegt. Schwerpunkte seiner Arbeit bildeten zunächst die deutsche idealistische Philosophie, insbesondere die Johann Gottlieb Fichtes, über die er promoviert und sich habilitiert hatte, sowie die Theologie Luthers, später Sören Kierkegaard, dessen Werk er von der überzeichneten Deutung der dialektischen Theologie befreite. Neben umfangreichen neutestamentlichen Studien, die allerdings wenig Beachtung gefunden haben, und solchen zur praktischen und systematischen Theologie, faßte Hirsch seine theologiegeschichtlichen Forschungen in der imponierenden fünfbändigen "Geschichte der neuern evangelischen Theologie im Zusammenhang mit den allgemeinen Bewegungen des europäischen Denkens" (1949-1954) zusammen, deren klassischer Rang inzwischen anerkannt ist. Als bereits erblindeter Mann gab er noch einmal ein ungewöhnliches Zeugnis seiner Schaffenskraft, indem er Kierkegaards Werke mit kommentierenden Anmerkungen (!) ins Deutsche übersetzte (S. Kierkegaard, Gesammelte Werke, 36 Abt. in 26 Bänden, 1950-1969. Abt. 16 wurde von H.M. JUNGHANS, die Abteilungen 18, 19, 32, 34 und 36 von H. GERDES übersetzt). Hirsch kam im Kreise der Holl-Schüler aber auch dadurch eine Sonderstellung zu, daß er entschlossen seine historischen Untersuchungen zur Theologie Luthers und zum deutschen Idealismus mit einer Deutung der eigenen Gegenwart verband. Diese Verknüpfung war in polemischer Abgrenzung gegen Troeltsch von der Überzeugung geleitet, daß sich ein historischer und sachlich notwendiger Zusammenhang von reformatorischem Christentum und modernem Denken nachweisen lasse, den Hirsch bis in seine gesellschaftstheoretischen und politischen Konsequenzen hinein verfolgte. Mit diesem politisch-theologischen Denken wurde er nach dem Ersten Weltkrieg zur führenden Figur eines national gesonnenen Luthertums.

Eine Selbsteinordnung seiner Theologie nach dem Ersten Weltkrieg nimmt Hirsch am Beispiel des Reich-Gottes-Gedankens im Kontext der sogenannten Zwei-Reiche-Lehre Luthers - der Begriff selbst taucht hier noch nicht auf, der Sachverhalt aber ist klar ausgesprochen - und seiner säkularen Umsetzung in die neue Staatslehre vor (Die Reich-Gottes-Begriffe, 1921). Er unterscheidet drei Typen dieses Umbildungsprozesses, die gleichzeitig drei nationalen Denkstilen zugeordnet werden. Der durch HUGO GROTIUS eingeleitete und dann in England ausgebildete naturrechtliche Lösungsversuch (THOMAS HOBBES, JOHN LOCKE, HERBERT SPENCER) versteht das Reich Gottes als zukünftig-jenseitige Größe und begründet die Staatslehre nach den vernunftgemäßen Prinzipien des Naturrechts. Für das Ideal der vollkommenen menschlichen Gemeinschaft, die zu befördern Ziel jedes Staates sein muß, greift Hobbes wohl auf Forderungen der Bergpredigt zurück, identifiziert sie aber mit den vernünftig entwickelten Naturgesetzen und ermäßigt sie so zu einer eudämonistischen Sozialmoral; die sittlichen Begriffe "verflachen". Der zweite, französisch-sozialistische Lösungsversuch (JEAN-JACQUES ROUSSEAU, CLAUDE-HENRI DE SAINT-SIMON) säkularisiert das Reich Gottes zur diesseitigen vollendeten sittlichen Gemeinschaft, und am Maßstab dieses sittlich-religiösen Ideals werden die bestehenden gesellschaftlichen Verhältnisse der Kritik unterworfen. Letztlich ist dieses Verstehensmodell nach Hirsch auch leitend für die Religiös-Sozialen, die es allerdings noch mit "phantastisch-eschatologischen" Momenten anreichern; auch BARTHs Römerbrief von 1919 und sein Vortrag "Der Christ in der Gesellschaft" werden als Dokumente der religiös-sozialen Richtung gewertet (19 und 32f Anm. 61 und 62). Nach Hirsch leidet dieser zweite Versuch, indem er die Qualität des Rechtes verkennt, an einer sittlich nicht haltbaren Verquickung von sozialer Gleichheit und brüderlicher Liebe. Demgegenüber bietet der dritte, durch GOTTFRIED WILHELM LEIBNIZ angebahnte Lösungsversuch der deutschen idealistischen Philosophie (IMMANUEL KANT, JOHANN GOTTLIEB FICHTE) eine angemessene Übersetzung der Zwei-Reiche-Lehre Luthers in das moderne Staatsdenken. Die Rechtsgemeinschaft mit den ihr eigentümlichen Ordnungen wird hier - im Unterschied zum zweiten Versuch - klar gegen die im Werden begriffene sittliche Gemeinschaft des Gottesreiches abgegrenzt, gleichwohl aber nicht "roher Eigengesetzlichkeit" überantwortet, sondern antinomisch auf das idealistisch gedeutete Reich Gottes bezogen. Die innere Logik des Rechtsstaats drängt allerdings nach Hirsch, der darin Fichte folgt, zum Nationalstaat. Der rechtliche Staat wird gewollt von den autonomen Subjekten, kann ihnen aber nicht zur letzten Autorität werden, da sie ihm gegenüber mit diesem ihrem Willen stets einen höheren Rang einnehmen. Nur der Nationalstaat, verstanden als die das "Volk" konstituierende lebendige Einheit, vermag Regierte wie Regierende gleichermaßen zu binden und zu rechtlicher Gemeinschaft zusammenzuschließen. Hirsch faßt folgendermaßen zusammen: "Die wahrhaft sittliche Gemeinschaft ist etwas Geistig-Unsichtbares, das da wurzelt in Gott. Sie kann durch das in bestimmten Organisationen geformte äußere Leben nicht geschaffen und nicht verwirklicht, wohl aber vorbereitet und geschützt werden. Und sie muß ihrerseits als eine an den Willen der Menschen schaffende und bildende Macht gegenwärtig sein, wenn auch nur die äußeren Lebensformen im rechten Sinne verwaltet werden sollen. In diesen Sätzen, die den Ursprung der ganzen Denkart aus Luther's Anschauung von Gottesreich und Weltreich deutlich genug verraten, finde ich die Überlegenheit des deutschen Denkens gegenüber dem ausländischen" (24). So integriert Hirsch seine Interpretation des deutschen Idealismus einem bestimmten Lutherverständnis, für das ähnlich wie bei HOLL die Begriffe des Sittlichen und des Gewissens leitend werden, und kommt zu einer Deutung der gegenwärtigen Situation, die Modellcharakter für seine späteren theologie- und kirchenpolitischen Entscheidungen gewinnt. Die bedeutsame Rolle, die Hirsch in solchem Zusammenhang dem Gedanken des Nationalstaates zuweist, begründet seinen Widerstand gegen die Weimarer Republik. Er versteht sie als das den Deutschen aufgezwungene Produkt des Sieges westeuropäisch-demokratischer Ideen über das nationalstaatliche Prinzip und begrüßt deshalb 1933 den nationalsozialistischen Staat als die notwendige Korrektur einer seit 1918 für Deutschland verhängnisvollen geschichtlichen Entwicklung. Hirsch hat mit dieser Studie und ähnlichen Schriften aus seiner Frühzeit (vor allem: Deutschlands Schicksal, 1920) einen neben dem religiösen Sozialismus eigenständigen, in seinen ethischen und politischen Konsequenzen freilich höchst problematischen Typus von Theologie entwickelt, für den der Bezug zur jeweiligen geschichtlichen Wirklichkeit konstitutiv ist. Nicht die einzelnen Begründungsschritte, vor allem nicht die Stellung zur deutschen idealistischen Philosophie, wohl aber das Ergebnis der Argumentation, das zugleich eine kritische Abgrenzung gegen die dialektische Theologie wie gegen den religiösen Sozialismus einschloß, hat im damaligen Luthertum breite Zustimmung gefunden.

c) Repräsentant solchen Luthertums ist der mit E. Hirsch befreundete PAUL ALTHAUS, wie jener in seinem Lutherverständnis Holl verpflichtet. Auch für Althaus wird das Kriegserlebnis zum Anlaß einer theologischen Deutung der damaligen geschichtlichen Situation Deutschlands. Im Ersten Weltkrieg als Gouvernements-Pfarrer in Lodz in besonderer Weise mit den Problemen konfessioneller und nationaler Diaspora konfrontiert, entdeckt der Göttinger Privatdozent das Phänomen "Volk" (Aus der Heimat. Lodzer Kriegspredigten, 1916; Lodzer Kriegsbüchlein. Deutsch-evangelische Betrachtungen, 1916; Um Glauben und Vaterland. Neues Lodzer Kriegsbüchlein, 1917). So wie Gott jeden Menschen mit einer bestimmten Individualität begabt hat, so auch die einzelnen Völker, die eben deshalb ihre besondere Gabe heilig halten sollen. Volkstum ist eine Ordnung der Schöpfung Gottes, Treue zum Volk dementsprechend etwas "Heiliges", das auf die Religion vorbereitet (Um Glauben und Vaterland, 1917, 29.35). Darum kann sich die Kirche der völkischen Frage gegenüber auch nicht neutral verhalten. Volk wird Althaus wie HIRSCH, der allerdings das national-staatliche Element noch stärker hervorhebt, zum Inbegriff des den Individuen übergeordneten Ganzen. "Das Volk ist vor dem Einzelnen da, zeitlich und wesentlich. Es gibt im Grunde keinen Einzelnen ... Was ich bin und habe, habe und bin ich aus den Quellen meines Volkes" (Das Erlebnis der Kirche, [1919] ²1924, 9). Das so verstandene Volk setzt Althaus in der Linie der Zwei-Reiche-Lehre Luthers in ein bestimmtes Verhältnis zur Kirche. (Der Begriff "Zwei-Reiche-Lehre" taucht allerdings erst 1922 auf, BARTH charakterisiert durch ihn in seiner Auseinandersetzung mit Althaus dessen Position. Vgl. H.-W. SCHÜTTE, Zweireichelehre und Königsherrschaft Christi, Handbuch der christlichen Ethik I, ²1979, 339-353, 340f). Auch für die Kirche gilt nämlich, daß Gott den einzelnen durch sie zur Gemeinschaft rufen und erziehen will. Es ergibt sich also eine Parallelität und Affinität von kirchlicher und völkischer Gemeinschaft. Gleichzeitig betont Althaus aber auch ihre Differenz. Gott stiftet die Gemeinschaft zwischen sich und den Menschen sowie zwischen den Menschen untereinander und befähigt damit auch zu volksmäßiger Gemeinschaft, aber Kirche ist dann doch von anderer und höherer Art als Volk, nämlich: "das eine Volk Gottes in allen Völkern und Kirchen, die eine, überall durch Generationen, Nationen und Konfessionen verstreute Gemeinde derer, denen Gott durch seine Offenbarung in Jesus Christus das Herz abgewonnen hat" (Das Erlebnis der Kirche 21). Wie Hirsch hat damit auch Althaus ein elastisches und anpassungsfähiges Beziehungsmodell von Religion und Volkstum bzw. Staat und Kirche entwickelt, das es ihm erlaubt, gegenüber falschen Identifizierungen wie im Religiösen Sozialismus auf der Verschiedenheit beider Größen zu insistieren, gegenüber einem Absehen von der geschichtlichen Wirklichkeit, wie er es in der dialektischen Theologie ausgebildet sah, aber die wechselseitige Verwiesenheit von christlichem Glauben und jeweiliger Wirklichkeit zu betonen. Allerdings ist dieses Modell erkauft mit einer gefährlichen Ausweitung der neulutherischen Ordnungslehre. Indem das Volk bzw. die völkische Gemeinschaft in den Rang einer Schöpfungsordnung erhoben wird, schießen völkisch-nationale Gesichtspunkte in die theologische Reflexion ein und führen zu ruinösen Folgen, die im "Ansbacher Ratschlag" besonders kraß zum Ausdruck kommen. Die Entscheidungen, die Althaus 1933 und 1934 gefällt hat, sind tendenziell schon hier angelegt und später in seiner "Theologie der Ordnungen" (1934, ²1935) systematisch näher begründet.

Die Wirkung der Theologie von Althaus nach dem Ersten Weltkrieg geht aber weniger von diesem Teil seines Werkes als vielmehr von der Neubegründung der Eschatologie aus. Sein "Entwurf einer christlichen Eschatologie" (Die letzten Dinge, 1922), der bis 1933 vier Auflagen erlebt hat, steht ebenfalls in einem inneren Verhältnis zur damaligen Umbruchsituation und berührt sich mit dem wiedererwachenden Interesse an der eschatologischen Fragestellung im Religiösen Sozialismus und der frühen dialektischen Theologie. Ausdrücklich bezieht Althaus sich (12) auf BARTHs berühmtes Dictum aus der 2. Aufl. des Römerbriefes (300; ¹⁰1967, 298): "Christentum, das nicht ganz und gar und restlos Eschatologie ist, hat mit *Christus* ganz und gar und restlos nichts zu tun". Der Zusammenbruch des idealistischen Kultur- und Fortschrittsglaubens mit seiner "Diesseitigkeitsreligion" und die Erfahrung des Massensterbens im Ersten Weltkrieg drängen zur Frage nach dem Sinn der Geschichte, dem Letzten, dem "Jenseits der Seele". Im Gegenzug zur Enteschatologisierung der Theologie im 19. Jahrhundert schafft sich nun das eschatologische Denken neue Bahn. Diese Tendenzen nimmt Althaus auf, bemüht sich aber im Unterschied zu den zumeist biblizistischen Verfahrensweisen um eine streng systematische Begründung von Eschatologie; die historisch-exegetischen Einsichten von F. OVERBECK, J. WEISS und A. SCHWEITZER zum eschatologischen Charakter der Verkündigung Jesu werden infolgedessen nicht berücksichtigt. Es charakterisiert den eschatologischen Entwurf von Althaus, daß er eine endgeschichtliche Eschatologie klar verneint. "Die Eschatologie hat es ... nicht mit der Endgeschichte oder mit dem Geschichtsende, sondern mit dem Jenseits der Geschichte zu tun" (95, ähnlich 64f). Die in der Eschatologie thematisierte *Vollendung* der Geschichte hat kein besonderes Verhältnis zur *End*geschichte, *jede* Geschichtsepoche verhält sich in Abwandlung des bekannten Ranke-Wortes "unmittelbar zum Gericht". Gegenüber dem traditionellen endgeschichtlichen Verständnis begründet Althaus seine Eschatologie auf dem *axiologischen* und *teleologischen* Begriff der letzten Dinge. Diese Begriffe werden in religionsphilosophischer Begründung eingeführt, weil christliche Eschatologie nicht beziehungslos zu jeder anderen Gestalt von Ewigkeitshoffnung steht, dann aber christlich, genauer: christologisch gesichert und entfaltet. Die *axiologische* Eschatologie bringt die Gewißheit des "Letzten" in der Erfahrung des *Ewigen* im Zeitlichen, des Unbedingten im Bedingten, des Übergeschichtlichen im Geschichtlichen auf den Begriff, sie weist eine vertikale Bewegungsrichtung auf. Durch die Erfahrung des Ewigen wird aber auch unser Wollen und Handeln auf das Unbedingte gerichtet, es kommt zu einem sittlichen Lebensimpuls, durch den sich Zeit als Ort des Vergehenden zur *Geschichte* mit eschatologischer Tiefendimension wandelt. Neben die vertikale tritt die horizontale Bewegungsrichtung, die begrifflich als *teleologische* Eschatologie gefaßt wird. Diese Doppelbewegung ist auch das Charakteristikum der christlichen Eschatologie. Sie begründet sich, da das biblizistische Verfahren ausscheidet, in erster Linie nicht auf den Verheißungsworten Jesu, sondern "streng christozentrisch" (54) auf der Gabe Gottes, auf dem Faktum des gekreuzigten und auferstandenen Christus und der dadurch entbundenen christlichen Hoffnung. "Beide Male entsteht die Eschatologie an der Christustatsache. Aber in einem Falle ist das ewige Leben *Gegenwarts*besitz, in dem die Seele selig *ruht,* im anderen Falle *Hoffnungs*ziel, dem unser weltgebundenes Christenleben in hoher *Spannung* der Sehnsucht entgegendrängt. Dort erscheint die Zukunft als unmittelbar gewisse *Behauptung* des gegenwärtigen, zeit- und todüberlegenen Lebensstandes, hier als *Vollendung, Entschränkung* und *Entspannung* des in sich selbst schmerzlich-paradoxen Christenlebens. Hier sind die Bekenntnisse kampfgeboren und kampfbewußt, dort reden sie die Sprache eines Sieges, in den jede Krisis aufgelöst ist" (58). Mit dieser Fassung von Eschatologie, die dann später noch Abwandlungen erfahren hat, ist Althaus auf dem Weg zu seiner dogmatischen Gesamtkonzeption. Er argumentiert streng systematisch-theologisch, antwortet aber gleichzeitig auf spezifische Probleme und Bedürfnisse der damaligen Nachkriegssituation.

d) FRIEDRICH GOGARTEN steht mit seinem Lutherverständnis nicht im Einflußbereich der "Lutherrenaissance", hat es vielmehr in betont polemischer Abgrenzung gegen die Interpretation HOLLs und HIRSCHs eigenständig erarbeitet. Gleichwohl gehört er in den größeren Zusammenhang einer lutherischen Theologie, für die der Bezug zur geschichtlichen Wirklichkeit samt den darin beschlossenen sozialethischen und politischen Konsequenzen von entscheidender Bedeutung ist. Seine Zugehörigkeit zu den Mitbegründern und einflußreichen Mitarbeitern der dialektischen Theologie hat diesen Sachverhalt im allgemeinen Bewußtsein zeitweilig verdeckt, obwohl sich darin ein Grundzug seiner Theologie ausspricht. Er ist schon erkennbar in den Schriften seiner vordialektischen Phase, die Gogarten mit einer ursprünglich als Dissertation bei TROELTSCH geplanten Studie über J.G. Fichtes Mystik eröffnet (Fichte als religiöser Denker, 1914). Fichte hat in seinem religiösen Denken Mystik und Handeln zusammengebracht und damit "einen Weg gebaut, auf dem wir gehen können" (3). Mit der Mystik gehört die Vaterlandsliebe eng zusammen. "Tief ist diese Vaterlandsliebe, denn ihr ist das Volk eine eigentümliche Offenbarung des göttlichen Lebens. Und rücksichtslos ist sie, denn nur soweit das Volk eine solche Offenbarung ist und sie in immer reinerer Vollkommenheit herausarbeitet, steht diese Liebe auf seiner Seite. Alles Selbstische, Eigensüchtige bekämpft sie schärfer, als ein Feind es könnte" (116). In der Nachfolge von Luther, Fichte, P. de Lagarde und A. Bonus wird die Einheit von "Religion und Volkstum" (1915, 35), die Zusammengehörigkeit von modernem Kulturbewußtsein und religiöser Lebenswelt beschworen. Mit der Wende zur dialektischen Theologie tritt diese Verbindung von Religion und Wirklichkeit zunächst zurück, muß einer diastatischen Verhältnisbestimmung weichen, um alsbald wieder - nun allerdings im Kontext einer Ich-Du-Konzeption - zum Thema zu werden.

Die Entfaltung der theologischen Systematik im Medium der Ich-Du-Relation ist Ausdruck eines neuen Wirklichkeitsverständnisses, das Gogarten mit einer bestimmten philosophischen Strömung der damaligen Zeit (EBERHARD GRISEBACH 1880-1945, FERDINAND EBNER 1882-1931, MARTIN BUBER 1878-1965) teilt. In ihm bekundet sich der Protest gegen den alles beherrschenden Individualismus und Subjektivismus des modernen Denkens. Der Mensch existiert niemals als vereinzeltes Wesen, ist in seiner geschichtlichen Wirklichkeit immer auf ein "Du" bezogen. In dieser Begegnung mit dem "Du", die ihn in die Entscheidung stellt, ist er verborgen schon dem souveränen Anspruch Gottes ausgesetzt, und in dieser zweifachen Beziehung ereignet sich *Geschichte*. Die geschichtliche Begegnung mit dem "Du" vollzieht sich aber konkret, wie Gogarten etwa ab 1926 ausführt, in bestimmten *Ordnungen*, die Gott seiner Schöpfung eingestiftet hat, sei es die Geschlechterordnung von Mann und Frau, die familiäre Ordnung von Eltern und Kindern oder die Herrschaftsordnung von Herr und Knecht, Regierenden und Regieren. Gogarten versteht diese Schöpfungsordnungen als "Stände" und greift damit auf die alte lutherische Ständelehre zurück (Die Schuld der Kirche gegen die Welt [1928] [2]1930). Gott hat den Menschen nicht als einzelnen geschaffen, "sondern so, daß der Mensch je in einer bestimmten Beziehung zu dem Andern steht" (a.a.O. 9f). In diesen "Ordnungen" oder "Ständen" haben wir unser Leben. Nur als Interpretation dieser strukturellen Verhältnisse läßt sich der Schöpfungsglaube entfalten und die geschichtliche Wirklichkeit als Gottes Schöpfung begreifen. Das ständisch strukturierte Beziehungsverhältnis des Menschen zum "Du", das ihm zugleich zur Begegnung mit dem Schöpferwillen Gottes wird, ist aber getragen vom Staat, der den Bestand der Schöpfungsordnungen oder der "politischen Ordnungen", wie Gogarten auch sagen kann (Politische Ethik 135), sichert. Der autoritative Anspruch des "Du" an das "Ich" ist im Anspruch des Staates aufgehoben, sein Gesetz, der Volksnomos, eine Gestalt des Gottesgesetzes und als solches von besonderer Dignität und Autorität. Der Staat wird zum Staat dadurch, daß er sein Gesetz gegen den Willen des Individuums durchsetzt. So führt die Übernahme der konservativen lutherischen Ständelehre, die Gogarten mittels der klassischen Unterscheidung von Gesetz und Evangelium aktualisiert, zur Legitimierung des Obrigkeits- bzw. Führerstaates und zur kritischen Distanzierung von der Weimarer Republik, die die "grundsätzliche Privatisierung der menschlichen Existenz" nicht aufgehoben und damit die "Entstaatlichung des Staates vollendet" hat (Einheit von Evangelium und Volkstum? 8). Mit den Aufstellungen solch eines konservativen Luthertums ist Gogarten vom Ausgangspunkt der dialektischen Theologie weit abgerückt und hat sich, wenngleich mit anderen Begründungen, der Position des national orientierten jungen Luthertums angenähert.

e) Eine aufschlußreiche Typisierung der aus der Umbruchsituation nach dem Ersten Weltkrieg hervorgegangenen bedeutsamen theologischen Strömungen hat Hirsch in seinen "Akademische(n) Vorlesungen zum Verständnis des deutschen Jahres 1933" (Die gegenwärtige geistige Lage im Spiegel philosophischer und theologischer Besinnung, 1934) vorgenommen. Dem "jungen nationalen Luthertum", dem er sich selbst zurechnet, stellt er als den anderen Grundtypus eine "Theologie der Krise" gegenüber, die aber nicht einfach mit der dialektischen Theologie identisch ist, sondern sich in dreifacher Weise ausdifferenziert hat: 1) als "Abstandnahme" gegenüber den konkret geschichtlichen Belangen in Volk, Staat und Kultur ("Diastase"), 2) als "religiöser Sozialismus" und 3) als "christlich-konservative Staatsanschauung nationaler Prägung" (112-123). Die nähere Charakterisierung dieser drei Krisis-Modelle gibt unschwer die sie jeweils tragenden und repräsentierenden theologischen Figuren zu erkennen: Barth, Tillich und Gogarten. Trotz erheblicher Unterschiede sind diese vier Gruppierungen nach Hirsch aber durch *ein* Element miteinander verbunden: "Aller jungen evangelischen Theologie gemeinsam gewesen ist die Entgegensetzung gegen den *Kulturprotestantismus.* Man verstand darunter die - mit dem Glauben an das ewige Leben meist irgendwie sich vertragende - Einebnung des Christentums zum geschichtsmächtigen ethisch-religiösen Träger des gesamten Lebens in Volk, Staat und Kultur, anders: die mindestens als geschichtliches Hochziel bejahte Verschmelzung von Gottesreich und Reich der bürgerlichen Kultur, die der neutestamentlichen Entgegensetzung des gegenwärtigen und des kommenden Äon und der reformatorischen Lehre von den zwei Reichen gleichermaßen widersprach. Damit verband sich ein Bruch mit *Schleiermacher* und die Aufnahme von Kierkegaards Kampf gegen die *idealistische Spekulation,* die Christentum und Welt geschichtsphilosophisch miteinander hatte versöhnen wollen" (112f).

WERNER ELERT ist nach dem Ersten Weltkrieg derjenige Vertreter des Luthertums, der diese kritische Wendung gegen den Kulturprotestantismus am klarsten zum Ausdruck gebracht hat. Hirschs Sätze lesen sich beinahe wie eine Charakterisierung desjenigen Programms, dem Elerts erste große Monographie "Der Kampf um das Christentum" gewidmet ist.

Elert hat in seinem wissenschaftlichen Lebenswerk auf beeindruckende Weise historische und systematisch-theologische Perspektiven miteinander verbunden. Seine kirchen- und theologiegeschichtlichen Arbeiten, neben dem "Kampf um das Christentum" vor allem die beiden Bände der "Morphologie des Luthertums", sind mit einem vitalen systematisch-theologischen Interesse abgefaßt, und seine dogmatischen Hauptwerke (Der christliche Glaube, Das christliche Ethos) bieten eine aus den Quellen erarbeitete Fülle - auch abseitigen - dogmengeschichtlichen Materials. Schon sein erstes größeres Buch läßt dieses Charakteristikum seiner Arbeit erkennen. Das Stichwort der Auseinandersetzung zwischen dem "Christentum der deutschen Reformation" und dem allgemeinen Bewußtsein des 19. Jahrhunderts lautet "Diastase"; das nach dem Ersten Weltkrieg veröffentlichte Buch ist durchaus ein Dokument der "Theologie der Krise". Elert will im Durchgang durch die "Geschichte der Beziehungen zwischen dem evangelischen Christentum in Deutschland und dem allgemeinen Denken seit Schleiermacher und Hegel" Klarheit über das gegenwärtige Verhältnis des Christentums zum neuzeitlichen Denken gewinnen. Nach seinem Urteil ist das protestantische Christentum des 19. Jahrhunderts auf weiten Strecken eine Verfallserscheinung, das durch die Synthese mit der entchristlichten Umwelt seine reformatorische Substanz eingebüßt hat. Wohl gab es Gegenbewegungen zu diesem Verschmelzungsprozeß wie etwa die Erweckungsbewegung, die Erlanger Erfahrungstheologie oder die "Kierkegaard-Renaissance", und an ihnen läßt sich ablesen, daß der Protestantismus mit dem Bewußtsein des Abstandes zu seiner Umwelt auch jedesmal seine Selbständigkeit und Selbstgewißheit zurückgewann, aber wirksamer blieb doch das Entwicklungsgefälle zur Synthese mit den spezifischen Gefährdungen. Elert läßt sich durch diese Einsichten nicht zu einer grundsätzlichen Absage des Christentums an die Kultur hinreißen, drängt nicht zur "vollkommenen Diastase". Aber für die gegenwärtige Stunde proklamiert er die Notwendigkeit einer klaren Abgrenzung gegenüber einer Kultur, die sich ihres christlichen Fundaments entledigt hat. "Je stärker das Christentum seine Distanz von dieser versinkenden Kultur betont, desto geringer die Gefahr, daß es mitversinkt" (7). Und wie die Darstellung der geschichtlichen Entwicklung des Christentums mit dem beschwörenden Appell zur Distanzierung von der Umwelt eröffnet wird, so klingt sie auch mit dieser Forderung für die Zukunft aus: "Darum gibt es in diesem Augenblick für diejenigen, die von der Christenheit zu ihren Wortführern bestellt sind, nur ein einziges großes Gebot: Das Christentum aus den Verschlingungen mit einer untergehenden Kultur zu lösen, damit es nicht mit in den Strudel hinabgerissen werde" (489). Elerts historische Analysen sind ein Beitrag zur Klärung und Bewältigung der gegenwärtigen Krisensituation; gut zehn Jahre später hat sich dieser Beitrag erheblich gewandelt.

4. Kontinuität der Problemstellung im Umbruch der Zeiten

a) ADOLF SCHLATTER: *Bibliographie:* BREZGER, R., Das Schrifttum von Prof. D.A. Schlatter, 1938. - *Systematisch-theologische Werke:* Das christliche Dogma, (1911) [4]1984. - Briefe über das christliche Dogma, (1912) 1978. - Die christliche Ethik, (1914) [5]1986. - Metaphysik, mit einer Einführung v. NEUER, W., ZThK Beiheft 7, 1987. - *Über Schlatter:* BAILER, A., Das systematische Prinzip in der Theologie Adolf Schlatters, 1968. - BEINTKER, H., Die Christenheit und das Recht bei Adolf Schlatter unter besonderer Berücksichtigung des Kirchenrechts, 1957. - EGG, G., Adolf Schlatters kritische Position gezeigt an seiner Matthäusinterpretation, 1968. - KINDT, I., Der

Gedanke der Einheit. Adolf Schlatters Theologie und ihre historischen Voraussetzungen, 1978. - LUCK, U., Kerygma und Tradition in der Hermeneutik Adolf Schlatters, 1955. - LÜTGERT, W., Adolf Schlatter als Theologe innerhalb des geistigen Lebens seiner Zeit, 1932. - NEUER, W., Der Zusammenhang von Dogmatik und Ethik bei Adolf Schlatter, 1986.

b) WILHELM LÜTGERT: Die johanneische Christologie, [2]1916. - Die Religion des deutschen Idealismus und ihr Ende I-IV, 1923-1930. - Der Erlösungsgedanke in der neueren Theologie, 1928. - Schöpfung und Offenbarung, 1934 (Nachdruck 1984).

c) ERICH SCHAEDER: Theozentrische Theologie I-II, (1909-1914) [3]1925. [2]1928. - Das Geistproblem der Theologie, 1924. - Das Wort Gottes, 1930. - *Über Schaeder:* GOERTZ, H.-J., Geist und Wirklichkeit, 1980.

d) HANS EMIL WEBER: Historisch-kritische Schriftforschung und Bibelglaube. Ein Versuch zur theologischen Wissenschaftslehre, [2]1914. - Reformation, Orthodoxie und Rationalismus I 1.2-II, 1937-1951 (= Wiss. Buchges., [2]1966).

e) RUDOLF OTTO: *Bibliographie:* SCHÜTTE, H.-W., Religion und Christentum in der Theologie Rudolf Ottos, 1969, 143-150 - *Schriften:* Die Anschauung vom Heiligen Geiste bei Luther. Eine historisch-dogmatische Untersuchung, 1898. - Naturalistische und religiöse Weltansicht, (1904) [3]1929. - Kantisch-Fries'sche Religionsphilosophie und ihre Anwendung auf die Theologie, (1909) 1921. - Das Heilige. Über das Irrationale in der Idee des Göttlichen und sein Verhältnis zum Rationalen, (1917) 49. Tsd. 1987. - West-östliche Mystik (1926) [3]1971. - Das Gefühl des Überweltlichen, 1932. - Sünde und Urschuld und andere Aufsätze zur Theologie, 1932. - Reich Gottes und Menschensohn, [3]1954. - Aufsätze zur Ethik, hg. v. J.S. BOOZER, 1981. - *Über Otto:* ALMOND, P.C., Rudolf Otto and the Kantian Tradition, NZSTh 25, 1983, 52-67. - SCHÜTTE, H.-W., s.o. (Lit.!)

f) KARL HEIM: *Bibliographie* bis 1933: KÖBERLE, A. - SCHMITZ, O. (Hg.), Wort und Geist, FS zum 60. Geburtstag, 1934, 405-423. - *Hauptwerke:* Das Weltbild der Zukunft, 1904 (Neuausgabe 1980). - Das Gewißheitsproblem in der systematischen Theologie bis zu Schleiermacher, 1911. - Leitfaden der Dogmatik I-II, (1912) 2. Abdruck der 3. veränderten Auflage 1935. - Glaubensgewißheit, (1916) [4]1949. - Das Wesen des evangelischen Christentums, [3]1926. - Glaube und Leben, [2]1928. - Der evangelische Glaube und das Denken der Gegenwart I-VI, 1931-1952 (und weitere Auflagen). - Die christliche Ethik, 1955. - Ich gedenke der vorigen Zeiten, [3]1960. - Versöhnung und Weltvollendung, hg. v. A. KÖBERLE, 1982. - Zeit und Ewigkeit, hg. v. A. KÖBERLE, 1987. - *Über Heim:* BECK, H.W., Weltformel contra Schöpfungsglaube, 1972. - EISENHUTH, H.E., Die Entwicklung des Problems der Glaubensgewißheit bei Karl Heim, 1928. - KÖBERLE, A., Karl Heim, Denker und Verkünder aus evangelischem Glauben, 1973. - DERS., Karl Heim. Leben und Denken, 1979. - KUCERA, Z., Art. Heim, TRE XIV 774-777. - RUTTENBECK, W., Die apologetisch-theologische Methode Karl Heims, 1925. - SCHOTT, E., Das Problem der Glaubensgewißheit in Auseinandersetzung mit Karl Heim erörtert, 1931. - SCHWARZ, H., Das Verständnis des Wunders bei Heim und Bultmann, 1966. - TIMM, H., Glaube und Naturwissenschaft in der Theologie Karl Heims, 1968.

g) CARL STANGE: Einleitung in die Ethik I-II, (1900-1901) [2]1923. - Grundriß der Religionsphilosophie, (1907) [2]1922. - Moderne Probleme des christlichen Glaubens, 1910. - Christentum und moderne Weltanschauung I-II, 1911-1914. - Christliche und philosophische Weltanschauung, 1923. - Dogmatik I, 1927. - Studien zur Theologie Luthers I, 1928. - Der johanneische Typus der Heilslehre Luthers im Verhältnis zur paulinischen Rechtfertigungslehre, 1949. - Die Anfänge der Theologie Luthers, 1957.

h) RUDOLF HERMANN: *Bibliographie:* ThLZ 72, 1947, 181-184; 82, 1957, 795-798; 87, 1962, 867-868. - *Schriften:* Christentum und Geschichte bei Wilhelm Herrmann. Mit besonderer Berücksichtigung der erkenntnis-theoretischen Seite des Problems, 1914. - Der Begriff der religiös-sittlichen Anlage in der Apologetik Kählers, 1917. - Fragen und Erwägungen zu Stanges Religionsphilosophie, 1921. - Zur Frage des religionspsychologischen Experiments, 1922. - Luthers These "Gerecht und Sünder zugleich" (1930), [2]1960. - Zur Frage der Zeitlichkeit des Erkennens, ZSTh 9, 1932, 93-134. - Das Wissen und seine Welt in der Zeitlichkeit des Seins, ZSTh 10, 1933, 535-588. - Fragen um den Begriff der natürlichen Theologie, 1950. - Gesammelte Studien zur Theologie Luthers und der Reformation, 1960. - Gesammelte und Nachgelassene Werke, hg. von H. BEINTKER, JOH. HAAR, G. KRAUSE und E. SCHOTT, I: Luthers Theologie, 1967. II: Studien zur Theologie Luthers und des Luthertums, 1981. III: Bibel und Hermeneutik, 1971. IV: Ethik 1970. VI: Theologische Fragen nach der Kirche, 1977. - *Über Hermann:* HEINZE, M., Die Zeitlichkeit des Ich im religionsphilosophischen und theologischen Denken Rudolf Hermanns, dargestellt und erörtert an seiner These "Ich bin meine Zeit", Theol. Diss. Halle 1960. - IWAND, H.-J., Nachgelassene Werke, hg. von H. GOLLWITZER, W. KRECK, K.G. STECK und E. WOLF. VI: Briefe an Rudolf Hermann, 1964. - JEPSEN, A. (Hg.), Gedenkheft für Prof. D. Rudolf Hermann, 1962. - KÖSTERS, R., Luthers These "Gerecht und Sünder zugleich". Zu dem gleichnamigen Buch von Rudolf Hermann, Cath 18, 1964, 48-77, 193-217; 19, 1965, 136-160, 210-224. - PLANNER-FRIEDRICH, G., Zeitlichkeit und Geschichte bei Rudolf Hermann, Theol. Diss. Jena 1966. - SCHOTT, E., Grundlinien der Theologie Rudolf Hermanns, NZSTh 6, 1964, 14-34. - SCHULZ, H.-J., Die Bedeutung der Kirche bei Rudolf Hermann, Theol. Diss. Jena 1967.

Der Neueinsatz der systematischen Theologie nach dem Ersten Weltkrieg gehört mit zu den wirkungskräftigsten Zäsuren innerhalb des neuzeitlichen Protestantismus, er ist aber begleitet von einer Vielzahl theologischer Entwürfe, die sich keiner der bisher skizzierten Gruppierungen zuordnen lassen, sondern in Anknüpfung an den überlieferten Problembestand ihr charakteristisches Thema gefunden haben. Das schließt nicht aus, daß sich auch in ihnen von Fall zu Fall Einwirkungen des politischen, kulturellen und theologischen Umbruchs feststellen lassen, aber signifikante Bedeutung haben sie nicht erlangt. Einige dieser Positionen seien hier noch kurz vorgestellt.

a) ADOLF SCHLATTER (1852-1938), auf dem exegetischen Feld,

vor allem in der neutestamentlichen Wissenschaft mit einer Reihe grundlegender Werke hervorgetreten, aber auch in der systematischen Theologie durch einschlägige Monographien ausgewiesen (Das christliche Dogma, Die christliche Ethik), wurde 1922 aus Anlaß seines 70. Geburtstages als Tübinger Ordinarius emeritiert, entfaltete aber nach diesem Zeitpunkt noch eine breite akademische und kirchliche Wirksamkeit. Schlatter hat die Charakterisierung seines theologischen Wollens als "Biblizismus" zu Recht abgewiesen, weil es ihm um ein wahrhaft geschichtliches Verständnis der Hl. Schrift ging, das Kritik einschloß. Allerdings war Kritik für ihn nicht identisch mit der Übernahme der in der freien Theologie gehandhabten historisch-kritischen Methode, sondern bedeutete ihm unvoreingenommene "Wahrnehmung" der in der Bibel bezeugten Geschichte Gottes mit dem Menschen in Jesus Christus. Insofern gehörten Glaube und Kritik für ihn zusammen. Gleichwohl kann man Schlatters Theologie ihrer Begründung und Durchführung nach als "biblische" Theologie bezeichnen, denn seine Arbeit fand in der Auslegung des Heilswerkes Gottes und d.h. konkret in der Auslegung der biblischen Schriften Neuen Testaments, die dann zur dogmatischen und ethischen Wahrheitsverantwortung weitergetrieben wurde, ihren Mittel- und Höhepunkt. In einer Zeit wachsender Distanzierung vom deutschen Idealismus, die Schlatter um ein gutes Jahrzehnt vorweggenommen hatte (Die philosophische Arbeit seit Cartesius nach ihrem ethischen und religiösen Ertrag, [1906] [3]1923), und vor dem Hintergrund einer Neuausrichtung der Theologie am Worte Gottes entsprach Schlatter mit diesem "biblischen" Grundzug seines Denkens in hohem Maße dem Bedürfnis einer orientierungslos gewordenen Zeit nach klaren Normen. Dennoch ist die Ausstrahlung von Person und Werk Schlatters mehr auf den württembergischen Raum beschränkt geblieben und vermochte nicht die Bedeutung zu erlangen, die der dialektischen Theologie beschieden war.

b) WILHELM LÜTGERT (1867-1938), der durch Hermann Cremer (1834-1903) in Greifswald ("Greifswalder Schule") geprägt worden ist, teilt mit Schlatter die biblische Begründung und Ausführung der Theologie bei gleichzeitiger kritischer Einstellung gegenüber dem deutschen Idealismus, erreicht aber nicht dessen Originalität und Format. In der seit Cremers Tod von beiden getragenen Herausgeberschaft der "Beiträge zur Förderung christlicher Theologie" ist diese sachliche Gemeinsamkeit auch nach außen in Erscheinung getreten. Gegenüber einem spiritualisierenden Idealismus betont Lütgert den "Realismus der Offenbarung" und weist dem Schöpfungsgedanken theologisch eine fundierende Rolle zu.

c) In das Umfeld einer "biblischen" bzw. "positiven" Theologie gehört auch ERICH SCHAEDER (1861-1936), der seinem Greifswalder Lehrer CREMER und MARTIN KÄHLER (1835-1912) in Halle zeitlebens verpflichtet blieb. Sein Entwurf einer "theozentrischen Theologie" berührte sich in der polemischen Zuspitzung gegen den Anthropozentrismus in der Theologie seit SCHLEIERMACHER in manchem mit der dialektischen Theologie. Aber Schaeder wollte mit diesem Ansatz nicht den anthropologischen Bezug als solchen aus dem Gottesverständnis ausklammern und geriet damit in eine eigentümliche Zwischenposition. Von der dialektischen Theologie ist er nicht als einer der ihren anerkannt und auch kaum einer ernsthaften Diskussion gewürdigt worden, ihr beherrschender Einfluß hat eine Auseinandersetzung mit seinem Werk verhindert.

d) Die Unfruchtbarkeit einer schroffen Alternative von Bibelglaube und historischer Kritik veranlaßte den Kählerschüler HANS EMIL WEBER (1882-1950) zur methodischen und theologischen Durchklärung derjenigen Probleme, die durch die Bibelkritik für den Glauben aufgeworfen waren. Der Kählersche Versuch einer Neubegründung des Glaubens bedurfte nach seinem Urteil der Erweiterung und Fortführung durch die Aufnahme des geschichtskritischen Problems, und so stellte er sich in seiner "theologischen Wissenschaftslehre" die Aufgabe, Recht und Wahrheit sowohl des Bibelglaubens als auch der historischen Kritik zu erweisen.

e) Die Bestimmung des "Heiligen" durch RUDOLF OTTO (1869-1937) weist, obwohl anderer Herkunft und insgesamt auch anderer Art, sachlich dennoch eine gewisse Nähe zu einigen Grundaussagen der dialektischen Theologie auf. Sein 1917 erstmals veröffentlichtes Buch "Das Heilige" - noch zu Lebzeiten des Autors in 25. Aufl., 1979 im 41.-44. Tsd. erschienen, dazu in mehrere Sprachen übersetzt - hat den Siegeszug der neuen theologischen Bewegung indirekt vermutlich mehr gefördert als manche Publikation ihrer eigenen Vertreter. Otto knüpft an eine für die sogenannte liberale Theologie typische Problemstellung an, indem er ähnlich wie der nur wenige Jahre ältere TROELTSCH die Religion in ihrer Selbständigkeit, ihrem Wesen und ihrer Eigenart zu erfassen sucht. Für die Grundlegung dieser Aufgabe macht er sich Einsichten der Religionstheorie SCHLEIERMACHERs zu eigen, dessen "Reden" er in der Erstauflage 1899 aus Anlaß des 100jährigen Erscheinungsjubiläums neu herausgibt, greift außerdem auf die Religionsphilosophie von IMMANUEL KANT und JAKOB FRIEDRICH FRIES zurück, weicht aber in der Durchführung seines Religionsverständnisses erheblich von den eingeschliffenen Deutungsmustern ab. Das "Heilige" als Grundbegriff der Religion erscheint herkömmlicherweise in einem rational oder sittlich vorgeprägten Interpretationszusammenhang. Demgegenüber betont Otto die völlige Artbesonderheit des Heiligen, die sich der Rationalisierung und Ethisierung widersetzt, und prägt dafür den Begriff des "Numinosen". Diesem "Numinosen" begegnet der Mensch einmal in Gestalt des *mysterium tremendum,* des erschreckenden, schauervollen Geheimnisses. Hier wird Gott erfahren in seiner Majestät, seiner Energie, in seinem "Zorn", als der "Ganz Andere". Gegen die Eliminierung bei Schleiermacher und A. RITSCHL bringt Otto die Vorstellung vom "Zorne Gottes" erneut zur Geltung. Das Numinose zeigt sich aber zugleich als *Fascinans,* als "etwas eigentümlich *Anziehendes,* Bestrickendes, *Faszinierendes,* das nun mit dem abdrängenden Momente des tremendum in eine seltsame Kontrastharmonie tritt" (Das Heilige, [35]1963, 42). Das "Schauervolle" bildet mit dem "Wundervollen" eine unauflösliche Einheit. Wird das Gemüt auf der einen Seite "grauenvoll-furchtbar" vom Dämonisch-Göttlichen übermächtigt, so weiß es sich zugleich "lockend-reizvoll" in seinen Bann gezogen. Dieses Grundmodell bewährt sich an der Religionsgeschichte, hat erschließende Kraft aber auch für die Hl. Schrift Alten und Neuen Testaments und für die Theologie Luthers, mit deren Interpretation Otto begonnen hat (Die Anschauung vom Heiligen Geiste). Überdies war damit ein hilfreicher Orientierungsrahmen für ein neues religiöses und theologisches Selbstverständnis gegeben, der sich dadurch empfahl, daß er die Brücken zur Tradition nicht abbrach und gleichwohl Raum für das nach dem Ersten Weltkrieg gewachsene Differenz- und Diastasenbewußtsein bot.

f) Eine in persönlicher Bekehrungserfahrung wurzelnde Frömmigkeit und ein ausgesprochen spekulativer Drang zu einer einheitlichen Weltsicht führten den Schwaben KARL HEIM (1874-1958) zu einem sehr eigengeprägten Verständnis von Theologie. Heim, der in der Welt des schwäbischen Pietismus aufgewachsen und erzogen war, erlebte unter der Einwirkung des Erweckungspredigers ELIAS SCHRENK (1831-1913) eine förmliche Bekehrung, die sein theologisches Denken in biblizistische Bahnen lenkte. Gleichzeitig nahm er die Auseinandersetzung mit dem modernen, vornehmlich naturwissenschaftlich bestimmten, Denken auf, um Christus als den Herrn nicht nur einer kirchlich definierten, sondern aller Wirklichkeit zu bezeugen und verstehbar zu machen. Dieser kritische Dialog mit den Naturwissenschaften, der sich so bei keinem anderen evangelischen Theologen des 20. Jahrhunderts findet, durchzieht Heims Werk von seinen Anfängen an und verleiht ihm seine unverwechselbare Eigenart. Schon seine Frühschrift "Das Weltbild der Zukunft" bringt diese Besonderheit im Untertitel zum Ausdruck: "Eine Auseinandersetzung zwischen Philosophie, Naturwissenschaft und Theologie". Unter Rückgriff auf sehr unterschiedliche Denkansätze, u.a. auf die gerade formulierte Relativitätstheorie der Physik und die Paradoxien KIERKEGAARDs, meinte Heim das moderne Denken seines Relativismus überführen und vor die Alternative stellen zu können, entweder in "konsequenten Skeptizismus" zu versinken oder aber den Sprung in den Christusglauben zu wagen. Dieser Christus ist aber nicht weltlos gedacht, sondern gerade als Ursprung der Wirklichkeit, zugleich Ur-Ich und Ur-Du. Er vertritt den göttlichen Willen in dieser Wirklichkeit gegenüber dem Menschen, reißt ihn aus den Alternativen heraus und nimmt ihn in eine auf das neue Leben ausgerichtete Bewegung hinein. Jesus hat mit seinem Weg und Werk die zukünftige Welt vorweggenommen, führt sie in der Überwindung der satanischen Macht ihrer definitiven Vollendung entgegen und wird als "Weltvollender" geglaubt und bezeugt. In der Ausführung dieses Grundgedankens zu einer umfassenden christozentrisch-eschatologischen Welt- und Lebensanschauung entfaltet sich die spekulative Kraft des Heimschen Denkens. Den christlichen Glaubensaussagen wird ihr Ort im modernen Denken zugewiesen, das moderne Denken seinerseits für die christliche Wahrheit aufgeschlossen und so die Einheit von Glauben und Denken einsichtig gemacht. Obwohl Heim durch seine akademische Lehrtätigkeit, ab 1920 an seiner Heimatuniversität Tübingen neben Schlatter, und durch seine erbaulichen Schriften einen zahlreichen Hörer- und Leserkreis um sich zu sammeln wußte, hat sich seine gewagte apologetisch-spekulative Konstruktion in dem auf Alternativen zugespitzten theologischen Diskurs nicht behaupten können.

g) Mit einem ausgesprochen apologetischen Interesse bemühte sich CARL STANGE (1870-1959) unter Rückgriff auf KANTs Erkenntniskritik und SCHLEIERMACHERs Religionstheorie um eine förderliche Verhältnisbestimmung von Theologie und Philosophie, obwohl er ansonsten der kritischen Theologie reserviert gegenüberstand. Seit 1920 gab er die "Studien des apologetischen Seminars zu Wernigerode" heraus, seit 1923 die "Zeitschrift für systematische Theologie". Seine Hauptaufgabe sah er allerdings in einer neuen Gestalt lutherischer Theologie jenseits konfessioneller Engführungen. Bis in sein hohes Alter hinein hat er Einzeluntersuchungen zu Luther vorgelegt, nachdem schon 1928 seine "Studien zur Theologie Luthers" erschienen waren. Er war führend beteiligt an der produktiven Zusammenarbeit deutscher und skandinavischer, vor allem schwedischer Lutherforscher.

h) Beide Arbeitsschwerpunkte sind von seinem Schüler RUDOLF

HERMANN (1887-1962) aufgenommen und weitergeführt worden. Als eigenständiger, bisweilen kantiger Theologe, der neben STANGE besonders MARTIN KÄHLER (1835-1912) verpflichtet war, hat Hermann vermutlich stärker durch die akademische Lehrtätigkeit als durch seine Publikationen gewirkt. Zu Recht sind deshalb einige seiner Vorlesungen in die "Gesammelten und Nachgelassenen Werke" aufgenommen worden (I: Luthers Theologie; IV: Ethik). In seinen Lehrveranstaltungen begegnete er als tiefbohrender Denker, der um der Sache willen auch abseitige Wege beschritt und sich durch Moden oder Trends nicht beirren ließ. Er verstand es - bis in die letzten Jahre an der Humboldt-Universität zu Berlin - seine Hörer in einen lebendigen Reflexionsprozeß hineinzuziehen. Zwei so unterschiedliche Figuren wie der Dichter JOCHEN KLEPPER (1903-1942. Vgl. die entsprechenden Notizen in J. KLEPPER, Unter dem Schatten deiner Flügel. Aus den Tagebüchern der Jahre 1932-1942, hg. von H. KLEPPER, 1956) und HANS-JOACHIM IWAND (1899-1960), der ihm trotz späterer anderer theologischer Orientierung zeitlebens dankbar verbunden blieb (IWAND, H.-J., Briefe an Rudolf Hermann, hg. und eingeleitet von K.G. STECK = Nachgelassene Werke VI, 1964), bezeugen den nachhaltigen Einfluß dieser Seite seiner Wirksamkeit. Die ersten Veröffentlichungen seit der Dissertation (Christentum und Geschichte bei Wilhelm Herrmann. Mit besonderer Berücksichtigung der erkenntnis-theoretischen Seite des Problems, 1914) sind von dem Interesse geleitet, über eine erkenntnistheoretische und religions- bzw. denkpsychologische Grundlegung den Zusammenhang der theologischen Aussagen mit dem wissenschaftlichen Denken zu sichern und sie zu größerer Klarheit zu bringen (Der Begriff der religiös-sittlichen Anlage in der Apologetik Kählers, 1917. - Zur Frage des religionspsychologischen Experiments. Erörtert aus Anlaß der Religionspsychologie Girgensohns, 1922). Von Anfang an ist er sich aber der Grenzen apologetischer Argumentation bewußt, es geht ihm um Verdeutlichung der christlichen Wahrheit, nicht um irgendeinen Beweis. Schon im Mai 1913, unmittelbar nach Abgabe seiner Dissertation, schreibt er in einem Brief: "Es ist doch wohl schließlich die Positivität der Offenbarung, die unableitbare geschichtliche Selbstbekundung Gottes, dem gegenüber wir eine theoretisch nicht weiter begründbare *Hingabe* vollziehen sollen" (Ges. und Nachgel. Werke IV, 5). Das religionsphilosophische und -psychologische Interesse hat sich bei Hermann - gegen den Strom der Zeit - durchgehalten. Als Einleitung in die Dogmatik las er "Religionsphilosophie", u.a. mit scharfsinnigen Analysen der kritischen Philosophie KANTs und des philosophisch-theologischen Systems SCHLEIERMACHERs. Im

Gefälle des kantischen Kritizismus und unabhängig von M. HEI-
DEGGER entwickelt und begründet Hermann seine zentrale These
"Ich bin meine Zeit", um den einzelnen, die Zeit und die Gemeinschaft als die entscheidenden Elemente des Denk- und Verstehens-
prozesses einsichtig zu machen (Vgl. u.a. Das Wissen und seine
Welt in der Zeitlichkeit des Seins, ZSTh 10, 1933, 535-588). Diese
These bezeichnet aber nicht nur Mitte und Ziel seiner religionsphilosophischen Reflexionen, sondern dient ihm auch dazu, die
ethischen und theologischen Grundannahmen, vor allem die reformatorische Erkenntnis von der Rechtfertigung des Sünders aus
Glauben, in ihrer Besonderheit zu profilieren und in ihrem Zusammenhang mit der allgemeinen wissenschaftlichen Erkenntnis zu
entfalten. Einen zweiten Schwerpunkt seiner Arbeit bildet die
Theologie LUTHERs, die er in der großen Monographie "Luthers
These 'Gerecht und Sünder zugleich'" (1930) zu einem ersten Höhepunkt führt. Gegen Ende seines Lebens ist dann noch ein um-
fänglicher Band "Gesammelte Studien zur Theologie Luthers und
der Reformation" (1960) erschienen. Daneben hat Hermann ge-
wichtige Publikationen zur Ekklesiologie und - als Schüler M.
KÄHLERs - zu Bibel und Hermeneutik vorgelegt, die (als Bd. III
und VI) in die Gesammelten und Nachgelassenen Werke aufgenommen worden sind. 1934 hat Hermann als Synodaler an den Be-
kenntnissynoden in Barmen und Dahlem teilgenommen und sich
im Kirchenkampf unbeugsam gezeigt, ohne aber die Gefahren zu
übersehen, in die sich die Bekennende Kirche durch die Kampfsituation zu bringen drohte. Seine Abhandlung "Theologische Anliegen zur Kirchenfrage" (1937 = Ges. und Nachgel. Werke VI 149-
185) stellt eine unbestechliche Analyse dieser Gefahren dar, mit
der er bei IWAND (Briefe an R. Hermann, 293) und KLEPPER
(a.a.O. Eintragung vom 10.7.1938 und 13.10.1938) Zustimmung gefunden hat. Hermann warnt vor einem "gesteigerten Kirchenbe-
griff" (150f), sieht "schwarmgeistiges Wesen" in die Kirche eindrin-
gen (153). Die bedrängte Situation von Kirche und Theologie darf
niemals dazu führen, theologische Wahrheiten - etwa zum Pro-
blembereich "natürliche Theologie" - kirchenpolitisch klären und
durchsetzen zu wollen. Unnachgiebig im Kampf gegen die deutsch-
christliche Bedrohung, konnte Hermann der sehr bestimmten Gestalt von Theologie, die hinter der Barmer Theologischen Erklärung stand und mit ihr zur Wirksamkeit gebracht werden sollte,
dennoch nicht zustimmen.

II. Klärung der Fronten im Horizont des politischen und kirchenpolitischen Konflikts: "Barmen" und der "Ansbacher Ratschlag"

Bibliographie: DIEHN, O., Bibliographie zur Geschichte des Kirchenkampfes 1933-1945, 1958. - KOCH, G., Die christliche Wahrheit der Barmer Theologischen Erklärung, 1950, 53-59. - *Allgemeine Literatur:* BOYENS, A., Kirchenkampf und Ökumene 1933-1939, 1969. - GESTRICH, C., Neuzeitliches Denken und die Spaltung der dialektischen Theologie, 1977, 143-165. - KUPISCH, K., Zwischen Idealismus und Massendemokratie, 1955, 179-282. - LANGMANN, O., Deutsche Christenheit in der Zeitenwende, 1933. - LINDT, A., Das Zeitalter des Totalitarismus. Politische Heilslehren und ökumenischer Aufbruch, 1981. - MEIER, K., Der evangelische Kirchenkampf. Gesamtdarstellung in drei Bänden I.-II. [2]1984; III. 1984. - MOHLER, A., Die Konservative Revolution in Deutschland 1918-1932, [3]1989. - SCHMIDT, K.D. (Hg.), Arbeiten zur Geschichte des Kirchenkampfes, 1958ff. - SCHOLDER, K., Die Kirchen und das Dritte Reich I. Vorgeschichte und Zeit der Illusionen 1918-1934, 1977, II. Das Jahr der Ernüchterung 1934. Barmen und Rom, 1985. - WOLF, E., Art. Kirchenkampf, [3]RGG III 1443-1453.

1. Der theologische Kern des Problems: natürliche Theologie

ASMUSSEN, H., Vortrag über die Theologische Erklärung zur gegenwärtigen Lage der Deutschen Evangelischen Kirche, IMMER, K. (Hg.), Bekenntnissynode der Deutschen Evangelischen Kirche, Barmen 1934, o.J. [1934], 11-24. - DERS., Zur jüngsten Kirchengeschichte, 1961. - NICOLAISEN, C., Der Weg nach Barmen. Die Entstehungsgeschichte der Theologischen Erklärung von 1934, 1985. - RUHBACH, G., Das Betheler Bekenntnis, HAUSCHILD, W.D. - KRETSCHMAR, G. - NICOLAISEN, C. (Hg.), Die lutherischen Kirchen und die Bekenntnissynode von Barmen, 1984, 56-72.

Die dialektische Theologie, der religiöse Sozialismus und das junge Luthertum waren keine rein innertheologischen Bewegungen, sie standen von Anfang an unter der starken äußeren Einwirkung des Ersten Weltkrieges. Vor allem mit seinem Ausgang und der Revolution von 1918 bedeutete er eine folgenreiche Zäsur für Kirche und Theologie. 15 Jahre später wiederholt sich diese Konstellation. Mit der nationalsozialistischen Machtübernahme greift zum zweiten Mal innerhalb kurzer Zeit ein äußeres Ereignis politischer Natur einschneidend in den kirchlichen und theologischen Entwicklungsverlauf ein. Es wirkt als Katalysator in der theologischen Diskussion, macht die latent oder auch offen wirksamen Motive des Streites bewußt und führt zu klaren Profilierungen mit den entsprechenden Abgrenzungen in theologischer, kirchenpolitischer und schließlich auch politischer Hinsicht. Die "natürliche Theologie" kristallisiert sich in der Vielfalt der Themen und Probleme als der eigentliche Kern des Streites heraus.

Allerdings ist dieser herkömmliche Begriff nur eine undeutliche Chiffre für das Ausmaß und die Tiefe der Differenzen in der Kontroverse von 1933/34. Denn der theologische Kampf der Bekennenden Kirche, vor allem in der Gestalt K. Barths, galt nicht nur der deutschchristlichen Häresie, er galt mit der "natürlichen Theologie" auch nicht nur einem Spezialproblem der Dogmatik oder einem bestimmten Entwicklungsstrang innerhalb der neueren Theologie, vielmehr stand diese selbst in ihren maßgebenden Vertretern vor dem Tribunal. Weil der moderne Protestantismus sich den Grundfragen des neuzeitlichen Lebens- und Wahrheitsbewußtseins geöffnet hatte, mußte er - so die Quintessenz der Diagnose - seine Mitte verfehlen und häretisch werden. Mit der deutschchristlichen Glaubensbewegung kommt nur zutage, was schon seit 200 Jahren Kirche und Theologie von innen zerstört. In diesem Sinne nimmt Barth am 11. Oktober 1933, also noch vor der Barmer Theologischen Erklärung, zum Entwurf des "Betheler Bekenntnisses" wie folgt Stellung:

"Lutheraner und Reformierte ... sind heute durch die vollkommene Erscheinung des häretischen Neuprotestantismus in Gestalt der 'Deutschen Christen' konkret und gemeinsam herausgefordert und zum Bekennen aufgefordert" (vgl. G. RUHBACH, Das Betheler Bekenntnis, Die lutherischen Kirchen und die Bekenntnissynode von Barmen 1984, 67).

HANS ASMUSSEN (1898-1968), der durch sein einführendes Referat am 30.5.1934 vor der Barmer Bekenntnissynode entscheidend mit dazu beigetragen hatte, daß die Theologische Erklärung einstimmig verabschiedet werden konnte, stellt ebenfalls die Verbindung von Neuprotestantismus und "Deutschen Christen" her und erläutert:

"Wir dürfen um unseres Herrn Jesu Christi willen nicht müde werden, immer wieder zu betonen, daß es falsche Lehre ist, wenn man neben die Bindung an das in Christo Fleisch gewordene Wort und das in ihm gepredigte Wort noch andere Bindungen für die Kirche stellt ... Man ist dauernd und nachhaltig an die Kirche mit dem Anspruch herangetreten, die Ereignisse des Jahres 1933 als bindend für Verkündigung und Schriftauslegung, als Gehorsam heischend neben der Heiligen Schrift und über ihren Anspruch hinaus anzuerkennen. Wenn wir dagegen protestieren, dann protestieren wir nicht als Volksglieder gegen die jüngste Geschichte des Volkes, ... sondern wir erheben Protest gegen dieselbe (!) Erscheinung, die seit mehr als 200 Jahren die Verwüstung der Kirche schon langsam vorbereitet hat. Denn es ist nur ein relativer Unterschied, ob man neben der Heiligen Schrift in der

Kirche geschichtliche Ereignisse oder aber die Vernunft, die Kultur, das ästhetische Empfinden, den Fortschritt oder andere Mächte und Größen als bindende Ansprüche an die Kirche nennt" (K. IMMER [Hg.], Bekenntnissynode der Deutschen Evangelischen Kirche, 1934, 17).

Obwohl der Begriff "natürliche Theologie" in diesem Zusammenhang nicht auftaucht, benennt Asmussen doch deren Themen (Undeutlich und beschönigend bleibt allerdings Asmussens rückblickendes Urteil zur 1. Barmer These. Vgl. H. ASMUSSEN, Zur jüngsten Kirchengeschichte 1961, 37f). Barth hat dem Referat Asmussens damals rückhaltlos zugestimmt (vgl. C. NICOLAISEN, Der Weg nach Barmen, 93) und später (1940) in einer (Selbst)Interpretation der 1. These der Barmer Theologischen Erklärung gleich die "Kirche der ganzen Welt" des Abfalls zur natürlichen Theologie geziehen (KD II 1, 194-200):

"Dieser Text (= die 1. These) ist darum wichtig..., weil er das erste Dokument einer bekenntnismäßigen Auseinandersetzung der evangelischen Kirche mit dem Problem der natürlichen Theologie darstellt." Nach Barth haben die Bekenntnisschriften der Reformationszeit diese Frage offengelassen. Sie konnten es auch, denn bedrohlich ist sie für Kirche und Theologie erst in den letzten Jahrhunderten geworden. "Was die 'Deutschen Christen' wollten und taten, das lag nachweislich so genau auf der von der Kirche der ganzen Welt längst anerkannten und begangenen Linie der Aufklärung und des Pietismus, auf der Linie Schleiermachers, Richard Rothes und Ritschls, dafür gab es so viele Parallelen auch in England und Amerika, auch in Holland und in der Schweiz, auch in Dänemark und Skandinavien, daß draußen eigentlich niemand das Recht hatte, auf Deutschland nun gerade darum Steine zu werfen, weil es sich bei der dort betätigten neuen Kombination von christlicher und natürlicher Theologie um die Kombination mit dem ... völkischen Nationalismus handelte..." (KD II 1, 194, 196). Ausdrücklich wird den bereits zitierten Ausführungen H. Asmussens noch einmal zugestimmt (a.a.O. 197).

"Natürliche Theologie" ist also nur die Kurzformel für einen Grunddissens über die rechte Art von Theologie überhaupt. Sie dient nicht nur der Abwehr einer akuten Gefahr, mit ihr steht die neuzeitliche Verfassung von Christentum, Kirche und Theologie zur Revision an. Gemessen an einem exklusiven Offenbarungsbegriff betreiben nicht nur die "Deutschen Christen" und ihnen nahestehende Theologen Verrat an der Sache der Theologie, sondern auch solche, die, wie etwa R. Bultmann, E. Brunner oder P. Tillich, der seinen Lehrstuhl schon vor Barth verloren hatte, den "Deutschen Christen" fernstanden oder sie direkt bekämpften. Barth hatte ihren Weg schon lange mit kritischer Reserve verfolgt (vgl. u.a. seinen Brief vom 26.1.1930 an E. Thurneysen = Briefwechsel

II, 701ff). Sein schroffes "NEIN!" zu E. Brunners Versuch einer Neubegründung christlicher *theologia naturalis* wenige Monate nach der Entscheidung von Barmen macht die Dimensionen der Abgrenzung deutlich. 1933/34 werden die theologischen Verwerfungen unmittelbar nach dem Ersten Weltkrieg wiederholt, zugespitzt und treffen nun auch einen Teil der ehemaligen Mitstreiter Barths. Er bricht mit ihnen, weil sie nicht bereit waren, bestimmte, für die Probleme der Neuzeit offene, theologische Positionen preiszugeben. Diese kritische Globalperspektive, die für eine differenzierte Wahrnehmung der unterschiedlichen oder gar gegensätzlichen Konzeptionen nur noch wenig Raum läßt, bildet den Hintergrund für den konkreten Streit.

2. Theologie in der Perspektive der "Barmer Theologischen Erklärung"

MEHLHAUSEN, J., Die Erste Bekenntnissynode der Deutschen Evangelischen Kirche in Barmen 1934 und ihre theologische Erklärung. Ein Literaturbericht, VuF 34, 1989, 38-83.

Bibliographie: NICOLAISEN, C., Barmen 1934-1984. Bibliographie der 1983-1986 erschienenen Titel, Kirchliches Jahrbuch III, 1984, 379-398. - *Quellen:* Barmer Theologische Erklärung. Kirchenkampf 1933-1945, hg. v. NORDEN, G. VAN - SCHOENBORN, P.-G. - WITTMÜTZ, V., 1984. - BARTH, K., Karl Barth zum Kirchenkampf, 1956. - DERS., Evangelium und Gesetz, 1935 (= KINDER, E. - HAENDLER, K. [Hg.], Gesetz und Evangelium, 1968, 1-29). - DERS., Theologische Existenz heute!, 1933 (= Beiheft Nr. 2 zu ZZ 11, 1933 = FÜRST, W. [Hg.], "Dialektische Theologie" [s.o. I.1.a], 43-77). - DERS., "Der Götze wackelt", hg. von K. KUPISCH, 1961. - DERS., Die Kirche und die politische Frage von heute, 1939. - DERS., Kommentar zur Barmer theologischen Erklärung (Fragment), hg. von H. STOEVESANDT, EvTh 36, 1976, 568-593. - DERS., Eine Schweizer Stimme 1938-1945, 1945. - Theologische Erklärung zur gegenwärtigen Lage der Deutschen Evangelischen Kirche v. 31.5.1934 (= Barmer Theologische Erklärung), AELKZ 67, 1934, 563-565 (= IMMER, K. [Hg.], Bekenntnissynode ... s.u., 1934, 8-11 = JK 2, 1934, 489-493 = Lutherische Kirche 16, 1934, 102-105 = SCHMIDT, K.D. [Hg.], Die Bekenntnisse ... s.u II, 1935, 92-95). - BURGSMÜLLER, A. - WETH, R. (Hg.), Die Barmer Theologische Erklärung, [4]1984. - IMMER, K. (Hg.), Bekenntnissynode der Deutschen Evangelischen Kirche, Barmen 1934, o.J. [1934]. - SCHMIDT, K.D. (Hg.), Die Bekenntnisse und grundsätzlichen Äußerungen zur Kirchenfrage I-II, 1934.1935.

Sekundärliteratur: ASMUSSEN, H., Barmen!, 1935. - DERS., Die konfessionelle Bedeutung der Bekenntnissynode der Deutschen Evangelischen Kirche 1934 in Barmen. JK 2, 1934, 484-488. - BARTH, C., Bekenntnis im Werden. Neue Quellen zur Entstehung der Barmer Erklärung, [2]1984. - BARTH, K., Barmen. Bekennende Kirche, Martin Niemöller zum 60. Geburtstag, 1952, 9-17. - BETHGE, E., Barmen und seine Wirkungsgeschichte. Am gegebenen

Ort 1970-1979, 1979, 140-147. - BRUNOTTE, H., Die Theologische Erklärung von Barmen 1934 und ihr Verhältnis zum lutherischen Bekenntnis, Luthertum Heft 18, 1955 (= DERS., Bekenntnis und Kirchenverfassung, 1977, 149-175). - BURGSMÜLLER, A. (Hg.), Zum politischen Auftrag der christlichen Gemeinde (Barmen II), 1974. - DERS. (Hg.), Kirche als "Gemeinde von Brüdern" (Barmen III) I-II, 1980. 1981. - CORNU, D., Karl Barth und die Politik, 1969. - HAUSCHILD, W.-D., Zur Erforschung der Barmer Theologischen Erklärung von 1934, ThR 51, 1986, 130-165. - HUBER, W., Folgen christlicher Freiheit. Ethik und Theorie der Kirche im Horizont der Barmer Theologischen Erklärung, 1983. - HÜFFMEIER, W. (Hg.), Für Recht und Frieden sorgen: Auftrag der Kirche und Aufgabe des Staates nach Barmen V, 1986. - HÜFFMEIER, W. - STÖHR, M. (Hg.), Barmer Theologische Erklärung 1934-1984. Geschichte - Wirkung - Defizite, 1984. - JÜNGEL, E., Mit Frieden Staat zu machen. Politische Existenz nach Barmen V, 1984. - KARNETZKI, M. (Hg.), Ein Ruf nach vorwärts. Eine Auslegung der Theologischen Erklärung von Barmen 30 Jahre darnach, 1964. - KOCH, G., Die christliche Wahrheit der Barmer Theologischen Erklärung, 1950. - KONUKIEWITZ, E., Hans Asmussen. Ein lutherischer Theologe im Kirchenkampf, 1984. - LILJE, H., Kritik an Barmen, JK 2, 1934, 692-699. - MERZ, G., Die Barmer Kundgebung und das deutsche Luthertum, JK 2, 1934, 526-531. - MOLTMANN, J. (Hg.), Bekennende Kirche wagen. Barmen 1934-1984, 1984. - NICOLAISEN, C., Der Weg nach Barmen. Die Entstehungsgeschichte der Theologischen Erklärung von 1934, 1985. - NIEMÖLLER, G., Die erste Bekenntnissynode der Deutschen Evangelischen Kirche in Barmen I-II, 1959. - SCHLINK, E., Gesetz und Evangelium. Ein Beitrag zum lutherischen Verständnis der 2. Barmer These, 1937. - DERS., Die Verborgenheit Gottes des Schöpfers nach lutherischer Lehre. Theologische Aufsätze, Karl Barth zum 50. Geburtstag, 1936, 202-221. - SCHOLDER, K., Die theologische Grundlage des Kirchenkampfes. Zur Entstehung und Bedeutung der Barmer Erklärung, EvTh 44, 1984, 505-523. - SCHULZE, R. (Hg.), Barmen 1934-1984. Beiträge zur Diskussion um die Theologische Erklärung von Barmen, 1983. - STOLL, C., Die Theologische Erklärung von Barmen im Urteil des lutherischen Bekenntnisses, 1946. - WETH, R., "Barmen" als Herausforderung der Kirche, 1984 (= ThEh N.F. Nr. 220). - WOLF, E., Art. Barmen, ³RGG I 873-879. - DERS., Barmen, ³1984.

Denkwürdig gelassen hat BARTH in seiner berühmten Schrift "Theologische Existenz heute!" auf die bedrängenden Sorgen und Gefahren reagiert, die durch die dramatischen politischen Ereignisse des Jahres 1933 für Kirche und Theologie in Deutschland heraufbeschworen waren. In betonter Distanz zur kirchenpolitischen Hektik jener Tage sah er seine Aufgabe darin, "nach wie vor und als wäre nichts geschehen - vielleicht in leise erhöhtem Ton, aber ohne direkte Bezugnahmen - Theologie und nur Theologie zu treiben". Ihm liegt alles an der "Sache" der Theologie, nicht an einem Wort "zur Lage" oder "zur Situation", mag die theologische Arbeit dann faktisch auch eine kirchenpolitische "und indirekt sogar eine politische Stellungnahme" (3) sein. Zur Sache reden aber heißt von Gottes Offenbarung in Christus reden. In Christus hat sich Gott offenbart, *allein* in ihm hat er sich offenbart, *Christus allein* ist der Herr der Kirche und sonst keiner. Darum kann es neben ihm auch *keine zweite Offenbarungsquelle* geben, heiße sie nun Gesetz, Geschichte, Volkstum, natürliche Ordnung oder Kultur. Mit spezifischer Blickrichtung auf die publizistisch wirksamen Lutheraner ALTHAUS, ELERT und HIRSCH, auf seinen früheren Mitstreiter GOGARTEN, aber auch auf seinen reformierten Kollegen E. BRUNNER aus der Schweiz wird dies alles pauschal von Barth als gefährliche Wiederbelebung der "natürlichen Theologie" beurteilt und verworfen. In den Jahren 1933 bis 1934 kommt es zu einer klaren Polarisation: In der Sicht Barths steht Offenbarungstheologie gegen "natürliche Theologie", Christus gegen die Mächte der Zeit. Seine Gegner sehen umgekehrt in seiner Theologie die Lehre vom Gesetz preisgegeben und den Bezug zur geschichtlichen Wirklichkeit abgebrochen. Der Kampf der frühen dialektischen Theologen gegen einen (angeblich) anthropologisch korrumpierten Neuprotestantismus modifiziert sich für Barth zum Kampf gegen die "natürliche Theologie". Das überlieferte Verständnis vom Gesetz, das im Neuluthertum zu einer Lehre von den natürlichen Ordnungen, von Volkstum, Volksnomos und Geschichte ausgeweitet und damit zu einer neuen Gestalt von "natürlicher Theologie" verfälscht wird, dient nach Barths späterem Urteil der Bestärkung des Menschen in seinem "natürlichen Heidentum" und bedarf deshalb der grundlegenden Revision. Ersten Ausdruck hat diese Revision in den theologisch wie kirchenpolitisch gleich bedeutsamen sechs Thesen der Barmer "Theologische(n) Erklärung zur gegenwärtigen Lage der Deutschen Evangelischen Kirche" vom 31.5.1934 gefunden, die sich unter der Federführung Barths nun doch "zur Lage" äußern. Sie bilden das Fundament für den Kampf gegen die neue natürliche Theologie des Gesetzes. Dieser Kampf führt zunächst noch nicht zur Absage an die "konservative Revolution" der nationalsozialistischen Machtergreifung von 1933, sondern nur zur kirchenpolitischen Abgrenzung von der "Glaubensbewegung Deutsche Christen", die die konservative Revolution auch in Kirche und Theologie hineintragen wollte. Aber hinter der kirchenpolitischen Absage verbirgt sich schon die politische Absage an die gegendemokratische nationalsozialistische Neugestaltung der Verhältnisse in Deutschland.

Die 1. These der Barmer Theologischen Erklärung sagt aus, daß es neben der Offenbarung Gottes in Christus keine andere Offenbarung gibt. "Jesus Christus, wie er uns in der Heiligen Schrift bezeugt wird, ist das eine Wort Gottes, das wir zu hören, dem wir im Leben und im Sterben zu vertrauen und zu gehorchen haben. - Wir verwerfen die falsche Lehre, als könne und müsse die Kirche als Quelle ihrer Verkündigung außer und neben diesem einen Worte Gottes auch noch andere Ereignisse und Mächte, Gestalten und Wahrheiten als Gottes Offenbarung anerkennen." Diese These bekundet einen radikalen, einen geradezu revolutionären Neuansatz der Theologie. Sie redet wohl vom "Wort Gottes", legt es aber nicht mehr als Gesetz und Evangelium aus, sondern identifiziert es christologisch als Evangelium. Der Begriff des Gesetzes taucht in den sechs Thesen nicht ein einziges Mal auf. *Das bedeutet faktisch die Suspendierung der reformatorischen Unterscheidung von Gesetz und Evangelium,* und dies sowohl in ihrer lutherischen als auch in ihrer reformierten Gestalt. Elert hat deshalb vom "Barmer Antinomismus" gesprochen (AELKZ 67, 1934, 603).

Von gleicher Radikalität ist die 2. These. In dem bestimmten Willen, jede außertheologische, genauer: außerchristologische Handlungsorientierung dezidiert abzuschneiden, wird das Christuszeugnis nicht nur für das Evangelium, sondern ungebrochen auch für das Handeln in der Welt in Anspruch genommen. "Wie Jesus Christus Gottes Zuspruch der Vergebung aller unserer Sünden ist, so und mit gleichem Ernst ist er auch Gottes kräftiger Anspruch auf unser ganzes Leben..." Dieser berühmte Satz begründet die folgenreiche These von der sogenannten Königsherrschaft Christi. *Er bedeutet faktisch die Suspendierung der reformatorischen Lehre von den zwei Reichen.* Wenn für das weltliche Reich, den "dankbaren Dienst" an Gottes Geschöpfen, die gleiche Orientierung maßgebend wird wie für das geistliche, nämlich Jesus Christus als Zuspruch und als Anspruch, dann wird die klassische Unterscheidung zwischen den beiden Reichen hinfällig. Auch im weltlichen Reich herrscht Christus, ist er König, gilt sein Anspruch. Um die Machtansprüche eines heidnisch-autoritär-diktatorischen Staates gegen die Kirche abzuwehren, bricht die 2. These mit einer 400jährigen Tradition und legt das Fundament für eine neue theologische Konzeption mit weitreichenden sozialethischen Konsequenzen.

Diese Linie wird freilich nicht bis ins letzte durchgehalten, sondern mit der 5. These teilweise wieder zurückgenommen, sofern nach ihr der göttlich angeordnete Staat sein Handeln nun doch nicht an Jesus Christus ausrichtet und "in der noch nicht erlösten Welt, in der auch die Kirche steht", auch nicht ausrichten kann, sondern "nach dem Maß menschlicher Einsicht und menschlichen Vermögens unter Androhung und Ausübung von Gewalt". Damit kommt ein anderes Kriterium ins Spiel, und da der Staat aus seinen

Mitgliedern, also auch aus den Christen besteht, hat auch für sie das Kriterium menschlicher Einsicht und menschlichen Vermögens Gültigkeit, *neben* dem in Jesus Christus offenbar gewordenen Zuspruch und Anspruch Gottes.

Die 2. und 5. These stehen zueinander in Spannung. Für Barth läuft das Gefälle von der 2. zur 5. These. Das läßt sich an der Vorgeschichte der Thesen dokumentieren. Der für die Vorbereitung der Barmer Synode eingesetzte Theologenausschuß, dem neben Barth HANS ASMUSSEN, THOMAS BREIT und HERMANN SASSE angehören sollten, begann mit seiner Arbeit am 15./16.5.1934 in Frankfurt/M., allerdings ohne den erkrankten H. Sasse. Nur wenige Tage vorher, vermutlich am 13.5., hatte Barth 4 Thesen für die Bildung einer Bekenntnisgruppe in der evangelischen Gemeinde Bonn verfaßt (vgl. C. BARTH, Bekenntnis im Werden, 41-44. Eine umgearbeitete und dann als Flugblatt veröffentlichte Fassung dieser vier Thesen ist bereits abgedruckt bei K.D. SCHMIDT [Hg.], Die Bekenntnisse des Jahres 1934, 98f). Diese "Bonner Thesen", deren Manuskript CHRISTOPH BARTH seinerzeit aus dem Papierkorb seines Vaters gerettet hatte, entsprechen den Thesen 1 bis 4 der späteren Barmer Theologischen Erklärung, können also als deren unmittelbare Vorgestalt angesehen werden (C. BARTH, Bekenntnis im Werden 36-50). Bezeichnenderweise fehlt in dieser Vorform aber die 5. (und 6.) These. Vermutlich geht die Anregung zur 5. These auf den damaligen Münchener Oberkirchenrat THOMAS BREIT zurück, der zu einem frühen Zeitpunkt der Beratungen erklärt hatte: "Als Schluß des Ganzen müßte eine Erklärung über Kirche und Staat abgegeben werden" (C. NICOLAISEN, Der Weg nach Barmen 74). Aufgrund der Gespräche am 15.5. hat Barth dann einen ersten Entwurf der Thesen verfaßt, für den er auf seine vier "Bonner Thesen" zurückgriff und sie um eine 5. These erweiterte. Über diese 5. These muß nach Ausweis der dokumentierten Änderungen ausführlich in diesem Dreierausschuß diskutiert worden sein (C. BARTH, Bekenntnis im Werden 23f; C. NICOLAISEN, Der Weg nach Barmen, 32). Später ist Barths erstem Entwurf dann noch die 6. These hinzugefügt worden.

Die Entstehungsgeschichte der 5. These zeigt zumindest, daß das theologische Gewicht der Erklärung von Barmen für Barth an anderer Stelle lag. Was den Wortlaut der These selbst angeht, so ist mit Recht auf gewisse sprachliche Anklänge an die Erklärung der Freien reformierten Synode in Barmen-Gemarke vom 3./4.1.1934, die Barth ebenfalls entworfen hatte, hingewiesen worden. Hier kommen vor allem die Abschnitte III, 2 und V, 4 in Betracht (Text bei K.D. SCHMIDT [Hg.], Die Bekenntnisse des

Jahres 1934, 22-25, bes. 23, 25). Aber die 5. Barmer These bringt das Gegenüber von Kirche und Staat sehr viel klarer zum Ausdruck als jene Ausführungen. Die lutherischen Synodalen, die in Barmen über die 5. These noch einmal intensiv diskutiert haben (C. NICO-LAISEN, Der Weg nach Barmen 57), konnten der Barmer Theologischen Erklärung nur zustimmen, weil sie eben auch diese 5. These enthielt. Insofern bleibt die Theologische Erklärung von Barmen insgesamt ein ambivalentes Dokument, wie es die unterschiedlichen Interpretationen 40 und 50 Jahre nach Barmen noch einmal belegen. Manches davon ist schon 1934 zur Sprache gekommen. Es bestand aber Einmütigkeit über die Notwendigkeit eines gemeinsamen Wortes, deshalb sind bestimmte Bedenken von lutherischer Seite zurückgestellt worden. Die Barmer Erklärung ermöglichte mit ihrer christologisch zentrierten *theologischen* Stellungnahme in einer konkreten, Kirche und Theologie herausfordernden Situation auch eine klare *kirchenpolitische* Position gegenüber der deutschchristlichen Bewegung. Aber diese christologische *Konzentration* mit der Verwerfung aller natürlichen Theologie schloß dann auch den Verzicht ein, die Beziehung der christlichen Botschaft auf die jeweilige geschichtliche Situation bewußt als theologische Aufgabe in Angriff zu nehmen. Theologie nach Maßgabe der Barmer Theologischen Erklärung ist nicht an den Verknüpfungen und Korrelationen von biblischer Botschaft und Wirklichkeit, von Offenbarung und Vernunft oder von Offenbarung und Geschichte interessiert, sie ist überhaupt nicht eine Theologie des "und", sondern dezidiert *christologische Theologie.*

3. Der Einspruch der lutherischen Theologie und der "Ansbacher Ratschlag"

Quellen: ALTHAUS, P., Die Stellung der Kirche im Volksleben. Um Glauben und Vaterland, 1917, 25-36. - DERS., Das Erlebnis der Kirche, [2]1924. - DERS., Religiöser Sozialismus, 1921. - DERS., Staatsgedanke und Reich Gottes, [4]1931. - DERS., Die deutsche Stunde der Kirche, [2-3]1934. - DERS., Bedenken zur "Theologischen Erklärung" der Barmer Bekenntnissynode. Lutherische Kirche 16, 1934, 117-121. - DERS., Theologie der Ordnungen, [2]1935. - DERS., Totaler Staat?, Luthertum 45, 1934, 129-135. - DERS., Politisches Christentum, [3]1936. - DERS., Obrigkeit und Führertum, 1936. - Der "Ansbacher Ratschlag" zu der "Barmer Theologischen Erklärung", AELKZ 67, 1934, 584-586 (= K.D. SCHMIDT [Hg.], Die Bekenntnisse ... [s.o. II.2.] II, 102-104 = Lutherische Kirche 16, 1934, 130-131). - ELERT, W., Ecclesia militans, 1933. - DERS., Bekenntnis, Blut und Boden, 1934. - DERS., Confessio Barmensis, AELKZ 67, 1934, 602-606. - DERS., Zur Frage eines neuen Bekenntnisses, Luthertum 45, 1934, 31-50. - DERS., Politisches und kirchliches Führertum, Luthertum 45, 1934, 102-117. - DERS., Karl Barths Index der verbotenen Bücher, 1935. - DERS., Die Herrschaft Christi und die Herrschaft von Menschen, 1936. - DERS., Die Lutherische Kirche im neuen Reich, Luthertum 48, 1937, 33-46. - GOGARTEN, F., Die Schuld der Kirche gegen die Welt, [2]1930. - DERS., Wider die Ächtung der Autorität, 1930. - DERS., Politische Ethik, 1932. - DERS., Einheit (s.o. I.1.e). - DERS., Volksgesetz (s.o. I.1.e). - DERS., Gericht (s.o. I.1.e). - HIRSCH, E., Das kirchliche Wollen der Deutschen Christen, [1-3]1933. - DERS., Die gegenwärtige geistige Lage im Spiegel philosophischer und theologischer Besinnung, 1934. - DERS., Deutsches Volkstum und evangelischer Glaube, 1934. - DERS., Christliche Freiheit und politische Bindung, 1935. - TILLICH, P., Der totale Staat und der Anspruch der Kirchen (1934) (= GW X 121-145). - DERS., Die Theologie des Kairos und die gegenwärtige geistige Lage, ThBl 13, 1934, 305-328. - TRILLHAAS, W., Die genuin lutherische Stimme, JK 2, 1934, 745-747.

Sekundärliteratur: HAUSCHILD, W.D. - KRETSCHMAR, G. - NICOLAISEN, C. (Hg.), Die lutherischen Kirchen und die Bekenntnissynode von Barmen, 1984. - LOEWENICH, W. V., Erlebte Theologie, 1979, 159-184. - MEIER, K., Die Deutschen Christen, [3]1967. - NEUMANN, P., Die Jungreformatorische Bewegung, 1971. - RITTNER, R. (Hg.), Barmen und das Luthertum, 1984. - TILGNER, W., Volksnomostheologie und Schöpfungsglaube, 1966.

Die Theologische Erklärung von Barmen ist von den Synodalen einstimmig verabschiedet worden. HERMANN SASSE allerdings, der die Arbeit an der Erklärung begleitet und mitgeprägt hatte, ihr aus grundsätzlichen Erwägungen aber nicht zustimmen konnte, ist vorher abgereist. Seine Kritik bezog sich auf die Präambel, weniger auf die einzelnen theologischen Aussagen der sechs Thesen. Kirche war für Sasse nur denkbar in Gestalt der an einen bestimmten Bekenntnisstand gebundenen Partikularkirchen, da ein einheitliches Verständnis des Evangeliums über die konfessionell unterschiedlichen evangelischen Kirchen hinaus noch nicht gegeben sei. Deshalb bestritt er der Synode das Recht, überhaupt im Namen der "Deutschen Evangelischen Kirche" sprechen zu können; hier sah er unionistische Bestrebungen am Werk. Seine Kritik galt insoweit schon dem 1. Artikel der Verfassung der Deutschen Evangelischen Kirche vom 14. Juli 1933, auf den die Theologische Erklärung von Barmen sich ihrerseits gestützt hatte. In den Beschlüssen der Synode sah er eine "Vergewaltigung der evangelisch-lutherischen Kirche ... Diese Anschauungen ohne Protest hinnehmen, heißt die Lehre der evangelisch-lutherischen Kirche der Union opfern, heißt die Wahrheitsfrage der Nützlichkeitsfrage unterordnen" (C. NICOLAISEN, Der Weg nach Barmen 57f; vgl. auch 42). Durch seine vorzeitige Abreise wollte Sasse die einstimmige Verabschiedung der Theologischen Erklärung ermöglichen.

Mit solch einem kantigen Konfessionalismus stand Sasse aber allein; die Lutheraner der Synode vermochten ihn nicht zu teilen. Ihre Bedenken richteten sich nicht gegen das Unternehmen als solches, sondern gegen bestimmte inhaltliche Aussagen der Thesen. Die Beratungen im lutherischen Konvent während der Bekenntnissynode lassen sich aus den bisher bekannt gewordenen Dokumenten nicht mehr bis ins einzelne rekonstruieren, wohl aber die Problembereiche, die eine Zustimmung zu den sechs Thesen erschwerten. Danach wurde diskutiert: (1) über die natürliche Theologie, (2) über die Schöpfungsordnungen, (3) über das Ethos der Christen in der Welt und (4) über die verschiedenen Ordnungen des Staates und der Kirche (C. NICOLAISEN a.a.O. 54, 140). Damit sind vor allem die Themen der 1., 2. und 5. These angesprochen. Zur 5. These hat Asmussen in seinen stenographischen Notizen die Sätze festgehalten: "Die Verschiedenheit der Schwerter muß deutlicher werden ... Der Staat kann nicht an die Stelle der Kirche treten und die Kirche nicht an die Stelle des Staates treten" (a.a.O. 55). Die Erörterungen bezogen sich also schon 1934 genau auf diejenigen Themen, die dann später zu Abgrenzungen gegenüber der Theologie K. Barths und seiner Schüler geführt haben: auf die exklusive Christologie und die drohende, in eine bestimmte Richtung zielende, Politisierung der Kirche. Die damalige zugespitzte Situation verlangte aber nicht nach einer Abklärung theologischer Spezialprobleme, sondern erforderte ein gemeinsames deutliches und wegweisendes Wort zur kirchlichen und kirchenpolitischen Situation. Das macht die Zustimmung der Lutheraner verständlich. Sie haben sich wohl aber auch deshalb über ihre kritischen Anfragen hinwegsetzen können, weil für sie wie für die meisten Synodalen die theologischen und kirchlichen Konsequenzen der Spitzenaussagen von Barmen damals noch gar nicht absehbar waren. Dafür ist H. Asmussen, der sich später vehement gegen K. Barth gestellt hat, ein instruktives Beispiel (H. ASMUSSEN, Zur jüngsten Kirchengeschichte 36-41).

Von der lutherischen Kritik an Barmen *innerhalb* der Bekenntnisgemeinschaft ist diejenige zu unterscheiden, die sich zu einer *klaren Absage* an die Thesen und die hinter ihnen stehende theologische Grundkonzeption herausgefordert sah. Gegenüber der Barmer Theologischen Erklärung insistieren prominente Vertreter des Luthertums wie P. Althaus, W. Elert, F. Gogarten oder E. Hirsch auf der Unterscheidung des Wortes Gottes in Gesetz und Evangelium. Wie das Beispiel W. KÜNNETHs zeigt, ist solch ein Insistieren aber *nicht* identisch mit einer Annäherung an Positionen der "Deutschen Christen". In vielen Fällen führte es allerdings - indirekt oder direkt - nicht nur zur Bejahung, sondern überdies zur theologischen Legitimierung des nationalsozialistischen Staates. Dieser Prozeß läuft des näheren über eine Neugestaltung der traditionellen Lehre vom Gesetz. Das Gesetz hat nicht eine ein für allemal gültige Fassung, es empfängt seine inhaltliche Bestimmtheit aus der je wechselnden Wirklichkeitssituation. So wandelt sich die Lehre vom Gesetz zur Lehre von den natürlichen Lebensordnungen bzw. von der jeweiligen geschichtlichen Wirklichkeit. Und diese Wirklichkeit, auf die - quasi als Gesetz - das Evangelium zu beziehen ist, wird 1933/34 ausgelegt als Volkszugehörigkeit, Nationalität, Rasse, Blut und Boden. Wohl ist der Christusglaube die bestimmende Kraft des Lebens, aber er ist eingelassen in die geschichtliche Wirklichkeit und von ihr nicht zu trennen.

Auf Barths "Theologische Existenz heute!" vom 24./25.6.1933 hat E. HIRSCH postwendend mit seiner Schrift "Das kirchliche Wollen der Deutschen Christen" (15./16.7.33) geantwortet (Die Studie gleichen Titels, die 1933 veröffentlicht wurde, enthält noch einige weitere Stücke). In ihr betont er unter Berufung auf Luther, daß Gott sich auf zweifache Weise bezeugt, einmal im "lebendigen Wort des Evangeliums, welches Jesus Christus selber ist", dann aber auch in der Wirklichkeit geschichtlichen Lebens. Die Hauptthese der Schrift lautet: "Christusglaube muß konkret werden als gläubiges Hinnehmen und Gestalten der bestimmten geschichtlichen Lage, und das gläubige Hinnehmen und Gestalten der bestimmten geschichtlichen Lage muß wahr werden im Christusglauben" (9f). Das ist eine modernisierende Umschreibung der lutherischen Lehre von Gesetz und Evangelium.

Ähnlich wie Hirsch argumentiert F. GOGARTEN. Das Gesetz Gottes ist uns in unserem Volkstum gegeben, es ist kein abstraktes Gesetz. Das rechtfertigt die Forderung nach der Einheit von Evangelium und Volkstum, in der sich die Forderung nach der Einheit von Gesetz und Evangelium ausspricht (Einheit von Evangelium und Volkstum? 17f). Der Anspruch und die Souveränität von Staat und Volk sind identisch mit dem Anspruch und der Souveränität Gottes (a.a.O. 30). Nur wer das Gesetz Gottes gehört hat, dem vermag sich auch das Evangelium zu erschließen. Ein Jahr später (1934: Ist Volksgesetz Gottesgesetz?) unterscheidet Gogarten zwischen *verhülltem* und *unverhülltem, nacktem* Gesetz Gottes. Trifft den Menschen Gottes Herrschaft im ersten Gebot unverhüllt, ohne Larve, so zeigt sich sein Gesetz im Staatsgesetz bzw. im Volksnomos auf verhüllte Weise (a.a.O. 28). Unter dieser Voraussetzung aber gilt nach wie vor: "Das Gesetz Gottes begegnet uns, in einzelne Gebote gefaßt, in den Forderungen des Staates, des Volkes und der Sitte" (a.a.O. 10).

In einem Brief vom 21.5.1934 an Landesbischof Meiser hat P. ALTHAUS außerordentlich erregt auf die im Werden begriffene Barmer Theologische Erklärung reagiert (vgl. C. NICOLAISEN, Der Weg nach Barmen 86-88; auch 38). Die Erklärung ist "der Sache nach ganz überwiegend Barthische Theologie", stellt eine "Preisgabe des Luthertums an Karl Barth" dar (a.a.O. 86, 88). Für den Fall, daß "diese erbärmliche Kreatur von Thesen das Licht der kirchlichen Welt erblicken würde", sähe er sich mit anderen lutherischen Theologen um der Sache des Luthertums willen genötigt, "sofort öffentlich diese Erklärung als untragbar zu kennzeichnen und eine eigene an die Stelle zu setzen" (a.a.O. 88, 86). Die Kritik bezieht sich auf den Aufbau des Ganzen und auf die Thesen im einzelnen, sie ist so fundamental, daß Althaus eine Einarbeitung seiner Einwendungen in die Thesen für unmöglich hält. Der ganze Entwurf muß fallen (86). Aus dem Grundeinwand gegen die 1. These ("unlutherisch"), daß nicht nur Jesus Christus, sondern auch das Gesetz Wort Gottes sei, ergeben sich alle weiteren Bedenken. "Wieder hat Barth ... über die echte Theologie der Reformatoren gesiegt" (87). Althaus spricht sich mit der Kritik an der noch vorläufigen Gestalt der Theologischen Erklärung gleichzeitig gegen die "Gewalttaten der D[eutschen] C[hristen] und der Reichskirchenregierung" aus, meint aber, daß man sich deren Irrlehren nicht mit Thesen erwehren könne, die ihrerseits zu schärfster Kritik Anlaß gäben (87f).

Die reformatorische Ausdifferenzierung des Wortes Gottes in Gesetz und Evangelium ist für die Lutheraner in dreifacher Hinsicht von Bedeutung. Zunächst wollen sie zum Ausdruck bringen, daß Gott in seiner Schöpfung mit dem Menschen anders redet als in Christus, daß Schöpfung und Erlösung wohl zusammengehören, aber nicht zusammenfallen. Sodann verbindet sich mit dem Interesse an einer klaren Reihenfolge das Interesse an der Lebensbewegung der glaubenden Existenz. Nur durch die Gefährdung hindurch kann die Rettung als Rettung erfahren werden, nur wer mit dem zornigen Gott konfrontiert worden ist, vermag die Stimme des gnädigen Gottes zu vernehmen. Gott macht lebendig, indem er tötet: Diese reformatorische Ur-Dialektik ist nur aussagbar auf dem Boden der Dialektik von Gesetz und Evangelium. Und schließlich leitet diese Unterscheidung dazu an, die gesamte Lebenswirklichkeit in den Glaubensvollzug und den theologischen Reflexionsprozeß einzuholen. Gesetz steht für die Wirklichkeit, in der und durch die hindurch mich Gottes Forderung trifft. Indem das Evangelium sich auf das Gesetz bezieht, ist es auf eine Wirklichkeit ausgerichtet, die nicht unter dem Evangelium steht. So wird die als Gesetz

verstandene Wirklichkeit zum *"Anknüpfungspunkt"* für das Evangelium. In dieser Zuspitzung erfährt die reformatorische Unterscheidung von Gesetz und Evangelium eine Funktion, die derjenigen
entspricht, die der reformierte Theologe E. Brunner in seiner
Lehre vom "Anknüpfungspunkt" und der zur Bekennenden Kirche
gehörende R. Bultmann mit seinen Erwägungen zum "Vorverständnis" entwickelt hatten. Gerade an dieser Funktion einer Anknüpfung liegt den Lutheranern, wie sich am "Ansbacher Ratschlag" ablesen läßt.

Der "Ansbacher Ratschlag" vom 11. Juni 1934, von ELERT entworfen und von ALTHAUS mitredigiert, faßt die Position der Lutheraner zusammen und ist deren Antwort auf die Barmer "Theologische Erklärung". Er hat zwei Teile: A. Die Grundlagen (These 1-5)
und B. Die Aufgabe (These 6-8). Die 1. These betont die Bindung
der Kirche Jesu Christi an Gottes Wort. Die 2. These bringt die
Unterscheidung von Gesetz und Evangelium zum Ausdruck und
bietet eine inhaltliche Bestimmung von "Evangelium". "Das Wort
Gottes redet zu uns als Gesetz und Evangelium. Die kirchliche
Verkündigung hat sich danach zu richten. Das Evangelium ist die
Botschaft von dem für unsere Sünde gestorbenen und um unserer
Gerechtigkeit willen auferweckten Herrn Jesus Christus." Die 3.
These erläutert das Gesetzesverständnis und ist die Schlüsselaus-
sage des Ratschlags. "Das Gesetz, nämlich der unwandelbare Wille
Gottes (Form. Conc. Epit. VI, 6), begegnet uns in der Gesamtwirk-
lichkeit unseres Lebens, wie sie durch die Offenbarung Gottes ins
Licht gesetzt wird. Es bindet jeden an den Stand, in den er von
Gott berufen ist, und verpflichtet uns auf die natürlichen Ordnun-
gen, denen wir unterworfen sind, wie Familie, Volk, Rasse (d.h.
Blutzusammenhang). Und zwar sind wir einer bestimmten Familie,
einem bestimmten Volk und einer bestimmten Rasse zugeordnet.
Indem uns der Wille Gottes ferner stets in unserem Heute und
Hier trifft, bindet er uns auch an den bestimmten historischen Au-
genblick der Familie, des Volkes, der Rasse, d.h. an einen bestimmten Moment ihrer Geschichte."

Mit dieser folgenschweren These identifizieren die Lutheraner
das "Gesetz" mit der "Gesamtwirklichkeit unseres Lebens", und das
entspricht weder dem Sinn des zitierten Satzes der FC noch der
Lehre Luthers vom Gesetz. Vielmehr ist diese These Ausdruck
einer neulutherischen Ordnungstheologie, die sich aber nicht mit
einer Lehre von den "natürlichen Ordnungen" begnügt, sondern
auch noch die im "Heute und Hier" gegebenen *positiven* Ordnungen
und den "historischen Augenblick" theologisch legitimieren will.
Das spricht unverhüllt die 5. These aus: "In dieser Erkenntnis dan-

ken wir als glaubende Christen Gott dem Herrn, daß er unserem Volk in seiner Not den Führer als 'frommen und getreuen Oberherrn' geschenkt hat und in der nationalsozialistischen Staatsordnung 'gut Regiment', ein Regiment mit 'Zucht und Ehre' bereiten will. Wir wissen uns daher vor Gott verantwortlich, zu dem Werk des Führers in unserem Beruf und Stand mitzuhelfen." Das ist nun nicht mehr nur ein kritisches Votum zur Barmer Theologischen Erklärung und der Versuch, auf überzeugendere Weise gegen die Irrlehren der deutschen Christen vorzugehen, sondern ein mit eindeutigen politischen Optionen durchsetztes Zeugnis, so etwas wie eine "Theologie der deutschen Stunde" (W. v. Loewenich), die über die Lehre Luthers und der lutherischen Bekenntnisschriften weit hinausgeht.

4. Der politische Konflikt als Hintergrund des theologischen Streites

Quellen: Das Wort und Bekenntnis Altonaer Pastoren in der Not und Verwirrung des öffentlichen Lebens (= *Altonaer Bekenntnis), SCHMIDT, K.D. (Hg.), Die Bekenntnisse und grundsätzlichen Äußerungen zur Kirchenfrage des Jahres 1933, 1934, 19-25. - ASMUSSEN, H., Theologie und Politik. Über de Quervain, Dt. Volkstum 1932, 293-299. - DERS., Das vierte Gebot und die Politik, a.a.O. 1001-1009. - DERS., Christentum und Politik, 1933. - DERS., Zur jüngsten Kirchengeschichte. Anmerkungen und Folgerungen, 1961. - BARTH, K., Ethik II (1928/1929 bzw. 1930/31), hg. von D. BRAUN, 1978, 324-342, 457-467. - NICOLAISEN, C., Der Weg nach Barmen, 1985. - *Sekundärliteratur:* DANNEMANN, U., Theologie und Politik im Denken Karl Barths, 1977. - ERDMANN, K.D. - SCHULZE, H. (Hg.), Weimar. Selbstpreisgabe einer Demokratie (1980), 1984, 259-304. - ERICKSEN, R.P., Theologen unter Hitler. Das Bündnis zwischen evangelischer Dogmatik und Nationalsozialismus, 1986 (engl. 1985). - GRAF, F.W., "Der Götze wackelt"? Erste Überlegungen zu Karl Barths Liberalismuskritik, EvTh 46, 1986, 422-441. - JÜNGEL, E., Zum Verhältnis von Kirche und Staat nach Karl Barth, Beih. 6 zur ZThK 1986, 76-135. - NOWAK, K., Evangelische Kirche und Weimarer Republik, [2]1988. - SCHOLDER, K., Die Kirchen und das Dritte Reich. II. Das Jahr der Ernüchterung 1934, 1985. - TANNER, K., Die fromme Verstaatlichung des Gewissens. Zur Auseinandersetzung um die Legitimität der Weimarer Reichsverfassung in Staatsrechtswissenschaft und Theologie der zwanziger Jahre, 1989. - TÖDT, H.E., Karl Barth, der Liberalismus und der Nationalsozialismus, EvTh 46, 1986, 536-551.

Es besteht Grund zu der Vermutung, daß die theologischen Argumentationen hüben wie drüben nicht nur einer inneren Logik christlicher Lehre folgen, sondern insgeheim auch von politischen Grundannahmen und Urteilen geleitet sind. Primär ist der Streit veranlaßt durch grundlegende kirchenpolitische und theologische

Differenzen. Die Synodalen von Barmen setzen sich gegen das Unrechtsregime der Deutschen Christen und deren deutschnationale Theologie zur Wehr, die Lutheraner ihrerseits sehen in den Thesen das reformatorische Erbe gefährdet. Aber der Hintergrund des kirchenpolitischen und theologischen Gegensatzes ist politischer Natur. Jedenfalls gilt das für die Protagonisten der Auseinandersetzung, für K. Barth auf der einen und die wirkungskräftigen lutherischen Theologen auf der anderen Seite. Es geht um den *politischen* Konflikt zwischen (Weimarer) Demokratie und (nationalsozialistischer) konservativer Revolution. Dieser politische Konflikt gewinnt im theologischen Streit eine spezifische Färbung, bleibt aber als solcher präsent und setzt bestimmte Konsequenzen frei. Die Lutheraner P. Althaus, W. Elert, E. Hirsch, F. Gogarten u.a. plädieren für einen starken nationalen Staat, bejahen weithin die konservative Revolution des Nationalsozialismus und legitimieren sie mit einer neuartigen, insgesamt problematischen Gesetzeslehre.

Sehr viel undurchsichtiger ist die Lage auf der Gegenseite. Von seiner theologischen Herkunft und auch von seinen politischen Optionen her bleibt H. ASMUSSENs Kampfgemeinschaft mit K. Barth verwunderlich. Asmussen hat in den frühen 30er Jahren in W. Stapels Halbmonatsschrift "Deutsches Volkstum" eher im Sinne von P. Althaus und F. Gogarten publiziert, *theologisch* strikt zwischen Gesetz und Evangelium unterschieden und *politisch* gegen Demokratie und Liberalismus für einen starken deutschen Nationalstaat Stellung genommen. In seinem Aufsatz "Theologie und Politik" (1932) geht er mit der Herrschaft des liberalen Geistes in Theologie und Politik scharf ins Gericht und überschüttet die Weimarer Republik mit Hohn und Spott. Die Revolution von 1918 "führte in wenigen Jahren zu einem schwer ertragbaren Regime des Amtsschimmels, in dreizehn Jahren zu einer achtbaren Machtfülle des Gummiknüppels, und weiterhin - ?" (a.a.O. 295). Sogar der Nationalsozialismus wird vor einer Korrumpierung durch den Liberalismus gewarnt. Noch deutlicher wird Asmussen in dem aus dem gleichen Jahr stammenden Aufsatz "Das vierte Gebot und die Politik". Hier findet sich das böse Wort von der "demokratische(n) Pest, diese(r) fluchhaft-schwärmerische(n) Verwechslung von Gesetz und Evangelium, welche Autorität und Respekt verpönt und womöglich Vertrauen verordnet oder gar darum bittet, anstatt Respekt zu *befehlen*" (a.a.O. 1002). Durch das 4. Gebot ist die Beziehung der Familienmitglieder klar durch das "Oben" und "Unten" geordnet. Diese Ordnung gilt auch für das politische Handeln, vor allem für die Innenpolitik. Eine Regierung, "welche ihre Regierungsgewalt aus der Gunst und Mehrheit des Volkes ableitet", ist nichts wert. "Die Frage der Obrigkeit ist also die Gottesfrage schlechthin. Wie wir zu Gott stehen, so wollen wir auch zur Obrigkeit stehen" (ebd.). Auch die nationalsozialistische Führeridee ist durch den Liberalismus "verrottet", weil sie ihre Legitimität viel stärker aus einer durch die Presse hochgezüchteten Heldenverehrung als aus einer durch die göttliche Ordnung begründeten *wesentlichen* Ungleichheit von Obrigkeit und Untertan bezieht (1003). Die fehlende Unterscheidung von Gesetz und Evangelium ist auch für die Wahrnehmung des Rechts ruinös. In der Rechtsprechung bescheidet sich der Mensch nicht als Sünder, sondern will richtend an die Stelle Gottes treten. Das begründet für Asmussen auch die Kritik am Versailler Vertrag, "diesem moralischen, gottlosen Machwerk" (1005). Nicht in der Begründung, wohl aber im Effekt ergibt sich von daher eine Übereinstimmung mit den politischen Optionen des Nationalkonservativismus und Nationalsozialismus. Und so kann im bekannten Altonaer Bekenntnis von 1933, an dem Asmussen maßgeblich mitgearbeitet hatte, sogar der Grundsatz des Völkerrechtes *pacta sunt servanda* zur Disposition gestellt werden:

"Weil das Leben infolge der Sünde dauernd bedroht ist, gebietet Gott dem Staate die Bereitschaft, es im Notfall durch Waffengewalt zu verteidigen. Wenn es sein muß, müssen solche Verträge, die den Bestand des Staates gefährden, bekämpft und beseitigt werden" (K.D. SCHMIDT [Hg.], Die Bekenntnisse des Jahres 1933, 23).

Man wird davon ausgehen können, daß sich viele Barmer Synodale solchen nationalkonservativen Vorstellungen anzuschließen vermochten. Insofern gab es also kaum gravierende politische Differenzen zu den ähnlich denkenden Lutheranern auf der Gegenseite.

K. BARTH aber ist in *politischer* Hinsicht von beiden Gruppierungen gleich weit entfernt. Schon durch seine Schweizer Herkunftsgeschichte lebt er selbstverständlich in den Traditionen des *demokratischen* und *liberalen Rechtsstaates,* und er hat sich nach seinen Publikationen und Selbstzeugnissen politisch zeitlebens als Demokrat verstanden. Diese Einstellung ist auch durch die religiös-sozial motivierte Kritik am bürgerlich-kapitalistischen Zuschnitt der westeuropäischen Demokratien grundsätzlich nicht in Frage gestellt worden, wie H. LÜBBE zu Recht hervorgehoben hat (Religion nach der Aufklärung 1986, 284. Ähnlich A. Schwan, Zeitgenössische Philosophie und Theologie in ihrem Verhältnis zur Weimarer Republik, Weimar. Selbstpreisgabe einer Demokratie 263). Selbst wenn die genaueren politischen Formen und Ziele der Barth in seiner Frühzeit vorschwebenden "sozialen Demokratie" undeutlich bleiben, ändert das nichts an seinem demokratischen Grundkonsens. Das ist deshalb nicht immer hinreichend wahrgenommen worden, weil sich die Kritik der frühen dialektischen Theologie am liberalen Protestantismus auch als Kritik an den liberalen Prinzipien des demokratischen Rechtsstaates verstehen ließ. Jedenfalls bot die dialektische Theologie keine Hilfestellung für ein positives Verhältnis zur jungen Weimarer Republik, sondern wirkte politisch, wenn überhaupt, eher destabilisierend. So erinnert sich etwa K.D. ERDMANN in einem Gesprächsbeitrag 1979 an eine Diskussion zwischen Barth und Bultmann in den späten 20er Jahren in Marburg. Hier sei Barth "wie ein Visionär und Ekstatiker" aufgetreten und habe durch seine "erbarmungslose Fundamentalkritik am Kulturprotestantismus, an der liberalen Theologie und an der Tradition der idealistischen Philosophie" zugleich das Fundament der "philosophischen Legitimierung der Demokratie als der notwendigen und zu bevorzugenden Staats- und Gesellschaftsordnung" untergraben (K.D. ERDMANN/H. SCHULZE [Hg.], Weimar. Selbstpreisgabe einer Demokratie 287). Barths dialektische Theologie konnte um so mehr in solch einem destruktiven Sinne verstanden werden, als er sich auch angesichts der schweren Gefährdungen der jungen Republik nicht zu einem theologisch klaren und öffentlich wirksamen Votum für den Weimarer Staat veranlaßt sah. Aber auch damals stand für ihn die Gültigkeit demokratischer Prinzipien außer Frage. Das läßt sich jetzt in seiner Ethik-Vorlesung 1928/29 (Münster) bzw. 1930/31 (Bonn) nachlesen. Hier werden in Thesenform und ohne jede theologische Begründung die Funktionen und Aufgaben eines demokratischen Staates umrissen (K. BARTH, Ethik II, 462f bzw. II, 337f). Wenn die Aussagen in diesen Passagen allerdings ziemlich lapidar ausfallen, wird man daraus nicht falsche Schlüsse ziehen dürfen. Barth war sich zu dieser Zeit wohl noch unsicher hinsichtlich der *theologischen bzw. der christologischen Begründung* der rechtsstaatlichen Demokratie, nicht aber hinsichtlich ihrer selbst.

Im Zusammenhang mit der Barmer Theologischen Erklärung konnte Barths Verhältnis zur Demokratie auch deshalb mißverstanden werden, weil H. Asmussen in seinem Einführungsreferat mit Zustimmung Barths einen Frontalangriff gegen die Entwicklung der letzten 200 Jahre in Theologie und Kirche geführt hatte, ohne die politische Freiheitsgeschichte ausdrücklich von diesem Angriff auszunehmen. So mußte sich auch auf die politische Geschichte seit der Französischen Revolution, die zur Demokratie geführt hatte, ein Schatten legen. Es besteht aber kein Anlaß, solche möglichen Konsequenzen Barth selbst anzulasten. Freund und Feind unter den Kennern Barths wußten damals zwischen seiner *theologischen* Kritik und seiner *politischen* Orientierung ziemlich gut zu unterscheiden. P. Althaus hat in dem bereits erwähnten Brief an Bischof Meiser zur 5. Barmer These geurteilt:

"Der Staatsbegriff, der hier vorliegt, ist der des liberalen Rechtsstaates, wie in *allen* (!) Schriften Barths (Hervorhebung von H.F.). Wir Lutheraner wissen, daß der Staat Dienst am Leben eines *Volkes* ist, geformter Wille eines *Volkes* zum Leben in der Geschichte. Das fällt hier ganz aus. Daher werden die tieferen Fragen, um die es zwischen Staat ... und Kirche geht, gar nicht gesehen" (C. NICOLAISEN, Der Weg nach Barmen 88).

Das *liberale* Element zeigt sich nach Althaus also in der volklich-nationalen Entschlackung des Staatsbegriffes bei Barth. Mit dieser Diagnose dürfte Althaus den Kern der Sache getroffen haben. Wie schon in der Ethik-Vorlesung hat Barth auch hier den Staat vornehmlich nach der Seite seiner über die Gewaltenteilung geregelten Funktionen und Aufgaben im Blick, für die dann später die theologischen bzw. christologischen Begründungen nachgeliefert werden.

Vermutlich haben die Mitstreiter Barths im Umfeld von Barmen, von wenigen Ausnahmen abgesehen, diese Zusammenhänge aber nicht durchschaut. Die kritische Einstellung zur Demokratie bei Asmussen und anderen belegt das. Barths theologische und kirchenpolitische Frontstellung gegen die Deutschen Christen läßt sich jedenfalls *nicht* als Kampfansage gegen die Demokratie dechiffrieren, sondern war - nicht direkt, aber indirekt - politisch zugleich gegen diejenigen gerichtet, die den Zusammenbruch der Demokratie bewirkt oder mitbewirkt hatten. Seine christologisch-theologische Konzeption verbindet sich mit politischen Grundannahmen, die nicht nur Althaus, Elert, Gogarten und Hirsch, sondern wohl auch vielen Synodalen fremd waren. Das ist dann erst in der Folgezeit deutlicher geworden, spektakulär in den Ausfällen von H. Asmussen gegen K. Barth nach dem Zweiten Weltkrieg. Gerade aber diese vielschichtige und spannungsvolle Verquickung von theologischer Aussage und politischer Option macht eine angemessene Beurteilung der Kontroverse so schwierig.

Auf den ersten Blick erscheint der Sachverhalt eindeutig. Die Entscheidung von Barmen war in ihren klaren Abgrenzungen kirchenpolitisch und auch politisch richtig, wie die Geschichte gezeigt hat. Das scheint ein starkes Votum auch für die hinter ihr stehende Theologie zu sein. Die Entscheidung von Ansbach war in ihren Bejahungen kirchenpolitisch und auch politisch falsch, wie ebenfalls die Geschichte gezeigt hat, und das scheint gegen die Theologie zu sprechen, die zu dieser Entscheidung geführt hat. Tatsächlich besteht aber zwischen theologischem Urteil und politischer Orientierung nicht derjenige eindeutige Zusammenhang, der sich nahelegt und auch immer wieder unterstellt worden ist. Der christologischen Theologie von Barmen ist nicht mit zwingender Notwendigkeit ein Votum für oder gegen eine bestimmte Staatsform zu entnehmen, sofern der Staat nur "nach dem Maß menschlicher Einsicht und menschlichen Vermögens unter Androhung und Ausübung von Gewalt für Recht und Frieden" sorgt (5. Barmer These). Das gleiche gilt für eine - allerdings von den unhaltbaren Behauptungen des "Ansbacher Ratschlags" befreite - Theologie der Ordnungen, sofern der Staat nur wirklich für den Schutz der "natürlichen Ordnungen" sorgt und sie garantiert. Die Antwort auf die Frage, ob für diese "natürlichen Ordnungen" bzw. "für Recht und Frieden" angemessener in der Demokratie oder im nationalsozialistischen Staat gesorgt wird, ist aber Sache des *politischen* Urteils, nicht des theologischen. Verhält es sich so, dann stehen die theologischen Konzeptionen in diesem Streit erneut zur Diskussion.

Für die neulutherische Ordnungstheologie des "Ansbacher Ratschlags" versteht sich die Kritik von selbst. Sie ist eine in konservative, sogar restaurative Richtung weitergetriebene Lehre von Gesetz und Evangelium, sofern sie eine bestimmte, geschichtlich gegebene Situation mit der Würde theologischer Legitimität umkleidet. Die theologisch unhaltbare Identifizierung von Gesetz Gottes und geschichtlicher Lebenswirklichkeit mit ihren verheerenden Konsequenzen kann aber nicht Anlaß sein, die lutherische Lehre von Gesetz und Evangelium als solche zu opfern. Denn in dieser Lehre spricht sich die zentrale christliche Wahrheit aus, daß der Mensch Sünder und gerecht zugleich ist, daß er noch der alten Welt der Entfremdung und der Selbstzerstörung verhaftet bleibt und als Kind Gottes doch schon dem neuen Reich angehört. Das Evangelium spricht dem Menschen die Versöhnung mit Gott zu, das Gesetz behaftet ihn bei der noch weiter bestehenden Differenz. Christliche Existenz gründet in der neuen, das Alte grundsätzlich zerbrechenden und überstrahlenden Wirklichkeit des Heils, aber unter dem eschatologischen Vorbehalt kann diese Wirklichkeit theologisch nicht anders als in der Spannung von Gesetz und Evangelium ausgelegt werden.

Der zeitgeschichtliche Rang und die kirchenpolitische Bedeutung der Theologischen Erklärung von Barmen stehen außer Frage. Mit ihr haben sich Kirche und Theologie in bedrohter Situation mutig und eindrucksvoll gegen ein Unrechtsregime zur Wehr und damit ein Signal gesetzt. Die Barmer Theologische Erklärung ist im Recht, sofern sie in ihren Verwerfungen Einspruch erhebt gegen den Mißbrauch der lutherischen Unterscheidung von Gesetz und Evangelium zur theologischen Legitimierung oder gar Verklärung eines völkischen Heidentums. An dieser Stelle hat Barth das Problembewußtsein für die Gefährdung der lutherischen Theologie geschärft und erweitert; das Gewicht seiner Anfragen ist gerade den Lutheranern unter seinen Freunden und Schülern (HERM. DIEM, H. GOLLWITZER, H.J. IWAND, E. SCHLINK, K.G. STECK, H. VOGEL, E. WOLF) zum Anlaß geworden, die traditionelle Unterscheidung von Gesetz und Evangelium selbstkritisch zu überdenken. Aber seine eigene faktische Suspendierung der Funktion des Gesetzes zugunsten derjenigen des Evangeliums bleibt problematisch. Denn die Neuordnung der alten Lehre von Gesetz und Evangelium zu derjenigen von *"Evangelium und Gesetz"* (1935) bedeutet die *christologische Umpolung aller theologischen Themen,* und dies gegen das biblische Zeugnis, gegen die Tradition des reformatorischen Christentums und gegen die Selbsterfahrung der glaubenden Existenz. In der "Kirchlichen Dogmatik" Barths hat der Ansatz der "Barmer Theologischen Erklärung" eine eindrückliche und zugleich problematische Ausgestaltung erfahren.

III. Die Kirchliche Dogmatik Karl Barths

1. Die Wende zur "Kirchlichen Dogmatik"

BARTH, K., Die christliche Dogmatik im Entwurf I. Die Lehre vom Worte Gottes, 1927. - DERS., Die Kirchliche Dogmatik I 1, (1932) [9]1975; I 2, (1938) [6]1975; II 1, (1940) [5]1975; II 2, (1942) [5]1974; III 1, (1945) [4]1970; III 2 (1948) [3]1974; III 3, (1950) [3]1979; III 4, (1951) [3]1969; IV 1, (1953) [3]1975; IV 2, (1955) [2]1964; IV 3, 1., (1959) [3]1979; IV 3, 2., (1959) [2]1974; IV 4 (Fragment), 1967; Reg. Bd. 1970. - DERS., Fides quaerens intellectum (1931) hg. von E. JÜNGEL u. J.U. DALFERTH, GA II, 1981. - DERS., "Der Götze wackelt" (s.o. II.2). - DERS., Kommentar (s.o. II.2). - DERS., Nein! Antwort an Emil Brunner, 1934 (= FÜRST, W. [Hg.], "Dialektische Theologie" [s.o. I.1.a], 208-258). - BEINTKER, M., Die Dialektik in der "dialektischen Theologie" Karl Barths. Studien zur Entwicklung der Barthschen Theologie und zur Vorgeschichte der "Kirchlichen Dogmatik", 1987. - BRUNNER, E., Natur und Gnade (s.o. I.1.f) (= FÜRST, W. [Hg.]. s.o., 169-207). - BUSCH, E., Karl Barths Lebenslauf, [3]1978. - FREYER, T., Pneumatologie als Strukturprinzip der Dogmatik. Überlegungen im Anschluß an die Lehre von der "Geisttaufe" bei Karl Barth, 1982. - JOSUTTIS, M., Die Gegenständlichkeit der Offenbarung. Karl Barths Anselm-Buch und die Denkform seiner Theologie, 1965. - KRAUSE, B., Leiden Gottes - Leiden des Menschen. Eine Untersuchung zur Kirchlichen Dogmatik Karl Barths, 1980.

Wie immer man sich zum monumentalen Lehrgebäude der Kirchlichen Dogmatik (= KD) BARTHs stellen mag, der epochale Rang dieses dogmatischen Werkes evangelischer Theologie im 20. Jahrhundert ist unbestritten. Die zentrale systematische Grundfrage, die die KD durchzieht, lautet: Welche Gestalt muß die christliche Lehre haben, wenn ihre Inhalte klar als christliche sollen identifizierbar sein können? Die Antwort darauf heißt: eine *streng christologische*. So gesehen formuliert die Barmer Theologische Erklärung, vor allem mit der 1. und 2. These, in einer bestimmten geschichtlichen Situation das neue theologische Programm, das in der KD nachfolgend begründet und entfaltet wird. Bei Barth heißt es zur 1. These: "Alle theologische Besinnung kam ... erst hinterher. Es ist an sich ganz richtig, wenn man gesagt hat, daß viele, vielleicht die meisten derer, die an der Barmer Synode diesem Satz zugestimmt haben, seine Tragweite zunächst durchaus nicht zu überblicken vermochten, die Aufstellung und der Beschluß dieses Satzes war mehr ein instinktiver Notschrei als irgendetwas anderes." (Zitiert bei E. Wolf, Barmen, [2]1970, 92; vgl. jetzt auch K. Barth, Kommentar zur Barmer theologischen Erklärung [Fragment], hg. von H. STOEVESANDT EvTh 36, 1976, 568-593.) Für die Richtung der nachfolgenden theologischen Besinnung hat Barth rückblickend mehrfach auf die *"christologische Konzentration"* hingewiesen: "Das positive Neue war dieses: ich hatte in diesen Jahren zu lernen, daß die christliche Lehre ausschließlich und folgerichtig in allen ihren Aussagen direkt oder indirekt Lehre von Jesus Christus als von dem uns gesagten lebendigen Wort Gottes sein muß ... Blicke ich von da aus zurück auf meine früheren Stadien, so kann ich mich jetzt wohl fragen, wie es möglich war, daß ich das nicht schon viel früher gelernt und entsprechend gesagt habe ... Meine neue Aufgabe war, alles vorher Gesagte noch einmal ganz anders, nämlich jetzt als eine Theologie der Gnade Gottes in Jesus Christus durchzudenken und auszusprechen..." ("Der Götze wackelt" 185f). Diese christologische Konzentration setzt nicht unvermittelt und direkt ein, der erste Band der KD (I 1, 1932) ist für diese Problemverlagerung noch unspezifisch, erst ab KD I 2 (1938) werden die Spuren deutlicher, um dann in der neuen Gestalt der Erwählungslehre (KD II 2, 1942) voll durchzuschlagen.

Für den Übergang von der "Christlichen Dogmatik" (1927) zum ersten Band der KD war Barth zunächst damit befaßt, sich "von den letzten Resten einer philosophischen bzw. anthropologischen ... Begründung und Erklärung der christlichen Lehre zu lösen" ("Der Götze wackelt" 185). Bestärkt wurde er darin durch seine Beschäftigung mit dem Gottesbeweis des ANSELM VON CANTERBURY. Das ihm gewidmete Buch "Fides quaerens intellectum. Anselms Beweis der Existenz Gottes im Zusammenhang seines theologischen Programms" (jetzt: GA II, 1981) meinte Barth nicht nur mit der größten Liebe geschrieben zu haben, er hielt es auch für einen entscheidenden Schlüssel zum Verständnis der theologischen Denkbewegung der KD. Diese Studie gilt dem Nachweis, daß Anselms Argumentation nicht auf einen "Beweis" *(probare)* zielt, da das zu Beweisende ständig vorausgesetzt ist, sondern daß sein eigentliches Interesse dem *intelligere* des Glaubens gilt. Im Vollzug dieses *intelligere* kommt es dann freilich zum "Beweis", das Eingesehene wird apologetisch-polemisch in Funktion gesetzt (9f). Das *intelligere* ruht nicht in sich selbst, es hat keine Begründungsleistungen dafür zu übernehmen, *daß* es so ist, wie der Glaubende glaubt, sondern es fragt unter der Voraussetzung der Gültigkeit des Credo der Kirche lediglich danach, *inwiefern* es so ist. Die theologische Erkenntnisbemühung hat in jedem Falle "positiven Charakter" (25). *"Intelligere* kommt zustande durch *Nach*denken des vorgesagten und vorbejahten *Credo"* (26). Barth versteht Anselms Beweis der Existenz Gottes als Ausdruck einer Theologie, deren Begründung im *Faktum* der Offenbarung liegt, das selbst außerhalb jeder Diskussion steht. Damit ist der *methodische* Weg der theologischen Denkbewegung in der KD vorgezeichnet und gleichzeitig ein Hinweis für die Titeländerung von "christlicher" zu "kirchlicher" Dogmatik gegeben, während die *inhaltliche* Neuorientierung einer christologischen Konzentration erst mit der Barmer Theologischen Erklärung sichtbar wird.

Diese neue christologische Grundorientierung hatte weitreichende Konsequenzen. Es kommt zu neuen Abgrenzungen, E. BRUNNERs Bemühung um eine neue, eine "rechte theologia naturalis" (E. BRUNNER, Natur und Gnade) wird schroff und unerbittlich zurückgewiesen (K. BARTH, Nein!), und schließlich unterzieht Barth den gesamten Lehrbestand reformatorischer Theologie einer kritischen Überprüfung mit dem Ergebnis einschneidender Veränderungen an zentralen Lehrstücken. "Ich kann nicht verschweigen, daß ich in der Bearbeitung dieser Aufgabe - ich möchte sie als christologische Konzentration bezeichnen - zu einer in erhöhtem Sinne kritischen Auseinandersetzung mit der kirchlichen Tradition, auch mit den Reformatoren, auch mit Calvin geführt worden bin" ("Der Götze wackelt" 186). Sie nötigte ihn dazu, "das Verhältnis von Gesetz und Evangelium, von Natur und Gnade, von Erwählung und Christologie und so auch von Philosophie und Theologie genauer und insofern anders zu ordnen, als ich sie im 16. Jahrhundert geordnet fand. Indem ich also kein orthodoxer 'Calvinist' werden konnte, vermochte ich einem lutherischen Konfessionalismus erst recht keine Sympathie entgegenzubringen" (zit. bei E. BUSCH, Lebenslauf 223f).

2. Die Denkform der Analogie

BALTHASAR H.U. v., Karl Barth, [4]1976, 93-181. - BARTH, K., Die Menschlichkeit Gottes, 1956. - DERS., Evangelische Theologie im 19. Jahrhundert, 1957. - BOUILLARD, H., Karl Barth, II 2, 190-217. - HÄRLE, W., Sein und Gnade (s.o. I.1.d), 172-226. - JÜNGEL, E., Die Möglichkeit theologischer Anthropologie auf dem Grunde der Analogie, EvTh 22, 1962, 535-557. - MECHELS, E., Analogie bei Erich Przywara und Karl Barth, 1974. - PANNENBERG, W., Zur Bedeutung des Analogiegedankens bei Karl Barth. Eine Auseinandersetzung mit Urs von Balthasar, ThLZ 78, 1953, 17-24. - PÖHLMANN, H.G., Analogia entis oder Analogia fidei? Die Frage der Analogie bei Karl Barth, 1965. - SCHLICHTING, W., Biblische Denkform in der Dogmatik. Die Vorbildlichkeit des biblischen Denkens für die Methode der Kirchlichen Dogmatik Karl Barths, 1971. - SÖHNGEN, G., Analogia entis in analogia fidei. Antwort. Karl Barth zum 70. Geburtstag, 1956, 266-271.

"Analogie" heißt der Schlüsselbegriff, mittels dessen die christologische Konzentration bis in alle thematischen Verästelungen hinein dogmatisch durchgeführt wird. Die dialektischen, faktisch diastatischen Bestimmungen der Frühgestalt Barthscher Theologie werden eingeschmolzen in ein souverän konstruiertes Beziehungsgeflecht, das sich vom dreieinigen Gott in seiner Selbstbewegung zum Geschöpf, das in Jesus Christus zu seinem wahren Wesen gebracht wird, hinüberspannt. Die Denkform der Analogie gewinnt in der KD in dem Maße an Bedeutung, in dem die Christologie zum beherrschenden Thema der Theologie wird. KD I 1 bietet dafür nur erste Ansätze. Der Versuch, eine wirklich theologische Lehre vom Worte Gottes im Unterschied zu jenem ersten Versuch von 1927 zu geben, stellt Barth vor das Problem der Erkenntnis, des Verstehens. Da es auf der Linie des "unendlich qualitativen Unterschieds zwischen Gott und Mensch" nicht lösbar ist, wird der Analogie-Gedanke aufgeboten. Der Mensch ist von sich aus nicht fähig, Gottes Wort im Glauben zu erkennen, da ihm dafür eine apriorische Anlage fehlt. Das Vermögen, Gottes Wort zu verstehen, wird ihm durch dieses selbst verliehen, so daß das Verstehen zur Möglichkeit des Menschen *wird*, ohne doch "aufzuhören, ganz und gar seine, des Wortes Gottes, eigene, die nur ihm eigene Möglichkeit zu sein". Es handelt sich um eine Erkenntnis*möglichkeit*, die nur von ihrer Erkenntnis*wirklichkeit* her verständlich zu machen ist (I 1, 201). Aufgrund dieses geschenkten Vermögens kommt es zu einer Ähnlichkeit des dem Worte Glaubenden mit dem Wort Gottes selbst, im Glauben findet eine "Gottförmigkeit des Menschen" statt (I 1, 251), aber diese Analogie ist keine solche des Seins *(analogia entis)*, sondern eine des Glaubens (*analogia fidei* I 1, 257. 459f). Von der katholischen Analogia-entis-Lehre unterscheidet sich Barth so (I 1, 252), daß er gegen eine ruhende eine aktuale, gegen eine als Theologie verfügbare eine unverfügbare Analogie stellt. Zusammenfassend heißt es: "Im Glauben und Bekenntnis wird das Wort Gottes menschlicher Gedanke und menschliches Wort, gewiß in unendlicher Unähnlichkeit und Inadäquatheit, aber nicht in gänzlicher Fremdheit gegenüber seinem Vorbild, sondern in seiner ganzen menschlich-sündigen Verkehrtheit dessen wirkliches Abbild, als Verhüllung des Göttlichen zugleich seine Enthüllung" (I 1, 254).

Die christologische Grundlegung in KD I 2 (§ 15: Das Geheimnis der Offenbarung) bedeutet indirekt auch eine weitere Förderung des Analogieproblems, aber erst mit der Gotteslehre (KD II 1) kann der Gedanke der *analogia fidei* als theologisch gesichert angesehen werden. Er ist nun inhaltlich klar durch Jesus Christus bestimmt, die Analogie zwischen Schöpfer und Geschöpf also nicht schon durch die Schöpfung gesetzt. Jeder Satz über das Verhältnis von Gott und Mensch bzw. von Gott und Welt muß aussagbar sein "als Interpretation der in Jesus Christus geschaffenen und aufrecht erhaltenen Beziehung und Gemeinschaft", muß sich in seiner theologischen Legitimität ausweisen lassen "an den Grunderkenntnissen der Kirche über die Person und das Werk Christi als an der analogia fidei" (KD II 1, 360). Mit dieser christologischen Füllung kommt es zur "Vollgestalt der Analogie" (V. BALTHASAR); der bisher leitende Begriff "Wort Gottes" wird zunehmend durch den anderen "Jesus Christus" ersetzt, der nun für Inhalt und Wesen der Offenbarung steht. In Jesus Christus ist Gottes Gemeinschaft mit dem Menschen und sein Wohlsein für ihn offenbar. Jesus Christus wird zum Inbegriff der nicht mehr nur göttlichen, sondern auch menschlichen Beziehung Gottes zum Menschen, und so erscheinen der Mensch und seine Welt als eine Analogie der Welt Gottes. "Das Weltgeschehen ist im Großen und im Kleinen Spiegel und Gleichnis des Heilsgeschehens" (KD III 3, 59). Diese Analogie geht niemals vom Geschöpf zum Schöpfer, sie bleibt unumkehrbar eine solche vom Schöpfer zum Geschöpf. Unter Voraussetzung dieser Bewegungsrichtung ergibt sich ein zwischen Himmel und Erde ausgebreitetes Netz von Analogien, das Barth immer kühner und kunstvoller gestaltet. Die innertrinitarische Lebens- und Gemeinschaftsbeziehung Gottes als des Vaters, Sohnes und Hl. Geistes findet ihre Analogie in der äußeren Geschichte und Gemeinschaft Gottes mit den Menschen auf Erden, die intertrinitarische Verschiedenheit Gottes als des Vaters, Sohnes und Hl. Geistes kommt zur Entsprechung in der Distanz Gottes gegenüber der Welt, das Gegenüber von Gott Vater, Sohn und Hl. Geist bildet sich ab in dem Gegenüber von Mann und Frau etc.

Obwohl die Lehre von der *analogia fidei* manche begrifflichen Unschärfen und auch sachliche Probleme aufweist, die sich vor allem an der terminologischen Verschiebung von der *analogia fidei* zu einer *analogia relationis* in den späteren Bänden der KD ablesen lassen, ergibt sich durch die Wende von einer diastatisch verfestigten Dialektik zur Analogie insgesamt ein neuer, durch das Stichwort "Menschlichkeit Gottes" angedeuteter Grundtenor. In seinem Vortrag "Die Menschlichkeit Gottes" bekennt Barth sich rückblickend zu dem einst vollzogenen Bruch mit seinen theologischen Vätern. Der Bruch war in der damaligen Situation nötig, es mußte gegen die "religionistische" und "anthropozentrische" Überfremdung die *Göttlichkeit* Gottes neu zu Gehör gebracht werden. Aber das war nicht das ganze, nicht das letzte Wort zur Sache, vor allem war es den Zeitgenossen lieblos um die Ohren geschlagen (9). "Was sind da für Formulierungen teils übernommen, teils neu erfunden worden!" "Senkrecht von oben", "totaliter aliter", "unendlich qualitativer Unterschied", "Hohlraum", "mathematischer Punkt", "Tangente", "Sprung in den Abgrund!" "Wie wurde da aufgeräumt und eben fast nur aufgeräumt! ... Wie wurde da so spöttisch gelacht". "Alles ... (war) doch ein bißchen arg unmenschlich und teilweise auch schon wieder ... häretisierend gesagt!" (7f). Die Frage nach der "Menschlichkeit" Gottes hätte Barth damals in arge Verlegenheit gebracht, die entdeckte Göttlichkeit Gottes hatte seine doch auch klar bezeugte Menschlichkeit an den Rand gedrängt, aus dem betonten Hauptsatz war ein weniger betonter Nebensatz geworden. Nach seinem eigenen Verständnis revidiert Barth in der Zwischenzeit diesen Ansatz nicht, sondern denkt ihn weiter. Thema bleibt die Göttlichkeit Gottes, aber inzwischen angereichert mit der Einsicht, daß diese Göttlichkeit nicht in sich ruht, sondern sich dem Menschen gnädig zuwendet. "Wer Gott, und was er in seiner Göttlichkeit ist, das erweist und offenbart er nicht im leeren Raum eines göttlichen Fürsichseins, sondern authentisch gerade darin, daß er als des Menschen (freilich schlechthin überlegener) *Partner* existiert, redet und handelt." Gottes Göttlichkeit "ist die Divinität, die als solche auch den Charakter von Humanität hat. In dieser und nur in dieser Form war und ist der Satz von der Göttlichkeit Gottes jener Theologie der Vorzeit entgegenzustellen ... Gottes recht verstandene *Göttlichkeit* schließt ein: seine *Menschlichkeit"* (10). Und so macht Barth schließlich den brisanten Vorschlag, statt von "Theologie" von "Theanthropologie" zu reden (Evangelische Theologie im 19. Jahrhundert, 1957, 3).

3. Der Weg der Kirchlichen Dogmatik

BÄCHLI, O., Das Alte Testament in der kirchlichen Dogmatik von Karl Barth, 1987. - BÄUMLER, C., Die Lehre von der Kirche in der Theologie Karl Barths, 1964. - BINTZ, H., Das Skandalon als Grundlagenproblem der Dogmatik. Eine Auseinandersetzung mit Karl Barth, 1969. - BRUNNER, E., Der neue Barth. Bemerkungen zu Karl Barths Lehre vom Menschen, ZThK 48, 1951, 89-110. - BUESS, E., Zur Praedestinationslehre Karl Barths, 1955. - CLAUSERT, D., Theologischer Zeitbegriff und politisches Zeitbewußtsein in Karl Barths Dogmatik dargestellt am Beispiel der Prolegomena, 1982. - DAHM, A., Der Gerichtsgedanke in der Versöhnungslehre Karl Barths, 1983. - DEKKER, A., Homines bonae voluntatis. Das Phänomen der profanen Humanität in Karl Barths Kirchlicher Dogmatik, Kampen 1969. - DOERNE, M., Karl Barths Lehre vom "wirklichen Menschen", ELKZ 6, 1952, 332-334. - FREYD, C., Gott als die universale Wahrheit von Mensch und Welt. Die Versöhnungslehre Karl Barths im Lichte der Religionsphilosophie Hegels, Diss. theol. Hamburg 1982. - FRIEDMANN, E.H., Christologie und Anthropologie. Methode und Bedeutung der Lehre vom Menschen in der Theologie Karl Barths. 1972. - GARCIA-TATO, I., Die Trinitätslehre Karl Barths als dogmatisches Strukturprinzip, 1983. - GLOEGE, G., Zur Prädestinationslehre Karl Barths, KuD 2, 1956, 193-217, 233-255 (= Heilsgeschehen und Welt. Theologische Traktate I, 1965, 77-132). - DERS., Zur Versöhnungslehre Karl Barths, Heilsgeschehen (s.o., 133-173). - GREIVE, W., Kirche als Ort der Wahrheit, 1991. - HEDINGER, U., Der Freiheitsbegriff in der Kirchlichen Dogmatik Karl Barths, 1962. - JÜNGEL, E., Barth-Studien, 1982. - DERS., Gottes Sein ist im Werden, [4]1986. - KLAPPERT, B., Die Auferweckung des Gekreuzigten. Der Ansatz der Christologie Karl Barths im Zusammenhang der Christologie der Gegenwart, [3]1981. - DERS., Promissio und Bund. Gesetz und Evangelium bei Luther und Barth, 1976. - KONRAD, J.-F., Abbild und Ziel der Schöpfung. Untersuchungen zur Exegese von Genesis 1 und 2 in Barths Kirchlicher Dogmatik III, 1, 1962. - KRAUSE, B., Leiden Gottes - Leiden des Menschen. Eine Untersuchung zur Kirchlichen Dogmatik Karl Barths, 1980. - KRECK, W., Grundentscheidungen in Karl Barths Dogmatik, 1978. - DERS., Die Lehre von der Prädestination, WEBER, O. - KRECK, W. - WOLF, E., Die Predigt von der Gnadenwahl, 1951, 37-62. - LEEUWEN, G. VAN, Christologie en anthropologie, 's-Gravenhage 1959. - LÜTHI, K., Gott und das Böse, 1961. - NÜRNBERGER, K., Glaube und Religion bei Karl Barth, Diss. theol. Marburg 1967. - OBLAU, G., Gotteszeit und Menschenzeit. Eschatologie in der Kirchlichen Dogmatik von Karl Barth, 1987. - PLATHOW, M., Das Problem des concursus divinus. Das Zusammenwirken von göttlichem Schöpferwirken und geschöpflichem Eigenwirken in

K. Barths "Kirchlicher Dogmatik", 1976. - PRENTER, R., Die Einheit von Schöpfung und Erlösung. Zur Schöpfungslehre Karl Barths, ThZ 2, 1946, 161-182. - DERS., Die Lehre vom Menschen bei Karl Barth, ThZ 6, 1950, 211-222. - RÖDDING, G., Das Seinsproblem in der Schöpfungslehre Karl Barths, KuD 10, 1964, 1-47. - ROSATO, PH.J., Karl Barth's Theology of the Holy Spirit, Diss. theol. (kath.) Tübingen 1976. - SCHMIDT, F., Verkündigung und Dogmatik in der Theologie Karl Barths, 1964. - SO, M., Die christologische Anthropologie Karl Barths, Diss. theol. Göttingen 1973. - STIKKELBERGER, H., Ipsa assumptione creatur. Karl Barths Rückgriff auf die klassische Christologie und die Frage nach der Selbständigkeit des Menschen, 1979. - STOCK, K., Anthropologie der Verheißung. Karl Barths Lehre vom Menschen als dogmatisches Problem, 1980. - STORCH, M., Exegesen und Meditationen zu Karl Barths Kirchlicher Dogmatik, 1964. - TRTíK, Z., Der Personbegriff im dogmatischen Denken Karl Barths, NZSTh, 5, 1963, 263-295. - VOGEL, H., Ecce homo. Die Anthropologie Karl Barths, VF 1949-1950, 102-138. - DERS., Praedestinatio gemina. Theologische Aufsätze. Karl Barth zum 50. Geburtstag, 1936, 222-242. - WENDEBOURG, E.-W., Die Christusgemeinde und ihr Herr. Eine kritische Studie zur Ekklesiologie Karl Barths, 1967 - s. auch o. I.1.d.

Äußerlich folgt Barth der überlieferten Anordnung und gliedert den dogmatischen Stoff in vier monumentale Bände, die dann ihrerseits noch einmal in Teilbände untergliedert sind: I. Die Lehre vom Wort Gottes, II. Die Lehre von Gott, III. Die Lehre von der Schöpfung, IV. Die Lehre von der Versöhnung. Die Lehre von der Erlösung, die in einem V. Band hätte zur Darstellung kommen sollen, ist nicht mehr geschrieben worden. Auch die Lehre von der Versöhnung hat Barth nicht vollenden können. Mit einem Fragment der Versöhnungsethik, die Lehre von der *Taufe* als Begründung des christlichen Lebens (IV 4), bricht das Werk ab. Es ist inzwischen aus dem Nachlaß ergänzt durch den Band "Das christliche Leben" (= GA II, Die KD IV, 4. Vorlesungen 1959-1961, 1976), der neben einer Einleitung zur Versöhnungsethik (§ 74: Ethik als Aufgabe der Lehre von der Versöhnung) die bis zur Kommentierung der zweiten Bitte gediehene Auslegung des *Vaterunser* als Vollzug des christlichen Lebens enthält. Mit der Interpretation des *Abendmahls* als Erneuerung des christlichen Lebens wäre die Versöhnungsethik zu ihrem Abschluß gelangt. Schon diese wenigen Erläuterungen zeigen, daß Barth trotz der Anknüpfung an die herkömmliche Gliederung die einzelnen Lehrstücke dann doch souverän umgruppiert und auch inhaltlich neu gestaltet.

Der I. Band enthält in zwei Teilbänden als "Prolegomena zur Kirchlichen Dogmatik" die Lehre vom Wort Gottes. Er weicht aber darin von der Tradition ab, daß er nicht die ansonsten für die Begründungsproblematik üblichen Themen erörtert, sondern eine Dogmatik *in nuce* darstellt, da die Prolegomena als Teilstück der Dogmatik nicht von den *vorher,* sondern von den *zuerst* zu sagenden Dingen handelt (KD I 1, 41). Barth versteht seine Lehre vom Wort Gottes in der dreifachen Gestalt von verkündigtem, geschriebenem und offenbartem Wort als Analogie zur Lehre von der Dreieinigkeit Gottes (KD I 1, 124f). Dem sachlichen Gewicht entsprechend interpretiert er dann in umgekehrter Reihenfolge das *geoffenbarte* Wort als Lehre von der Trinität, von der Fleischwerdung des Wortes Gottes und der Ausgießung des Heiligen Geistes. Die Trinität erscheint also gleichsam in verdoppelter Gestalt, einmal als Lehre vom dreieinigen Gott als solchem und dann durch die Abfolge von (trinitarischem) Gottesverständnis, Christologie und Pneumatologie. In jedem Falle ist das Offenbarungsverständnis strikt trinitätstheologisch abgesichert und damit gegen einen allgemeinen Offenbarungsbegriff abgegrenzt. Die aus der Frühzeit geläufige kritische Reserve gegenüber der "Religion" wird beibehalten, Gottes Offenbarung bedeutet die "Aufhebung der Religion" (KD I 2, § 17). Im Rahmen seiner Offenbarungslehre bietet Barth auch die Begründung für die christologische Interpretation des Alten Testaments (KD I 2, 77-111).

Die Zeit der Offenbarung gliedert sich in die Zeit der Erwartung und die der Erinnerung. Das Alte Testament ist Zeugnis der echten Erwartung der Offenbarung (KD I 2, 77). Das leidende Israel, der leidende Gerechte sind nicht Christus, aber sie bilden den leidenden und gekreuzigten Christus bereits vor. Ohne die Beziehung auf Jesus Christus bleibt das Alte Testament eine "jüdische Abstraktion" (KD I 2, 97f). Wenn man aber ohne Einschränkung und Abzug den Christus erwartet, dann hat man ihn bereits, und zwar ganz. "Die Väter *hatten* Christus, den ganzen Christus" (KD I 2, 102). Das ist nun noch etwas steiler gesagt als in den alten, auf dem Bundesgedanken aufruhenden und in den Kategorien von Verheißung und Erfüllung argumentierenden heilsgeschichtlichen Entwürfen.

In einer breit angelegten Lehre von der Heiligen Schrift wird das *geschriebene* Wort Gottes entfaltet, während die Lehre von der Verkündigung der Kirche das *verkündigte* Wort zur Darstellung und damit die Prolegomena insgesamt zum Abschluß bringt.

Der II. Band, wiederum in zwei Teilbände aufgegliedert, erörtert im ersten (II, 1) zunächst das Problem der *Erkenntnis Gottes.* Anselms theologisches Programm bleibt leitend, wenn Erkenntnis Gottes nach Barth von der *Wirklichkeit* dieser Erkenntnis auszugehen hat (§ 25). Erst von hier aus, allein von hier aus kann dann auch nach der *Möglichkeit* der Erkenntnis Gottes gefragt werden

(§ 26). Damit steht auch das Phänomen der natürlichen Theologie zur Verhandlung an, dem Barth in eigentümlicher Spannung zu seinem apodiktischen Votum, daß "jede *natürliche' Theologie* ... auf dem Boden der Kirche unmöglich, und zwar im Grunde *diskussionslos unmöglich* ist (KD II 1, 93), noch einmal sehr grundsätzliche Ausführungen widmet, die mit einer gewissen Folgerichtigkeit in die (Selbst)Interpretation der 1. Barmer Theologischen These ausmünden (KD II 1, 194-200). Im zweiten Teil dieses ersten Teilbandes bietet Barth eine christologisch zentrierte Interpretation der *Wirklichkeit Gottes,* der in seinem Sein als der in Freiheit Liebende verstanden wird. Der zweite Teilband (II 2) bestimmt auf dieser Linie Gottes Gnadenwahl als die "Summe des Evangeliums" und bietet abschließend - als Aufgabe der Gotteslehre - eine Begründung der Ethik (Allgemeine Ethik). Die Erwählungslehre ist ein eindrückliches Beispiel für die Entschlossenheit Barths, den traditionellen Lehrbestand radikal umzugestalten. Sein Eingeständnis im Vorwort, er habe "das Geländer der theologischen Tradition hier noch viel mehr loslassen" müssen als im ersten Teil der Gotteslehre, ist geeignet, über das Ausmaß der vollzogenen Revision eine eher harmlose Vorstellung zu vermitteln. Sowohl die Lehre Calvins und die der reformierten Theologie von der doppelten Prädestination im *decretum absolutum* (II 2, 16f.119.144ff u.ö.) als auch Luthers Bearbeitung des Problems durch die Unterscheidung von *Deus absconditus* und *Deus praedicatus* (16.70f u.ö.) werden zurückgewiesen. Es kommt zu einer Umkehrung um 180 Grad. Im Zuge ihrer christologischen Interpretation verliert die Prädestinationslehre alle Dunkelheit, bedeutet sie nicht Ja *und* Nein, Licht *und* Finsternis, sondern nur "Ja", nur "Licht", ist sie "Gottes *Gnadenwahl",* die "Summe des Evangeliums", das *Beste,* was dem Menschen "überhaupt widerfahren kann, so gewiß *Jesus Christus* selbst die Wirklichkeit wie die Offenbarung dieser Zuwendung ist, so gewiß sie eine *ewige* und also den Menschen in seiner ganzen Zeitlichkeit umschließende Zuwendung ist..." (II 2, 1.13.98f). Um eine "sichere Erkenntnis Gottes" zu gewinnen (II 2, 69), wird in systematischer Gradlinigkeit, die sich weder durch biblische Einsprüche noch durch solche der Tradition beeindrucken läßt, für die Erwählungslehre die Konsequenz aus der Trinitätslehre gezogen: Jesus Christus ist der erwählende Gott und der erwählte Mensch in Einem. Mit der Begründung und Entfaltung dieser Kernthese erreicht die KD einen Höhepunkt, der den weiteren Gang bestimmt. Die Lehre von Gottes Gnadenwahl ist nach dem zutreffenden Urteil V. BALTHASARs "das Herzstück der barthschen Theologie, eine Art Dithyrambus von fast 600 Seiten..." (K. Barth 187).

Die Schöpfungslehre, Inhalt des Bandes III, liegt in vier Teilbänden vor. Das christologische Fundament der Schöpfungslehre ist damit gegeben, daß in Jesus Christus die "Einheit von Schöpfer und Geschöpf" verwirklicht (III 1, § 40), der Bund Gottes mit dem Menschen erfüllt ist und dementsprechend der "Bund als innerer Grund der Schöpfung", die "Schöpfung als äußerer Grund des Bundes" bestimmt werden können (III 1, § 41). Der erste Band entfaltet im Zusammenhang einer Auslegung der beiden Schöpfungsberichte in Gen 1 und 2 diesen systematischen Ansatz, Band III 2 bietet die christologisch begründete Anthropologie, Band III 3 die Lehre von der Vorsehung und Erhaltung, vom Nichtigen und von den Engeln, während die Ethik der Schöpfungslehre (III 4) die Gestalt einer Lehre von der Freiheit des Geschöpfes vor Gott annimmt und die materiale Füllung der in Band II 2 umrissenen allgemeinen Prinzipien der Ethik enthält. Ähnlich umstürzend wie die Ergebnisse der Erwählungslehre sind die der Anthropologie. Obwohl zwischen Christologie und Anthropologie klar unterschieden wird (III 2, 82f), ist die christologische Begründung der Anthropologie so radikal gefaßt, daß sie die Anthropologie beinahe aufzuheben droht: "Das menschliche Wesen Jesu erspart und verbietet uns das unsrige. So ist es unsere Rechtfertigung" (55). In der Konsequenz solch einer christologischen Prävalenz wird die Lehre von der Sünde für das Verständnis des Menschen als Geschöpf ausgeklammert. Wohl weiß Barth: "Der wirkliche Mensch ist der Sünder, der Gottes Gnade teilhaftig ist" (36). Aber gegenüber dem ersten Satz, "daß Gott der Schöpfer dem Menschen als seinem Geschöpf gnädig ist", bleibt es ein zweiter Satz, daß der Mensch ein Sünder ist, der deshalb auch nicht hier, sondern erst später, in der Versöhnungslehre, ausgeführt wird. Die Auslagerung des Problems der Sünde schafft nun aber in der Schöpfungslehre Raum für erstaunliche Feststellungen. Während Augustin dem geschöpflichen Menschen des Urstandes die Möglichkeit des *posse non peccare* einräumte, das *non posse peccare* aber dem zum Guten prädestinierten Menschen vorbehielt, faßt Barth beides kühn zusammen und konstatiert für den Menschen als Geschöpf Gottes: "Die Freiheit des menschlichen Seins in der Verantwortung vor diesem Gott schließt in sich, daß der Mensch vor dem Argen bewahrt ist: potest non peccare und non potest peccare" (235). Die Sünde gewinnt den Status einer "ontologische(n) Unmöglichkeit des Menschseins" (162). Angesichts solch steiler Thesen überrascht es nicht, daß die "Phänomene des Menschlichen" (82-157) als für eine theologische Anthropologie belanglos eingestuft werden (28) und E. BRUNNERS Lehre vom Menschen (Der Mensch im Widerspruch, 1937) den Ansprüchen Barths nicht genügt und sich mit einem Platz lediglich im theologischen Vorhof der Phänomene des Menschlichen bescheiden muß (146-157).

Mit der Versöhnungslehre, Gegenstand des nicht mehr zum Abschluß gebrachten Bandes IV der KD, stößt Barth zur "Mitte aller christlichen Erkenntnis" (IV 1, Vorwort) vor. Der in einer 2000jährigen Geschichte gewachsene und bearbeitete Themenkomplex der Christologie wird im kritischen Durchgang durch die Dogmen- und Theologiegeschichte zu einer neuen christologischen Lehre umgeformt, die ihre Charakteristika schon in der beeindruckenden Architektonik des äußeren Aufbaus zu erkennen gibt. Zum Neubau der Versöhnungslehre sieht Barth sich genötigt, weil nach seinem Urteil in der traditionellen, relativ in sich abgeschlossenen Christologie das, was Christus "für uns Menschen ist, bedeutet, tut und ausrichtet, noch nicht oder erst in weiter Ferne sichtbar wird und die dann durch eine besondere Darstellung der Tragweite seiner Existenz für uns, durch eine zwar auf jene bezogene, aber dort relativ selbständige 'Soteriologie' und 'Ekklesiologie' erst ergänzt werden muß" (IV 1, 136). Demgegenüber ist es das leitende Interesse der Barthschen Lehre von der Versöhnung, die hier waltende Zusammengehörigkeit auch dogmatisch zum Zuge zu bringen. Die Wahrnehmung *dieses* Interesses, die übrigens auch Tillich zu einer - in der Durchführung freilich gänzlich anderen - systematischen Neugliederung des überlieferten dogmatischen Stoffes bewogen hat, nimmt dafür Aufspaltungen anderer Art in Kauf. Die Eigentümlichkeit dieser Versöhnungslehre besteht darin, daß sie wohl von der Christologie ausgeht und hier auch ihre Mitte hat, daß sie aber von dieser Mitte her in einer grandiosen Gesamtkonstruktion nicht nur, wie in der Anthropologie angekündigt, auch die Lehre von der Sünde, sondern darüber hinaus noch den sogenannten *ordo salutis* (Rechtfertigung, Heiligung, Berufung) und schließlich mit dem Wirken des Hl. Geistes in der Gemeinde (Sammlung, Erbauung, Sendung) und im einzelnen (Glaube, Liebe, Hoffnung) Themenkomplexe der Ekklesiologie (und nochmals des *ordo salutis*) der Versöhnungslehre eingliedert. Geordnet wird diese Fülle des Stoffes nach einem streng am christologischen Ausgang orientierten Gliederungsprinzip mit dem Ergebnis, daß sich nun - ähnlich wie in Schleiermachers Gotteslehre - die ursprünglich als relative Einheit behandelten Lehrstücke von der Sünde, der Christologie, der Soteriologie und der Ekklesiologie nach dem jeweils beherrschenden christologischen Grundgedanken auf die drei Bände der Versöhnungslehre verteilen. Sieht man von den einleitenden, Gestalt und Methode der Versöhnungslehre betreffenden Abschnitten

(IV 1, §§ 57 und 58; IV 2, § 64,1; IV 3, § 69,1) ab, enthält jeder der drei Bände fünf Paragraphen, die jeweils den gleichen Themenkomplex in wechselnder Perspektive behandeln und deshalb auch quergelesen werden können. Bei Aufschlüsselung des jeweils ersten, christologischen Paragraphen in seine drei Unterabschnitte und unter Berücksichtigung des z.T. noch von Barth selbst, z.T. aus dessen Nachlaß herausgegebenen Fragments über die Ethik der Versöhnungslehre (IV 4) ergibt sich für den Gesamtband IV folgender Gliederungsschematismus (vgl. dazu KD IV 1, § 58 Leitsatz und 133-170; G. GLOEGE, Heilsgeschehen und Welt, 1965, 134 und [stärker systematisierend] E. JÜNGEL, Art. Barth, TRE V 265 = Barth-Studien, 1982, 55):

Dogmatik	KD IV 1	KD IV 2	KD IV 3
Christologie		I. Jesus Christus	
	14. Kapitel: Der Herr als Knecht: Wahrer Gott als sich selbst erniedrigender Gott (Das hohepriesterliche Amt)	15. Kapitel: Der Knecht als Herr: Wahrer Mensch als zu Gott erhöhter Mensch (Das königliche Amt)	16. Kapitel: Der wahrhaftige Zeuge: Der "Gottmensch" als Mittler (Das prophetische Amt)
Person und Stand/Weg	§ 59: Der Gehorsam des Sohnes Gottes 1. Der Weg des Sohnes Gottes in die Fremde *(status exinanitionis)*	§ 64: Die Erhöhung des Menschensohnes 1. Die Heimkehr des Menschensohnes *(status exaltationis)*	§ 69: Die Herrlichkeit des Mittlers 1. Das Licht des Lebens (Einheit beider Stände)
Amt	2. Der Richter als der an unserer Stelle Gerichtete *(munus sacerdotale)*	2. Der königliche Mensch *(munus regium)*	2. Jesus ist Sieger *(munus propheticum)*
	3. Das Urteil des Vaters	3. Die Weisung des *Sohnes*	3. Die Verheißung des *Geistes*
		II. Des Menschen	
Sündenlehre	§ 60: Hochmut und Fall	§ 65: Trägheit und Elend	§ 70: Lüge und Verdammnis
Soteriologie/*ordo salutis*	§ 61: Rechtfertigung	§ 66: Heiligung	§ 71: Berufung
Pneumatologie		III. Der Heilige Geist	
in der Gemeinde (Ekklesiologie)	§ 62: Versammlung der christl. Gemeinde	§ 67: Erbauung der christl. Gemeinde	§ 72: Sendung der christl. Gemeinde
im Einzelnen	§ 63: Christlicher Glaube	§ 68: Christliche Liebe	§ 73: Christliche Hoffnung
ETHIK KD IV 4 (Das christliche Leben als *Anrufung* Gottes)	Die *Taufe* als Begründung des christlichen Lebens	Das *Herrengebet* als Vollzug des christlichen Lebens	Das *Abendmahl* als Erneuerung des christlichen Lebens

Die Versöhnungslehre - und damit die KD insgesamt - läuft fragmentarisch aus mit der Lehre über "Die Taufe als Begründung des christlichen Lebens". Gegenstand dieser Lehre ist die Ethik, das dem versöhnenden Handeln Gottes entsprechende christliche Leben. In der Tauflehre von KD IV 4 zieht Barth die kritischen Linien seines Taufverständnisses, die sich bereits in seiner Studie "Die kirchliche Lehre von der Taufe" (1943) abzeichneten, aus und radikalisiert sie. Geht er schon mit der Interpretation der Taufe im Rahmen der *Ethik* ganz neue dogmatische Wege, die - auch unter Berücksichtigung der von ihm vollzogenen Einordnung der Ethik in die Dogmatik - Fragen aufwerfen, so gilt das vollends für die grundlegende Unterscheidung von Geist- und Wassertaufe. Der Geisttaufe als Inbegriff der alles christliche Leben begründenden göttlichen Wendung steht die Wassertaufe als "die *erste Gestalt* der der göttlichen Wendung entsprechenden *menschlichen Entscheidung* in der Begründung des christlichen Lebens" gegenüber (IV 4, 49). Die Unterscheidung hat zur Folge, daß das sakramentale Verständnis der Wassertaufe und damit die "Unsitte der *Säuglingstaufe*" preiszugeben sind (X f). Der Begriff des "Sakraments" wird dem Christusgeschehen vorbehalten. Generalthese der neuen Konzeption: "Die Taufe antwortet auf das eine 'Mysterium', das eine 'Sakrament' der Geschichte Jesu Christi, seiner Auferstehung, der Ausgießung des Heiligen Geistes: sie selbst ist aber kein Mysterium, kein Sakrament" (KD IV 4, 112). Indem sie antwortet, gehört sie in die die Versöhnungslehre abschließende Ethik, und zwar an deren Spitze.

Mit dieser Tauflehre vollzieht Barth indirekt auch eine Revision seiner Lehre von der dreifachen Gestalt des Wortes Gottes. Damals, 1932, waren das verkündigte, geschriebene und offenbarte Wort wirklich *Gestalten* des Wortes *Gottes,* und aufgrund der Zusammengehörigkeit von Wort und Sakrament galt dies auch für die Sakramente. Zwischen dem Wort Gottes als Gegenstand der Verkündigung "und Predigt und Sakrament als Mitteln seiner Darstellung und Mitteilung dürfte ein innerer Zusammenhang bestehen. Predigt und Sakrament sind ... Verheißung künftiger Offenbarung auf Grund geschehener Offenbarung" (KD I 1, 93). Mit der pointierten *Gegenüberstellung* von Geist- und Wassertaufe läßt sich der *innere Zusammenhang* von damals nicht mehr halten. Nun rückt auch die Verkündigung ganz auf die Seite des *menschlichen* Handelns. Der bekannte Satz HEINRICH BULLINGERs aus der Confessio Helvetica posterior *"Praedicatio verbi Dei est verbum Dei"* (Art. I, 2), von Barth zustimmend zitiert (KD I 1, 52) oder varierend so wiedergegeben, daß das verkündigte Wort Gottes menschliche Rede von Gott sei, "in der und durch die Gott selber von sich selber redet" (KD I 1, 97), kann nun nicht mehr bemüht werden. Im Zuge der "christologischen Konzentration" erfährt auch die Lehre von der dreifachen Gestalt des Wortes Gottes eine Umbildung. Jetzt, in der Versöhnungslehre, wird Jesus Christus als der wahrhaftige Zeuge verstanden, und der menschlichen Verkündigung bleibt nur noch die Aufgabe, diesen Zeugen ihrerseits zu bezeugen, zu bekennen, anzuzeigen (KD IV 3, 637-704, 956-960). Mit der Taufe (Wassertaufe) ist also auch die Verkündigung des Wortes Gottes unverwechselbar als *menschliches* Handeln ausgewiesen und dem offenbarenden Handeln Gottes in Jesus Christus strikt gegenübergestellt.

4. Die verschlungenen Pfade der Ethik

Quellen: BARTH, K., Christengemeinde und Bürgergemeinde, 1946 (= Rechtfertigung und Recht - Christengemeinde und Bürgergemeinde, 1970, 49-82). - DERS., Ethik I-II (= GA II), hg. von D. BRAUN, 1973-1978. - DERS., Christliche Ethik, 1946. - DERS., Evangelium und Gesetz, 1935 (= KINDER, E. - HAENDLER, K. [Hg.], Gesetz und Evangelium, Beiträge zur gegenwärtigen theologischen Diskussion, 1968, 1-29). - DERS., Das erste Gebot als theologisches Axiom, ZZ 11, 1933, 297-314 (= Theologische Fragen und Antworten, 1957, 127-143). - DERS., Das christliche Leben. Die Kirchliche Dogmatik IV 4. Fragment aus dem Nachlaß (= GA II), hg. von H.-A. DREWES und E. JÜNGEL, 1976. - DERS., Rechtfertigung und Recht, 1938 (= s.o.). - DERS., Eine Schweizer Stimme 1938-1945, 1945.

Sekundärliteratur: CORNU, D., Karl Barth und die Politik, 1969. - DANNEMANN, K., Theologie und Politik im Denken Karl Barths, 1977. - DIJK, J. VAN, Die Grundlegung der Ethik in der Theologie Karl Barths, 1966. - GOLLWITZER, H., Reich Gottes und Sozialismus bei Karl Barth, TEH 162, 1972. - KINDER, E. - HAENDLER, K. (Hg.), Gesetz und Evangelium (s.o.). - LINDENLAUF, H., Karl Barth und die Lehre von der "Königsherrschaft Christi", 1988. - MACHOVEC, M., Marxismus und dialektische Theologie. Barth, Bonhoeffer und Hromadka, 1965. - MARQUARDT, F.-W., Theologie und Sozialismus. Das Beispiel Karl Barths, [3]1985. - MOOSBRUGGER, O., Das Problem der speziellen Ethik bei Karl Barth, Diss. theol. Bonn, 1972. - WILLIS, R.E., The Ethics of Karl Barth, Leiden 1971. - ZILLESSEN, H., Dialektische Theologie und Politik. Eine Studie zur politischen Ethik Karl Barths, 1970.

Die "Christliche Dogmatik" von 1927 hatte die "Kirchliche Dogmatik" von 1932 vorbereitet. Analog dazu gibt es auch für die ethischen Passagen und Bände der KD (II 2, 8. Kapitel; III 4; IV 4) eine - allerdings von Barth nicht selbst veröffentlichte - Vorstufe: seine aus dem Nachlaß in zwei Bänden publizierten Vorlesungen über Ethik. Barth hat sie im Sommersemester 1928 und im Wintersemester 1928/29, also noch vor seinem Anselm-Buch, in Münster und zwei Jahre später fast unverändert in Bonn gehalten. Sie gehören also wie die "Christliche Dogmatik" in die Umbruchphase der Barthschen Theologie. Die Denkform der Dialektik vermag nicht mehr voll zu greifen, vor allem nach der Auseinandersetzung

Barths mit E. PETERSON 1925/26 (vgl. E. JÜNGEL, Barth-Studien 127-179), diejenige der Analogie ist noch nicht ausgebildet. Gleichviel, ob man diesen Entwurf aus der Perspektive der anfänglichen Theologie der Krisis liest oder ihn umgekehrt von der ausgereiften - in sich wiederum wandlungsreichen - Gestalt der Theologie der KD in den Blick nimmt, für Überraschungen ist beide Male gesorgt.

Schon die Vorlesungen als solche stellen eine Überraschung dar. Die frühe dialektische Theologie betont das Gericht Gottes, demgegenüber alles menschliche Handeln versagt; deshalb ist sie an der Ethik so gut wie kaum interessiert. Barths frühe Äußerungen zum Thema (1922: "Das Problem der Ethik in der Gegenwart"; "Grundfragen der christlichen Sozialethik") haben nicht konstruktiven, sondern kritischen Charakter, wollen vor allem die Verlegenheit der Ethik angesichts des Willens Gottes bewußt machen. "Die vermeintlich richtige Lösung *könnte* von uns aus gesehen, immer auch bloß die Feststellung der Unlösbarkeit des ethischen Problems sein" (K. BARTH, Das Wort Gottes und die Theologie 153). Der Vorwurf gegen die frühe dialektische Theologie lautete denn auch, daß von ihren Voraussetzungen aus eine Ethik nicht möglich sei. Mit den Vorlesungen über die Ethik scheint Barth den Gegen-Beweis anzutreten bzw. seiner Theologie inzwischen eine solche Fassung gegeben zu haben, daß sie sich auch diesem Problemfeld gewachsen weiß. Noch mehr: Während die Ethik der KD wie diese selbst unvollendet geblieben ist, hat Barth seine Ethik-Vorlesungen thematisch bis zum Ende geführt und damit eine systematisch vollständig ausgearbeitete Konzeption seiner Theologie vorgelegt. Inhalt der Ethik ist das Gebot Gottes, das Barth in drei Kapiteln (und in Analogie zur reformatorischen Gesetzeslehre) als Gebot Gottes des Schöpfers *(usus legis politicus)*, des Versöhners *(usus legis paedagogicus bzw. elenchticus)* und des Erlösers *(tertius usus legis)* auslegt (I, 96f). Das Gliederungsprinzip der späteren Ethik ist also schon hier ausgebildet.

"Die Theologie ist die Darstellung der Wirklichkeit des sich an den Menschen richtenden Wortes Gottes" (I 18). Mit der Wirklichkeit des Wortes Gottes, die in der Dogmatik zur Sprache kommt, ist immer schon die Wirklichkeit des das Wort Gottes vernehmenden Menschen gegeben, so daß die Dogmatik auf der ganzen Linie auch Ethik ist und Ethik als selbständige Disziplin neben der Dogmatik nicht in Betracht kommen kann (I, 25, 28). Aber das mindert nicht den Rang der Ethik, sofern sie mit der menschlichen Existenz den durchgängigen Bezugspunkt der dogmatischen Reflexion in besonderer Weise im Auge behält. "Gott, außerhalb der Beziehung zu unserer Existenz verstanden, ist eben ... nicht Gott, sondern ein menschlicher Götze, ein Begriffsgott" (I, 27). Die Ethik sagt nicht etwas anderes als die Dogmatik, sie sagt dasselbe nur unter besonderer Konzentration und Zuspitzung und bewahrt die Dogmatik so vor einem Abgleiten in eine die menschliche Existenz vernachlässigende "Zuschauermetaphysik" (I, 29). Zentralbegriff der theologischen Ethik ist die Inanspruchnahme des menschlichen Handelns durch das Wort Gottes (I, 74). Der Mensch handelt gut, sofern er in seinem Handeln dem Gebot Gottes entspricht. Dieses Gute läßt sich allerdings in keiner Weise als allgemeine Wahrheit, sondern nur in individueller Zuspitzung zur Sprache bringen, so daß ich in meiner "Existenz als Einzelner", in der "Subjektivität meines Handelns", gefordert bin.

"Ethik heißt Verständigung über das Gute, nicht sofern es uns bekannt ist als allgemeine und theoretische Wahrheit, sondern sofern es sich offenbart (!) in unserem Tun oder Nichttun des Guten, sofern die konkrete Wirklichkeit unserer Lebenslage Entscheidung für oder gegen das Gute ist" (I, 108).

Das Gebot Gottes trifft den Menschen immer nur als *mandatum concretissimum* (I, 136 u.ö.). Die Begründung dafür ist allerdings überraschend:

"Die sämtlichen biblischen Imperative sind ... nicht an uns, sondern an andere, und zwar an auch unter sich sehr verschiedene andere Menschen gerichtet ... Ihre Konkretheit ist die Konkretheit eines ganz bestimmten Dort und Damals..." Noch pointierter: "(D)ie biblischen Imperative sind in der ganzen Bibel durchaus nicht einfach und direkt Offenbarung, sondern sie sind wie die ganze Bibel *Zeugnis* von der Offenbarung und in diesem ganz bestimmten Sinn, der ihre Verwendung als allgemeine Moralwahrheiten gerade ausschließt, sind sie Gottes Wort an uns" (I, 132, 134f).

Wer versuchen wollte, die biblischen Gebote zu allgemeinen Geboten hochzustilisieren, würde einem voreiligen Biblizismus verfallen. Im Vergleich zu den parallelen anspruchsvollen dogmatischen Aussagen, nach denen die Verkündigung des Wortes Gottes das Wort Gottes selber sei (Christliche Dogmatik 26; KD I 1,52), ist damit ein überraschend hohes Maß an Elastizität gewonnen, das der eigenen Entscheidungsfreiheit viel Raum zugesteht. Barth unterstreicht das noch dadurch, daß er die Kompetenz der ethisch redenden Kirche geradezu übervorsichtig beschreibt. Es gehört zu den *Grenzen* der Ethik, daß sie lediglich *Fragen* aufwerfen, aber keine Antworten geben, ja "überhaupt nicht ... urteilen kann" (I, 214; 215; II, 5). Jedes christlich-ethische Normengefüge wird abgelehnt, der "große Relativismus der Aufstellungen gerade einer theologischen Ethik" eingestanden (I, 364). Subjektivität, Individualismus und Relativismus als Prinzipien einer theologischen Ethik: das hätte man bei Barth am allerwenigsten erwartet.

Auch für viele inhaltliche Aussagen schlägt Barth - von den bisherigen Voraussetzungen seiner Theologie her - ungewohnte Töne an. Das Kapitel über das Gebot Gottes des Schöpfers (I, 193-435) ist konzipiert als eine *Ethik der Schöpfungsordnungen!* Ganz unbefangen kann Barth von Ehe, Familie und Arbeit als Schöpfungsordnungen sprechen (I, 326-328; 353-417) und ihnen Staat und Kirche als "göttliche Notordnungen" bzw. als "Ordnung(en) der erhaltenden Geduld Gottes" gegenüberstellen (I, 413f; II, 333; vgl. auch II, 457-467 bzw. II, 324-342). Zugleich mit den Schöpfungsordnungen wird auch die Wahrheit der lex naturae anerkannt und damit indirekt Tillichs Theonomie-Konzeption bestätigt:

"Die Forderung des Schöpfergebotes kann also sachlich nichts anderes sein als die Forderung des eigensten Wesens des Geschöpfes. Das ist der berechtigte Sinn des alten Begriffs der lex naturae und des modernen Begriffs der Autonomie des Sittengesetzes. Beide Begriffe sagen: Gott fordert nichts Anderes, als was durch das Wesen der von Gott geschaffenen Kreatur gefordert ist" (I, 356).

Barth befindet sich mit dem positiven Votum zu Schöpfungs- und Erhaltungsordnungen, zur lex naturae und dem Autonomie- bzw. Theonomiegedanken auf dem Wege zu einer christlichen *natürlichen Theologie,* wie E. Brunner sie 1934 in Grundzügen entwickelt und als Gesprächsangebot an Barth formuliert hatte! Nach Barth ist - noch 1930 - in Erinnerung zu rufen, "daß Gott wirklich schon als Schöpfer unseres Lebens nicht schweigt, sondern redet". Obwohl sich den Schöpfungsordnungen ein *mandatum concretissimum* nicht ohne weiteres abzwingen läßt, weil sie nur die relativ geltenden Rahmenbedingungen des Handelns darstellen, muß doch anerkannt werden, daß "göttliche Ordnung uns nicht erst in den göttlichen Stiftungen des Gnadenreiches, sondern wahrlich schon in regno naturae wirklich entgegentritt" (I, 366; für den späteren Wandel bei Barth vgl. man I, 353-417 mit den sachlich parallelen Darlegungen KD III 4, 20-50!).

In diesen Vorlesungen kündigt sich aber auch schon der spätere Weg an. Einerseits wird mit Paulus und Luther klar zwischen Gesetz und Evangelium unterschieden, Barth betont, daß das Gesetz weder rechtfertigt noch lebendig macht, sondern anklagt, tötet und verdammt (II, 27; vgl. auch 129). Er sieht bei Luther aber andererseits nur diese eine Seite des Gesetzes wahrgenommen, nicht hingegen die andere, daß Gottes Gebot auf unsere Heiligung zielt (II,

29). Nicht nur das Evangelium, auch die Offenbarung des Gesetzes hat ihren Ursprung in der Liebe Gottes. Insofern relativiert Barth ansatzweise schon hier Luthers Antithetik von Gesetz und Evangelium und hebt in der Nachfolge Calvins ihre Einheit hervor (I, 147-154). In Vorwegnahme der bekannten These von 1935 heißt es bereits hier: "Das Gesetz ist nur die konkrete Gestalt und Stimme des Evangeliums" (I, 151).

Über das Echo dieser Ethik-Vorlesungen bei den Hörern Barths in Münster und Bonn läßt sich einstweilen nur spekulieren. So hat H. Thielicke sogar noch für die damalige Zeit (1932) behauptet (Zu Gast auf einem schönen Stern, 1984; 78), für Barth hätte es eine "theologisch geleitete Ethik" nicht gegeben! Die überstürzten theologischen und kirchenpolitischen Geschehnisse in der ersten Hälfte der 30er Jahre, die zu neuen Frontstellungen - u.a. gegen E. Brunner! - führten, machen jedenfalls verständlich, weshalb Barth diese Vorlesungen später nicht mehr veröffentlichen mochte. Das sagt aber nichts über deren Wahrheitsgehalt, sowenig übrigens wie über denjenigen der späteren, nun klar christologisch gefaßten Konzeption der theologischen Ethik im Rahmen der KD. Sieht man vom Sonderfall der Tauflehre ab, so wird man für diese neue Ethik mit ihren prinzipiellen Aussagen in den Prolegomena und der Gotteslehre und den inhaltlichen in der Schöpfungslehre aufs Ganze gesehen urteilen dürfen, daß ihre Wirkung begrenzt geblieben ist. Die Bedeutung Barths auf dem Felde der Ethik verknüpft sich sehr viel stärker mit den die KD begleitenden und natürlich von ihren Einsichten getragenen kleineren Studien vor allem zu sozialethischen Themen.

Auch dafür bildet die Barmer Theologische Erklärung von 1934 den Ausgangspunkt. Deren Entscheidungen haben mit der Umgestaltung des traditionellen Verhältnisses von Gesetz und Evangelium in das neue von "Evangelium und Gesetz" (1935) eine nachträgliche theologische Näherbestimmung erfahren. Diese nähere Bestimmung ist dann 1938 an dem Verhältnis von "Rechtfertigung und Recht" in ihren sozialethischen Konsequenzen verfolgt und in der berühmten Schrift "Christengemeinde und Bürgergemeinde" (1946) auf das Gebiet der politischen Ethik übertragen worden. Die entscheidende Kategorie dieser letzten Studie ist - wie in den parallellaufenden Bänden der KD - die der Analogie, des Gleichnisses, die nach ihrer ersten vorläufigen Verwendung 1919 in dem ähnlichen Problemzusammenhang von "Der Christ in der Gesellschaft" (s.o. S. 49) nun, christologisch gefüllt, die Argumentation trägt. Gegenüber der klaren Unterscheidung von Gesetz und Evangelium und der entsprechenden von den beiden Reichen mit den fatalen Auswirkungen in einigen Gruppierungen des Luthertums während der Zeit des Kirchenkampfes zielt das Interesse hier auf die *innere notwendige Beziehung* der zu unterscheidenden Größen Evangelium und Gesetz, Rechtfertigung und Recht, Christengemeinde und Bürgergemeinde. Mittels der christologischen Begründung des Rechts (1938) bzw. des Analogie-Gedankens (1946) wird eine innere Zusammengehörigkeit des Christusgeschehens mit dem weltlich-politischen Leben gewonnen und in ein neues Modell von (Sozial-)Ethik umgesetzt. Diese Zusammengehörigkeit hat Barth schon in seinen Ethik-Vorlesungen vertreten, hier allerdings ohne die christologische Zuspitzung und in gerade umgekehrter Zuordnung. Danach (II, 326) verhält sich die Kirche als äußerer und umfassender Kreis zum Staat als dem inneren und engeren Kreis. 15 Jahre später stellt die Christengemeinde nach der bekannten These Barths den inneren Kreis in dem äußeren Kreis der Bürgergemeinde dar, für den sie mitverantwortlich ist, weil Christus auch der Mittelpunkt dieses äußeren Kreises ist (Rechtfertigung und Recht - Christengemeinde und Bürgergemeinde 57). Von daher ist die Bürgergemeinde fähig, die die Christengemeinde konstituierende Wahrheit und Wirklichkeit in ihrer eigenen Wirklichkeit gleichnishaft abzubilden, sie "indirekt", spiegelbildlich zu reflektieren. Weder eine einfache Gleichung noch die absolute Ungleichheit wird dem Verhältnis gerecht, vielmehr: "Die Gerechtigkeit des Staates in christlicher Sicht ist seine Existenz als ein *Gleichnis,* eine Entsprechung, ein Analogon zu dem in der Kirche geglaubten und von der Kirche verkündigten Reich Gottes" (65). Die politische Mitverantwortung für die humane Gestaltung des Lebens setzt die Christengemeinde nicht in den Stand, die Bürgergemeinde auch mit einem bestimmten Programm oder System des Handelns zu stützen oder gar zu überfremden, aber es gibt doch "eine unter allen Umständen zu erkennende und innezuhaltende *Richtung* und *Linie* der im politischen Raum zu vollziehenden christlichen Entscheidungen" (60). Und diese Richtung und Linie läuft auf den demokratischen Rechtsstaat mit seinen in der Neuzeit erworbenen politischen Freiheiten hinaus (67ff.75ff.80). Während die *Theologie der Neuzeit* für Barth beinahe auf der ganzen Linie nur als Verfallsgeschichte in den Blick kommt, wird der *neuzeitlichen Freiheitsgeschichte,* die ja nicht beziehungslos zu jener neuzeitlichen Theologie steht, ihre Konvergenz mit der vom Evangelium sich ergebenden christlich-politischen Richtung bestätigt. Barth schließt eine *direkte* Übertragung von Einsichten des christlichen Glaubens in sozialethische oder politische Handlungsmaximen aus, aber auch die *indirekte* Übertragung, die manchmal in eine problematische Nähe zu direkter Anweisung zu rücken droht (Die Offenbarung als Motiv des Einspruchs gegen Geheimdiplomatie 71), bewirkt ein so grundsätzlich verändertes Weltverhältnis, daß dieses neue Modell mit Recht als Bruch gegenüber dem traditionellen Verständnis von christlicher Sozialethik verstanden worden ist und wird. Durch die Rezeption und weitere Ausgestaltung dieses Konzeptes zu einer Theorie von der "Königsherrschaft Christi" bei einigen Freunden und Schülern Barths (E. WOLF, H. GOLLWITZER, W. KRECK) sind seine politischen Implikationen noch deutlicher ins Bewußtsein getreten. Die Entwürfe politischer Theologie, die seit Mitte der 60er Jahre publiziert werden, verdanken sich nur zum Teil direkten Anstößen der Theologie Barths (J. MOLTMANN), aber sie entstehen in einer Atmosphäre, die durch den Wandel in der sozialethischen Diskussion geprägt worden ist.

5. Die Neuzeit als Horizont der Theologie Barths

EICHER, P., Offenbarung. Prinzip neuzeitlicher Theologie, 1977, 165-258. - GESTRICH, C., Neuzeitliches Denken und die Spaltung der dialektischen Theologie, 1977. - GROLL, W., Ernst Troeltsch und Karl Barth, 1976. - RENDTORFF, T., Radikale Autonomie Gottes. Zum Verständnis der Theologie Karl Barths und ihrer Folgen (1969), Theorie des Christentums, 1972, 161-181. - RENDTORFF, T. (Hg.), Die Realisierung der Freiheit. Beiträge zur Kritik der Theologie Karl Barths (mit Beiträgen v. F.W. GRAF, W. SPARN, T. RENDTORFF, F. WAGNER), 1975. - DERS., Karl Barth und die Neuzeit. Fragen zur Barth-Forschung, EvTh 46, 1986, 298-314. - SCHELLONG, D., Karl Barth als Theologe der Neuzeit, STECK, K.G. - SCHELLONG, D., Karl Barth und die Neuzeit, 1973, 34-102. - STECK, K.G., Karl Barths Absage an die Neuzeit, ebd. 7-33.

Der Rang der Barthschen Theologie läßt sich nicht nur an ihren eigenen Denkbewegungen und Einsichten verdeutlichen, er wird auch bezeugt durch den Umstand, daß seine Theologie unter wechselnden, aber dauerhaften Interessen in Bann zu schlagen vermag. Nach dem großen Aufbruch der frühen dialektischen Theologie, die bis zum beginnenden Kirchenkampf in Zuspruch und Widerspruch weithin das theologische, partiell auch das kirchenpolitische Geschehen beherrschte, rückte mit dem Ende des Zweiten Weltkriegs Barths Theologie erneut in den Mittelpunkt der Diskussion. Diese Entwicklung wurde neben Barth selbst zunehmend auch von seinen Schülern und Freunden mitgetragen und mitbestimmt (Helmut GOLLWITZER, geb. 1908, Hans Joachim IWAND, 1899-1960, Walter KRECK, geb. 1908, Karl Gerhard STECK, 1908-1983, Ernst

WOLF, 1902-1971, u.a.). Nach einer Phase rückläufigen Interesses unter dem Einfluß Bultmanns erlebte Barths Theologie ab Mitte der 60er Jahre eine erneute Zuwendung, dieses Mal vornehmlich unter dem Gesichtspunkt der Ethik. Man sah hier Ansätze zu einer Sozialethik, einer politischen Ethik oder gar einer politischen Theologie (J. MOLTMANN, H. GOLLWITZER, F.-W. MARQUARDT), die den Herausforderungen der gewandelten gesellschaftlichen Situation, auch in global-ökumenischer Perspektive (L. VISCHER), besser zu entsprechen schien als das sozialethische Konzept der lutherischen Zwei-Reiche-Lehre, die einer ständigen Kritik ausgesetzt wurde.

Seit etwa zwanzig Jahren zeichnet sich quer durch Schulbildungen und Positionen ein neues Interesse an der Theologie K. Barths ab, man hat geradezu von einer "Barth-Renaissance" (C. GESTRICH) gesprochen. Dieses neue Interesse entzündet sich am verborgenen neuzeitlichen Gehalt dieser Theologie. Das mag verwundern, denn die Neuzeit ist kein eigenständiges Problem der Theologie Barths. Seine Theologiegeschichte (Die protestantische Theologie im 19. Jahrhundert, 1946), als Verfallsgeschichte konzipiert (vgl. auch KD IV 1, 406-427), bezeugt, daß die Neuzeit nicht als echter Gesprächspartner der eigenen Denkbemühung, sondern lediglich als Illustrationsobjekt für ein weithin verfehltes Verständnis von Theologie in den Blick kommt. Trotz gelegentlich milderer Töne, vor allem gegenüber Schleiermacher, bleibt die Theologie Barths bis zum Ende durch die Absage an die neuzeitliche Theologie und ihr Wahrheitsbewußtsein bestimmt. Aber mit dieser Absage hält sich der Ansatz neuzeitlicher Theologie durch und partizipiert, wenn auch im Modus der Negation, am Konstitutionsprinzip des eigenen systematisch-theologischen Entwurfs. Die Offenbarungstheologie Barths ist nicht angemessen verstanden, wenn man sie einfach als Rückfall hinter das neuzeitliche Problembewußtsein und also als eine Gestalt vorneuzeitlicher Theologie beurteilt, obwohl sie selbst in vielen Formulierungen dazu Anlaß gibt. Sie ist vielmehr selbst neuzeitliche Theologie und in einem sehr präzisen Sinn auf die Probleme der Neuzeit bezogen.

Die Kritik der dialektischen an der neuzeitlich-modernistischen Theologie spricht sich vornehmlich als Kritik an deren "Historismus" und "Psychologismus" aus. Damit sind Schlüsselphänomene anvisiert, an denen sich so etwas wie ein Umschlag, eine "Dialektik der Aufklärung" innerhalb der modernen Theologie beobachten läßt. Die neuzeitliche Theologie war angetreten mit dem Ziel, der Wahrheit des christlichen Glaubens durch Anknüpfung und Vermittlung an das moderne Bewußtsein zu ihrem universalen Ausdruck zu verhelfen. Am Ende dieses Weges zeigt sich, daß dieser Versuch mit Schwierigkeiten belastet ist. Statt die christliche Wahrheit zur Geltung zu bringen, so lautet der Vorwurf, wird sie im Historismus der geschichtlichen Relativierung, im Psychologismus der religiösen Beliebigkeit ausgesetzt. Auf *diese* Problemkonstellation bezieht sich die Aufbruchsbewegung der dialektischen Theologie, und dies vor dem historisch-politischen Hintergrund des als Katastrophe empfundenen Ersten Weltkriegs mit dem Zusammenbruch des bisherigen Norm- und Wertgefüges, der Krise des christlichen Gottesverständnisses und der Nihilismus-Erfahrung. Deshalb kann gesagt werden: *Die dialektische Theologie ist die Antwort auf die Dialektik der Aufklärung innerhalb der Theologie.* Sie proklamiert nicht einfach die Rückkehr zur Vergangenheit, sondern tritt mit dem Anspruch auf, einen fehlgelaufenen Prozeß durch radikale Überbietung zu seiner Wahrheit zu bringen. Diesen Interpretationsgesichtspunkt hat vor allem TRUTZ RENDTORFF zur Diskussion gestellt, erste Hinweise dazu finden sich schon bei Gogarten (Gericht oder Skepsis, 1937, 57). Barths Römerbrief ist nach Rendtorffs Urteil "der erste Schritt einer neuen Aufklärung, die den Prozeß der Aufklärung noch einmal aufrollt, aber nicht als historischen, sondern in einem radikalen und systematischen Sinne. Es ist ein Prozeß der Aufklärung, der als Gegenprozeß zur Aufklärung im historischen Sinne konzipiert ist. Sein Zielpunkt ist nicht die Freiheit und Autonomie des Menschen, sondern die Freiheit und Autonomie Gottes". Barth kommt zu der Einsicht, daß die Selbständigkeit der "Religion", nun gewendet als Selbständigkeit des "Wortes Gottes", der "Offenbarung", "nicht neben anderen Gestalten von Autonomie erfaßt werden kann, sondern daß der Standpunkt der Autonomie, radikal gefaßt, alle anderen Positionen zum schlechthin Bedingten, Zufälligen und Sekundären werden läßt ... Die Aufklärung muß entweder radikal durchgeführt werden, die Autonomie sich rein durchsetzen, oder sie findet gar nicht statt" (Radikale Autonomie Gottes 164f).

In analoger Weise gilt das dann auch für den Offenbarungsbegriff. Dieser Begriff, in der reformatorischen Theologie eher am Rande angesiedelt, rückt mit und seit der Orthodoxie in den Vordergrund, wird in der Theologie des 18. und 19. Jahrhunderts zum Träger grundsätzlicher religionsphilosophischer und dogmatischer Erörterungen und gewinnt eine Achsenfunktion. Daran knüpft Barth an, aber wieder im Modus radikaler Überbietung. Der Offenbarungsbegriff wird trinitätstheologisch gefaßt, Offenbarung gibt es streng genommen nur als Offenbarung des dreieinigen Gottes (KD I 1, 318.320). Damit scheidet der Begriff als Beschreibungskategorie für das Verhältnis des Christentums zu anderen Religionen aus. Gottes Offenbarung vollzieht sich "als Aufhebung der Religion" (KD I 2, § 17), Offenbarung wird zum exklusiven Begriff christlicher Wahrheit. Diese hohe trinitätstheologische Absicherung des Offenbarungsbegriffs befreit von den Schwierigkeiten seiner Verwendung in der neuzeitlichen Theologie und verleiht ihm Eindeutigkeit, ist darin aber das Ergebnis einer spezifisch neuzeitlichen Problemkonstellation und nur auf diesem Hintergrund in ihren Motiven und ihrem Gewicht zu erfassen.

In ganz anderer Weise stellt sich die Frage nach dem neuzeitlichen Charakter der Theologie Barths angesichts der Tatsache, daß seine *soziale* und *politische Ethik* in eigentümlicher Gegenläufigkeit zur Absage an die neuzeitliche Theologie die in der politischen Geschichte der Neuzeit erworbenen Freiheiten, Rechte, Pflichten und Güter (Rechtsstaat, soziale Gerechtigkeit, Grundrecht der Freiheit, Gleichheit der Bürger vor dem Gesetz, Gewaltenteilung etc.) als gleichnishafte Abbildung der christlichen Wahrheit zu würdigen vermag. Die Rezeption der politischen Neuzeitgeschichte ist bei Barth übrigens nicht, wie man immer wieder lesen kann, an die christologischen Begründungsleistungen gebunden, sondern unabhängig davon seit den Anfängen Barths undiskutiert und also selbstverständlich vorausgesetzt. Barths Kritik an der Demokratie in seiner religiös-sozialen Frühzeit (vgl. F.W. GRAF, "Der Götze wackelt"?, EvTh 46, 1986, 422-441), wie sie vor allem in der Auseinandersetzung mit dem "demokratischen (linksfreisinnigen) Parteiführer" Friedrich Naumann zutage tritt, vollzieht sich im Rahmen der grundsätzlichen Zustimmung zur Demokratie. Bei dieser Kritik hat er vor allem die Pervertierung der Demokratie durch die "Aufrichtung jener neuen Dreieinigkeit: Demokratie, Industrie, Weltmacht (Stimmzettel, Eisenbeton, Panzerschiffe)" im Auge (J. MOLTMANN [Hg.], Anfänge der dialektischen Theologie I, 38, 41). Sein Kampf für die Veränderung der *bestehenden* Demokratie mit ihren sozialen Ungerechtigkeiten, die ihm in seiner Safenwiler Gemeinde hautnah begegneten und ihn zum Eintritt in die sozial-*demokratische* Partei der Schweiz veranlaßten, in eine *sozial gerechtere* Gestalt von Demokratie, bedeutet dementsprechend die Absage an *bestimmte* Elemente des politischen Liberalismus, nicht aber an die die Demokratie *tragenden Prinzipien* des Liberalismus. Die Ethik-Vorlesungen bestätigen diesen Sachverhalt. In Thesenform, ohne jede theologische oder christologische Begründung, orientiert Barth die Verhältnisbestimmung von Kirche und Staat am demokratischen Rechtsstaat. Als die entscheidenden Funktionen des Staates nennt er Gesetzgebung, Regierung und Gerichtsbarkeit (II,

462: in der Fassung von 1928/29). Für die Anerkennung des Prinzips der Gewaltenteilung bedarf es anscheinend keiner weiteren Diskussion. Die 1930/31 veränderte Fassung der Thesen zu Staat und Kirche fügt dem noch die *Verfassungsgebung* hinzu, "d.h. die wenn nicht des ausdrücklichen Willens und der Mitwirkung, so doch ... des freien Vertrauens der Staatsangehörigen bedürftige grundsätzliche Regelung des Verhältnisses der gesetzgebenden, regierenden und richterlichen Gewalt" (II, 337). Mag sich die praktische Gestaltung des so bestimmenden "nationalen Rechts- und Kulturstaates" auch unterschiedlich ausnehmen, an seiner Begründung auf die liberalen Prinzipien der Rechtsstaatlichkeit kann kein Zweifel sein. Das verbindet Barth mit seinem Schweizer Kollegen E. Brunner und trennt ihn von den ethisch-politischen Grundannahmen seiner deutschen Kollegen P. Althaus, W. Elert, F. Gogarten und E. Hirsch. 1946, in der berühmten Schrift "Christengemeinde und Bürgergemeinde", sagt Barth in dieser Hinsicht nicht etwas Neues, er sagt das Alte nur auf neue Weise, mit nachgeschobener christologischer Begründung.

Gewaltenteilung ist nicht mit Demokratie identisch. Gleichwohl tendieren Barths Ausführungen zum Thema in allen Phasen seiner theologischen Entwicklung zu einem Plädoyer für die soziale und rechtsstaatliche Demokratie als angemessenem politischem Regierungssystem. Um so mehr überrascht es, daß Barth die *Funktions*bestimmung des Staates im Sinne der Gewaltenteilung dann doch nicht zu einem theologisch-ethisch klaren Votum für die Staats- und Regierungs*form* der Demokratie weitertreibt.

Sofern der Staat durch die göttliche Gnade begründet und erhalten ist, kann er als Lebensordnung der Versöhnung "in allen seinen möglichen Formen Diener an Gottes Statt sein" (Ethik II, 333, 461), im Rom Neros ebenso wie im Genf Calvins! Sachlich damit übereinstimmend heißt es in "Christengemeinde und Bürgergemeinde" (Nr. 29), "daß die christlich-politische Richtung und Linie, die sich vom Evangelium her ergibt, eine auffallende Neigung nach der Seite ... des *'demokratischen'* Staates" zeigt. Aber auch das ist nicht als Zustimmung zu einer bestimmten Staats- und Regierungsform gemeint. Der "rechte Staat kann auch die Gestalt der Monarchie oder der Aristokratie, er mag gelegentlich sogar die der Diktatur tragen. Umgekehrt ist keine Demokratie als solche davor geschützt ... zu versagen, nicht nur nach der Seite der Anarchie, sondern auch nach der der Tyrannei zu entarten und also zum Unrechtsstaat zu werden". Die Kritik an der Demokratie im Rahmen der Zustimmung zur Demokratie hält sich also von den Anfängen an durch, unbeschadet der Wandlungen der Theologie Barths, unbeschadet aber auch der Kontinuität in der Zurückweisung des modernen Protestantismus.

Stellt nun aber schon das unverbundene Nebeneinander von *Funktions*bestimmung des modernen Staates im Sinne demokratischer Rechtsstaatlichkeit und relativer Gleichgültigkeit gegenüber der theologisch-ethisch zu verantwortenden Staats*form* ein Problem dar, so gilt das vollends für das ungeklärte Verhältnis zur Neuzeit. Mit seinem Votum zum modernen Staat bezieht Barth sich positiv auf die neuzeitlichen Traditionsbestände politischer Freiheitsgeschichte, mit seiner theologischen Kritik am modernen Protestantismus stellt er sich gegen den Prozeß der Aufklärung. Aber lassen sich die Leistungen der politischen Neuzeitgeschichte gegen diejenigen der theologischen und umgekehrt isolieren? Barths Theologie ist in jedem Fall dogmatisch und ethisch viel tiefer in die Neuzeit-Problematik verstrickt als sie sich selbst eingesteht. Damit aber bleibt sie aktuell und steht jenseits eingeschliffener Affirmationen und ihrer Gegenmuster erneut zur Diskussion.

IV. Der "andere" Weg der Theologie

1. Die Wirklichkeitserfahrung des Menschen als gemeinsamer Ausgangspunkt

BRUNSTÄD, F., Allgemeine Offenbarung. Zum Streit um die "natürliche Theologie", 1935. - GESTRICH, C., Neuzeitliches Denken (s.o. III 5), 295-380. - HEINZELMANN, G., Uroffenbarung?, ThStKr 106, 1934/1935, 415-431. - KONRAD, F., Das Offenbarungsverständnis in der evangelischen Theologie, 1971. - LINK, W., "Anknüpfung", "Vorverständnis" und die Frage der "Theologischen Anthropologie", 1935 (= NOLLER, G. [Hg.], Heidegger und die Theologie, 1967, 147-193). - PÖHLMANN, H.-G., Das Problem der Ur-Offenbarung bei Paul Althaus, KuD 16, 1970, 242-258. - WALKER, R., Zur Frage der Uroffenbarung. Eine Auseinandersetzung mit K. Barth und P. Althaus, 1962. - WIESNER, W., Die Lehre von der Schöpfungsordnung. Anthropologische Prolegomena zur Ethik, 1934. - DERS., Das Offenbarungsproblem (s.o. I.1.b).

Barths neuer Ansatz einer "christologischen Konzentration" als Konsequenz der theologischen Entscheidung von Barmen führt zu neuer Frontenbildung. Während er selbst sich nach den alten Absagen an seine Gegner zu neuen an viele seiner ehemaligen Weggenossen genötigt sieht, kommt es zwischen diesen neuen Gegnern (Bultmann, E. Brunner, Gogarten) und den alten (Althaus, Elert, Hirsch, Tillich) trotz des unverwechselbaren Profils der jeweiligen theologischen Konzeption zu einer eigentümlichen Gemeinsamkeit. Sie alle nehmen, ob Lutheraner oder Reformierte, ob mit der deutsch-christlichen Bewegung sympathisierend oder auf der Seite der Bekennenden Kirche stehend, die "andere Aufgabe der Theologie", die E. Brunner bereits 1929 skizziert hatte (ZZ 7, 1929, 255-276), als eine bewußt theologische in Angriff. Sie meinten sich der christologischen Konzentration, die sich in ihren Augen als Reduktion auswirkte, versagen zu müssen, um derjenigen Wirklichkeit Rechnung zu tragen, auf die sich das Evangelium bezieht und die deshalb ebenfalls zum Gegenstand der Theologie gehört. In der Anerkennung der Notwendigkeit dieser anderen Aufgabe der Theologie bekundet sich eine strukturelle Gemeinsamkeit des Verständnisses von dogmatischer Theologie, mögen in der Wahrnehmung dieser Aufgabe dann auch recht unterschiedliche Wege beschritten worden sein. BULTMANN interpretiert das Kerygma unter ständigem Bezug auf das *"Vorverständnis"* des Menschen. E. BRUNNER ist in besonderer Weise am *"Anknüpfungspunkt"* der göttlichen Botschaft im Menschen interessiert. Für GOGARTEN gewinnt die *"geschichtliche Wirklichkeit"* theologische Bedeutung als Ausdruck der sich wandelnden Gestalt des Gesetzes Gottes, von dem der Mensch, der das Evangelium hört, immer schon irgendwie betroffen ist. ALTHAUS sieht die Heilsoffenbarung des Evangeliums rückbezogen auf die *"Ur-Offenbarung"*. ELERT bringt trotz seiner streng antithetischen Verhältnisbestimmung von Gesetz und Evangelium unter dem Begriff des *"Gesetzes"* die Selbsterfahrung des Menschen unter der Verborgenheit Gottes zur Sprache. HIRSCH entfaltet die Erkenntnis der christlichen Wahrheit im Durchgang durch das moderne (abendländische) *"Wahrheitsbewußtsein"*. TILLICH schließlich, der durch seine erzwungene Emigration in die USA einstweilen vom weiteren Gespräch in Deutschland ausgeschlossen blieb, hat dann später die *Korrelation* von menschlicher Frage und göttlicher Antwort zum methodischen Aufbauprinzip seiner "Systematischen Theologie" erhoben.

Durchgängig wird die theologische Aussage so formuliert, daß sie die erfahrene Wirklichkeit des Menschen als Bezugspunkt der christlichen Botschaft in sich begreift. Es ist nicht einfach die alte natürliche Theologie, die sich lediglich in ein neues Gewand kleidet, aber es sind ihre unerledigten Fragen und Probleme, die sich hier auf dem Hintergrund der Erfahrung neuzeitlicher Subjektivität erneut zu Wort melden.

2. Existentiale Interpretation.
Das theologische Programm Rudolf Bultmanns

s.o. I.1.h (S. 19f), besonders:

Quellen: RUDOLF BULTMANN, Welchen Sinn hat es, von Gott zu reden? (1925), GuV I, 26-37. - Das Problem einer theologischen Exegese des Neuen Testaments (1925), Anfänge der dialektischen Theologie II, 47-72. - Das Problem der "natürlichen Theologie", GuV I, 294-312. - Neues Testament und Mythologie. Das Problem der Entmythologisierung der neutestamentlichen Verkündigung (1941), BARTSCH, H.-W. (Hg.), Kerygma und Mythos I, [3]1954, 15-48. - Anknüpfung und Widerspruch (1946), GuV II, 117-132. - Das Problem der Hermeneutik (1950), GuV II, 211-235. - Das Verhältnis der urchristlichen Christusbotschaft zum historischen Jesus (1960), Exegetica 445-469.

Sekundärliteratur: BORNKAMM, G., Jesus von Nazareth (1956) [14]1988. - DERS., Die Theologie Rudolf Bultmanns (= Geschichte und Glaube I, Ges. Aufsätze III, 1968, 157-172). - DERS., Die Theologie Bultmanns in der neueren Diskussion (a.a.O. 173-275). - CONZELMANN, H., Art. Jesus Christus, [3]RGG III, 619-653. - EBELING, G., Theologie und Verkündigung, [2]1963. - FUCHS, E., Zur Frage nach dem historischen Jesus, [2]1965. - Für und Wider die Theologie Bultmanns. Denkschrift der Ev.-theol. Fakultät der Universität Tübingen, 1952. - HEIDEGGER, M., Sein und Zeit (1927), [9]1960. - JASPERS, K., Wahrheit und Unheil der Bultmannschen Entmythologisierung, BARTSCH, H.-W. (Hg.), Kerygma und Mythos III, 1954, 9-46. - (BULTMANNs Antwort an K. JASPERS a.a.O. 47-59). - KÄSEMANN, E., Das Problem des historischen Jesus (1954), Exegetische Versuche und Besinnungen I, [4]1965, 187-214. - DERS., Sackgassen im Streit um den historischen Jesus, Exegetische Versuche und Besinnungen II, [2]1965, 31-68. - ROBINSON, JAMES M., A New Quest of the Historical Jesus, 1959 (dt. Kerygma und historischer Jesus, 1960).

Der Entwurf einer existentialen Interpretation der neutestamentlichen Botschaft hat, ob in diesem Sinne konzipiert oder nicht, den Charakter eines systematischen Gegenprogramms zur exklusiv-christologischen Offenbarungstheologie K. Barths. Durch die Radikalität der Durchführung und die Wirkung dieses Programms, vor allem in den 50er und 60er Jahren, nimmt BULTMANN im Kreise ähnlich argumentierender Theologen eine Sonderstellung ein. Die Wirkung rührt nicht zuletzt daher, daß grundlegende Einsichten der theologischen Aufbruchsbewegung nach dem Ersten Weltkrieg in diese Konzeption eingegangen sind. "Gegenstand der Theologie ist ... Gott, und von Gott redet die Theologie, indem sie redet vom Menschen, wie er vor Gott gestellt ist, also vom Glauben aus" (s.o. S. 42f). Dieser bereits zitierte Satz drückt der *Intention nach* Bultmanns Zustimmung zur dialektischen Theologie aus; der *Sache nach* ist er 1924 aber schon über sie hinaus. Er stimmt zu, sofern auch für ihn die paradoxe Einheit von Gottes Gericht und Gottes Gnade über den Menschen den wesentlichen Inhalt des christlichen Glaubens ausmacht. Er distanziert sich, sofern Rede von Gott nur im Medium methodisch und inhaltlich durchgeklärter Rede vom Menschen verantwortet werden kann. Darin schlägt das Erbe W. Herrmanns durch. "Von Gott können wir nur sagen, was er an uns tut" (W. Herrmann, Die Wirklichkeit Gottes, 1914, 42). Diese prinzipielle Aussage bleibt auch für Bultmann maßgebend (GuV I, 36). Die Wirklichkeit des Menschen bildet den Verstehenshorizont für die Wirklichkeit Gottes; die Probleme der Modernität werden als Stachel und Anfragen an die Theologie aufgenommen und bearbeitet. So verknüpft Bultmann das Problembewußtsein der neuzeitlichen evangelischen Theologie mit der Krisenerfahrung des modernen Menschen im 19. und 20. Jahrhundert.

Wie kann dem durch historische Kritik und naturwissenschaftliches Denken aufgeklärten Menschen die Wahrheit des Evangeliums unverkürzt und zugleich verständlich gesagt werden? Das ist die leitende Frage Bultmanns. Für ihre Beantwortung muß das "Vorverständnis" des Menschen geklärt werden, denn mit dem hermeneutischen Problem des Verstehens ist sofort das des Vorverständnisses gegeben. "Die Tatsache, daß *die christliche Verkündigung,* wenn sie einen Menschen trifft, von ihm *verstanden werden kann,* zeigt, daß er ein *Vorverständnis* von ihr hat. Denn etwas verstehen, heißt, es in seinem Bezuge auf sich, den Verstehenden, verstehen, sich mit oder in ihm verstehen" (GuV I, 295f). Dieses Vorverständnis wird unter Aufnahme der Daseinsanalytik MARTIN HEIDEGGERs (1889-1976) ausgearbeitet. Heidegger war von 1923-1928 Professor für Philosophie in Marburg und so unmittelbarer Kollege Bultmanns. In die Marburger Zeit Heideggers fällt die Veröffentlichung seines epochemachenden Werkes "Sein und Zeit" (1927). Heidegger versteht seine Analysen in "Sein und Zeit" als *Fundamentalontologie;* Ziel ist eine *Lehre vom Sein.* Sein erschließt sich aber nur über *Seiendes,* über die menschliche Existenz als *Dasein,* und so läuft die Analytik des Daseins ungewollt auf eine philosophische Anthropologie zu. Mittels phänomenologischer Analysen werden die Grundstrukturen menschlicher Existenz, die Existentialien von Angst, Sorge, Zeitlichkeit und Geschichtlichkeit aufgedeckt, Dasein als "In-der-Welt-Sein" interpretiert, das sein Sein in der *Eigentlichkeit* des Existierens gewinnen oder in der *Uneigentlichkeit* verfehlen kann. Diese existentiale Interpretation des menschlichen Daseins macht Bultmann sich als formales Verstehensgerüst zu eigen, kommt aber zu anderen inhaltlichen Konsequenzen. Er sieht die menschliche Existenz im Gegensatz zu Heidegger nicht durch Freiheit konstituiert, sondern deckt die vermeintliche Selbstgründung in Freiheit aus der Perspektive des Glaubens als Unglaube auf. Aber indem die Philosophie nach der Freiheit fragt und um deren Fraglichkeit weiß, bekundet sie nach Bultmann ein "nichtwissendes Wissen von Gott" und leistet einen wesentlichen Beitrag zum Vorverständnis der christlichen Existenz (GuV I 310f), an das die christliche Botschaft anknüpfen kann. Allerdings kommt die Anknüpfung zustande als "Widerspruch", denn das Selbstverständnis des Menschen wird nicht bestätigt, sondern in seiner Verzerrung bewußt gemacht. "(G)erade im *Widerspruch wird in paradoxer Weise der Anknüpfungspunkt geschaffen,* oder besser: *aufgedeckt* ... Die den Menschen, der er selbst sein will und der sein Selbst verloren hat, bewegende Frage nach seiner Eigentlichkeit ist der Anknüpfungspunkt für Gottes Wort ... (D)er Widerspruch des Menschen gegen Gott ist der Anknüpfungspunkt für den Widerspruch Gottes gegen ihn. *Die Sünde des Menschen ist der Anknüpfungspunkt* für das widersprechende Wort von der Gnade" (GuV II 120). Für Bultmann hat das Vorverständnis also lediglich negative Anknüpfungsfunktion. Gleichwohl ist das im Glauben gewonnene neue Selbstverständnis wirkliches *Verstehen,* denn es bleibt, wenn auch durch den Widerspruch hindurch, auf die Grundbefindlichkeit menschlichen Seins bezogen.

Dieses Modell von Hermeneutik, das Erkenntnisse der frühen dialektischen Theologie mit einem existential-philosophischen Verstehensansatz systematisch verknüpft, ist bestimmend geworden für Bultmanns Interpretation des Neuen Testamentes. Es steht auch hinter dem vieldiskutierten Programm der *"Entmythologisierung",* das Bultmann schon 1941 in seinem Aufsatz "Neues Testament und Mythologie. Das Problem der Entmythologisierung der neutestamentlichen Verkündigung" in Grundzügen umrissen hatte. Obwohl der Aufsatz sofort nach seinem Erscheinen, vor allem in Vorträgen und Gutachten, erörtert wurde, setzt seine eigentliche Wirkung erst nach dem Ende des Zweiten Weltkrieges ein und löst eine z.T. tumultuarische Diskussion aus. Die Anfeindungen steigern sich bis zu der Forderung, es möge Bultmann die Mitwirkung als Prüfer bei den theologischen Examina verweigert werden. Auch das ausgewogene Gutachten der Evangelisch-Theologischen Fakultät der Universität Tübingen, das auf Anregung der Württembergischen Kirchenleitung zustande kam (Für und Wider die Theologie Bultmanns, 1952), vermochte die Wogen nicht zu glätten. Kein theologisches Ereignis der Nachkriegszeit hat die kirchliche und theologisch interessierte Öffentlichkeit so sehr aufgewühlt wie Bultmanns Programm der Entmythologisierung. Dieses Echo ist nur begrenzt verständlich, denn mit der Entmythologisierung setzt Bultmann die existentiale Interpretation konsequent fort, allerdings in radikalisierter Sprache und Argumentation.

Das Neue Testament bezeugt das Heilsgeschehen in mythologischen Anschauungen und Aussagen. Für den modernen Menschen ist das unverständlich und unglaubwürdig, weil er nicht mehr in den Vorstellungen des antiken Weltbildes lebt. Soll es zu einer echten Begegnung kommen, dann muß die neutestamentliche Botschaft entmythologisiert werden. Diese Forderung widerspricht nicht dem biblischen Zeugnis, "denn das mythische Weltbild ist als solches gar nichts spezifisch Christliches, sondern es ist einfach das Weltbild einer vergangenen Zeit, das noch nicht durch wissenschaftliches Denken geformt ist" (Kerygma und Mythos I, 16). Damit "erledigen" sich viele Vorstellungen und Überzeugungen des Neuen Testaments von selbst, etwa der Geister- und Dämonenglaube, die Wunder, die mythische Eschatologie, überhaupt der mythische Deutungsrahmen des Heilsgeschehens. Bultmann will mit der Entmythologisierung nicht das Wagnis des Glaubens ermäßigen, sondern die vermeidbaren Verstehensanstöße beseitigen, um das unvermeidliche Paradox des christlichen Glaubens, das Wort vom Kreuz als Wort der Versöhnung, zum Leuchten zu bringen. Dem dient die existentiale Interpretation. Sie wird mit unterschiedlichen Argumenten begründet. Einmal bleibt auch für den Glauben die Forderung der intellektuellen Redlichkeit verpflichtend, wie Bultmann - wieder in Übereinstimmung mit W. Herrmann (a.a.O. 17) - einschärft. Sodann ist der Mythos selber auf existentiale Erschließung angelegt, da er nach Bultmanns Anschauung nicht auf ein objektives Weltbild, sondern auf das Selbstverständnis des Menschen zielt. "Der Mythos will nicht kosmologisch, sondern anthropologisch - besser: existential interpretiert werden" (a.a.O. 22). Schließlich weist auch das Neue Testament in diese Richtung. Einerseits enthält es eine Vielzahl widersprechender Aussagen, deren Sinn nur durch kritische Interpretation geklärt werden kann, andererseits vollzieht es die Entmythologisierung ansatzweise schon selbst, etwa das Johannes-Evangelium, das im Gegensatz zu einer endgeschichtlichen (apokalyptischen und gnostischen) Eschatologie das Heil nicht erst am Ende der Geschichte erwartet, sondern es schon in der Gegenwart verwirklicht sieht (Joh 3,19; 9,39; 12,31. Vgl. a.a.O. 30).

Hat Bultmann mit diesem Programm eine über Theologie und Kirche hinausreichende breite Wirkung zu erzielen vermocht, so sind die Folgeprobleme dieses Programms doch eher Gegenstand innertheologischer Kontroversen geblieben. Dazu gehört vor allem das christologische Problem. Existentiale Interpretation bewegt sich auf einer anderen Ebene als historisch-kritische Analyse. Letztere erforscht historische Sachverhalte auf distanziert-objektive Weise, existentiale Interpretation fragt nach der *Bedeutsamkeit* geschichtlicher Phänomene für den Menschen. Historie bzw. Geschichte wandelt sich zu *Geschichtlichkeit*. Der historische Jesus von Nazareth ist nicht als solcher theologisch von Interesse, Bedeutung für den Glauben gewinnt er nur als Christus. Diese Argumentation, die sich schon in den frühen Publikationen, vor allem in Bultmanns Jesus-Buch (1926) abzeichnet, wird im Zusammenhang der Entmythologisierungsdebatte noch einmal provozierend formuliert:

Was Jesus "für mich ist, erschöpft sich nicht in dem, ja kommt noch gar nicht in dem zutage, als was er für die historisch-feststellende Betrachtung erscheint. Er ist nicht auf seine historische Herkunft hin zu befragen, sondern seine wirkliche Bedeutung wird erst sichtbar, wenn von solcher Fragestellung abgesehen wird. Seine Geschichte, sein Kreuz, ist nicht auf die historischen Gründe hin zu befragen; die Bedeutung seiner Geschichte ergibt sich aus dem, was Gott mir durch sie sagen will. So ist seine Gestalt nicht aus dem innerweltlichen Zusammenhang in ihrer Bedeutsamkeit zu begreifen; d.h. in mythologischer Sprache; seine Herkunft ist aus der Ewigkeit, sein Ursprung ist kein menschlich-natürlicher" (Kerygma und Mythos I, 41).

Mit solcher Zuspitzung drohen aber die irdische Gestalt Jesu von Nazareth und die Christologie als theologische Entfaltung der Bedeutsamkeit dieser Gestalt für den Glauben auseinanderzubrechen. Deshalb sahen sich die eigenen Schüler und Freunde Bultmanns (G. BORNKAMM, H. CONZELMANN, E. FUCHS, E. KÄSEMANN; als systematischer Theologe G. EBELING) zu kritischen Einsprüchen und Abgrenzungen veranlaßt. Eingeleitet durch E. KÄSEMANNs Aufsatz "Das Problem des historischen Jesus" (1953/1954), bestimmt die Kontroverse über die Bedeutung des historischen Jesus für etwa ein Jahrzehnt die theologische Diskussion (vgl. James M. Robinson, Kerygma und historischer Jesus, 1960). Damit kommt es aber zu einer Verlagerung des ursprünglichen Problems, und es tritt in den Hintergrund, daß Bultmann die existentiale Interpretation entwickelt hatte, um den Herausforderungen des modernen Selbst- und Weltverständnisses standzuhalten. Insofern bleibt der "liberale" Zuschnitt seiner Theologie erhalten, selbst wenn er diesen Begriff zurückgewiesen hätte. Kirchliche Verkündigung und Theologie können nur ernst genommen werden, wenn sie die substantiellen Fragen und Probleme des modernen Menschen ebenfalls ernst nehmen. Diese Aufgabe der Theologie und Kirche durch eine originelle Konzeption kompromißlos eingeschärft zu haben, macht die überragende Bedeutung Bultmanns in der evangelischen Theologie des 20. Jahrhunderts aus. Im Bewußtsein dieser Aufgabe haben andere Theologen ähnlich gedacht und argumentiert wie er, aber in der Wirkung hat ihn - sieht man von Tillichs Einfluß in den USA ab - keiner erreicht.

3. Der Anknüpfungspunkt der Theologie. EMIL BRUNNER

s.o. I.1.f (S. 18), besonders:

Quellen: BRUNNER, E., Der Mittler. Zur Besinnung über den Christusglauben (1927) [4]1947. - Die andere Aufgabe der Theologie, ZZ 7, 1929, 255-276. - Die Frage nach dem "Anknüpfungspunkt" als Problem der Theologie, ZZ 10, 1932, 505-532. - Das Gebot und die Ordnungen (1932) [4]1978. - Natur und Gnade. Zum Gespräch mit Karl Barth (1934), FÜRST, W. (Hg.), "Dialektische Theologie" in Scheidung und Bewährung 1933-1936, 1966, 169-207. - Der Mensch im Widerspruch (1937) [4]1965. - Offenbarung und Vernunft (1941) [2]1961.

Sekundärliteratur: BARTH, K., NEIN! Antwort an Emil Brunner (1934), FÜRST, W. (Hg.), "Dialektische Theologie" in Scheidung und Bewährung, 1966, 208-258. - GESTRICH, CHR., Neuzeitliches Denken und die Spaltung der dialektischen Theologie. Zur Frage der natürlichen Theologie, 1977.

EMIL BRUNNER teilt mit Barth den Ansatz einer radikalen Offenbarungstheologie. Das Nach-Denken der Offenbarung Gottes in Jesus Christus macht die eigentliche, die dogmatische Aufgabe der Theologie aus. Das Wort Gottes ist aber dem Menschen gesagt, und damit entsteht der Theologie die andere Aufgabe, dieses Verhältnis zu bedenken und sich über die Bedingungen und Möglichkeiten eines Verstehens des Wortes Gottes zu erklären. Mit einem nicht sehr glücklichen Begriff, der sich dann auch nicht durchgesetzt hat, bezeichnet Brunner diesen Aufgabenbereich der Theologie als "Eristik" (Kunst des Disputierens, der Auseinandersetzung; vgl. ZZ 7, 1929, 260). In einer Auseinandersetzung mit K. Barth, zu der sich Brunner aufgrund der veränderten Fragestellung gedrängt sah (Natur und Gnade), hat er in einer knappen Zusammenfassung die wesentlichen Themen und Probleme mit ihren Lösungsrichtungen skizziert.

Für Brunners Verständnis des Menschen ist grundlegend seine Unterscheidung von *formaler* und *materialer imago Dei.* Die wesentliche Bestimmung des Menschen als Geschöpf Gottes besteht in seiner Gottebenbildlichkeit, die Brunner als *Subjektsein* des Menschen umschreibt: Wie Gott urbildliches, so ist der Mensch abbildliches Subjekt. In diesem Subjektsein, das näher als *Wortfä-*

higkeit und *Verantwortlichkeit* ausgelegt wird, besteht das Humanum, die besondere Stellung und Würde des Menschen im Reiche der Schöpfung. Die formale *imago Dei* ist Inbegriff dieser Würde, sie kann durch die Sünde nicht zerstört werden. Wohl hat sich mit der Sünde eine Verkehrung des Menschen bis in die Wurzel hinein vollzogen, es gibt keine "Reste", die davon ausgenommen wären. Diese totale Verkehrung wird als Verlust der materialen *imago Dei* gefaßt. Aber auch im Widerspruch bleibt der Mensch wortfähiges und verantwortliches Wesen, bleibt er Person, wenngleich "widerpersönliche Person" (176), verwandelt sich nicht in Klotz oder Stein. Hält sich die formale *imago Dei* bei Verlust der materialen durch, kann also auch der widersprüchliche Mensch angesprochen werden, so ist eben damit ein *formaler Anknüpfungspunkt* für die erlösende Botschaft des Evangeliums gegeben. "Das Wort Gottes schafft nicht erst die Wortmächtigkeit des Menschen. Die hat er nie verloren, sie ist die Voraussetzung für das Hörenkönnen des Gotteswortes. Das Wort Gottes schafft aber selbst die Fähigkeit des Menschen, Gottes Wort zu glauben, also die Fähigkeit, es so zu hören, wie man es nur glaubend hören kann" (184). Die Verkündigung des Evangeliums geschieht also in einer bestimmten Kontinuität, aber da der Mensch sich schon immer gegen Gott verschlossen hat, bedeutet das Evangelium zugleich die "völlige(-) Durchbrechung dieser Kontinuität. Der Inhalt des Evangeliums ist von der Art, daß dadurch jenes Vorverständnis nicht nur korrigiert, sondern in der schärfsten Weise negiert wird" (ZZ 10, 1932, 510). Damit ist ein Rahmen umrissen, in den Brunner dann wenige Jahre später unter umfassender Berücksichtigung des außertheologischen Wissens um den Menschen "Die christliche Lehre vom wahren und vom wirklichen Menschen" einzeichnet (Der Mensch im Widerspruch, 1937).

Solch ein Verständnis des Menschen impliziert ein analoges von der Schöpfung. Die Welt als Schöpfung Gottes bezeugt auch durch die Verkehrung und Verdunkelung hindurch Gottes Wirklichkeit. "Wo Gott etwas tut, da drückt er dem, was er tut, den Stempel seines Wesens auf. Darum ist die Schöpfung der Welt zugleich Offenbarung, Selbstmitteilung Gottes." Das ist nicht heidnische Weisheit, sondern "christlicher Fundamentalsatz" (Natur und Gnade 177). Mag solche Offenbarung in der Natur, der Geschichte oder im Gewissen auch nicht hinreichend sein, mag sie ambivalent bleiben, an der Tatsächlichkeit einer doppelten Offenbarung Gottes in der Schöpfung und in Christus kann es keinen Zweifel geben, beide müssen nur in ein klares Verhältnis zueinander gebracht werden (178). Ansätze zu solch einem doppelten Offenbarungsverständnis finden sich schon in Brunners christologischer Monographie "Der Mittler" (1927, 12-21), später hat er den Problemen, die daraus für eine christliche Erkenntnislehre erwachsen, in Auseinandersetzung mit der philosophischen Fragestellung noch eigens eine Untersuchung gewidmet (Offenbarung und Vernunft, 1941).

Obwohl sich die Schöpfungsoffenbarung in ihrer letzten Tiefe und Wahrheit erst von der Christusoffenbarung her erschließt, ist der Mensch auch ohne dieses Wissen von der in der Schöpfung wirksamen allgemeinen Gnade gehalten. Gott erweist sich in seiner Schöpfung dem Menschen gnädig, indem er ihr bestimmte Ordnungen, *"Schöpfungsordnungen"* wie z.B. die Ehe, eingestiftet hat und sie überdies durch *"Erhaltungsordnungen"* wie z.B. den Staat vor chaotischer Verkehrung des sündigen Menschen bewahrt. Wie Brunner in seinem zwei Jahre zuvor erschienenen, breit angelegten "Entwurf einer protestantisch-theologischen Ethik" (Das Gebot und die Ordnungen, 1932) gezeigt hat, löst die christliche Sittlichkeit diese Ordnungen nicht auf, sie bewegt sich in ihnen und bewährt sich an ihnen.

4. Theologie im Horizont geschichtlicher Wirklichkeit.
FRIEDRICH GOGARTEN

s.o. I.1.e (S. 17f) besonders:
Quellen: GOGARTEN, F., Wider die Ächtung der Autorität, 1930. - Politische Ethik, 1932. - Schöpfung und Volkstum, ZZ 10, 1932, 481-504. - Die Selbstverständlichkeiten unserer Zeit und der christliche Glaube, 1932. - Einheit von Evangelium und Volkstum?, 1933. - Ist Volksgesetz Gottesgesetz? Eine Auseinandersetzung mit meinen Kritikern, 1934. - Volkstum und Gottesgesetz, Deutsche Theologie 1, 1934, 83-88. - Gericht oder Skepsis. Eine Streitschrift gegen Karl Barth, 1937. - Weltanschauung und Glaube, 1937.
Sekundärliteratur: STROHM, TH., Theologie im Schatten politischer Romantik. Eine wissenschafts-soziologische Anfrage an die Theologie Gogartens, 1970. - VOHN, J., Sittliche Erkenntnis zwischen Rationalität und Glauben. Ein Aspekt der Säkularisierung im Licht der Theologie Friedrich Gogartens, 1977.

In der Sicht FRIEDRICH GOGARTENs leistet die reformatorische Unterscheidung von Gesetz und Evangelium zugleich die theologische Einbindung der *geschichtlichen Wirklichkeit,* sofern Gottes Anspruch im Gesetz dem Menschen nur im Medium seiner konkreten Situation vernehmbar wird. Die gnädige Zuwendung Gottes in Jesus Christus bleibt das Hauptthema, aber ineins damit erfährt auch die Wirklichkeit des Menschen eine theologische Deutung, für die

Gogarten sich in der Frühzeit an der Ich-Du-Korrelation, in den 30er Jahren an der Stände- und Ordnungslehre und schließlich in seinem Spätwerk an der Säkularisierungstheorie orientiert. Der Rückgriff auf die Schöpfungsordnungen, in denen dem Menschen jeweils Gottes Gesetz begegnet, soll den Wirklichkeitsbezug des christlichen Glaubens dokumentieren. Darin berührt sich das theologische Interpretationsmodell Gogartens in seiner mittleren Phase mit den Ansätzen von Hirsch, Althaus und auch E. Brunner, der sich allerdings stets gegen den konservativ-autoritären Zug in Gogartens Verwendung der Schöpfungsordnungen (= Stände) abgegrenzt hat. Nach E. Brunner übersieht Gogartens Ordnungstheologie aufgrund der auch von anderen lutherischen Theologen vertretenen "Scheidung" der beiden Reiche die eschatologische Ausrichtung der christlichen Existenz, trägt "der Bezogenheit des Gläubigen auf das kommende Reich Gottes zu wenig Rechnung" und verfehlt damit "das Revolutionäre, das im christlichen Ethos steckt" (Das Gebot und die Ordnungen 594). Das markiert aber nur eine Differenz innerhalb der größeren Gemeinsamkeit, die Schöpfungswirklichkeit eigens als theologisches Thema wahrzunehmen, wenngleich mit ständiger Rücksicht auf die Erlösung, und sich nicht auf jene "Reduzierung" des theologischen Denkens einzulassen, das "aus der konkreten geschichtlichen Gegenwart und aus der Verantwortung ihr gegenüber" ausschert. Indem Gogarten diesen Vorwurf gegen Barths Theologie erhebt (Gericht oder Skepsis 156), spricht er im Kern für alle Theologen dieses "anderen" Weges.

5. Uroffenbarung und Heilsoffenbarung. PAUL ALTHAUS

s.o. I.3.c (S. 55f) und II.3. (S. 84f), besonders:
Quellen: ALTHAUS, P., Grundriß der Dogmatik I 1929, II 1932, [2]1936, [5]1959. - Grundriß der Ethik (1931), [2]1953. - Theologie der Ordnungen (1934), [2]1935. - Offenbarung, Luthertum, 1935, 4-24.
 Sekundärliteratur: WALKER, R., Zur Frage der Uroffenbarung. Eine Auseinandersetzung mit K. Barth und P. Althaus, 1962.

Im Kern weist die von PAUL ALTHAUS entwickelte Lehre von der Ur-Offenbarung und die ihr entsprechende "Theologie der Ordnungen" (1934) sehr viel Ähnlichkeit mit der systematischen Konzeption E. Brunners auf. Aber Althaus ist sich sehr viel stärker des Gegensatzes bewußt, in den er damit zum Ansatz der Theologie Barths gerät, während E. Brunner dieser Sachverhalt eigentümlicherweise verborgen geblieben ist.

In seinem 1929 erschienenen "Grundriß der Dogmatik" unterscheidet Althaus sachlich zwei Gestalten von Offenbarung, verwendet den Begriff aber nur für die Offenbarung im eigentlichen, im "heilsgeschichtlichen" Sinn, während er die ihr vorauslaufende Gestalt nicht unter dem eingebürgerten Begriff der "allgemeinen Offenbarung" zusammenfaßt, sondern als "Selbstbezeugung Gottes in der Wirklichkeit des Menschen und der Welt" zur Sprache bringt (§ 3). Die scharfe terminologische Unterscheidung wird vorgenommen, um die Einzigartigkeit der in der Bibel bezeugten Offenbarung auszudrücken. Erst in der 2. Auflage des Grundrisses von 1936 begegnet der Begriff der Ur-Offenbarung, der sich ab da durchhält. Obwohl die Reserve gegen den Terminus "allgemeine Offenbarung" bleibt (14f), kann nun doch - vermutlich als Reaktion auf die Entscheidung von Barmen - die Bezeugung Gottes vor und außer Christus begrifflich als Offenbarung, eben als "Ur-Offenbarung" interpretiert werden. Die Vorsilbe "Ur" meint nicht die Ur- oder Vorgeschichte der Menschheit, sondern "die Offenbarung, die unser Menschsein jederzeit erst begründet, in der es seinen Ursprung hat. Nicht vom geschichtlichen Anfang, sondern von dem stets gegenwärtigen wesentlichen Ursprung des Menschen als Menschen, der Geschichte als Geschichte ist die Rede" (15). In der Wirklichkeit des Menschen in Natur und Geschichte, im Wissen um das Gesetz und die Schuld, in der Erfahrung der schützenden Ordnungen des Lebens ereignet sich Ur-Offenbarung Gottes. Auf sie bezieht sich die Heilsoffenbarung des Evangeliums dialektisch zurück, indem sie sie zugleich ins rechte Licht rückt. Der Themenbestand der Lehre von der Ur-Offenbarung ist nahezu identisch mit demjenigen, den auch E. Brunner zur Diskussion stellt. Gleichwohl spricht Althaus in solchem Zusammenhang nicht wie E. Brunner von einer "christlichen theologia naturalis", weil dieser Begriff an das katholisch-scholastische Stufenschema von Natur und Übernatur mit seinen gefährlichen Mißverständnissen erinnert (Grundriß der Dogmatik, ²1936, § 5). Das Motiv zur Ausbildung dieser Lehre ist aber bei beiden identisch: Die Wirklichkeit des Menschen und seiner Welt ist, auch nach dem Zeugnis der Bibel, nicht angemessen erfaßt und theologisch zur Geltung gebracht, wenn die Bezeugung Gottes auf die Christusoffenbarung reduziert und die geschöpfliche Welt außerhalb dieser Offenbarung der Gottlosigkeit preisgegeben wird. Nur weil Gott in dieser Wirklichkeit schon immer gegenwärtig ist, vermag die Botschaft des Evangeliums den Menschen zu treffen.

6. Theologie angesichts des neuzeitlichen Wahrheitsbewußtseins. EMANUEL HIRSCH

s.o. I.3.b (S. 54f) und II.3. (S. 85), besonders:

Quellen: HIRSCH, E., Schöpfung und Sünde in der natürlich-geschichtlichen Wirklichkeit des einzelnen Menschen, 1931. - Der Offenbarungsglaube, 1934. - Deutsches Volkstum und evangelischer Glaube, 1934. - Der Weg der Theologie, 1937. - Leitfaden zur christlichen Lehre, 1938. - Das Wesen des Christentums, 1939.

Sekundärliteratur: BÖBEL, F., Allgemein menschliche und christliche Gotteserkenntnis bei Emanuel Hirsch, NZSTh 5, 1963, 296-335. - MÜLLER, H.-M. (Hg.), Christliche Wahrheit und neuzeitliches Denken, 1984. - RINGLEBEN, J. (Hg.), Christentumsgeschichte und Wahrheitsbewußtsein, 1991.

EMANUEL HIRSCH versteht den christlichen Glauben zentral als Christusglauben, sieht ihn aber gleichzeitig durch die Bezeugung Gottes in der natürlich-geschichtlichen Wirklichkeit bestimmt, die für ihn vornehmlich in der geistig-kulturellen und politischen Verfassung von Volk und Nation greifbar wird. Vor diesem Hintergrund vollzieht er die konkrete Entscheidung für die deutsch-christliche Bewegung. Daneben aber bleibt Hirschs Theologie dauerhaft, in der Spätzeit beherrschend, von der Frage geleitet, wie sich das Christliche zum Humanen, der Glaube sich zum *neuzeitlichen Wahrheitsbewußtsein* verhalte, und in dieser Beziehung auf die Moderne teilt Hirsch bei aller sonstigen Differenz die Problemstellung Bultmanns.

Die Entwicklung der Neuzeit hat die Verselbständigung des Humanen gegenüber dem Christlichen gezeitigt und wirkt sich für Glaube, Theologie und Kirche als "Umformungskrise" aus, da die in der Aufklärung und in der idealistischen Philosophie gewonnene Autonomie und Freiheit nach Hirsch zu den unveräußerlichen Errungenschaften der europäischen Geschichte gehören, an denen sich auch die theologische Reflexion zu bewähren hat. "Das Christliche muß sich rechtfertigen vor dem Forum der zum Bewußtsein ihrer selbst erwachten europäischen Menschlichkeit ... Das Christentum muß also entweder sterben oder sich in eine Geistes- und Lebensgestalt hinein umformen, in der es dieser Rechenschaft gewachsen ist" (Das Wesen des Christentums, 1939, 132). In der fünfbändigen Theologiegeschichte zeichnet Hirsch den Verlauf dieser "Umformungskrise" meisterhaft nach (Geschichte der neuern evangelischen Theologie, 1949ff). Sein "Leitfaden zur christlichen Lehre" (1938) ist so angelegt, daß nach dem einleitenden ersten Teil der zweite Kreis "Das Selbstverständnis des abendländischen Menschen an der Grenze der christlichen Wahrheit" zum Gegenstand hat, auf das dann im dritten Kreis "Die im Glauben an das Evangelium empfangene Erkenntnis der christlichen Wahrheit" bezogen wird. Insbesondere Einsichten der Theologie LUTHERs und KIERKEGAARDs, aber auch SCHLEIERMACHERs und der deutschen idealistischen Philosophie werden für diese Verhältnisbestimmung von christlichem und humanem Wahrheitsbewußtsein bedeutsam. Das unter dem Einfluß christlicher Reflexion gewachsene abendländische Wahrheitsbewußtsein zielt in innerer Teleologie auf das christliche, und dieses ist offen für jenes. In der Begegnung mit dem Menschen Jesus erschließt sich in persönlicher Tiefe, die Hirsch gerne mit den Begriffen "Herz" und "Gewissen" beschreibt, die Wahrheit des christlichen Glaubens, die sich, obwohl individueller Art, mit der Wahrheit des allgemeinen Bewußtseins zu einen vermag. Freilich fällt das christliche Wahrheitsbewußtsein nicht spannungslos mit dem allgemeinen zusammen, denn das Geheimnis des Glaubens, in der Innerlichkeit des einzelnen am Verhältnis zu Jesus entsprungen, ist wohl in seinen Einsichten auf die allgemeine Vernunft beziehbar, aber als persönliches Geschehen versagt es sich allgemeiner Vermittlung. So verbindet sich in Hirschs Theologie ein Verständnis des Glaubens, das Züge pietistischer Frömmigkeit - manchmal in radikaler Ausprägung - aufweist, mit einer Offenheit für die Erkenntnis der Vernunft, die vor radikaler Schrift- und Dogmenkritik nicht zurückschreckt.

7. Die Realdialektik von Gesetz und Evangelium. WERNER ELERT

s.o. I.3.e (S. 56) und II.3. (S. 85), besonders:
Quellen: ELERT, W., Der Kampf um das Christentum, 1921. - Bekenntnis, Blut und Boden, 1934. - Karl Barths Index der verbotenen Bücher, 1935. - Die Herrschaft Christi und die Herrschaft von Menschen, 1936. - Der christliche Glaube. Grundlinien der lutherischen Dogmatik, (1940), [5]1960. - Zwischen Gnade und Ungnade. Abwandlungen des Themas Gesetz und Evangelium, 1948. - Das christliche Ethos. Grundlinien der lutherischen Ethik (1949), [2]1961.
Sekundärliteratur: DUENSING, F., Gesetz als Gericht. Eine lutherische Kategorie in der Theologie Werner Elerts und Friedrich Gogartens, 1970. - KRÖTKE, W., Das Problem "Gesetz und Evangelium" bei W. Elert und P. Althaus, 1965. - LANGEMEYER, L., Gesetz und Evangelium. Das Grundanliegen der Theologie W. Elerts, 1970. - OWEN, J.M., Der Mensch zwischen Zorn und Gnade. Das Anliegen W. Elerts in seiner Lehre von Gesetz und Evangelium, Theol. Diss. Heidelberg 1971.

WERNER ELERT gehört einerseits in den Kreis der hier behandelten Systematiker, da auch für ihn der Bezug des christlichen Glaubens zum menschlichen Selbstverständnis der theologischen Durchklärung bedarf, sprengt andererseits aber die bisher skizzierte Gemeinsamkeit, sofern er mit der Erörterung dieses Wirklichkeitsbezuges keine apologetischen Nebentendenzen verfolgt. Die schroff antithetische Verhältnisbestimmung von Gesetz und Evangelium, die seine Dogmatik (Der christliche Glaube) und Ethik (Das christliche Ethos) prägt, bedeutet eine Rückkehr zum Diastasen-Modell seines ersten großen Werkes (Der Kampf um das Christentum, 1921) und eine partielle Revision des "Ansbacher Ratschlags".

Die Aufgabe der Dogmatik, die Sache der christlichen Botschaft, die im "Sollgehalt des Kerygmas" beschlossen liegt, als gegenwärtige zu vertreten und damit diese Gegenwart dem Verständnis zu erschließen, nötigt zu einer Analyse des Wirklichkeitsbewußtseins. In die gleiche Richtung weist das Glaubensgeschehen selbst, denn das Besondere der Begegnung des Menschen mit Gott angesichts der Christusverkündigung läßt sich nur erfassen, wenn der Mensch zunächst ohne diese existentielle Betroffenheit in seinem zeitlich-räumlichen Leben und Selbstverständnis in den Blick genommen wird. So überschreibt Elert den ersten Abschnitt seiner Dogmatik ähnlich wie Hirsch im "Leitfaden", aber dann doch mit einer bezeichnenden Verschiedenheit: "Das Selbstverständnis des Menschen unter der Verborgenheit Gottes."

An Fragen des "Anknüpfungspunktes" allerdings zeigt Elert sich gänzlich uninteressiert. "Alle apologetischen Künste des neunzehnten und des gegenwärtigen Jahrhunderts, die aus der Lage des Menschen auf die 'Notwendigkeit einer Offenbarung' zu schließen versuchen und die alsdann die christliche Offenbarung als die rechte Ausfüllung der vermeintlich nachgewiesenen Lücke vorführen", werden verworfen. Es gibt keine Vermittlung zwischen dem menschlichen Selbstverständnis, das uns immer nur vor den verborgenen Gott führt, und der Rechtfertigung des Menschen vor Gott durch Christus. Deshalb kann das Zeugnis von Christus der menschlichen Wirklichkeitssituation "nur unvermittelt entgegengesetzt werden" (Der christliche Glaube, [5]1960, 53f). Diesen Gegensatz hat Elert als den von Gesetz und Evangelium ausgearbeitet und nicht nur zum Grundgedanken seiner Dogmatik, sondern darüber hinaus auch zum Einteilungsprinzip seiner Ethik erhoben. Die Frontstellung gegen die Theologie Barths, die er mit anderen Theologen teilte, bekam durch das "Paradoxon einer in sich zwiespältigen Offenbarung Gottes" in Gesetz und Evangelium ("Wenn das eine offenbart wird, wird das andere verhüllt; und wenn das zweite aufleuchtet, wird das erste dunkel." [Der christliche Glaube

140]) eine besondere Zuspitzung. Elert hielt Barths bekannten Satz "Das Gesetz ist nichts anderes als die notwendige Form des Evangeliums, dessen Inhalt die Gnade ist" für einen "fundamentalen Irrtum" und setzte sich gegen diese Verwischung des Gegensatzes leidenschaftlich zur Wehr, vor allem in seinem Vortrag von 1948 "Gesetz und Evangelium" (Zwischen Gnade und Ungnade, 1948, 132-169). Seine Theologie gewinnt mit dieser Entgegensetzung von Gesetz und Evangelium einen besonderen Zuschnitt und widersetzt sich der glatten Zuordnung zu einer bestimmten theologischen Gruppierung.

V. Die Entwicklung der systematischen Theologie nach dem Zweiten Weltkrieg

CONZEMIUS, V. - GRESCHAT, M. - KOCHER, H. (Hg.), Die Zeit nach 1945 als Thema kirchlicher Zeitgeschichte, 1988. - DIBELIUS, O., Ein Christ ist immer im Dienst. Erlebnisse und Erfahrungen in einer Zeitenwende, 1961. - KANTZENBACH, F.W., Der Weg der evangelischen Kirche vom 19. zum 20. Jahrhundert, 1968. - KUPISCH, K., Quellen zur Geschichte des deutschen Protestantismus von 1945 bis zur Gegenwart I-II, 1971. - KÜNNETH, W., Der große Abfall. Eine geschichtstheologische Untersuchung der Begegnung zwischen Nationalsozialismus und Christentum, 1947. - LÜCK, W., Das Ende der Nachkriegszeit. Eine Untersuchung zur Funktion des Begriffs der Säkularisierung in der "Kirchentheorie" Westdeutschlands 1945-1965, 1976. - MÜLLER-ARMACK, A., Das Jahrhundert ohne Gott. Eine Kultursoziologie unserer Zeit, 1948. - NOORMANN, H., Protestantismus und politisches Mandat 1945-1949, I. Grundriß; II. Dokumente und Kommentare, 1985. - SÖHLMANN, F. (Hg.), Treysa 1945. Die Konferenz der evangelischen Kirchenführer, 27.-31. August 1945, 1946. - SMITH-VON OSTEN, A., Von Treysa 1945 bis Eisenach 1948. Zur Geschichte der Grundordnung der EKD, 1980. - THIELICKE, H., Fragen des Christentums an die moderne Welt. Eine christliche Kulturkritik, 1944 (1948 mit dem Untertitel: Untersuchungen zur geistigen und religiösen Krise des Abendlandes).

Es bleibt auffällig, daß die politische Katastrophe des Zweiten Weltkrieges im Unterschied zu der des Ersten nicht zu einer der "Theologie der Krisis" vergleichbaren theologischen Aufbruchsbewegung mit dem entsprechenden Kairos-Bewußtsein geführt hat. Der Sachverhalt ist ebenso unbestreitbar wie in seinen Gründen schwer erklärbar. Möglicherweise helfen zwei Hinweise weiter.

Nach dem Zweiten Weltkrieg nimmt der Zusammenbruch des Deutschen Reiches auf der *militärisch-politischen Ebene* mit der bedingungslosen Kapitulation, der Beseitigung des nationalsozialistischen Gewaltregimes, der Zerstörung der Städte und den großen Gebietsverlusten ganz andere Ausmaße an als nach dem Ersten Weltkrieg. Aber dem inneren revolutionären Gehalt nach scheint der Wandel von 1945 nicht so tief zu greifen wie derjenige von 1918. Der Bruch mit einer in Jahrhunderten gewachsenen Tradition monarchisch-dynastischer Regierungsform mit den entsprechenden verläßlichen politisch-gesellschaftlichen Rahmenbedingungen bedeutet einen Einschnitt ganz anderer Art als das Ende einer 12jährigen Diktatur. Wohl pervertiert diese die fundamentalen politischen Institutionen und terrorisiert die privaten Lebensverhältnisse, aber als "Revolution von rechts" knüpft sie an die revolutionären Ereignisse von 1918 an und treibt sie mit anderen Methoden in eine andere Richtung. Insofern überbietet der Zusammenbruch von 1945 denjenigen von 1918 wohl quantitativ, aber nicht qualitativ. Deutet man die Ereignisse so - daß sich das zerstörerische Potential des Dritten Reiches auch anders interpretieren läßt, versteht sich von selbst -, dann würde verständlich werden, warum die evangelische Theologie nach dem Ende des Zweiten Weltkrieges nicht zu einem Neuansatz veranlaßt worden ist.

Auf der *theologischen Ebene* kommt es trotz anders gearteter Entwicklung zu einem ähnlichen Effekt. Der Beginn der nationalsozialistischen Herrschaft bedeutet auch für die Kirche und Theologie eine Einschränkung ihrer Möglichkeiten. Angesichts der kirchenpolitischen Bedrohung rückt die freie theologische Diskussion in den Hintergrund, bricht insbesondere der Streit über die durch die dialektische Theologie ausgelöste Erschütterung der neuzeitlichen Voraussetzungen des Protestantismus ab. Barth und Tillich müssen Deutschland verlassen, Bonhoeffer verliert an der Berliner Universität seine Lehrerlaubnis. Das theologische Gespräch wird je länger je mehr erstickt, die Problemstellungen bleiben unabgegolten und erzeugen einen Stau, der sich nach dem Ende des Zweiten Weltkrieges in die neuen Freiräume ergießt. Die leidenschaftliche Auseinandersetzung über die Entmythologisierung knüpft an einen Aufsatz Bultmanns aus dem Jahre 1941 an, Barth arbeitet nach Maßgabe der "christologischen Konzentration" weiter an seiner Dogmatik, und auch Tillich vermag vom fernen Amerika aus für die deutsche Nachkriegstheologie keine neue Kairos-Situation auszumachen. Die theologischen Themen und Probleme werden nach dem politischen Umbruch von 1945 weiter, sie werden aber nicht grundsätzlich neu verhandelt. Es dominieren - mit leichter Umgruppierung der beteiligten Gesprächspartner - weiterhin die Frage- und Frontstellungen, die aus der Entwicklung der systematischen Theologie nach dem Ersten Weltkrieg hervorgegangen sind. Erst sehr allmählich eröffnen sich neue Themenfelder. Die Verarbeitung der politischen Geschichte reduziert sich auf die Erforschung des Kirchenkampfes, und dies mit der erkennbaren Tendenz, die Bedeutung und das Recht der Theologie K. Barths auch historisch abzusichern. Aber die politischen, gesellschaftlichen, kulturellen und geistigen Hintergründe des Zweiten Weltkrieges werden theologisch kaum reflektiert. Anscheinend hatte sich das geistige Potential zur Verarbeitung von Katastrophen innerhalb der evangelischen Theologie nach dem Ersten Weltkrieg weithin erschöpft. Jedenfalls verläuft die theologische Entwicklung nach dem Zweiten Weltkrieg signifikant anders. Die herausragenden systematisch-theologischen Konzeptionen, die in ihren Ursprüngen auf die 20er und 30er Jahre zurückgehen, werden ausgebaut und zum Abschluß gebracht; die veränderte Situation schlägt sich lediglich in vereinzelten und zudem sehr allgemeinen Erwägungen über das Phänomen des Nationalismus nieder.

1. Die Vollendung der theologischen Systeme nach 1945

a) Die bruchlose Kontinuität der Vorkriegs-, Kriegs- und Nachkriegszeit springt vor allem am monumentalen Lebenswerk K. BARTHs in die Augen. Waren die Bände I 1 und I 2 der Kirchlichen Dogmatik noch in der Zeit vor dem Zweiten Weltkrieg erschienen (1932.1938), so bringt Barth während des Krieges und danach in unerschütterlicher Gleichmäßigkeit weiter Band um Band seiner Kirchlichen Dogmatik heraus. Obwohl er am Lauf der Ereignisse lebhaften Anteil nimmt, sie in manchen Publikationen (u.a. Eine Schweizer Stimme 1938-1945; "Der Götze wackelt") bedenkt, kommentiert und zu ihnen Stellung bezieht, bleiben sie auf die Substanz seiner theologischen Aussagen doch ohne (erkennbaren) Einfluß. Er hat es auf die Bemerkung eines Freundes hin, der sich während des Bombenterrors auf Würzburg der Krisentheologie Barths von 1921 erinnerte, ausdrücklich abgelehnt, diese Geschehnisse in seiner Theologie zu verarbeiten. "Es hat keinen Sinn, eine solche Bombentheologie zu betreiben. Es ist jetzt Zeit, 'Ja!' zu sagen, ..., und zwar aus der gleichen Erkenntnis heraus, aus der ich damals 'Nein!' sagen mußte" ("Der Götze wackelt" 113). Noch in der Kriegszeit erscheinen die Bände zur Gotteslehre KD II 1 (1940) und II 2 (1942), nach dem Krieg wird das Werk mit III 1 (1945) fortgesetzt und bricht dann in der Versöhnungslehre mit dem Fragment zu Band IV 4 (1967) ab.

b) E. BRUNNER zieht in den drei Bänden seiner Dogmatik (I. Die christliche Lehre von Gott; II. Die christliche Lehre von Schöpfung und Erlösung; III. Die christliche Lehre von der Kirche, vom Glauben und von der Vollendung) die Summe seiner theologischen Erkenntnis, nachdem er schon vorher neben seinen beiden Werken zur Ethik (Das Gebot und die Ordnungen; Gerechtigkeit) einige Themenkomplexe der Dogmatik wie theologische Erkenntnislehre, Anthropologie und Christologie in einschlägigen Monographien abgehandelt hatte. An manchen Lehrstücken wie etwa der Christologie lassen sich dabei Veränderungen gegenüber früheren Anschauungen (Der Mittler) beobachten. Die Auseinandersetzung mit Barth wird fortgesetzt, seine Erwählungslehre klar zurückgewiesen (Dogmatik I, [4]1972, 353-357). Brunners Dogmatik stellt den Versuch dar, den beiden von ihm erkannten Notwendigkeiten der Theologie, der nach innen auf die Ekklesia und der nach außen auf die skeptische Welt gerichteten Lehraufgabe, in einem theologischen Gesamtentwurf gerecht zu werden.

c) 1947/48 läßt ALTHAUS in zwei Bänden sein gewichtiges dogmatisches Lehrbuch (Die christliche Wahrheit) erscheinen. In ihm arbeitet er unbefangen die Lehrtradition des Luthertums auf, zeigt sich aber zugleich für die Probleme neuzeitlicher Theologie offen. Ihre Besonderheit hat diese Dogmatik in der Begründung und breiten Entfaltung der Lehre von der Ur-Offenbarung, die Althaus der Sache nach seit seinen Anfängen, begrifflich seit der 2. Auflage seines "Grundrisses der Dogmatik" ([2]1936) vertreten hatte. Die kritische Spitze dieser Lehre richtet sich außer gegen das Offenbarungsverständnis K. Heims zunehmend gegen den "Christomonismus" der Theologie K. Barths (Die christliche Wahrheit, [3]1952, 57ff).

d) Althaus' Erlanger Fakultätskollege ELERT hatte seine Dogmatik (Der christliche Glaube) 1940 veröffentlicht, 1949 folgte seine Ethik (Das christliche Ethos). Elert setzt in der Dogmatik anthropologisch ein, vertritt im übrigen in beiden Werken einen streng lutherischen Konfessionalismus. Allein in der klaren Unterscheidung von Gesetz und Evangelium, die er zu einem "realdialektischen Gegensatz" verschärft, sieht er das reformatorische Erbe gewahrt, während Jesus Christus nach seinem Urteil sowohl im römischen Katholizismus als auch in der reformierten Theologie Züge eines neuen Gesetzgebers annimmt. Gegen diese Gefährdung bzw. Verfälschung der Reinheit des Evangeliums, die er insbesondere in der Neuinterpretation des Verhältnisses von Gesetz und Evangelium bei Barth gegeben sah, hat er unerbittlich und polemisch die Position des Luthertums zur Geltung gebracht. Der Kern der Differenz ist in seinem scharf konturierten Vortrag von 1948 "Gesetz und Evangelium" (Zwischen Gnade und Ungnade 1948, 132-169) formuliert: "Gesetz und Evangelium sagen Entgegengesetztes und können daher niemals unisono reden" (135). Den schwersten Irrtum der Barthschen Interpretation des Verhältnisses von Evangelium und Gesetz erblickt Elert darin, daß Barth das Gesetz, ähnlich wie Calvin (vgl. u.a. Institutio 1559, II, 7, 13-15), von der Legislatur Gottes her versteht, während Paulus und Luther es nach Elert von der *Judikatur* Gottes her auslegen. Für beide steht die Legislatur, d.h. das Verständnis des Gesetzes als Lebensregel, im Dienste der Judikatur, des Richteramtes Gottes. Insofern klagt das Gesetz immer an. Für diesen Sachverhalt ist Elert ein eindrucksvolles Bild gelungen: Versteht man das Gesetz Gottes als Lebensregel, als lediglich gebietendes Gesetz, dann gleicht es einem Zaun, der die Straße begleitet, auf der wir, "selbstverständlich wie ein gut gelenktes Pferd diesseits des Zauns", unseres Weges ziehen. In Wirklichkeit aber zeigt das Gesetz an, daß wir uns immer schon jenseits des Zaunes bewegen, und dies von Anfang an (138f). Ohne Bild gesprochen: Der realdialektische Gegensatz von Gesetz und Evangelium läßt sich nicht auf den verbaldialektischen von Form und Inhalt reduzieren. Es trifft nicht zu, wie Barth behauptet, daß Gottes Reden mit uns unter allen Umständen schon an sich Gnade ist. Die schrecklichen Worte bei Jesaja über Assur, Moab und Ägypten oder die Androhung, es sollen die Säuglinge zu Babel am Stein zerschmettert und die Frauen geschändet werden (Jes 13,16), lassen sich für die Betroffenen nie und nimmer zu Gnadenerweisungen Gottes umfälschen (135f). Die harmonisierende Verhältnisbestimmung von Evangelium und Gesetz, die Barth im Zuge seiner christologischen Theologie vorgenommen hat, umgeht das Skandalon solcher und ähnlicher biblischer Texte, sie widerstreitet auch dem paulinischen Verständnis vom Gesetz. Das Evangelium bedeutet im Gegenüber zum Gesetz den Zuspruch der herrlichen Freiheit der Kinder Gottes, und in dieser neuen Ordnung hat "das Gesetz überhaupt nichts mehr zu sagen" (155), ist es definitiv zum Schweigen gebracht. Um der Reinheit und Leuchtkraft des Evangeliums willen das Gesetz in seiner anstößigen Härte zu erfassen, das bezeichnet trotz der mancherlei Irrwege Elerts das genuin lutherische Motiv dieser Konzeption von systematischer Theologie.

e) Das Spätwerk F. GOGARTENs unterscheidet sich in zweifacher Weise von den bisher dargestellten theologischen Systemen. Einmal hat Gogarten seiner Theologie auch nach dem Zweiten Weltkrieg nicht die Gestalt einer dogmatischen Gesamtdarstellung gegeben, sondern seine Grundgedanken ab 1948 in einer Vielzahl von

Einzelpublikationen immer wieder variierend entwickelt (vgl. I.1.e = 17). Zum anderen findet sich in der Spättheologie Gogartens ein neues Element: die *Theorie von der Säkularisierung als einer legitimen Folge des christlichen Glaubens*. Diese Theorie stellt Gogartens Beitrag zur Deutung der modernen Welt dar, mit dem er trotz gravierender inhaltlicher Differenzen thematisch zur Aufgabenstellung seines Lehrers E. Troeltsch zurückkehrt. Da Gogarten sich ab 1938 eine zehnjährige Veröffentlichungspause auferlegt hat, die lediglich durch den Druck einiger Predigten und Gelegenheitsäußerungen unterbrochen wurde, läßt sich der Wandel seiner Gedanken nach Zeit und Umständen bis zur Stunde nicht genau dokumentieren, zumal auch der Briefwechsel bisher nicht für die Veröffentlichung freigegeben worden ist. Nur das Faktum des Wandels steht außer Frage. Insofern verdient die Theologie Gogartens nach dem Zweiten Weltkrieg noch einmal ein eigenes Interesse und bedarf genauerer Analyse. Einschlägig für die Begründung und Entfaltung der Säkularisierungstheorie ist sein Buch über "Verhängnis und Hoffnung der Neuzeit. Die Säkularisierung als theologisches Problem" (1953; 1966 und 1987 auch als TB erschienen), aber auch die übrigen Publikationen seit 1948 bis zu seinem Tode kreisen um diese Thematik.

Im Unterschied zum Frühwerk zeichnet sich Gogartens Spätwerk durch eine erstaunlich positive Würdigung der modernen Welt und des Menschen aus. Überspitzt formuliert: Das Frühwerk interpretiert das moderne Welt- und Menschenverständnis als Abfall vom christlichen Glauben, das Spätwerk rechtfertigt es als legitime Folge des christlichen Glaubens. Diese Zuspitzung muß allerdings sofort relativiert werden. Im Spätwerk widerruft Gogarten nicht einfach die Einsichten des Frühwerks, sondern knüpft in unterschiedlicher Weise daran an, er bekennt sich auch nicht ohne Vorbehalte zum modernen Welt- und Menschenverständnis, und doch sind die *Tendenzen*, was die Beurteilung der modernen Welt angeht, *entgegengesetzt*. Das moderne Menschenverständnis, das sich in Phänomenen wie Autonomie, Individualismus, Subjektivismus oder Personalität auslegt, bezeichnet den Horizont und das Medium für die Selbstverständigung des christlichen Glaubens.

Der Theologie ist die "Aufgabe gestellt, im Ernstnehmen der Selbständigkeit des Menschen der Welt gegenüber, an deren Entstehung der christliche Glaube ja nicht unbeteiligt ist, den christlichen Glauben durchzudenken, in entschlossenem Durchhalten der Problematik, die damit gegeben ist, die Grundfragen der Verkündigung Jesu Christi zu verstehen zu suchen und ihre heutige gedankliche Gestalt zu gewinnen" (Die Verkündigung Jesu Christi 1948, 18; vgl. auch 19).

Der Wandel der Anschauungen läßt sich schon terminologisch am Bedeutungswandel des Begriffs "Säkularisierung" belegen. Am 18.1.1933 hatte Gogarten in Breslau einen Vortrag über "Säkularisierte Theologie in der Staatslehre" gehalten, der bis vor wenigen Jahren nur in gekürzter Fassung bekannt war (Münchner Neueste Nachrichten, 86, 2. und 3. März, Nr. 60 und 61, jeweils 1f) und erst jetzt vollständig aus dem Nachlaß veröffentlicht worden ist (F. GOGARTEN, Gehören und Verantworten 1988, 126-141). In diesem Vortrag hat der Begriff "Säkularisierung" einen durchweg negativ-polemischen Sinn:

"Die Säkularisierung theologischer Begriffe bedeutet, daß die Begriffe um ihren eigentlichen Inhalt gebracht werden, den sie in ihrer ursprünglichen Bedeutung im Zusammenhang des Sachverhalts haben, der der Gegenstand der Theologie ist und der immer dadurch charakterisiert ist, daß er dem Reich der irdischen Dinge, dem Säkulum, gegenübergestellt und übergeordnet ist. Indem theologische Begriffe säkularisiert werden, hebt man aber gerade diese Gegenüberstellung auf. Man macht sie gegenstandslos, indem man die theologischen Begriffe auf eine Größe im Säkulum, im weltlich-irdischen Reich anwendet" (127).

Dieser Grundtenor hält sich durch und bestimmt die Argumentation. Zur Säkularisierung ist es nach Gogarten unter dem gewaltigen Antrieb der großen geschichtlichen Idee von der *Autonomie des Menschen* gekommen. Auch an diesem Gedanken, der unter Rückgriff auf Formulierungen E. Troeltschs erläutert wird (128.130), hat Gogarten nur ein polemisches Interesse:

"Die menschliche Persönlichkeit, der autonome, auf sich selbst gestellte Mensch, wird hier zum Repräsentanten der Göttlichkeit des Säkulums gemacht" (128). Das im christlichen Glauben erfahrene Gegenüber von Gott und Mensch "verschwindet vollständig bei der Säkularisierung dieser Erfahrung" (129).

Gogarten unterscheidet in dem Vortrag zwischen einem "eigentlichen christlichen Individualismus", der sich aus dem *Gegenüber* von Gott und Mensch herleitet, und einem "säkularisierten christlichen Individualismus", nach dem der Mensch sich in seinem Selbst aus der *wesenhaften Identität* mit dem göttlichen Urgrund der Welt versteht (130). Das Grundmuster solcher Beschreibung kehrt im Spätwerk Gogartens wieder, aber mit der charakteristischen Veränderung, daß der Begriff "Säkularisierung" nun einen *positiven* Bedeutungssinn erhält, während die Negativ-Phänomene unter dem Terminus "Säkularismus" verbucht werden. Der Bedeutungswandel von Säkularisierung wäre unterbestimmt, wollte man ihn als eine lediglich semantische Operation Gogartens einstufen; er steht für ein gewandeltes Interesse an der Moderne. Das radikale Kontrastbild der Frühzeit ist preisgegeben. Mit der Säkularisierungstheorie wird ein Verständnis von neuzeitlicher Lebenswelt gewonnen, auf die der christliche Glaube sich nicht nur kritisch, sondern auch positiv und produktiv einzulassen vermag.

Durch die Veröffentlichung einiger bisher nicht bekannter Vorträge Gogartens aus der Zeit zwischen 1938 und 1947 (Gehören und Verantworten 1988, 206-228; 235-252) läßt sich der Wandel seiner Anschauungen bis 1938 zurückverfolgen. Noch 1937 wird der Ausdruck Säkularisierung in negativem Sinn gebraucht (201-205). Im Januar 1938 hält Gogarten einen Vortrag über "Kirche des Glaubens und Kirche als Ordnung im Volk", und hier taucht das Wort nicht mehr auf, obwohl es sich von der Thematik her nahegelegt hätte. Stattdessen erörtert Gogarten unter dem Begriff der *Entsakralisierung* genau diejenigen Phänomen, für die später der *positive* Terminus Säkularisierung steht. Der neuzeitliche Prozeß der Entsakralisierung ist nach Gogartens Urteil nicht "eine Folge des modernen Unglaubens..., sondern vielmehr eine geschichtliche Wirkung des Christentums..." (210f). Irgendwann später wird dann "Entsakralisierung" durch den positiven Begriff "Säkularisierung" ersetzt (vgl. dazu auch die instruktiven Ausführungen des Herausgebers H.G. GÖCKERITZ VII-XIII). Der Wandel der Anschauungen Gogartens kann also nicht weiter als Reaktion auf die Geschehnisse im Zusammenhang mit dem Zweiten Weltkrieg gedeutet, sondern muß zeitlich früher angesetzt werden.

Im Spätwerk Gogartens jedenfalls heißt Säkularisierung nicht mehr Säkularisierung der theologischen Begriffe oder Umwandlung ursprünglich christlicher Einsichten und Forderungen in welthafte Einstellungen, sondern: *Verweltlichung der Welt*. Die Welt soll wirklich weltlich werden, frei von allen religiösen, metaphysischen oder ideologischen Überhöhungen. Der Gedanke selbst wird schon in der Frühzeit (1934) formuliert (Illusionen 1926, 128-145; bes. 139-145), aber erst jetzt für das Verständnis von Säkularisierung in Anspruch genommen. Gegenüber Verklärungen der Welt durch Idealismus oder Utopismus hat der christliche Glaube auf der reinen Weltlichkeit von Welt zu bestehen. Insofern bleibt die mit dem christlichen Glauben ausgelöste Säkularisierung von dauerhafter Aktualität, wie Gogarten an dem gerade durchlebten Nationalismus mit seinen Heilserwartungen und -vorstellungen zu illustrieren vermag.

Die *theologische* Begründung der Theorie erfolgt über die Christologie; schöpfungstheologische Argumentationen, die durchaus denkbar wären, klingen am Rande an, werden aber sofort christologisch gewendet. Das Erscheinen Jesu Christi bedeutet für den Menschen eine weltgeschichtliche Wende (Jesus Christus. Wende der Welt 1966). Der Mensch vor diesem Ereignis lebt in einer Welt uralter Ordnungen, durchwaltet von heiligen Mächten und Kräften. Aus dieser kosmischen Ordnung empfängt sein Leben Sinn, Maß und Ziel. Mit dem Wirken und Geschick Jesu von Nazareth, der als der Christus geglaubt wird, zerbricht diese "mythische Welt". Das Verhältnis des Menschen zur Welt wandelt sich grundsätzlich: Er ist nicht mehr von der Welt umschlossen, sondern ihr gegenüber der freie Mensch geworden. Das Umschlossensein von der Welt, das früher der Frömmigkeit die Inhalte vorgab, gilt ihm nun als Sünde und Gottlosigkeit. Christus hat das Gesetz der Welt zerbrochen. Die Welt lebt nicht mehr aus ihrer eigenen Gesetzlichkeit, sondern verdankt ihr Leben dem Schöpfersein Gottes. Erst so kann der Mensch zum Ich, zum Subjekt werden, der Welt gegenüber Mündigkeit erlangen. *Freiheit* von der (mythisch verstandenen) Welt und *Verantwortung* für die Welt als Schöpfung Gottes sind die mit dem christlichen Glauben gegebenen und einander entsprechenden Weisen des neuen Weltverhältnisses. Verantwortung hat dabei stets einen doppelten Bezugspunkt: Gott und die Welt. Der Mensch wird befreit zu einer neuen Verantwortung *vor* Gott, die seine Verantwortung *für* die Welt einschließt. In der neutestamentlichen Rede von der "Sohnschaft" (Röm 8,14f; Gal 4,1-7) sieht Gogarten dieses Doppelverhältnis zum Ausdruck gebracht.

Der Gedanke von einer Verantwortung für die Welt könnte den Anschein erwecken, als ermächtige der christliche Glaube zu positiver Weltgestaltung. Genau das aber ist nicht gemeint. Verantwortung für die Welt besagt ihre *Wahrung* als geschöpfliche Welt und damit ihre *Bewahrung* vor erneuter religiöser, metaphysischer oder ideologischer Überhöhung, sie besagt aber nicht produktive Gestaltung nach Maßgabe des christlichen Glaubens. Die Herrschaft des Sohnes über die Welt besteht "vor allem anderen darin, daß er das Schöpfungsein der Welt und damit ihre Einheit und Ganzheit bewahrt" (Verhängnis und Hoffnung der Neuzeit, TB-Ausgabe 1987, 34). Die Bewahrung der Welt geschieht auf zweifache Weise, durch den *Glauben* und durch die *Werke,* und die nähere Bestimmung dieses Verhältnisses macht den systematischen Zusammenhang der Säkularisierungstheorie mit einem bestimmten Verständnis von *Rechtfertigung* deutlich. Im Glauben geht es um das Verhältnis des Menschen zu Gott, in den Werken um sein Verhältnis zur Welt. Verknüpft sind die beiden Verhältnisse so, daß der Glaube die Reinheit der Werke gewährleistet, sie also vor Mißbrauch zur Selbstrechtfertigung oder Besorgung des eigenen Heils schützt. Für den *Inhalt* der einzelnen Werke (des Gesetzes) hat der Glaube aber keine Bedeutung, er bestimmt sich durch die *Vernunft*. Der Glaube wirkt sich für das Handeln lediglich als *innere Haltung* aus, indem er es vor einer Instrumentalisierung zu selbstmächtigen Akten eigener Heilssicherung bewahrt. Für diese strikte Unterscheidung von Glauben und Werken macht Gogarten geltend, daß die neutestamentlichen Forderungen und Ermahnungen weithin gar nicht spezifisch christlich sind, sondern hellenisierter jüdischer Gesetzlichkeit und stoischer Philosophie entstammen. Die bewahrende Funktion des Glaubens für das Handeln, die sich als Säkularisierung auswirkt, läßt sich auch als Hemmnisbeseitigung beschreiben. Erst die Befreiung zu einer geschöpflichen, natürlichen Welt ermöglicht die Herrschaft des Menschen über sie. Insofern ist Säkularisierung die *negative* (weil hemmnisbeseitigende) Voraussetzung für die (neuzeitliche) Gestaltung der Welt. Die *produktive* Weise dieser Gestaltung verdankt sich aber nicht dem Glauben, sondern der Vernunft. Insofern und insoweit vermag Gogarten die durch Rationalität, Wissenschaft und Technik geprägte neuzeitliche Lebenseinstellung in seine theologische Gesamtkonzeption zu integrieren und sich der Moderne, anders als im Frühwerk, zu öffnen (vgl. u.a. Die Verkündigung Jesu Christi 1948, 431-438; Der Mensch zwischen Gott und Welt [1952], 1956, 291-442; Die Wirklichkeit des Glaubens. Zum Problem des Subjektivismus in der Theologie 1957, 171-181). Säkularisierung bezieht sich auf all jene Phänomene, die an diesem Prozeß beteiligt sind:

"Mag es sich nun mit dieser neuzeitlich verstandenen Autonomie des Menschen und der Kultur verhalten, wie es will, gewiß ist jedenfalls, daß die Erkenntnis des reinen Evangeliums nicht hinter die Autonomie zurückführt. Denn diese ist, ganz gleich, was in der neuzeitlichen Geschichte aus ihr geworden sein mag, eine legitime Folge des christlichen Glaubens, und sie gehört zu der geschichtlichen Wirklichkeit, die die unsere ist" (Der Mensch zwischen Gott und Welt, 215).

Gogarten interpretiert die Moderne nicht uneingeschränkt als legitime Folge des christlichen Glaubens, sondern macht Vorbehalte geltend und prägt dafür den Terminus "Säkularismus". Säkularisierung stellt die gelungene, Säkularismus die mißlungene Form der Verweltlichung von Welt dar. Der Säkularismus gibt sich mit der Bewahrungsfunktion von Säkularisierung nicht zufrieden. Der Mensch nimmt für sein Verhältnis zur Welt erneut quasi-religiöse Dignität in Anspruch, weiß sich zur Realisierung des Heils der Geschichte bestimmt und befähigt, etwa in Gestalt der klassenlosen

Gesellschaft oder nationaler Wahnideen, und verfällt so einem "utopischen Säkularismus" oder einem "säkularistischen Utopismus", der auch als "christlicher Säkularismus" in Erscheinung treten kann. Dem ordnet Gogarten eigentümlicherweise auch die christliche Ethik und Sittlichkeit zu. Da der Glaube das Handeln niemals inhaltlich bestimmt, sondern nur eine bewahrende Funktion im Blick auf die vernünftig zu begründenden Handlungsweisen des Menschen hat, kann es eine spezifisch christliche Ethik nicht geben. Christliche Ethik im landläufigen Sinne wird als moralisches Mißverständnis des christlichen Glaubens zurückgewiesen (Verhängnis und Hoffnung der Neuzeit, 210ff).

Dieses irritierende Verständnis von Ethik ist ein Indiz für die Probleme, die mit der *theologischen Grundlegung* der Theorie verbunden sind. Um die Reinheit des reformatorischen Gedankens der Rechtfertigung des Menschen allein aus Glauben ohne Werke (des Gesetzes) durchzuhalten, besteht Gogarten auf der strikten Unterscheidung von Glauben und Werken. Der Glaube bestimmt das Handeln nur formal, nicht inhaltlich, leitet nicht dazu an, *was* getan werden soll (das sagt die Vernunft), sondern *wie* es getan werden soll. Damit gibt Gogarten der Unterscheidung von Glauben und Werken eine systematische Zuspitzung, die über das reformatorische Modell und Interesse weit hinausgeht. Das Handeln wird der Vernunft so strikt zugewiesen, daß die Vorstellung eines inhaltlich christlich geleiteten Handelns in sich unmöglich geworden ist, Glauben und Handeln also beinahe unverbunden nebeneinanderstehen. Mit dieser scharfen Unterscheidung reproduziert Gogarten in seinem Spätwerk mittels einer neuen Kategorie, einer veränderten Begrifflichkeit und in einem gewandelten geschichtlichen Kontext eine Differenz, die schon für seine Interpretation der Zwei-Reiche-Lehre in den 30er Jahren leitend war. Die Abgrenzung der beiden Reiche voneinander, die damals vorgenommen wurde und ihn zur Anerkennung der politischen Realitäten geführt hatte, hält sich durch und bestimmt nun auch sein Verständnis von Säkularisierung. Die Problematik der theologischen Grundlegung schattet sich in der *geschichtstheologischen bzw. -philosophischen Bewährung* der Theorie ab. Mit Hilfe seiner These versucht Gogarten Zusammenhänge von christlichem Glauben und neuzeitlichem Selbstverständnis sowie Weltverhältnis einsichtig zu machen. Tatsächlich laufen seine Analysen aber auf die Beschreibung eines Gegensatzes hinaus: Das christlich legitime Ereignis der Säkularisierung ist in der Neuzeit auf weiten Strecken lediglich im deformierten Gewand des "Säkularismus" identifizierbar; nur partiell und sehr gebrochen hat sich das christliche Welt- und Menschenverständnis in der Neuzeit durchsetzen können. Darin wirkt die kulturtheologische Kritik des dialektischen Theologen Gogarten nach, bleibt also die Kontinuität zwischen Früh- und Spätwerk gewahrt. Insoweit ist der These F.W. GRAFs von der hohen inneren Kontinuität des Gogartenschen Denkens in seiner Studie "Friedrich Gogartens Deutung der Moderne" (ZKG 100, 1989, 169-230; 217) zuzustimmen. Aber die Behauptung, daß Gogarten in der Spättheologie an den "Grundelementen seiner alten Kritik der modernen Kultur festhält" (221), vermag nicht zu überzeugen, weil sie für den Bedeutungswandel der Kategorie "Säkularisierung" und die damit verbundene nachweisbare Neubewertung des modernen Weltverständnisses keine Erklärung anbietet.

Gogartens Verhältnis zur Moderne bleibt verwickelt. Er ringt sich zu einem gewandelten Welt- und Menschenverständnis durch und fördert im Umfeld der vieldiskutierten Säkularisierungsthese interessante Einsichten zutage. Aber er bleibt doch kritisch, bejaht eine nur ansatzweise realisierte Moderne, mehr eine Vision von Moderne, die zur tatsächlichen vielfach in Spannung steht. Man kann den Sachverhalt kritisch wenden, kann ihn aber auch, gerade nach den Verstrickungen Gogartens Ende der 20er/Anfang der 30er Jahre, positiv lesen: Theologie geht nicht auf in der Affirmation des Gegebenen. Wie auch immer, Gogarten erörtert im Modus seiner spannungsreichen Argumentationen diejenigen Themen und Probleme, die einer neuzeitlichen Theologie auch weiterhin aufgegeben sind.

f) Noch einmal anders als Gogartens Spättheologie stellt auch das wissenschaftliche Werk E. HIRSCHs nach dem Zweiten Weltkrieg einen Sonderfall dar (vgl. zur Bibliographie I.3.b = 54f). 1945 infolge seines kirchenpolitischen Engagements für "Das kirchliche Wollen der Deutschen Christen" (1933) in den vorzeitigen Ruhestand versetzt, ist er durch seine völlige Erblindung (1946) noch zusätzlich in die Einsamkeit gestoßen worden. Hirsch hat seit dieser Zeit bis zu seinem Tode nicht mehr direkt in das theologische Gespräch eingegriffen, sich aber wissenschaftlich erneut zu Wort gemeldet und zunächst mit seiner noch während des Krieges geschriebenen und in der unmittelbaren Nachkriegszeit abgeschlossenen meisterhaften Darstellung der "Geschichte der neuern evangelischen Theologie im Zusammenhang mit den allgemeinen Bewegungen des europäischen Denkens" (1949-1954; [5]1975; Nachdruck 1984) Maßstäbe der Theologiegeschichtsschreibung gesetzt. Parallel dazu bringt er 1954 noch zwei Bände "Lutherstudien" heraus, von denen der erste aus einem größeren Forschungsvorhaben "Drei Kapitel zu Luthers Lehre vom Gewissen" bietet, der zweite einige bereits veröffentlichte Abhandlungen zur Theologie Luthers. Das nächste wissenschaftliche Großprojekt ist der neuen deutschen Kierkegaard-Ausgabe der "Gesammelten Werke" gewidmet (1950-1969; als Taschenbuchausgabe 1979-1986). Von den 26 Bänden (in 36 Abteilungen) übersetzt und kommentiert Hirsch unter Mitarbeit seiner Frau allein 19 Bände! Seit Mitte der 50er Jahre sammelt sich privat ein kleiner, wechselnder Schülerkreis zum Studium klassischer Texte aus Theologie und Philosophie um ihn, und von 1960-1969 publiziert er noch einmal neun Werke zu theologiegeschichtlichen, systematisch-theologischen und praktisch-theologischen Themen. In ihnen zieht er, zum Teil in meditativ-allgemeinverständlicher Form (Zwiesprache auf dem Wege zu Gott 1960, [2]1971), die Summe seiner Theologie, ohne von den wesentlichen Einsichten seines bisherigen Werkes abzurücken. Auch an befremdlichen Behauptungen hält er fest, kann nach wie vor von der Bedeutung der "weißen Völker" reden (u.a. Christliche Wahrheit und neuzeitliches Denken, hg. von H.M. MÜLLER, 1984, 224) oder "die verwirrte Ideologie der ökumenischen Bewegung" geißeln (Das Wesen des reformatorischen Christentums 1963, Vorrede).

Das gemeinsame Thema und die systematische Mitte haben diese Schriften in der Klärung des Beziehungsverhältnisses von christlichem Glauben und allgemeinem Wahrheitsbewußtsein.

"Mein ganzes Leben hindurch habe ich einerseits das menschliche Wahrheitsbewußtsein in jene Tiefe des Selbstverständnisses des Menschlichen zu führen gesucht, in welcher es dem Christlichen sich frei und innerlich, ohne Schaden an Geistesernst, öffnen kann. Andersseits aber habe ich versucht, die christliche Erkenntnis von Gott und dem Ewigen so rein und lauter, so frei von allem überholten Wahn früherer Zeitalter, auszusprechen, daß sie ein aufrichtiges Ja zu allen zwingenden Einsichten unsrer modernen Geistigkeit in sich aufzunehmen vermag" (Hauptfragen christlicher Religionsphilosophie 1963, 5).

Hirsch liegt am Nachweis einer "Wahlverwandtschaft zwischen evangelischem Glauben und moderner Geistigkeit" (Das Wesen des reformatorischen Christentums 177). Nur so könne der christliche Glauben überleben und wahre Humanität verwirklicht werden. Das schließt aber für die evangelische Frömmigkeit und Theologie einen Wandel ihrer historischen Ausgangslage mittels historischer und philosophischer Kritik ein. Die Kritik bringt das "Wesen" des historisch vielfach gebrochenen echten und ursprünglichen Christentums zutage. Insofern gibt es eine "Gleichgerichtetheit von Religionskritik und Hingabe an das Evangelium im Evangelium", auf der "die Möglichkeit und Hoffnung aller neuprotestantischen Erneuerung des reformatorischen Glaubens" beruht (a.a.O. 48f). Es läßt sich aber nicht übersehen, daß die Rückbindung an die reformatorische Theologie sehr allgemein ausfällt. Nur mit bestimmten Grundprinzipien geht sie in die systematisch-theologische Konzeption Hirschs ein, die Konturen der alten Gestalt von Theologie aber verblassen (vgl. E. HERMS, Emanuel Hirsch - zu Unrecht vergessen?, Luther 59, 1988, 111-121 und 60, 1989, 28-48, bes. 44-48). Die Betonung des "überlehrmäßigen Gepräges" evangelischer Frömmigkeit und Theologie (Das Wesen des reformatorischen Christentums 25-49) erlaubt einen großzügigen Umgang mit der Tradition zu Lasten einer klaren Identifizierbarkeit dessen, was das moderne evangelische Christentum mit dem reformatorischen verbindet. Herz und Gewissen, auf die Hirsch sich beruft, sind keine Instanzen, die solche Kontinuität zu verbürgen vermöchten. Damit verliert aber auch der "Neuprotestantismus" als Ergebnis kritischer Umwandlung des "altevangelischen" bzw. "altprotestantischen" Christentums seine Konturen. Hirsch grenzt den "echten religiös ernsten und tiefen Neuprotestantismus" scharf gegen die "neuprotestantische Bildungsreligion" ab, die nach seinem Urteil gerade das "Geheimnis echter persönlicher Gläubigkeit und Frömmigkeit" preisgibt (a.a.O. 23). Aber damit wird eine Differenz markiert, die sich nicht mehr in inhaltliche Argumentationen umsetzen läßt und deshalb positiv auch keine institutionellen Gemeinsamkeiten stiften kann. Hirschs Einzelgängertum in der evangelischen Theologie, das er selbst immer wieder unterstrichen hat, ist nicht nur und nicht zuletzt Ausdruck seiner wissenschaftlichen Sondermeinungen, sondern Spiegel eines Verständnisses von christlichem Glauben, der in radikaler Subjektivität, ohne Anerkennung anderer Verbindlichkeiten als Herz und Gewissen, "in Geist und Wahrheit anbeten will und nichts als Geist und Wahrheit empfangen will im Gottesverhältnis" (a.a.O. 48.32).

2. Tillichs Theologie des positiven Paradoxes

SCHWANZ, P., Zur neueren deutschsprachigen Literatur über Paul Tillich, VuF 24, 1979, Heft 2, 55-86.
   Bibliographie: TILLICH, P., Gesammelte Werke (= GW) XIV 139-211.
   Hauptschriften: Religiöse Reden I-III, 1952-1964. - Systematische Theologie I-III, 1955-1966. - GW I-XIV, hg. von R. ALBRECHT, 1959-1975. - Ergänzungs- und Nachlaßbände zu den Gesammelten Werken (= EW) I-VI, hg. von I.C. HENEL und K. SCHÄFER-KRETZLER, 1971-1983. - HIRSCH, E. - TILLICH, P., Briefwechsel 1917-1918, hg. von H.-W. SCHÜTTE, 1973. - Dogmatik. Marburger Vorlesung von 1925, hg. von W. SCHÜSSLER, 1986. -

Main Works/Hauptwerke, 6 Bände, hg. von C.H. RATSCHOW, 1987ff. - *Über Tillich:* ALBRECHT, R. - SCHÜSSLER, W. (Hg.), Paul Tillich. Sein Werk, 1986. - AMELUNG, E., Die Gestalt der Liebe. Paul Tillichs Theologie der Kultur, 1972. - BERNET-STRAHM, A., Die Vermittlung des Christlichen, 1982. - BRÜGMANN, V., Die Durchführung der Methode der Korrelation in den religiösen Reden Paul Tillichs, Diss. theol. Hamburg 1969. - CLAYTON, J.P., The Concept of Correlation. Paul Tillich and the Possibility of a Mediating Theology, 1980. - DERS., Paul Tillich - ein "verjüngter Troeltsch" oder noch "ein Apfel vom Baume Kierkegaards"?, RENZ, H. - GRAF, F.W. (Hg.), Troeltsch-Studien Bd. 4, 1987, 259-284. - EBERHARDT, H., Der Reich-Gottes-Begriff im Denken Paul Tillichs, Diss. theol. Münster 1969. - EISENBEIS, W., The Key Ideas of Paul Tillich's Systematic Theology, 1983. - ERNST, H., Utopie und Wirklichkeit mit Blick auf den Utopiebegriff bei Paul Tillich, 1982. - ERNST, N., Die Tiefe des Seins. Eine Untersuchung zum Ort der analogia entis im Denken Paul Tillichs, 1988. - FISCHER, H. (Hg.), Paul Tillich. Studien zu einer Theologie der Moderne, 1989. - HAMMER, G., Profanisierung. Eine Untersuchung zur Frage der Säkularisierung in der Theologie Paul Tillichs, 1973. - HARTMANN, W., Die Methode der Korrelation von philosophischen Fragen und theologischen Antworten bei Paul Tillich, Diss. theol. Göttingen 1954. - HENEL, I.C., Philosophie und Theologie im Werk Paul Tillichs, 1981. - HERTEL, W., Existentieller Glaube, 1971. - JAHR, H., Theologie als Gestaltmetaphysik. Die Vermittlung von Gott und Welt im Frühwerk Paul Tillichs, 1989. - KEGLEY, C.W. - BRETALL, R.W. (Hg.), The Theology of Paul Tillich, New York (1952) ²1964. - KILLEN, A., The Ontological Theology of Paul Tillich, Kampen 1956. - KRIEGSTEIN, M. V., Paul Tillichs Methode der Korrelation und Symbolbegriff, 1975. - LINDNER, R., Grundlegung einer Theologie der Gesellschaft. Dargestellt an der Theologie Paul Tillichs, 1960. - MADER, J., Kirche innerhalb und außerhalb der Kirchen, 1987. - MAURER, B., Paul Tillichs Religionskritik, ThZ 39, 1983, 321-348. - MOKROSCH, R., Theologische Freiheitsphilosophie. Metaphysik, Freiheit und Ethik in der philosophischen Entwicklung Schellings und in den Anfängen Tillichs, 1976. - NÖRENBERG, K.-D., Analogia Imaginis. Der Symbolbegriff in der Theologie Paul Tillichs, 1966. - PAUCK, W. u. M., Paul Tillich. Sein Leben und Denken I. Leben (engl. 1976), 1978. - REPP, M., Die Transzendierung des Theismus in der Religionsphilosophie Paul Tillichs, 1986. - RHEIN, C., Paul Tillich. Philosoph und Theologe, 1957. - RINGLEBEN, J., Paul Tillichs Theologie der Methode, NZSTh 17, 1975, 246-268. - RÖER, J., Heilige-profane Wirklichkeit bei Paul Tillich, 1975. - ROLINCK, E., Geschichte und Reich Gottes. Philosophie und Theologie der Geschichte bei Paul Tillich, 1976. - SAMSE, U., Der Zusammenhang von Eschatologie und Ethik bei Paul Tillich, Diss. theol. Bonn 1980. - SCHÄFER, K., Die Theologie des Politischen bei Paul Tillich unter besonderer Berücksichtigung der Zeit von 1933 bis 1945, 1988. - SCHARLEMANN, R.P., Reflection and Doubt in the Thought of Paul Tillich, New Haven-London 1969. - SCHEDLER, K., Natur und Gnade. Das sakramentale Denken in der frühen Theologie Paul Tillichs (1919-1935), 1970. - SCHEPERS, G., Schöpfung und allgemeine Sündigkeit. Die Auffassung Paul Tillichs im Kontext der heutigen Diskussion, 1974. - SCHMITZ, J., Die apologetische Theologie Paul Tillichs, 1966. - SCHNÜBBE, O., Paul Tillich und seine Bedeutung für den Protestantismus heute, 1985. - SCHÜSSLER, W., Der philosophische Gottesgedanke im Frühwerk Paul Tillichs (1910-1933), 1986. - SCHWANZ, P., Analogia Imaginis. Ein Beitrag zur kritischen Auseinandersetzung mit der philosophischen Theologie Paul Tillichs, 1980. - SCHWÖBEL, CHR., Tendenzen der Tillich-Forschung (1967-1983), ThR 51, 1986, 166-223 (Literaturangaben). - SEIGFRIED, H., Das Neue Sein. Der Zentralbegriff der "ontologischen" Theologie Paul Tillichs in katholischer Sicht, 1974. - DERS., Gott über Gott, 1978. - TAMARU, N., Motive und Struktur der Theologie Paul Tillichs, NZSTh 3, 1961, 1-38. - THATCHER, A., The Ontology of Paul Tillich, Oxford 1978. - TRACK, J., Der theologische Ansatz Paul Tillichs, 1975. - WEHR, G., Paul Tillich in Selbstzeugnissen und Bilddokumenten dargestellt, 1979. - WENZ, G., Subjekt und Sein. Die Entwicklung der Theologie Paul Tillichs, 1979. - Werk und Wirken Paul Tillichs. Ein Gedenkbuch, 1967. - WERNSDÖRFER, TH., Die entfremdete Welt. Eine Untersuchung zur Theologie Paul Tillichs, 1968. - WITTSCHIER, S., Paul Tillich. Seine Pneuma-Theologie. Ein Beitrag zum Problem Gott und Mensch, 1975.

Auch TILLICHs dreibändige "Systematische Theologie" erscheint seit Mitte der 50er Jahre in deutscher Übersetzung (I 1955; II 1958; III 1966. Amerikanische Ausgabe: I 1951; II 1957; III 1963), insofern hätte sich eine Skizzierung seiner Theologie im Rahmen des vorigen Abschnitts nahegelegt. Die Entstehungsbedingungen und die systematische Eigenart dieses Entwurfs rechtfertigen aber eine gesonderte Behandlung. Durch seine erzwungene Emigration in die USA war Tillich über ein Jahrzehnt von der theologischen Entwicklung in Deutschland abgeschnitten und konnte so seinen eigenen Ansatz unbelastet von den Themen, Thesen und auch Alternativen dieser Diskussion in großer Unbefangenheit ausarbeiten. Wohl knüpft er an Fragestellungen, Auseinandersetzungen und Einsichten seiner wissenschaftlichen Arbeit vor der Emigration an - die Arbeit an der Systematischen Theologie beginnt 1925 (GW XII 69. Vgl. dazu jetzt die aus dem Nachlaß von W. SCHÜSSLER herausgegebene "Dogmatik. Marburger Vorlesung von 1925", 1986) -, reduziert sie aber auf ihren gedanklichen Kern und hält seinen Entwurf frei von Spezialdebatten und -polemiken. Die "Systematische Theologie" bezeugt durchweg einen Zug ins Große und Grundsätzliche. Sie bietet freilich besondere Verstehensschwierigkeiten, da die Probleme auf der Ebene hoher Abstraktheit und Allgemeinheit angesiedelt sind. Überhaupt täuschen die knappen und geschliffenen Formulierungen Tillichs über die dem Autor bewußte Komplexität und Tiefendimension der verhandelten Fragen hinweg, vermitteln auch nur einen ungefähren Eindruck über die breite philosophische und theologische Tradition, die großzügig eingearbeitet wird. Das Instrumentarium der Korrelationsmethode dient Tillich dazu, der

Theologie wieder diejenige universale Weite zurückzugewinnen, die sie bei SCHLEIERMACHER und in anderer Weise bei TROELTSCH hatte, dem Tillich sich in Berlin als Kollege und darüber hinaus als Schüler verbunden wußte, ohne je eine Vorlesungsstunde bei ihm gehört zu haben (vgl. GW XII 166-178, bes. 175; Vorlesungen über die Geschichte des christlichen Denkens II [= EW II] 1972, 191. Außerdem J.P. CLAYTON, Paul Tillich - ein "verjüngter Troeltsch" oder noch "ein Apfel vom Baume Kierkegaards"?, 1987, a.a.O.). Die Philosophie wird der Theologie wieder voll integriert, daneben greift Tillich aber auch souverän auf die Erkenntnisse anderer Wissenschaften zurück, deren Beziehungen zueinander er schon 1923 in einer kühn entworfenen, dem Andenken E. Troeltschs gewidmeten Enzyklopädie "Das System der Wissenschaften nach Gegenständen und Methoden" (jetzt GW I 109-293) dargelegt hatte. In vielem berührt sich die "Systematische Theologie" mit den dogmatischen Gesamtdarstellungen seiner ehemaligen theologischen Freunde und Kollegen, aber in Aufbau und Durchführung erweist sie sich als ein originaler Entwurf, der sich nur schwer mit ihnen vergleichen läßt. Er kann als die bisher eindrücklichste Alternative zur Dogmatik Barths angesehen werden, dessen Wirkung bis zur Stunde andauert.

Tillichs Theologie repräsentiert den Standpunkt des neuzeitlichen Bewußtseins. In der Weite des theologischen Themas und in der Rezeption der wissenschaftlichen Methodik bleibt sie Schleiermacher und der sogenannten liberalen Theologie verpflichtet, verhält sich aber kritisch zu ihrer Dogmatik, welche die Gebrochenheit der menschlichen Existenz nicht angemessen ausdrückt und zu Angleichungen an das Zeitbewußtsein neigt. Mit der dialektischen Theologie teilt sie den Ansatz, ihre Einsicht in den paradoxalen Grundcharakter der dogmatischen Aussage, lehnt aber die Verfestigung der dialektisch aufeinander bezogenen Pole zu starren Gegensätzen in der Durchführung ab. Tillich versteht sein Werk als die spannungsvolle Einheit von liberaler und dialektischer, von "apologetischer" und "kerygmatischer" Theologie. Dieses Modell eines dritten Weges ist bei Tillich vielfältig biographisch vorbereitet (vgl. GW XII 13-77; XIII 22-27). Die Bruchstellen einer Philosophie (und Theologie) der Versöhnung, auf die er in der Beschäftigung mit der antihegelianisch orientierten Spätphilosophie Schellings vor dem Ersten Weltkrieg stieß, wurden in den Erfahrungen dieses Krieges existentiell erhärtet und eröffneten ihm einen Verstehenszugang zur Aufbruchbewegung der dialektischen Theologie. Dennoch hat er sich ihrer Tendenz zur totalen Verneinung versagt und ihrem "kritischen Paradox" mit Berufung auf die - ihm durch Kähler vermittelte - reformatorische Rechtfertigungslehre das *"positive Paradox"* entgegengestellt. Tillichs Theologie hat den Zuschnitt eines unter den Bedingungen des neuzeitlichen Bewußtseins groß angelegten Kommentars zur These LUTHERs: "gerecht und Sünder zugleich" *(simul iustus et peccator)*. In der bekannten Auseinandersetzung mit BARTH und GOGARTEN um das Paradox aus dem Jahre 1923 (vgl. GW VII 216-246) formuliert Tillich zunächst seine Übereinstimmung: "Ein unmittelbares, unparadoxes, nicht durch das ständige radikale Nein hindurchgehendes Verhältnis zum Unbedingten ist kein Verhältnis zum Unbedingten, sondern zu einem Bedingten, das den Anspruch macht, unbedingt zu sein..." (216f). Aber das Paradox ist nicht nur kritisch, nicht nur negativ gegen die bestehende Welt und den existierenden Menschen gerichtet, in dieser Kritik ist immer schon Bejahung, Annahme vorausgesetzt, sie gründet sich auf der Gnade. "Nur durch die Gnade wird das Gericht zum Gericht. Nur da, wo Liebe offenbar ist, wird der Zorn als Zorn offenbar. Ohne die Einheit mit der Gnade ist das Gericht Naturprozeß" (219). Daß das "Ja" durch das "Nein" verdunkelt wird, das ist Tillichs Vorwurf gegen Barth, den dieser dann später gegen sich selbst erhoben hat.

Korrelation ist die Übertragung des theologischen Programms eines kritischen *und* positiven Paradoxes ins Methodische. Die "Systematische Theologie" stellt den Versuch dar, mittels der Korrelationsmethode die kerygmatische mit der apologetischen Seite der Theologie zu verbinden, Botschaft und Situation zu vereinigen und so die theologischen Einsichten an der Wirklichkeitserfahrung des Menschen zu bewähren. Tillichs Theologie ist darin von einer befreienden Wirkung, daß sie nicht mehr ausschließlich mit dem Christen rechnet, sondern generell den Menschen der Neuzeit mit seinen besonderen Erfahrungen und Erwartungen, aber auch mit seinen Zweifeln und seiner Skepsis vor Augen hat. Ist Gott der Grund der Wirklichkeit, dann müssen sich theologische Aussagen als wirklichkeitsbezogene Aussagen entfalten lassen. Die Wirklichkeit muß also selbst Gegenstand der Analyse und Reflexion werden. Dafür kann die Theologie mit der Philosophie zusammenarbeiten, sofern Philosophie Analyse der Wirklichkeit betreibt; andernfalls muß die Theologie diese Aufgabe selbst übernehmen. Erst unter solcher Voraussetzung läßt sich die wechselseitige Beziehung, die Korrelation von *Fragen,* die aus der Endlichkeit des Menschen herauswachsen, und *Antworten,* die sich der Offenbarung verdanken, oder - und damit wird die Beziehung etwas anders gewendet - zwischen der veränderlichen *Situation* des Menschen und der sich gleichbleibenden *Botschaft*, entfalten.

Das theologische System "sucht die Fragen, die in der Situation enthalten sind, mit den Antworten, die in der Botschaft enthalten sind, in Korrelation zu bringen. Es leitet die Antworten nicht aus den Fragen ab, noch gibt es Antworten, die nichts mit der Frage zu tun haben. Es setzt Fragen und Antworten, Situation und Botschaft, menschliche Existenz und göttliche Selbstoffenbarung in Korrelation" (Syst. Theol. I 15).

Dieses methodische Verfahren ist in seinem Grundmuster verblüffend einfach und steckt doch voller Probleme (J.P. CLAYTON 1980 und RINGLEBEN 1975), die sich an der komplizierten Verhältnisbestimmung von Frage und Antwort ablesen lassen. Beide sind voneinander abhängig und unabhängig zugleich (vgl. Syst. Theol. II 19-22). *Unabhängig* ist die Frage von der Antwort, da und sofern es sich um eine echte Frage handelt. Tillich liegt alles daran, das eigene Recht der Fragen vor jeder theologischen Manipulation sicherzustellen. Umgekehrt läßt sich auch die Antwort nicht aus der Frage ableiten, denn sie wurzelt in der ewigen Wahrheit der Botschaft. Frage und Antwort sind aber auch *abhängig* voneinander, und damit wird die Beziehung komplexer. Der Theologe, der die Antwort formuliert, muß bei voller Respektierung des Materials und des Inhalts der Frage ihr doch jeweils eine solche Fassung geben, daß seine Aussagen wirklich als Antworten auf Fragen verständlich werden. Der Theologe ist zu dieser produktiven Arbeit befähigt, weil er selbst an der menschlichen Endlichkeit und Situation, der die Fragen entstammen, teilhat. Diese Abhängigkeit gilt nun aber auch für die Antworten. In ihrer Substanz bleiben sie unabhängig von den Fragen, im Blick auf ihre Form und ihre Akzentuierung sind sie hingegen abhängig von den Fragen.

Diese vergleichsweise einfache Bestimmung von Korrelation - *inhaltliche* Unabhängigkeit von Frage und Antwort bei *formaler* Abhängigkeit - verkompliziert sich aber dadurch, daß Tillich das Korrelations-Verhältnis noch eine Stufe tiefer ansetzt. Der Mensch kann nur fragen, wenn der Gegenstand seines Fragens ihm irgendwie gegeben ist. Bedingung der Möglichkeit für das Fragen ist das vorgängige Bezogensein des fragenden Subjekts auf das Erfragte. In traditioneller theologischer Terminologie gesprochen: Der Mensch in seiner sündigen Existenzverfassung kann nur deshalb nach Gott und also nach Erlösung fragen, weil er selbst in Gott gegründet ist und sich dieses Grundes niemals entledigen kann:

"Sein Vermögen, nach der Unendlichkeit, zu der er gehört, zu fragen, ist ein Symptom sowohl für die essentielle Einheit als auch für die existentielle Getrenntheit des endlichen Menschen von der Unendlichkeit; in der Tatsache, daß er danach fragen muß, zeigt sich, daß er davon getrennt ist" (Syst. Theol. I 75f).

Damit formuliert Tillich einen letzten *theologischen* Grund für die Beziehungs*fähigkeit* von Frage und Antwort. Insofern ist seine Methode der Korrelation nicht ein beliebiges methodisches Instrumentarium, sondern eine *theologische Aussage* (a.a.O. 15). Tillich kann diese Beziehungsfähigkeit von Frage und Antwort auch unter der Figur des theologischen Zirkels erörtern. Die systematische Verknüpfung der in sich unterschiedenen Elemente tritt so noch klarer zutage. Freilich zeichnet sich damit für die korrelative Systematik der Theologie Tillichs eine grundsätzliche Schwierigkeit ab. Läßt sich die Unabhängigkeit der Frage von der Antwort wirklich derart sichern, daß ihre Unterscheidung geradezu zum Aufbauprinzip des Systems werden kann? Ist die Frage nicht schon immer so sehr mit der Antwort verwoben, und dies nicht nur formal, sondern auch inhaltlich, daß der Versuch einer Bewährung der Universalität christlicher Wahrheit über die Korrelationsmethode an Überzeugungskraft einbüßt? Tillich schreibt selbst:

"Gott antwortet auf die Frage des Menschen, und unter dem Eindruck von Gottes Antworten stellt der Mensch seine Fragen" (a.a.O. 75).

Damit scheint die Antwort einen Vorrang vor der Frage zu gewinnen; zumindest droht sich die klare Unterscheidung von Frage und Antwort zu verwischen. Die Gotteslehre und die Christologie belegen diese Vermutung. In der Christologie verhandelt Tillich auf der Seite der Frage nicht nur Tatbestände menschlicher Wirklichkeit, die philosophischer Analyse zugänglich und zumutbar sind, sondern verdeutlicht die existentielle Entfremdung zudem an der biblischen Überlieferung und christlichen Lehre von Schöpfung und Fall (Syst. Theol. II 35-52). Dieses Thema hat seinen Ort aber auch in der Gotteslehre, hier allerdings nicht auf der Frage-, sondern auf der Antwort-Seite (Syst. Theol. I 290-301). Die Unklarheit in der Beziehung von Frage und Antwort scheint zunächst nur ein Problem der Anwendung dieser Methode zu sein, könnte aber auch deren grundsätzliche Schwäche offenlegen, sofern Korrelation im Sinne Tillichs immer schon von einer heimlichen Harmonie geleitet ist, die die Differenz von christlicher Wahrheit und menschlichem Wirklichkeitsbewußtsein einzuschleifen scheint.

Anders als seinerzeit Kierkegaard und wohl auch angesichts der steilen Gegensatz-Behauptungen in der "Theologie der Krisis" nach dem Ersten Weltkrieg stellt Tillich sich die Aufgabe, die Wirklichkeit Gottes auf die Wirklichkeit des Menschen und seiner Welt zu beziehen und darin ihre *dialektische Einheit* sichtbar zu machen. In diesem Sinne ist Tillichs Theologie dialektische Theologie. Ihren

Grund und ihr Zentrum hat diese Dialektik im *christologischen Paradox* (vgl. H. FISCHER, Die Christologie als Mitte des Systems, P. Tillich. Studien zu einer Theologie der Moderne, hg. von H. FISCHER, 1989, 207-229). Jesus Christus ist Grund und Gewähr dafür, daß die entfremdete, in sich zerspaltene Wirklichkeit der Welt, die unter dem Gericht Gottes steht, in die Überwindung dieser Entfremdung hineingerissen ist und am Neuen Sein partizipiert.

"Die christliche Behauptung, daß das Neue Sein in Jesus als dem Christus erschienen ist, ist paradox. Sie ist das einzige, allumfassende Paradox des Christentums ... Die Erscheinung des Neuen Seins unter den Bedingungen der Existenz, sie richtend und überwindend, ist das Paradox der christlichen Botschaft ... und die Quelle aller paradoxen Aussagen des Christentums" (Syst. Theol. II 100.102).

Unter Voraussetzung dieses christologischen Grundparadoxes wird der überlieferte Lehrstoff in eine neue Systematik eingeschmolzen. In fünf großen Themenkomplexen, verteilt auf die drei Bände der Systematischen Theologie, gewinnt die Korrelation von philosophischer Frage und theologischer Antwort, von menschlicher Existenz und göttlicher Selbstoffenbarung, Bestimmtheit als Vernunft und Offenbarung; Sein und Gott (Bd. I), Die Existenz und der Christus (Bd. II), Das Leben und der Geist; Die Geschichte und das Reich Gottes (Bd. III). Mag die Methode der Korrelation in der Fassung, die sie bei Tillich erhalten hat, auch innere Spannungen aufweisen, so bleibt es doch seine große Leistung, mittels dieser Methode den Anspruch der christlichen Wahrheit auf *Universalität* aus dem Gestus der Behauptung herausgeholt und der Bewährung und Bewahrheitung ausgesetzt zu haben. Darauf beruht die Faszination seiner Theologie, und das macht ihre Bedeutung im 20. Jahrhundert aus.

3. Bewahrung des Erbes im Umfeld neuer Fragestellungen

a) DIEM, HERM. *(Bibliographie 1924-1964:* H. DIEM, sine vi - sed verbo, 1965, 274-281; *1965-1972:* DERS., Ja oder Nein, 1974, 293-296). - Philosophie und Christentum bei Sören Kierkegaard, 1929. - Restauration oder Neuanfang in der evangelischen Kirche? 1946. - Die Existenzdialektik von Sören Kierkegaard, 1950. - Theologie als kirchliche Wissenschaft. Handreichung zur Einübung ihrer Probleme. [I] 1951; II. Dogmatik. Ihr Weg zwischen Historismus und Existentialismus (1955) [4]1964; III: Die Kirche und ihre Praxis, 1963. - sine vi - sed verbo. Aufsätze, Vorträge, Voten, hg. von U.A. WOLF, 1965. - Ja oder Nein. 50 Jahre Theologie in Kirche und Staat, 1974.

VOGEL, H., Christologie, 1949. - Gott in Christo (1951) [2]1954. - Gesammelte Werke, Bd. 1-12, 1982-1987.

WEBER, O. *(Bibliographie 1928-1967:* O. WEBER, Die Treue Gottes und die Kontinuität der menschlichen Existenz, Ges. Aufsätze II, 1968, 162-168). - Grundlagen der Dogmatik I-II, (1955-1962) [7]1987. - Die Treue Gottes und die Kontinuität der menschlichen Existenz, Ges. Aufsätze I, 1967 und II, 1968.

KRECK, W., Grundfragen der Dogmatik (1970) [3]1985. - Tradition und Verantwortung. Ges. Aufsätze, 1974. - Grundfragen christlicher Ethik (1975) [3]1985. - Grundentscheidungen in Karl Barths Dogmatik, 1978. - Grundfragen der Ekklesiologie, 1981.

WOLF, E. *(Bibliographie 1925-1962:* GOLLWITZER, H./TRAUB, H. (Hg.), Hören und Handeln, 1962, 399-416). - Peregrinatio I: Studien zur reformatorischen Theologie und zum Kirchenproblem, 1954; II: Studien zur reformatorischen Theologie, zum Kirchenrecht und zur Sozialethik, 1965. - Sozialethik. Theologische Grundfragen, (1975) [2]1982.

IWAND, H.J. *(Bibliographie:* H.J. IWAND, Um den rechten Glauben, 1959, 269-275; DERS., Glaubensgerechtigkeit, 1980, 276-281). - Rechtfertigungslehre und Christusglaube. Eine Untersuchung zur Systematik der Rechtfertigungslehre Luthers in ihren Anfängen (1930) [3]1966. - Glaubensgerechtigkeit nach Luthers Lehre (1941) [4]1964. - Wider den Mißbrauch des pro me als methodisches Prinzip in der Theologie, ThLZ 79, 1954, 454-458. - Um den rechten Glauben. Ges. Aufsätze (I), hg. v. K.G. STECK, 1959. - Nachgelassene Werke I-VI, 1962-1974. - Glaubensgerechtigkeit. Ges. Aufsätze II, hg. v. G. SAUTER, 1980. - *Über Iwand:* SURKAU, H.-W., Iwand, TRE XVI 427-432 (Lit.)

b) THIELICKE, H., *Bibliographie 1932-1968:* LOHSE, B. - SCHMIDT, K.D. (Hg.), Leben angesichts des Todes, Festschrift zum 60. Geburtstag, 1968, 307-325. - *Hauptschriften:* Geschichte und Existenz, 1935. - Vernunft und Existenz, 1936 (ab 1957: Offenbarung, Vernunft und Existenz, [5]1967). - Das Gebet, das die Welt umspannt. Reden über das Vaterunser, (1945) [13]1973. - Theologie der Anfechtung, 1949. - Theologische Ethik I, (1951) [5]1981; II 1, (1955) [5]1986; II 2, (1958) [4]1987; III, (1964) [2]1968. - Der evangelische Glaube I, 1968; II, 1973; III, 1978. - Mensch sein - Mensch werden, (1976) [2]1980. - Leben mit dem Tode, 1980. - Glauben und Denken in der Neuzeit, (1983) [2]1988. - Zu Gast auf einem schönen Stern, 1984. - Auf der Suche nach dem verlorenen Wort. Gedanken zur Zukunft des Christentums, 1986. - *Sekundärliteratur:* BENTUM, A. VAN, Helmut Thielickes Theologie der Grenzsituationen, 1965. - GÜNTHÖR, A., Entscheidung gegen das Gesetz. Die Stellung der Kirche, Karl Barths und Helmut Thielickes zur Situationsethik, 1969. - NORDLANDER, A., Die Gottebenbildlichkeit in der Theologie Helmut Thielickes. Untersuchung eines Beispiels der personalistisch-existentiellen Konzeption der theologischen Anthropologie, Uppsala 1973. - WILTING, H.-J., Der Kompromiß als theologisches und als ethisches Problem. Ein Beitrag zur unterschiedlichen Beurteilung des Kompromisses durch H. Thielicke und W. Trillhaas, 1975.

c) TRILLHAAS, W., *Hauptschriften:* Seele und Religion. Das Problem der Philosophie Friedrich Nietzsches, 1931. - Grundzüge der Religionspsychologie, 1946 ([2]1953: Die innere Welt. Religionspsychologie). - Vom Wesen des Menschen, 1949. - Das apostolische Glaubensbekenntnis, 1953. - Ethik,

(1959) ^{3}1970. - Dogmatik, (1962) ^{4}1980. - Das Evangelium und der Zwang der Wohlstandskultur, 1966. - Sexualethik, 1969. - Religionsphilosophie, 1972. - Perspektiven und Gestalten des neuzeitlichen Christentums, 1975. - Aufgehobene Vergangenheit. Aus meinem Leben, 1976.

d) RATSCHOW, C.H., *Bibliographie 1935-1987:* RATSCHOW, C.H., Von der Gestaltwerdung des Menschen. Beiträge zur Anthropologie und Ethik, 1987, 381-398. - *Hauptschriften:* Magie und Religion, (1947) ^{2}1955. - Der angefochtene Glaube. Anfangs- und Grundprobleme der Dogmatik, (1957) ^{3}1967 (als Tb [1978] ^{5}1983). - Das Christentum als denkende Religion, NZSTh 5, 1963, 16-33. - Lutherische Dogmatik zwischen Reformation und Aufklärung I, 1964; II, 1966. - Gott existiert, (1966) ^{2}1968. - Die Religionen und das Christentum, NZSTh 9, 1967, 88-128. - Atheismus im Christentum? Eine Auseinandersetzung mit Ernst Bloch, (1970) ^{2}1971. - Die eine christliche Taufe, (1972) ^{3}1983. - Die Religionen, 1979 (= Handbuch Systematischer Theologie XVI). - Jesus Christus, 1982 (= Handbuch Systematischer Theologie V). - Von den Wandlungen Gottes. Beiträge zur Systematischen Theologie, hg. von KELLER-WENTORF, C./REPP, M., 1986. - Von der Gestaltwerdung des Menschen. Beiträge zu Anthropologie und Ethik, hg. von KELLER-WENTORF, C./REPP, M., 1987.

Parallel zur Arbeit an dogmatischen Einzelproblemen (Entmythologisierungsdebatte, Abendmahlsverständnis, "neue" Frage nach dem historischen Jesus) erscheinen nach dem Zweiten Weltkrieg neben den geschilderten großen Konzeptionen weitere dogmatische und ethische Gesamtdarstellungen, die in unterschiedlicher Weise an den bisher gewonnenen Problem- und Erkenntnisstand anknüpfen und ihn mit neuen Fragestellungen verbinden.

a) Der Theologie BARTHs in besonderem Maße verpflichtet sind die Werke der Lutheraner H. DIEM (1900-1975) und H. VOGEL (1902-1989) sowie der Reformierten O. WEBER (1902-1966) und W. KRECK (geb. 1908); auch E. WOLF (1902-1971), dessen "Sozialethik" posthum veröffentlicht worden ist, gehört zu diesem Kreis, desgleichen H.J. IWAND (1899-1960), der allerdings nicht durch eine zusammenfassende Darstellung seiner Theologie hervorgetreten ist, sondern mehr durch Einzelstudien und -voten in die Diskussion eingegriffen und gewirkt hat.

HERMANN DIEM, neben K. Barth vor allem durch KIERKEGAARD geprägt, dem er auch mehrere Arbeiten gewidmet hat, ließ im Rahmen eines dreibändigen Werkes "Theologie als kirchliche Wissenschaft" als zweiten Band eine Dogmatik erscheinen (1955), die aber nicht den gesamten dogmatischen Stoff, sondern lediglich eine Erörterung der üblicherweise in den Prolegomena verhandelten Probleme bietet. Sie spiegelt die damalige, vor allem durch BULTMANNs existentiale Interpretation und die neu aufgebrochene Frage nach dem historischen Jesus bestimmte Diskussionslage wider, ihre besondere Aufgabe wird als "Weg zwischen Historismus und Existentialismus" gekennzeichnet.

HEINRICH VOGEL hat seine - nur mit dem ersten Band publizierte - Christologie (1949) nicht fortgeführt, sondern 1951 seine Dogmatik "Gott in Christo" vorgelegt. Ohne explizite Auseinandersetzung mit der Tradition und ohne Grundsatzerklärung in den Prolegomena setzt sie steil mit der "Lehre von Gottes Wort, Sein und Wesen" ein. Vogel folgt Barth in den theologischen Grundeinsichten, bringt aber die Anfragen und Vorbehalte des Lutheraners vor allem in der Erwählungs- (937ff) und Sakramentslehre (849ff) zum Ausdruck.

Bei Wahrung des barthianischen Standpunktes im Grundsätzlichen wie im einzelnen läßt sich OTTO WEBER in den beiden Bänden seiner "Grundlagen der Dogmatik" (1955.1962) auf ein breites und offenes Gespräch mit der Tradition ein. Allerdings lenkt er darin wieder zum überlieferten dogmatischen Verfahren zurück, daß er die Prolegomena von dem hohen theologischen Anspruch, den Barth ihnen zugewiesen hatte, befreit und in diesem ersten Abschnitt lediglich "Fragwürdigkeit und Notwendigkeit christlicher Lehre" sowie das Verhältnis von Dogma und Dogmatik behandelt, die Trinitätslehre aber in die Dogmatik selbst verweist (IV. Abschnitt).

Die "Grundfragen der Dogmatik" und "Grundfragen christlicher Ethik" aus der Feder WALTER KRECKs haben den Charakter eines Grundrisses und beschränken sich auf die Darstellung einiger zentraler Probleme der Dogmatik und Ethik. Das Verständnis der "Grundfragen der Dogmatik" ist zudem dadurch belastet, daß eine Vielzahl von Problemen nicht in den Text integriert wird, sondern in Exkursen (mehr als ein Drittel des Textes!) am Ende des Buches zur Darstellung kommt. Auch Kreck reproduziert im wesentlichen Einsichten Barths, zeigt sich aber offen für Einwendungen gegen dessen Theologie, die ihn auf der Linie der reformatorischen Theologie von Fall zu Fall zu vorsichtigen Distanzierungen gegenüber Barth veranlassen. So urteilt er etwa zur Verhältnisbestimmung von Evangelium und Gesetz: "Man kann nicht leugnen, daß uns das Wort Gottes im Zeugnis der Schrift, sofern es uns als 'Gesetz' anredet, d.h. uns widerspricht, auf das hin fragt und stellt, was wir als Sünder immer schon sind, ohne es schon zu erkennen, während es uns als Zuspruch des Evangeliums ein neues Sein zusagt, das wir von uns aus gerade nicht haben. Es ist nicht dasselbe, ob mir das eine oder das andere gesagt wird..." (Grundfragen der Dogmatik [2]1977, 55-58; hier: 56). Im Endergebnis wird allerdings auch hier die Position Barths bezogen (a.a.O. 58; 264f). Im Blick

auf Barths Erwählungslehre sieht Kreck sich zu der Frage veranlaßt, ob sich die "triumphalen perfektischen Aussagen Barths über
die ein für allemal in Christus geschehene Verwerfung, die unsre
Verwerfung ausschließt", tatsächlich halten lassen (Grundentscheidungen in Karl Barths Dogmatik 214). Kritische Bedenken gegen
die Erwählungslehre zielen vor allem auf deren christologische Begründung, auf das Verhältnis von Erwählung und Verwerfung sowie auf dasjenige von Erwählung und Glaube. Stehen die Nichtglaubenden wirklich "unentrinnbar unter der Kuppel des Doms der
Gnadenwahl"? (a.a.O. 215-221; hier: 220). Aber in der Christologie
hält Kreck sich nicht an den zwischen Barth und Bultmann einst be-
siegelten und später festgehaltenen Konsens, sondern gesteht der
"Frage nach dem 'historischen' Jesus durchaus ihr Recht" zu
(Grundfragen der Dogmatik [2]1977, 71). Auch hier wie in anderen
Fällen bleibt es bei behutsamen, fragenden Erwägungen am Rande;
zu einer echten Auseinandersetzung mit der Theologie Barths
kommt es nicht.

ERNST WOLF versucht in seiner posthum aus Vorlesungsmanu-
skripten edierten "Sozialethik" (1975) wie schon in seinen beiden
Aufsatzbänden (Peregrinatio I. II) die Theologie Luthers mit dem
christologischen Ansatz Barths zu vermitteln, muß damit aber die
Schärfe der Barthschen Problemstellung in der Ethik, vor allem
dessen Differenzbewußtsein gegenüber den Reformatoren, wie es
sich in der Neuordnung des Verhältnisses von Evangelium und Gesetz ausspricht, ermäßigen. In der Durchführung bleibt Wolfs Sozialethik deshalb ohne klares Profil; ihren Schwerpunkt hat sie in
einer Institutionenlehre, die die klassischen sozialethischen Themen (Ehe, Arbeit, Beruf, Eigentum, Kirche, Staat) einer Neuinterpretation unterzieht.

HANS JOACHIM IWAND hat als Schüler R. Hermanns in seinen
Anfängen, etwa in der religionsphilosophisch ausgerichteten theologischen Dissertation von 1924 (Zur methodischen Verwendung
von Antinomien in der Religionsphilosophie. Dargestellt an Karl
Heims "Glaubensgewißheit"), ganz andere Schwerpunkte gesetzt als
später unter dem Einfluß K. Barths. Mit seiner Habilitationsschrift
über Luther (Rechtfertigungslehre und Christusglaube 1927/30)
wechselt er wohl das Thema, aber zur Annäherung an die Theologie Barths kommt es auch jetzt noch nicht, sondern erst im Zuge
des Kirchenkampfes. Allerdings bleibt auch hier die Beziehung
zunächst relativ distanziert, wie Iwands Besprechung von Band I 1
der Kirchlichen Dogmatik Barths aus dem Jahre 1935 zeigt. Schon
die Überschrift "Jenseits von Gesetz und Evangelium?" spricht für
sich (Um den rechten Glauben 87-109). Iwand fragt: "Geht es an,

den Gegensatz von Gesetz und Evangelium aus dem Mittelpunkt zu rücken und den anderen von Menschenwort und Gotteswort zum Thema der 'Kirchlichen Dogmatik', zum articulus stantis et cadentis ecclesiae zu machen?" (a.a.O. 104; ähnlich 109. Zur späteren Selbstkorrektur vgl. SURKAU a.a.O. 429). Die kirchenpolitische Gemeinsamkeit weitet sich zur theologischen aus. Auf der Linie des Barthschen Offenbarungsbegriffs setzt sich Iwand gegen die Anthropologisierung der neuzeitlichen Theologie zur Wehr, besonders gegen die Umformung des biblisch-reformatorischen "pro me" in ein methodisches Prinzip, das dogmatische Aussagen als metaphysische denunziert (Wider den Mißbrauch des *pro me* als methodisches Prinzip in der Theologie, a.a.O. 454). Iwand folgt Barth auch hinsichtlich der politischen Orientierung der christlichen Existenz und der Kirche nach 1945. Gegen die drohende Restauration in der Bundesrepublik argumentiert und kämpft er im Sinne des Pazifismus und setzt sich für die Versöhnung mit den östlichen Nachbarn ein (Frieden mit dem Osten. Texte 1939-1959; 1988). Eine abschließende Gestalt haben seine theologischen Grundüberzeugungen aber nicht mehr erfahren.

b) Anderer Herkunft und anderen Zuschnitts ist das von erstaunlicher Produktivität zeugende theologische Werk HELMUT THIELICKES (1908-1986). Seine Bedeutung verbindet sich vor allem mit den vier wuchtigen Bänden der "Theologischen Ethik", mit der er in der protestantischen Ethik der Nachkriegszeit die führende Rolle übernommen hat. Ihr ist dann noch eine dreibändige Dogmatik "Der evangelische Glaube" und eine theologische Anthropologie (Mensch sein - Mensch werden) gefolgt, eine Vielzahl von Einzelpublikationen nicht gerechnet.

Obwohl Thielicke der dialektischen Theologie entscheidende Anregungen verdankt und sich zur theologischen Schulung durch BARTH und E. BRUNNER bekannt hat, wahrt er doch eine eigenständige Position. Schon das Votum für die Dringlichkeit der ethischen Aufgabe vor der dogmatischen, das sich in der Abfolge seiner großen Publikationen bekundet, unterscheidet ihn von der dialektischen Theologie. Die Ethik beginnt mit dem Satz: "Wenn nicht alles trügt, rückt das Schwergewicht der theologischen Forschung gegenwärtig auf das Problem der Ethik hinüber." Vollends Ansatz und Durchführung seiner Theologischen Ethik markieren eine klare Differenz zu Barth, dessen Analogiemodell er eine Ethik des *Kompromisses* entgegenstellt. Dezidiert setzt Thielicke beim "Rechtfertigungsfaktum als Voraussetzung der evangelischen Ethik" an, sie ist ihr Herzstück. Die ethischen Akte konkretisieren das Rechtfertigungsfaktum, haben also einen lediglich demonstrativen Sinn. Da sich das Verhältnis des gerechtfertigten Menschen zu Gott aber immer in seinem Verhältnis zur Welt aktualisiert, bedarf es zur Orientierung des Handelns einer Analyse der Gegebenheiten und Ordnungen der Welt. Thielicke versteht seine Ethik geradezu als "christliche Interpretation der Wirklichkeit" (Vorwort zu III, 1964, VIII). Sie ist ausgezeichnet durch einen beispiellosen Drang zur Konkretion. Auf 3000 Seiten wird das Panorama der menschlichen Wirklichkeit im Zeitalter des "Säkularismus" in einer beeindruckenden Fülle von "Modellfällen" ausgebreitet. Diese Modellfälle, die vor allem an den "Grenz- und Konfliktsituationen" abgelesen sind, dienen nicht lediglich der Illustration ethischer Probleme, sie sollen "am konkreten Detail das ganze komplizierte Gewebe der Wirklichkeit sichtbar machen und damit die Gefahr des Mißverständnisses vermeiden, als habe die Ethik nur normative Grundsätze aufzustellen, unter die dann die einzelnen casus subsumiert werden könnten" (ebd. X).

Thielicke übernimmt den Begriff der "Grenzsituation" aus der Existenzphilosophie KARL JASPERS', gibt ihm aber eine streng theologische Fassung, indem er ihn nicht nur als Deutekategorie der individuellen Lebenssphäre, sondern der Seinsweise des ganzen Äons versteht (Theol. Ethik II 1, ^{2}1959, 205). Die Welt ist eingebettet in eine von der Schöpfung bis zum Jüngsten Gericht verlaufende Lebensbewegung. Sie hat sich gegen ihren Grund und Ursprung gekehrt, und doch gibt Gott sie nicht dem Verderben preis. In Christus hat sich die "Wende der Äonen" ereignet, ist der alte Äon des Abfalls überboten durch den neuen Äon der gnädigen Zuwendung Gottes. Wohl ist die Macht des alten Äons gebrochen, aber noch nicht definitiv besiegt. In dieser Spannung der Äonen vollzieht sich menschliches Handeln als "Konflikt", die Grenzsituation ist also "eschatologisch" qualifiziert, nicht nur das Ergebnis der Ungunst von Zeit und Umständen.

Die Verortung der Welt im Schnittpunkt der Äonen erklärt die zentrale Bedeutung des "Kompromisses" in der Ethik Thielickes. Der Mensch bleibt in seinem ethischen Handeln auf den Kompromiß angewiesen, wenn er nicht einem schwärmerischen Radikalismus verfallen will, der mehr zerstört als aufbaut. Der gerechtfertigte Mensch kann das Liebesgebot nicht unmittelbar verwirklichen, er muß es bei allem Wissen um die tiefe Fragwürdigkeit des Kompromisses, der immer auf dem Sprunge ist, in den "faulen" Kompromiß umzuschlagen, auf die eigengesetzlichen Ordnungen der gefallenen Welt abstimmen. Darin aber schattet der menschliche Kompromiß den "Kompromiß" Gottes mit der Welt ab. Gott nimmt sich der gefallenen Welt in Gesetz und Evangelium an, indem er sich ihr anpaßt, sich ihr "akkommodiert". Am eigentlichen Willen Gottes müßte die Welt zerbrechen, aber Gott schneidet ihr die Lebensmöglichkeiten nicht ab, sondern läßt sich in seiner Geduld auf einen Kompromiß mit ihr ein, relativiert seine Forderung und macht die vom Menschen geschaffene Situation seinem eigenen Heilsplan dienstbar. In den Gesetzen des noachitischen Bundes (Gen 9,1ff) erläßt er eine Ordnung, die auch das Mittel der Gewalt und der Tötung zuläßt, um den Ausbruch neuer Gewalt und drohendes Chaos zu verhindern. Freilich bleibt der Kompromiß "Notordnung", er hat nicht die Dignität einer Schöpfungsordnung, aus der sich Gottes Wille ablesen ließe. Einzig im Evangelium, in Jesus Christus können wir Gott ins Herz schauen und seine Geduld unter der Verborgenheit des Gesetzes als seine Gnade entschlüsseln (Theol. Ethik II 1, 190-201).

Der Kompromißgedanke bestimmt insbesondere die Konzeption der politischen Ethik Thielickes (Theol. Ethik II 2, [4]1987), die auf eine Neuinterpretation der Zwei-Reiche-Lehre Luthers zielt. Angesichts der geschichtlichen Erfahrung mit dieser Lehre möchte Thielicke die Verklammerung der beiden Reiche systematisch besser sichern, als es Luther anscheinend gelungen ist. Mit den kritischen Rückfragen, die sich mehr auf die vorliegende Form als auf das Prinzip der Lehre Luthers beziehen (Theol. Ethik I, [2]1958, 589-610), nimmt Thielicke ein Anliegen Barths auf, lehnt aber dessen Analogiemodell ab, u.a. auch deshalb, weil es gegen Beliebigkeit der aus ihr geschlossenen Konsequenzen nicht geschützt ist (Theol. Ethik I 417f; II 2, 765). Nach Thielickes Einschätzung kommt das eschatologische Vorzeichen der Zwei-Reiche-Lehre in ihrer Ausformung nicht bestimmend zur Geltung (Theol. Ethik I 607). Das weltliche wird durch das geistliche Reich zu wenig in Frage gestellt. Alle anderen Einwände lassen sich auf diesen Grundeinwand zurückführen. Thielicke kann seinen Vorbehalt im ersten Band seiner Theologischen Ethik auch so aussprechen, daß das Handeln im Weltreich bei Luther infolge der Enteschatologisierung der Bergpredigt die Gestalt des "Kompromisses" annimmt (608f)! Die kritische Reserve gegenüber dem Begriff des Kompromisses ist unüberhörbar. Hier kommt es ab Band II 1 der Theologischen Ethik zu einer Modifikation: Die Kritik an der Sache der Enteschatologisierung wird beibehalten, die Zurückhaltung gegenüber dem Begriff des Kompromisses aber aufgegeben und förmlich ins Gegenteil gekehrt, sofern ihm nun eine Schlüsselfunktion zukommt. Von der systematischen Anlage her nehmen sich die grundsätzlichen Unterschiede der Ethik Thielickes, vor allem seiner "Ethik des Politischen", zum reformatorischen Ansatz - möglicherweise aufgrund dieser Modifikation - dann doch nicht so einschneidend aus, wie man zunächst hätte meinen können. In der Themen- und Problemstellung freilich ist diese Ethik ein Werk der modernen Zeit.

Die dreibändige Dogmatik "Der evangelische Glaube" (I 1968, II 1973, III 1978) leitet Thielicke ebenso wie schon die Theologische Ethik mit einer Verständigung über die gegenwärtige Situation ein. Aber was dort unter der Überschrift "Krisis und Verheißung der christlichen Ethik im Zeitalter des Säkularismus" auf weniger als 80 Seiten verhandelt werden konnte, das beansprucht nun einen ganzen (I.) Band; auf 600 Seiten kreisen diese Prolegomena um "Die Beziehung der Theologie zu den Denkformen der Neuzeit". Für die übrigen beiden Bände legt Thielicke die trinitarische Abfolge der Themen zugrunde und bringt im II. Band die Gotteslehre und Christologie, im III. die Theologie des Geistes zur Darstellung. Inhaltlich steht der I. Band der Dogmatik insofern dem I. Band der Theologischen Ethik nahe, als hier für die Klärung der Prinzipien der Ethik dogmatische Einsichten und Urteile maßgebend sind und also die wesentlichen Intentionen schon aussprechen (Der evangelische Glaube I, VIII). Aber es ist nicht zu übersehen, daß sich das Klima der Erörterungen verändert hat. Vermittelt die Ethik den Eindruck einer großen Offenheit ihres Autors für die Probleme der modernen Welt, so setzt die Dogmatik spürbar kritische Akzente und bringt vornehmlich die durch das neuzeitliche Denken ausgelösten Gefährdungen für die Theologie und die Kirche zur Sprache. Die breite und grundsätzliche Auseinandersetzung mit den Denkformen der Neuzeit im I. Band, die sich in den beiden folgenden Bänden fortsetzt, ist Ausdruck einer verschärften Bewußtseinslage, zu der u.a. die Schüler und Enkel BULTMANNs beigetragen haben (135-143). Allerdings steht Thielicke mit den ausladenden Prolegomena seinen eigenen Interessen und Zielsetzungen insofern im Wege, als er sich mit ihnen entschlossen gegen eine Theologie wenden will, "die sich allzu ausgiebig mit Situationsanalysen des sogenannten 'modernen Menschen' befaßt, die ständig den Zeitgenossen ortet, nach der Möglichkeit seines Verstehens fragt und unter der Hand dann von den Bedingungen dieses Verstehens abhängig wird" (VI f). Von solcher polemischen Abgrenzung her muß jedenfalls der extensiv geführte kritische Dialog mit dem neuzeitlichen Bewußtsein überraschen. Thielickes Erklärung, seine Prolegomena unterschieden sich von den sonst unter diesem Begriff vorgetragenen Erwägungen und würden über die "bloße Zeitdiagnose" hinaus in tiefere Schichten verstoßen (VI), kann deshalb nicht überzeugen, weil es in den sogenannten Prolegomena in der Regel immer um mehr als die blanke Zeitdiagnose gegangen ist und geht.

Thielicke vollzieht eine Selbsteinordnung seiner Dogmatik mit Hilfe der Unterscheidung von "modern" und "konservativ" bzw. von "cartesianischer" und "nicht-cartesianischer" Theologie. Nicht nur die moderne, auch die konservative Ausrichtung repräsentiert für Thielicke einen Grundtypus *neuzeitlicher* Theologie. Das Begriffspaar ist aber in hohem Maße assoziativ besetzt und Ausdruck einer Alternative, die Thielicke gerade überwinden möchte. Für sein eigenes Unternehmen schwebt ihm nicht eine "Vermittlungstheologie" vor, die aus kühler Distanz heraus die Differenzen zur Mitte hin ausgleicht, sondern - man fühlt sich an Tillich erinnert - eine "dritte Position" (X) jenseits dieser Gegensätze. Um sie zu verdeutlichen, ersetzt er die mißverständliche Unterscheidung von "modern" und "konservativ" durch die andere von "cartesianischer" und "nicht-cartesianischer" Theologie. Beide Unterscheidungen sind nicht identisch, weisen aber Affinitäten auf: für den modernen Typus ist das auf das Selbstbewußtsein konzentrierte cartesianische Denkmodell leitend, das nicht-cartesianische hingegen zeigt sich aufgeschlossen für die legitimen Anliegen des konservativen Typus. Der gewählte Titel des Werkes scheint zunächst freilich in die entgegengesetzte Richtung zu weisen und die durch Schleiermachers Werk "Der christliche Glaube" begründete Tradition der "Glaubenslehre" fortzusetzen. Thielicke nennt sein Werk (anstelle des ursprünglich geplanten Titels "Das Sein in der Wahrheit") "Der evangelische Glaube", meint damit aber nicht den Glauben als Moment unseres Bewußtseins, sondern das Gegenüber des Glaubens. Es geht immer auch, aber nicht primär, um das Subjekt des Glaubens, "sondern um das ..., 'woran' der Glaube glaubt und wodurch das Subjekt dann zur 'neuen Kreatur' verwandelt wird" (XI). Der geschenkte Glaube darf nicht als Heilstat gleichrangig neben das einst Geschehene treten und als solcher Gegenstand des theologischen Interesses werden. Er bleibt ein nachgängiger Akt, durch den dem Menschen das einst Geschehene zugeeignet wird. "Der Glaube ist nur die Ratifizierung des Bundes Gottes für mich" (165). Es muß die *Vorgegebenheit* des Glaubensgegenstandes gewahrt und vor einer Auflösung in einen existentiellen Prozeß geschützt werden. Solche Auflösung sieht Thielicke im cartesianischen Typus von Theologie angelegt, dem er Theologen wie Spener, Lessing, Schleiermacher, Bultmann und auch Tillich, mit dem ihn sonst viel verbindet, zuordnet. Ihnen gegenüber plädiert er für den theologischen Einsatz bei der Lehre vom Heiligen Geist (164-176), weil es nach seinem Verständnis gerade die Funktion des Geistes ist, das Geschehen der Zuwendung Gottes zum Menschen in Christus in seinem "exterritorialen" Charakter zu wahren (169). Unter solchem

Vorzeichen werden dann die für das moderne Bewußtsein signifikanten Phänomene wie "Tod Gottes" und die Säkularisation kritisch diskutiert.

Für die Erörterung der Gotteslehre und Christologie im II. Band hält Thielicke sich enger an die traditionellen Lehrstücke, deren substantieller Gehalt gegen Tendenzen der Auflösung bei Schleiermacher, A. Ritschl, W. Herrmann und E. Troeltsch gesichert werden soll. Auch gegen das Korrelationsmodell Tillichs wie gegen die Lehre von der Ur-Offenbarung bei P. Althaus macht Thielicke Bedenken geltend (23-29), desgleichen gegen bestimmte Ausführungen Bonhoeffers in seinen Gefangenschaftsbriefen zur Krise des Gottesgedankens angesichts der mündig gewordenen Welt (78f). Die Interpretation des Wortes Gottes als Gesetz und Evangelium, eher ein Thema der Prolegomena, wird überraschenderweise am Ende der Gotteslehre verortet (129-317), allerdings im III. Band im Rahmen der Lehre über die Heilige Schrift noch einmal aufgenommen (III, 235-253). Dieser III. Band, der mit der Lehre vom Heiligen Geist zum Einsatzpunkt der Dogmatik zurücklenkt und nun direkt entfaltet, was bisher als indirekte Lichtquelle die Erörterungen bestimmte, hebt sich durch die Geschlossenheit seiner Konzeption von den ersten beiden Bänden ab. Unter dem systematischen Leitbegriff der *Vergegenwärtigung* bedenkt Thielicke den Heiligen Geist in den unterschiedlichen Weisen seines Wirkens. Nach einer Grundlegung (1) "Der heilige Geist als Macht der Vergegenwärtigung" werden (2) Die Heilige Schrift als "Das Mittel der Vergegenwärtigung des Geistes", (3) Die Kirche als "Die Gestalt der Vergegenwärtigung", (4) Das Verhältnis des Evangeliums zur Welt der Religionen als "Die Exklusivität der Vergegenwärtigung" und schließlich (5) die Eschatologie als "Die Überbietung der Vergegenwärtigung" erörtert. Das geschieht unter Wahrung des "nicht-cartesianischen" Aspektes, der dieser Dogmatik insgesamt einen neuzeit-kritischen Zug verleiht.

c) Auch WOLFGANG TRILLHAAS (geb. 1903) hat seine "Ethik" vor der "Dogmatik" erscheinen lassen und dem Bewußtsein Ausdruck verliehen, daß die christliche Wahrheit sich dem Menschen der Neuzeit weithin nur noch über die Ethik erschließt. "Wir sind in das ethische Zeitalter des Christentums eingetreten" (Ethik, [3]1970, VIII). Trillhaas nennt seine Ethik bewußt nicht "christlich" oder "theologisch", um dem Tatbestand Rechnung zu tragen, daß die Fragen der Ethik primär unserem Mensch-Sein, nicht unserem Christ-Sein entstammen. "Das Rohmaterial, die Urproblematik der Ethik ist in der christlichen keine andere als sonst und immer in der Ethik" (15). Darin gründet die Universalität der ethischen Fragestellung, die Sicht des christlichen Glaubens kommt in einem zweiten Schritt "hinzu". Freilich hat die christliche Ethik in Gott, dem Schöpfer aller Dinge, und in Jesus Christus, dem Versöhner der ganzen Welt, die absolute Begründung ihrer Universalität, aber sie kann diesen theologischen und christologischen Ursprung nicht unmittelbar, sondern nur in der Kommunikation mit den ethischen Problemen, die mit unserem Mensch-Sein gegeben sind, zur Sprache bringen. In der Ausführung schlägt sich diese Einsicht so nieder, daß Trillhaas, der seine philosophische Schulung der Phänomenologie verdankt, die ethischen Phänomene, darunter eine Reihe vernachlässigter Themen, zunächst ihrem Wesensgehalt nach beschreibt, um sie dann im Lichte des christlichen Glaubens zu erörtern. So ergibt sich ein kontinuierliches Gespräch der christlichen mit der philosophischen Ethik.

Auch die "Dogmatik" läßt dieses philosophische Interesse erkennen. Die klassischen Themen dieser Disziplin mit ihren herkömmlichen Bestimmungen werden vor dem Hintergrund des neuzeitlichen Wahrheitsbewußtseins kritisch durchleuchtet. Darin nimmt Trillhaas ein Motiv der Theologie Hirschs auf, gleichzeitig befindet er sich in fortlaufender Auseinandersetzung mit der Theologie Barths, der in Göttingen zu seinen theologischen Lehrern zählte. Im Gegensatz zu dieser Tradition erfährt der Religionsbegriff, den Trillhaas in seiner "Religionsphilosophie" eingehend analysiert hat, eine neue dogmatische Würdigung. Zur Besonderheit dieser Dogmatik, die den Standpunkt eines dem neuzeitlichen Problem- und Wirklichkeitsbewußtsein geöffneten Luthertums repräsentiert, gehört es, daß sie der Lehre von der Kirche ihren Ort in den Epilegomena anweist und damit das dem Protestantismus von Hause aus eingestiftete kirchenkritische Element erneut zum Bewußtsein bringt.

d) Unbeirrt durch die Einsprüche der dialektischen Theologie hat sich in der gegenwärtigen protestantischen Theologie vor allem CARL HEINZ RATSCHOW (geb. 1911), darin eines Sinnes mit W. TRILLHAAS, der Religionsthematik angenommen. Der Sachverhalt fällt allerdings in Ratschows Buch "Der angefochtene Glaube" (^{3}1967), das keine Dogmatik im üblichen Sinne, sondern lediglich einen Durchgang durch die "Anfangs- und Grundprobleme der Dogmatik" (so der Untertitel) darstellt, nicht sofort ins Auge. Hier wird der Religion bzw. den Religionen eine vergleichsweise marginale Rolle zugewiesen. Der angefochtene Glaube "vertritt" gewissermaßen die Religionsthematik, sofern der Christ in der Anfechtung als *homo religiosus* auf Gott bezogen ist. Hier erfährt der Glaubende Gott nicht in seiner Offenbarung, sondern in seiner

Verborgenheit, ist "alles verfinstert", bleibt nur eine "undurchschaubare Ambivalenz von Zorn und Liebe, Verderben und Segen" (286.279). Angesichts dieser unerträglichen Situation geht es dem homo religiosus darum, Gottes Liebe zu gewinnen. In den Religionen wird das über religiöse Praktiken und Werke für möglich gehalten, nach dem Verständnis des christlichen Glaubens ist dem Menschen solch ein Weg versperrt. In der Anfechtung, die er nicht als Ausgangspunkt seines Aufstiegs zu Gott, sondern umgekehrt von der in Christus vollzogenen Heilszusage Gottes aus erfährt, kann er sich nur in der Tiefe an Gott verlieren. "Hierin steckt die schlechthinnige Antithese zu Wissen und Weg der Religionen" (280). Aber es besteht auch eine Analogie, da alle Religionen darum wissen, daß das Leben nur durch Sterben zu gewinnen ist. Auf dieser Einsicht beruht der Wahrheits- und Wirklichkeitsanspruch der Religionen. So lassen sich "Analogie wie Antithese zwischen Christentum und Religion unter der Klammer des *sub contrario* handelnden Gottes erfassen" (287).

Von solch einer Zuordnung aus werden die Probleme der Religion in großer Unbefangenheit in die theologische Erörterung einbezogen. Ratschow hält die theologische Selbstisolierung des Christentums schon angesichts der weltweiten Begegnung der Religionen für eine unhaltbare Situation. Die dogmatische Beurteilung der Religionen als Versuche der Selbsterlösung des Menschen, als Götzendienst oder als Heidentum und die daraus gewonnene Behauptung eines ausschließenden Gegensatzes von Christentum und außerchristlichen Religionen beruhen nach seinem Urteil auf einer Verkennung der positiven Religionen. "Es gibt keinen 'Gedanken' christlicher Glaubenseinsicht, der sich nicht an anderen Religionen so erweisen ließe, daß die Tiefe seiner religiösen Kraft in analoger Klarheit hervorträte" (Die Religionen 94). Insofern bedeuten die Religionen für das Christentum eine Herausforderung. Außerdem haben die grundlegenden Einsichten des christlichen Glaubens ihre denkerische Entfaltung im Kontext religiöser Vorstellungen erfahren, so daß "die christliche Dogmatik wie die christliche Ethik zu ihrem eigenen Selbstverständnis der religionsgeschichtlichen Arbeit bedarf" (95). Erst auf dem Hintergrund solcher Verzahnungen und Gemeinsamkeiten können auch die Differenzen herausgearbeitet werden. Die Besonderheit des Christentums gegenüber den Religionen besteht nach Ratschow darin, daß das Christentum in einem spezifischen Sinne "denkende Religion" ist (NZSTh 5, 1963, 16ff), daß sich in ihm dann aber vor allem das Verhältnis von religiöser Tat und Heil, von *mortificatio* und *vivificatio* grundsätzlich anders bestimmt. Während sich in den Religionen Leben auf dem

Weg über religiöses Tun aufbaut, ist dieser Akt nach christlichem Verständnis dem Heile konsekutiv, nicht konstitutiv (NZSTh 9, 1967, 125f).

Diese Öffnung der Theologie für das Verständnis der Religionen drängt zur Wiederaufnahme der religionsphilosophischen Fragestellung. Sie hat sich niedergeschlagen in der "Neuen Zeitschrift für Systematische Theologie", die seit 1959 zunächst unter der Herausgeberschaft von P. ALTHAUS und C.H. RATSCHOW erschienen ist und seit 1963 den Titel "Neue Zeitschrift für Systematische Theologie und Religionsphilosophie" trägt. Mit dieser Titeländerung und einem erweiterten Herausgeberkreis um Ratschow (Hg. von 1966-1985) verbindet sich ein Programm, zu dem es u.a. heißt: "Die religionsphilosophische Forschung ist während der durch die dialektische Theologie Karl Barths bestimmten Episode in der evangelischen Theologie in Deutschland nahezu zum Erliegen gebracht und die Tradition religionsphilosophischer Forschung ist schmal geworden. Damit aber ist das Gespräch der Theologie mit den übrigen Wissenschaften gefährdet: Die Basis gegenseitigen Verstehens steht mit der systematisch gestellten, religionsphilosophischen Fragestellung auf dem Spiele. Aber die Theologie bedarf auch selbst dieser Fragestellung und ihrer Erforschung, um sich als systematische Theologie der sachgemäßen Durchdenkung des ihr von Exegese und Dogmengeschichte zugereichten Glaubensgrundes und -vollzuges annehmen zu können" (NZSTh 5, 1963, 1).

4. Grundzüge hermeneutischer Theologie (GERHARD EBELING)

EBELING, G., *(Bibliographie 1933-1982:* JÜNGEL, E. - WALLMANN, J./WERBECK, W. (Hg.), Verifikationen. Festschrift für Gerhard Ebeling zum 70. Geburtstag, 1982, 523-540). - *Hauptschriften:* Evangelische Evangelienauslegung. Eine Untersuchung zu Luthers Hermeneutik, (1942) ³1990. - Art. Hermeneutik, ³RGG III (1959), 242-262. - Das Wesen des christlichen Glaubens, (1959) 17.-21. Tsd. 1963 (als Tb [1964] ⁴1977). - Wort und Glaube (= WuG) I, (1960) ³1967; II, 1969; III, 1975. - Theologie und Verkündigung, (1962) ²1963. - Luther. Einführung in sein Denken, (1964) ⁴1981. - Wort und Tradition, 1966. - Gott und Wort, 1966. - Einführung in theologische Sprachlehre, 1971. - Lutherstudien I, 1971; II 1, 1977; II 2, 1982; II 3, 1989; III, 1985. - Studium der Theologie, (1975) ²1977. - Dogmatik des christlichen Glaubens I, (1979) ³1987; II, (1979) ³1989; III, (1979) ²1983. - Zu meiner "Dogmatik des christlichen Glaubens", ThLZ 105, 1980, 721-733. - Die Wahrheit des Evangeliums. Eine Lesehilfe zum Galaterbrief, 1981. - Umgang mit Luther, 1983. - *Über Ebeling:* GELDER, K., Zum Zusammenhang von Glaube und Erfahrung. Eine kritische Auseinandersetzung mit Gerhard Ebelings "Dogmatik des christlichen Glaubens" im Kontext der gegenwärtigen evangelisch-theologischen Diskussion, Diss. Theol. Erlangen 1989. - GOEBEL, H.T., Wort Gottes als Auftrag (s.o. I.1.h). - KIENZLER, K., Logik der Auferstehung (s.o. I.1.h). - KNAUER, P., Verantwortung des Glaubens. Ein Gespräch mit Gerhard Ebeling aus katholischer Sicht, 1969. - LORENZ, R., Die unvollendete Befreiung vom Nominalismus. Martin Luther und die Grenzen hermeneutischer Theologie bei Gerhard Ebeling, 1973. - LORENZ-MEIER, T., Exegese und Hermeneutik (s.o. I.1.h). - RASKE, M., Sakrament, Glauben, Liebe. Gerhard Ebelings Sakramentsverständnis - eine Herausforderung an die katholische Theologie, 1973. - RUOKANEN, M., Hermeneutics as an ecumenical method in the Theology of Gerhard Ebeling, 1982. - SELVATICO, P., Glaubensgewißheit. Eine Untersuchung zur Theologie von Gerhard Ebeling, 1977. - THAIDIGSMANN, E., Auf der Suche nach dem Fundamentalen. Zum Thema "Wirklichkeit" in der Theologie Gerhard Ebelings, EvTh 42, 1982, 350-366. - WERBICK, J., Die Aporetik des Ethischen und der christliche Glaube. Studien zur Fundamentaltheologie Gerhard Ebelings, 1976.

FUCHS, E., Hermeneutik (1954) [4]1970. - Ges. Aufsätze I-III: I. Zum hermeneutischen Problem in der Theologie. Die existentiale Interpretation (1959) [2]1965; II. Zur Frage nach dem historischen Jesus (1960) [2]1965; III. Glaube und Erfahrung. Zum christologischen Problem im Neuen Testament, 1965. - Marburger Hermeneutik, 1968. - Jesus. Wort und Tat, 1971.

Verstehen gehört zu den elementaren Vollzügen der Theologie. Sie gründet sich auf biblische Texte, die der Erschließung ebenso bedürfen wie die Tradition, die den Hintergrund der je eigenen Arbeit bildet. Jeder Verstehensprozeß ist bewußt oder unbewußt von einem Verstehen über das Verstehen begleitet. *Hermeneutik* als Kunst des Verstehens oder als Lehre vom Verstehen bezieht sich auf den immer schon im Fluß befindlichen Prozeß des Verstehens und klärt ihn nach seinen Grundlagen, Voraussetzungen und Bedingungen. Eine Verständigung über die Voraussetzungen des Verstehens wird in dem Augenblick nötig, in dem das Verstehen in eine Krise gerät. Das geschieht nach Ansätzen in der Reformation erst in und mit der Neuzeit. Als Begründer der Hermeneutik im Sinne einer methodisch geklärten Disziplin gilt SCHLEIERMACHER (vgl. F. SCHLEIERMACHER, Hermeneutik und Kritik mit besonderer Beziehung auf das Neue Testament, hg. von F. LÜCKE = Sämtl. Werke I, 7, 1838). Seit und mit der Einsicht in die Unausweichlichkeit historisch-kritischer Arbeit in der Theologie gehört die Reflexion auf das hermeneutische Problem zu deren dauerhaften Aufgaben. Auch der Neueinsatz der dialektischen Theologie als Bemühung um das angemessene Verständnis des Wortes Gottes ist im eminenten Sinne hermeneutisch ausgerichtet. Obwohl BARTH mit der Auslegung des Römerbriefes einen eigenen Beitrag zum Verstehensprozeß leistet und in den Vorworten zu den neuen

Auflagen auch direkt in den hermeneutischen Streit eingreift, zeigt er sich an grundsätzlichen Problemen der Hermeneutik nicht interessiert. Die theoretisch zugestandene Geltung der historisch-kritischen Methode wird durch den faktischen Umgang mit ihr untergraben - oder überboten. So wie die Theologie keinen allgemein geltenden Begriff von Wissenschaft als für sich verbindlich anerkennen kann (vgl. KD I, 1, 3-10), genausowenig darf sie sich für die Aufgabe des Verstehens von einer allgemeinen Hermeneutik leiten lassen. Vielmehr gilt umgekehrt:

"Gerade am Menschenwort der Bibel muß das gelernt werden, was hinsichtlich des menschlichen Wortes im Allgemeinen zu lernen wäre ... (G)erade die allgemein und allein gültige Hermeneutik müßte an Hand der Bibel als Offenbarungszeugnis gelernt werden" (KD I, 2, 515).

Ganz anders stellt sich das hermeneutische Problem für BULTMANN dar (vgl. auch IV.2. = 124-129). Sein positives Interesse an hermeneutischen Fragestellungen ist doppelt motiviert. Einmal steht für ihn als Neutestamentler die Gültigkeit der historisch-kritischen Forschungsmethode, die ihrerseits der kritischen Reflexion bedarf, außer Frage. Zu seinen besonderen Leistungen zählt gerade die Ausdifferenzierung der historischen Kritik zur formgeschichtlichen Methode. Zum anderen entwickelt Bultmann seine Grundsätze des Verstehens unter dem Einfluß der Existentialontologie M. Heideggers. Heidegger, seinerseits durch W. Dilthey angeregt, weitet Hermeneutik aus zu einer Analytik des Daseins "als Freilegung des Horizontes für eine Interpretation des Sinnes von Sein überhaupt". Gegenüber solch einer Auslegung des Seins am Leitfaden der Geschichtlichkeit des Daseins stellt Hermeneutik als Methodologie der historischen Geisteswissenschaften lediglich einen Sonderfall dar. Bultmann folgt Heidegger insoweit, als sich auch für ihn Hermeneutik nicht in der Klärung von Interpretationsgrundsätzen für historische Texte erschöpfen kann, sondern das Subjekt des Verstehens in die Reflexionen einschließen muß. Seit Mitte der 20er Jahre hat Bultmann sich wiederholt zum Problem der Hermeneutik geäußert und mit dem Titel seiner 4 Aufsatz-Bände "Glauben und Verstehen" die Bedeutung des Themas unterstrichen. Mit der engen Verzahnung von Theologie und Anthropologie sind die Voraussetzungen für sein Verständnis von Hermeneutik gegeben; seinen Schwerpunkt hat es in der Theorie des "Vorverständnisses". Gottes Offenbarung trifft den Menschen nicht als Klotz oder Stein, sondern als ein Wesen, das schon immer um sich selbst weiß und suchend oder fragend auf Gott bezogen ist.

Das Verstehen von Berichten über Ereignisse als Handeln Gottes setzt "ein Vorverständnis dessen voraus, was überhaupt Handeln Gottes heißen kann, - im Unterschied etwa vom Handeln des Menschen oder von Naturereignissen. Und wenn entgegnet wird, der Mensch könne vor der Offenbarung Gottes auch nicht wissen, wer Gott sei, ... so ist zu antworten, daß *der Mensch sehr wohl wissen kann, wer Gott ist, nämlich in der Frage nach ihm ...* Im menschlichen Dasein ist ein existentielles Wissen um Gott lebendig als die Frage nach 'Glück', nach 'Heil', nach dem Sinn von Welt und Geschichte, als die Frage nach der Eigentlichkeit des je eigenen Seins." Das existentielle Vorverständnis ist "der Sachbezug auf die Offenbarung" (GuV II, 231f).

ERNST FUCHS (1903-1983), während seines Studiums in Marburg gleichzeitig Schüler Bultmanns und mit der Philosophie Heideggers befaßt, sieht sich vor allem durch sein neutestamentliches Arbeitsgebiet zur Auseinandersetzung mit hermeneutischen Problemen veranlaßt. Er knüpft an Bultmann an, gibt der Fragestellung aber durch die Konzentration auf die *Sprache* eine neue Wendung. In Arbeitsgemeinschaft mit G. EBELING schärft er das Bewußtsein für die Dringlichkeit der Hermeneutik ein und belebt in den 50er und 60er Jahren mit seinen originellen Beiträgen (Hermeneutik 1954; Zum hermeneutischen Problem in der Theologie 1959; Marburger Hermeneutik 1968) die hermeneutische Diskussion. "Hermeneutik ist im Bereich der Theologie Sprachlehre des Glaubens." Mit diesem Satz eröffnet Fuchs seine Hermeneutik von 1954. Die Sprache hat für das Problem des Verstehens zunächst grundsätzliche Bedeutung, sofern Wirklichkeit sich nur sprachlich erschließt. Wirklich ist nur das, "was als gegenwärtig ... zur *Sprache* gebracht werden kann" (Hermeneutik 1954, 130). Ohne Sprache bleibt die Wirklichkeit stumm, gibt es keine Bedeutung und also auch kein Verstehen. Allerdings erläutert Fuchs diesen philosophischen Gedanken ohne jede Bezugnahme auf die reiche sprachphilosophische bzw. -analytische Debatte. Für die Theologie ergibt sich über diesen grundsätzlichen Zusammenhang von Wirklichkeit und Sprache hinaus die Bedeutung der Sprache für das Problem des Verstehens aus der Besonderheit des Wortes Gottes, das in historischen Texten zu uns spricht. In der Begegnung mit dem durch die Verkündigung vermittelten Wort Gottes kommt es zum "Sprachereignis". Sprachereignis meint nicht schlichte Mitteilung, sondern das Geschehen, in dem sich Gottes Liebe zum Menschen zur Sprache bringt und sich so "ereignet" (Zum hermeneutischen Problem in der Theologie, 129f; Zur Frage nach dem historischen Jesus 428). Hermeneutik als Sprachlehre des Glaubens verleiht der Exegese ein starkes Gefälle zur Verkündigung. Außerdem hält Fuchs von diesem hermeneutischen Ansatz aus - gegen Bultmann - die Rückfrage nach dem "historischen Jesus" für unumgänglich. Auch das verbindet ihn mit G. Ebeling, mit dem er überdies (und gemeinsam mit Manfred Mezger) seit 1962 die Reihe "Hermeneutische Untersuchungen zur Theologie" herausgibt.

Vor allem GERHARD EBELING (geb. 1912) hat die theologische Aufgabe als eine hermeneutische begründet und präzisiert. Das Werk Martin Luthers bildet dafür den historischen Hintergrund und das systematische Fundament. Es gilt, die reformatorische Grundbeziehung von Wort und Glaube "als theologische Prinzipienlehre gegenwärtig zu verantworten" (WuG I, V). Das geschieht in Gestalt hermeneutischer Theologie; der Titel der drei Aufsatzbände "Wort und Glaube" steht für Programm und Ziel dieser Theologie. Der hermeneutische Schwerpunkt wird schon in der Dissertation zu Luthers Hermeneutik gesetzt (Evangelische Evangelienauslegung 1942) und hält sich bis in die Gegenwart durch. Der hermeneutischen Theologie gelten nicht nur die systematischen Arbeiten Ebelings, auch seine historischen Studien dienen der Klärung ihres Verständnisses. Allerdings greifen sie weiter. Das Lebenswerk Ebelings hat in der hermeneutischen Theologie seine Mitte, erschöpft sich aber nicht in ihrer Begründung und Entfaltung, sondern ist thematisch reicher. Seine Studien zur Theologie Luthers setzen bei aller Konzentration auf das hermeneutische Grundthema noch einmal andere Schwerpunkte und repräsentieren eine Forschungsleistung besonderen Ranges. Das gilt vor allem für die weit ausholende Interpretation von Luthers Disputatio de homine, die jetzt in drei Bänden vorliegt (Lutherstudien II, 1-3, 1977-1989).

Mit der Dissertation intoniert Ebeling das zentrale Thema seiner künftigen historischen und systematischen Arbeit, mit dem programmatischen Aufsatz "Die Bedeutung der historisch-kritischen Methode für die protestantische Theologie und Kirche", der die nach dem Zweiten Weltkrieg neu erscheinende "Zeitschrift für Theologie und Kirche" 1950 eröffnet, markiert er die Linien, innerhalb derer sie sich bewegen wird. Die historisch-kritische Forschungsmethode bedeutet vordergründig lediglich ein Instrumentarium zum Verstehen geschichtlicher Texte, hängt aber doch mit dem Ansatz reformatorischer Theologie zusammen. Zunächst entspricht die historische Kritik dem reformatorischen Schriftprinzip und kann als dessen sachliche Konsequenz verstanden werden. Theologie des Wortes Gottes, die die Bezeugung dieses Wortes in der Heiligen Schrift ernst nimmt, ist zu deren genauem Verständnis angehalten. Das schließt kritische Wahrnehmung ein und verbindet die Theologie mit anderen historisch arbeitenden Wissenschaften. Die Theologie "befindet sich nicht im glücklichen Besitz einer eigenen, spezifisch theologischen Methode zur Lösung der hermeneutischen Aufgabe. Sofern sie es mit geschichtlichem Verstehen zu tun hat, unterscheidet sie sich methodisch in keiner Weise von den Aufgaben, wie sie der sogenannten profanen Geschichtswissenschaft gestellt sind" (WuG I, 37). Der Sachzusammenhang von modernem historischen Denken und reformatorischer Theologie greift aber noch tiefer und läßt sich außer am Schriftprinzip auch am reformatorischen Verständnis von Glaube und Rechtfertigung bewähren. Danach richtet sich der Glaube allein auf Gottes zusprechendes Wort und vertraut ihm ohne jede Sicherung. Die Ablehnung einer historisch-kritischen Wahrnehmung der biblischen Texte entspringt aber dem Versuch, den Glauben durch historische Sicherungen mit Stützen zu versehen, die ihn um seinen Wagnis- und Risikocharakter bringen. Sofern das historisch-kritische Verfahren solches Sicherungsbedürfnis durchkreuzt, vermag es der Bewegung des rechtfertigenden Glaubens zu entsprechen.

"Das *sola fide* zerstört allen heimlichen Offenbarungsdoketismus, der der Geschichtlichkeit der Offenbarung dadurch ausweicht, daß er sie zu einer Geschichte *sui generis* macht, von deren heiligem Raum die historisch-kritische Methode ängstlich ferngehalten werden muß ... Der Glaube ist der ganzen Anfechtbarkeit und Zweideutigkeit des Historischen preisgegeben. Nur so und nur darum kann es im Glauben und nur im Glauben zur echten Begegnung mit der geschichtlichen Offenbarung kommen. Wie auf der ganzen Linie der reformatorischen Theologie, so ist auch hier im Hinblick auf das Verhältnis zur Geschichte das Ja zur Ungesichertheit nur die Kehrseite der Heilsgewißheit *sola fide*" (WuG I, 45).

Vitales Interesse der hermeneutischen Theologie ist es, die Wirklichkeit, um die es im Glauben geht, neu zu verantworten. Dieses fundamentaltheologische Problem stellt vor eine doppelte Aufgabe. Einmal muß das in der Bibel bezeugte und im Glauben als Wahrheit vergewisserte Geschehen vor dem Hintergrund alltäglich erfahrbarer Wirklichkeit in seinem Wirklichkeitsgehalt verdeutlicht werden. Noch wichtiger als diese erste ist aber die andere Aufgabe, die Wirklichkeit der Welt und des Menschen in ihrer Betroffenheit durch die Wirklichkeit Gottes sichtbar zu machen und so die menschliche Wirklichkeit zu bewahrheiten, zu "verifizieren". Denn mit der Rede von Gott bringt die Theologie eine Wirklichkeit zur Sprache, die nicht in transzendenter Jenseitigkeit verharrt, sondern gerade dazu verhilft, auch vom Menschen und seiner Welt in der rechten Weise zu reden. Es sind beide Aufgaben zu leisten, aber die erste kann nur angemessen von der zweiten her in Angriff genommen werden (WuG I, 201).

Wirklichkeit erschließt sich Ebeling wie E. Fuchs vornehmlich als Sprach-, als Wortgeschehen, und so steht die "Sprachlichkeit der Wirklichkeit" (WuG I, 202) im Mittelpunkt hermeneutischer Theologie. Ebeling folgt Heidegger und Bultmann, wenn er Hermeneutik nicht auf eine methodische Hilfsdisziplin zum besseren Verständnis überlieferter (biblischer) Texte reduziert, sondern sie in einem grundsätzlichen Sinne als Interpretation von Wirklichkeit begreift. Er geht aber seine eigenen Wege, sofern ihm gerade an der sprachlichen Verfassung von Wirklichkeit liegt. Hermeneutik heißt dementsprechend Wahrnehmung von Wortverantwortung. Im Begriff der hermeneutischen Theologie ist "die Wurzel theologischer Problematik am tiefsten und deshalb auch die Weite theologischer Aufgabe am umfassendsten" ausgesagt (WuG II, 105f). Allerdings verzichtet auch Ebeling darauf, den hohen Stellenwert, den er der Sprache für das Verständnis von Wirklichkeit zumißt, zur philosophischen Analyse der Sprache in Beziehung zu setzen und dadurch zu verdeutlichen. So steht die Weite des hermeneutischen Ansatzes in einer eigentümlichen Spannung zur Besonderheit der theologischen Durchführung. Danach ist die Grundsituation des Menschen als eines Wesens, das Sprache hat, durch "Wort" bestimmt. Gerade aber "die Besinnung auf das Wesen des Wortes leitet zum Verständnis dessen an, was 'Gott' heißt" (Gott und Wort 1966, 18 = WuG II, 400). Wieso? Im Wortgeschehen werden dem Menschen, der Freiheit und Zukunft verloren hat, neue Freiheit und Zukunft zugesprochen. "Allein das Wort vermag dies" (WuG II, 413), und für die Tiefendimension dieses Geschehens steht das Wort "Gott". Im "Horizont radikaler Fraglichkeit" (WuG I, 365) kommt es zu einer Erfahrung, in der Gott sich als "Geheimnis der Wirklichkeit" bezeugt (WuG I, 61).

Solche in ihren einzelnen Schritten riskante und auch schwierige Argumentation (vgl. dazu vor allem die Studie "Gott und Wort" = WuG II, 396-432) darf nicht als Gottesbeweis ex existentia hominis mißverstanden werden. Die theologische Reflexion läßt sich auf die Welt- und Wirklichkeitserfahrung ein, bringt sie zur Sprache, klärt sie ab, mutet ihr aber keine Beweislasten zu. Die theologische Aussage will wohl "verifizieren", d.h. wahrmachen, bewahrheiten, aber nicht die Wirklichkeit Gottes, sondern gerade die Wirklichkeit des Menschen im Lichte der Wirklichkeit Gottes.

Diese hermeneutische Theologie teilt als "Lehre vom Wort" die Fragestellung der frühen dialektischen Theologie nach dem Ersten

Weltkrieg. Aber sie macht das hermeneutische Problem ausdrücklich zum Gegenstand der Untersuchung und geht darin ihren eigenen Weg im Unterschied zu Barth, der die Fragestellung später in der Kirchlichen Dogmatik nur implizit verhandelt. Wahrnehmung von Wortverantwortung erschließt Wirklichkeit, und das verbindet die hermeneutische Theologie Ebelings im Ansatz, nicht in der Durchführung, mit der Problemstellung BONHOEFFERs, dem er als Schüler und Mitarbeiter in dessen Finkenwalder Predigerseminartätigkeit begegnet ist und dem er eine beeindruckende Studie gewidmet hat (Die "nicht-religiöse Interpretation biblischer Begriffe" WuG I 90-160).

Die Summe der Theologie Ebelings liegt jetzt vor in dem opus magnum seiner 1979 erschienenen dreibändigen "Dogmatik des christlichen Glaubens". Mit ihr hat Ebeling ein Werk von durchsichtiger Architektonik, imponierender systematischer Geschlossenheit und höchster Konzentration des theologischen Denkens geschaffen. Es stellt theologische Hermeneutik im Vollzug dar, aber der systematische Rang der Sprache ist deutlich zurückgenommen. In den - ohnehin ziemlich knapp gehaltenen - Prolegomena wird das Phänomen nur ganz beiläufig erörtert (I, 22f). Natürlich legt es sich nahe, im Zusammenhang bestimmter dogmatischer Lehrkomplexe, etwa anläßlich von Reflexionen über das "Reden über Gott" (I, 160-163, 189-191, 397-403), über das "Gebet als Sprachphänomen" (I, 207-210), über "Jesus und das Wort Gottes" (II, 508-510) auch auf die Sprache einzugehen, aber ihr kommt nicht mehr diejenige grundsätzliche Bedeutung für die theologische Argumentation zu, die sie in früheren Publikationen hatte. Der Verstehensprozeß läßt sich auch über andere Begriffe und Sachverhalte erläutern. In den drei Bänden, die thematisch den drei Artikeln des Glaubensbekenntnisses entsprechen, wird der Glaube an Gott den Schöpfer der Welt, den Versöhner der Welt und den Vollender der Welt so entfaltet, daß die drei Teile ihrerseits jeweils durch vier - in der Reihenfolge wechselnde - Hauptgesichtspunkte strukturiert sind: Glaube, Gott, Welt, Mensch. Damit nähert sich Ebeling dem Gliederungsschema der Glaubenslehre SCHLEIERMACHERs an, der dogmatische Sätze ebenfalls als Aussagen über den Menschen, über Gott und über die Welt entwickelt; der Glaube als christlich-frommes Bewußtsein ist bei Schleiermacher der ersten Aussageform (über den Menschen) zugeordnet. Diese Nähe zu Schleiermacher ist nicht zufällig. Schleiermachers Glaubenslehre hat ihr methodisches Prinzip in der geschichtlichen Erfahrung des Glaubens. Die dogmatischen Aussagen spiegeln diese Erfahrungen wider und sind dementsprechend Beschreibungen des Glaubens in der Vielfalt seiner Wirklichkeitsbezüge. Daran vermag Ebelings ebenfalls auf Erschließung von Wirklichkeit zielende hermeneutische Theologie, für die der Erfahrungsbegriff zunehmend an Bedeutung gewinnt, produktiv anzuknüpfen. Seit Ende der 60er Jahre ist Ebeling mit mehreren Studien zu Schleiermacher hervorgetreten (WuG II, 305-342; III, 60-136) und gehört überdies zu den Mitherausgebern der Kritischen Gesamtausgabe (= KGA) der Werke Schleiermachers.

Der ungewöhnliche Titel der "Dogmatik des christlichen Glaubens" Ebelings, der die zwei ansonsten für sich stehenden Bezeichnungen "Dogmatik" und "Der christliche Glaube" zusammenfaßt, ist gewählt worden, um der im Glaubensverständnis angelegten Spannung von überlieferter und eigenverantworteter Aussage, von kirchlichem Konsens und der unvertretbaren Gewißheit des einzelnen gerecht zu werden. Auch in der Dogmatik geht es um die Erschließung der menschlichen Wirklichkeit im Lichte der in Jesus Christus geoffenbarten Wirklichkeit Gottes. Die drei Hauptaussagen über Gott den Schöpfer, Versöhner und Vollender der Welt sind jeweils bezogen auf die konkrete Wirklichkeit des Menschen als Sünder, so daß das Thema der Sünde die ganze Dogmatik durchzieht (I 72f). Luther hatte einst den schuldigen und verlorenen Menschen und den rechtfertigenden und rettenden Gott als zentralen Gegenstand der Theologie bestimmt (WA 40 II 328, 1f: *homo reus et perditus et deus iustificans vel salvator*). Diese Bestimmung bildet den Kerngedanken auch der Dogmatik Ebelings und erweist sich zugleich als deren strukturierendes Prinzip.

5. Nicht-religiöse Interpretation biblischer Begriffe angesichts der mündig gewordenen Welt.
   Fragmentarische Perspektiven der Theologie Dietrich Bonhoeffers

Bibliographie: KWIRAN, M., Index to Literature on Barth, Bonhoeffer and Bultmann, 1977, Section II. - *Hauptschriften:* Sanctorum Communio, (1930) [4]1969. - Akt und Sein, (1931) [4]1976. - Schöpfung und Fall, (1933) [5]1968 (gemeinsam mit Versuchung). - Nachfolge, (1937) [17]1988. - Gemeinsames Leben, (1939) [23]1988. - Ethik. Zusammengestellt und hg. von E. BETHGE, (1949) [12]1988. - Widerstand und Ergebung, hg. von E. BETHGE, (1951) Neuausgabe [3]1985. - Gesammelte Schriften I-VI, hg. von E. BETHGE, 1957-1974. - Schweizer Korrespondenz 1941/42. Im Gespräch mit Karl Barth, hg. von E. BETHGE, 1982 (= ThEh Nr. 214). - Predigten, Auslegungen, Meditationen: 1925-1945, hg. von O. DUDZUZ, I: 1925-1935, 1984; II: 1935-1945, 1985. - Werke, hg. von E. BETHGE u.a., Bd. 1ff, 1986ff. - Nachlaß Dietrich Bonhoeffer. Ein Verzeichnis, erarbeitet von D. MEYER, 1987. - *Über Bonhoeffer:* BETHGE, E., Dietrich Bonhoeffer, 1976. - DERS., Dietrich Bonhoeffer. Eine Biographie, [6]1986. - DERS., u.a. (Hg.), Internationales

Bonhoeffer Forum Nr. 1ff, 1976ff. - FEIL, E., Die Theologie Dietrich Bonhoeffers, ²1971. - GODSEY, J.D., The Theology of Dietrich Bonhoeffer, Philadelphia 1960. - GREMMELS, C. (Hg.), Bonhoeffer und Luther, 1983. - KODALLE, K.-M., Dietrich Bonhoeffer. Zur Kritik seiner Theologie, 1991. - KRAUSE, G., Art. Bonhoeffer, TRE VII 55-66 (Lit.!). - MAYER, R., Christuswirklichkeit. Grundlagen, Entwicklung und Konsequenzen der Theologie Dietrich Bonhoeffers, ²1980. - MÜLLER, G.L., Für andere da. Christus, Kirche, Gott in Bonhoeffers Sicht der mündig gewordenen Welt, 1980. - MÜLLER, H., Von der Kirche zur Welt, ²1966. - PECK, W.J. (Hg.), New Studies in Bonhoeffer's Ethics, 1987. - PELIKAN, H.R., Die Frömmigkeit Dietrich Bonhoeffers. Dokumentation, Grundlinien, Entwicklung, 1982. - PETERS, T.R., Die Präsenz des Politischen in der Theologie Dietrich Bonhoeffers. Eine historische Untersuchung in systematischer Absicht, 1976. - SCHÖNHERR, A. - KRÖTKE, W. (Hg.), Bonhoeffer-Studien, 1985.

Das Werk DIETRICH BONHOEFFERs (1906-1945), das durch seinen gewaltsamen Tod früh abgebrochen wurde, fällt schon dadurch, aber auch sonst aus dem Rahmen der hier nachgezeichneten Entwicklung. Auf signifikante Weise sind die biographischen Stationen Bonhoeffers mit seinem Werk verknüpft. Sodann hat Bonhoeffer weniger mit den von ihm zum Abschluß gebrachten Schriften als mit den provozierend neuen Fragestellungen seiner posthum veröffentlichten Fragmente zur "Ethik" und seiner Briefe "Widerstand und Ergebung" gewirkt. Zu einer breiteren Rezeption aber kommt es vergleichsweise spät; erst seit Mitte der 50er Jahre, vor allem dann in den 60er Jahren werden seine Gedanken aufgenommen und - oft in Verknüpfung mit theologischen Erkenntnissen Bultmanns und Tillichs - diskutiert.

In seiner großen Bonhoeffer-Biographie hat E. BETHGE die unterschiedlichen theologischen Schwerpunkte im Zusammenhang mit den biographischen Wenden Bonhoeffers durch die Stichworte *Theologe, Christ* und *Zeitgenosse* markiert. Jeder dieser drei Phasen lassen sich bestimmte Werke zuordnen. Bonhoeffer beginnt als *akademischer Theologe.* Eine Romreise 1924 vermittelt ihm das Erlebnis der Kirche, die dann auch Gegenstand seiner Dissertation "Sanctorum Communio" (1927/1930) wird. Bonhoeffer fragt theologisch nach der Wirklichkeit der Kirche, nennt seine Abhandlung im Untertitel "Eine dogmatische Untersuchung zur Soziologie der Kirche". Er unterscheidet zwischen soziologischer und dogmatischer Sichtweise der Kirche, stellt die Sozialphilosophie und Soziologie aber ganz in den Dienst der Dogmatik und bestimmt in diesem Sinne die Kirche als denjenigen Ort, in und an dem Christus als Gemeinde existiert. "Christus als Gemeinde existierend" (Sanctorum Communio ³1960, 92.138f), das ist die leitende Formel, die die beiden Lebensthemen seiner Arbeit verknüpft. Das Interesse der Dissertation geht dahin, Gottes Offenbarung in ihrer *konkreten* Gestalt sichtbar zu machen. Gott bindet sich in seiner Offenbarung an die leibhaftige Christusgemeinde. Diese Tendenz zur Konkretion ist auch an der Habilitationsschrift "Akt und Sein" (1931) ablesbar. Gott bewegt sich nicht jenseits seiner Offenbarung, sondern hat sich an sein gegebenes Wort gebunden (Akt und Sein, Werke Bd. 2, 1988, 85).

Später vollzieht sich die Wende vom akademischen Theologen zum *Christen* Bonhoeffer. Es scheint sich dabei um einen längeren Prozeß gehandelt zu haben, der möglicherweise durch die Ordination (1931) und die Übernahme kirchlicher Aufgaben neben der Privatdozentur ausgelöst worden ist (vgl. dazu E. BETHGE, Dietrich Bonhoeffer 213-215; 246-250). Der intellektuelle Sachverstand der Theologie wird ein- und umgeschmolzen in das lebendige Engagement des Christ-Seins. Bonhoeffer wird sehr bewußt ein Mann der Kirche. Diese neue Ausrichtung profiliert sich in den Aktivitäten des Kirchenkampfes, vor allem in seiner Tätigkeit als Direktor des Predigerseminars in Finkenwalde. "Nachfolge" (1937) und "Gemeinsames Leben" (1939) gehören zu dieser Phase seiner Wirksamkeit. Im Vordergrund steht jetzt die Frage nach der angemessenen Verwirklichung des Christ-Seins. Der entscheidende Begriff dafür lautet "Nachfolge". Der Protestantismus leidet nach Bonhoeffer an einer dauerhaften Schwäche: Das Verständnis von der Rechtfertigung des Sünders, in der Reformation als Mitte des Evangeliums entdeckt und als Speerspitze gegen die spätmittelalterliche Werkfrömmigkeit in Stellung gebracht, hat die Existenz des Christen schlaff gemacht und die "teure" zur *"billigen Gnade"* verkommen lassen.

"Billige Gnade heißt Gnade als Lehre, als Prinzip, als System; heißt Sündenvergebung als allgemeine Wahrheit, heißt Liebe Gottes als christliche Gottesidee ... Billige Gnade heißt Rechtfertigung der Sünde und nicht des Sünders ... Billige Gnade ist die Gnade, die wir mit uns selbst haben. Billige Gnade ist Predigt der Vergebung ohne Buße, ist Taufe ohne Gemeindezucht, ist Abendmahl ohne Bekenntnis der Sünden, ist Absolution ohne persönliche Beichte" (Nachfolge, Werke Bd. 4 1989, 29f).

"Teure Gnade" ist im Gegensatz dazu diejenige Gnade, die dem Menschen zugesagt wird, damit er umkehrt von seinem alten Weg und Jesus nachfolgt. "Teure Gnade" bewährt sich in der "Nachfolge". Gelernt wird sie vor allem an und aus der Bergpredigt, und so ist Bonhoeffers Buch "Nachfolge" in seinem Kern- und Mittelstück eine Auslegung der Bergpredigt. In diese Auslegung und die sie begleitenden Erwägungen fließen Erfahrungen und Vorstellungen

Bonhoeffers aus seiner Finkenwalder Zeit ein. Ein mönchischer Grundzug durchweht das Buch; in ähnlicher Weise gilt das auch für "Gemeinsames Leben". Die geistliche Communität im dortigen Predigerseminar schlägt sich nieder in einer sympathischen Würdigung des Mönchtums als "lebendiger Protest gegen die Verweltlichung des Christentums" (a.a.O. 33). Bonhoeffer verwirft den Gedanken der "besonderen Verdienstlichkeit", den das Mönchtum für sich in Anspruch genommen hatte, bejaht und würdigt es aber in seinem Kampf "gegen die Verbilligung der Gnade" (a.a.O.). Diese Aufgabe muß heute im Protestantismus die Kirche übernehmen.

"Von der Welt abgeschlossen durch ein unzerbrechliches Siegel, wartet die Gemeinde der Heiligen der letzten Errettung. Wie ein versiegelter Zug im fremden Lande, so geht die Gemeinde durch die Welt" (a.a.O. 276).

Im Unterschied zu den späteren Entscheidungen macht Bonhoeffer sich in seinem Buch "Nachfolge" stark für einen Weg der Kirche "in der klaren *Absonderung von der Welt*" (277f), um der christlichen Existenz zu authentischer Verwirklichung zu verhelfen.

Aber auch diese "Absonderung" bleibt eine Phase in seinem Denken. Er überwindet die Grenze zwischen Kirche und Welt und solidarisiert sich mit der Welt. Zu dieser Wendung kommt es 1939/40; sie fällt zeitlich ungefähr mit dem Ende seiner Tätigkeit als Leiter des Predigerseminars bzw. des Sammelvikariats zusammen. Mit dem Wissen um die Umsturzpläne gegen Hitler und dem Weg Bonhoeffers in den aktiven militärischen Widerstand wandelt sich das Engagement des Christen zur vorbehaltlosen Gegenwärtigkeit des *Zeitgenossen*. Das bedeutet für sein Verständnis des Christentums die Notwendigkeit einer Neuinterpretation. In dieser Zeit arbeitet Bonhoeffer an seiner unvollendet gebliebenen "Ethik"; aus der allerletzten Zeit stammen die später unter dem Titel "Widerstand und Ergebung" gesammelten Briefe und Aufzeichnungen aus der Haft. Vor allem diese Briefe, und hier wieder einige wenige aus der Zeit von Ende April bis Juli 1944, in denen Bonhoeffer seine Gedanken zu einer "religionslosen", "nicht-religiösen" oder "weltlichen" Interpretation biblischer Begriffe skizziert, haben später eine enorme Wirkung ausgelöst. EBERHARD BETHGE, der Schüler, Freund und Verwandte Bonhoeffers, hat sich besondere Verdienste um dessen Werk erworben und nach der "Ethik" und "Widerstand und Ergebung" das gesamte Werk Bonhoeffers zugänglich gemacht, ihm überdies eine aus intimer Kennerschaft erwachsene profunde Biographie gewidmet und durch Einzelinterpretationen das Verständnis Bonhoeffers gefördert.

Mit der Vision einer "religionslosen" Interpretation des Christentums nimmt Bonhoeffer in einem neuen Kontext Ansätze der theologischen Religionskritik in der frühen dialektischen Theologie auf und führt sie weiter. Während die dialektische Theologie grundsätzlich argumentiert und einen prinzipiellen Gegensatz von Offenbarung und (menschlicher) Religion unterstellt, überwiegen bei Bonhoeffer geschichtsphilosophische bzw. -theologische Erwägungen: Die Neuzeit hat eine so grundlegende Veränderung des Bewußtseins herbeigeführt, daß einem religiösen Verständnis des Christentums der Boden entzogen ist. Die religiöse Interpretation des Christentums verdeckt die zentralen Gehalte der biblischen Botschaft, erreicht den Menschen der mündig gewordenen Welt nicht mehr und ist deshalb durch eine religionslose Erschließung des Evangeliums zu ersetzen. Erste Äußerungen in diese Richtung, die zugleich alle entscheidenden Themen und Probleme ansprechen, finden sich in einem Brief an E. BETHGE vom 30.4.1944:

"Was mich unablässig bewegt, ist die Frage, was das Christentum oder auch wer Christus heute für uns eigentlich ist. Die Zeit, in der man das den Menschen durch Worte - seien es theologische oder fromme Worte - sagen könnte, ist vorüber; ebenso die Zeit der Innerlichkeit und des Gewissens, und d.h. eben die Zeit der Religion überhaupt. Wir gehen einer völlig religionslosen Zeit entgegen; die Menschen können einfach, so wie sie nun einmal sind, nicht mehr religiös sein ... Unsere gesamte 1900jährige christliche Verkündigung und Theologie aber baut auf dem 'religiösen Apriori' der Menschen auf. 'Christentum' ist immer eine Form (vielleicht die wahre Form) der 'Religion' gewesen. Wenn nun aber eines Tages deutlich wird, daß dieses 'Apriori' garnicht existiert, sondern daß es eine geschichtlich bedingte und vergängliche Ausdrucksform des Menschen gewesen ist, wenn also die Menschen wirklich radikal religionslos werden ..., was bedeutet das dann für das 'Christentum'? Unserem ganzen bisherigen 'Christentum' wird das Fundament entzogen und es sind nur noch einige 'letzte Ritter' und ein paar intellektuell Unredliche, bei denen wir 'religiös' landen können ... Wie kann Christus der Herr auch der Religionslosen werden? Gibt es religionslose Christen? Wenn die Religion nur ein Gewand des Christentums ist - und auch dieses Gewand hat zu verschiedenen Zeiten sehr verschieden ausgesehen - was ist dann ein religionsloses Christentum?" (Widerstand und Ergebung, Neuausgabe [2]1977, 305f).

Ausdrücklich bezieht Bonhoeffer sich in diesem ersten Brief mit seinen neuen Gedanken auf Barth. Er habe als einziger ähnlich angesetzt, später aber einen "Offenbarungspositivismus", eine "positivistische Offenbarungslehre" (a.a.O. 312) vertreten, die den Menschen ohne Rücksicht auf seine Verstehensbedingungen und -möglichkeiten mit der Offenbarung konfrontiert. So läuft Barths Religionskritik letztlich auf dogmatische "Restauration" hinaus.

Bonhoeffers Gegenbild wird durch die kritischen Abgrenzungen gegen "Religion" bzw. "religiöse Interpretation" deutlicher als durch positive Beschreibungen. Dafür legt er ein Verständnis von Religion zugrunde, das um die Pole *"Innerlichkeit"* und *"Metaphysik"* kreist. Traditionelle Frömmigkeit war nach dieser Sicht vornehmlich der Ort innerlicher und individueller religiöser Bedürfnisse. Aber "Reich Gottes" und "Gerechtigkeit" als Leitbegriffe des Evangeliums sprengen nach Bonhoeffer den Rahmen solcher Religiosität.

"Ist nicht die individualistische Frage nach dem persönlichen Seelenheil uns allen fast völlig entschwunden? Stehen wir nicht wirklich unter dem Eindruck, daß es wichtigere Dinge gibt, als diese Frage...? Ich weiß, daß es ziemlich ungeheuerlich klingt, dies zu sagen. Aber ist es nicht im Grunde sogar biblisch? Gibt es im A.T. die Frage nach dem Seelenheil überhaupt? Ist nicht die Gerechtigkeit und das Reich Gottes auf Erden der Mittelpunkt von allem?" (312).

"Metaphysik" steht bei Bonhoeffer für Weltferne, Jenseitigkeit, Transzendenz. Aber die biblische Botschaft zielt nicht auf das Jenseits, sondern auf diese Welt. "Was über diese Welt hinaus ist, will im Evangelium *für* diese Welt da sein" (a.a.O.). Im Zusammenhang solcher Überlegungen gewinnt das Alte Testament mit dem Schöpfungsglauben und seiner radikalen Weltbejahung besondere Aktualität, während die Auferstehungshoffnung des Neuen Testaments leicht im Sinne einer Distanzierung von der Welt mißverstanden werden kann.

"Ich denke augenblicklich darüber nach, wie die Begriffe Buße, Glaube, Rechtfertigung, Wiedergeburt, Heiligung 'weltlich' - im alttestamentlichen Sinne und im Sinne von Joh. 1,14 - umzuinterpretieren sind" (313; vgl. auch 175f; 307f; 368f; 406f).

Bonhoeffer meint mit "nicht-religiöser" Interpretation etwas anderes als Bultmann mit dem Konzept der Entmythologisierung. Mehrfach grenzt Bonhoeffer sich dagegen ab. Nach seinem Urteil ist Bultmann in dem programmatischen Aufsatz "Neues Testament und Mythologie" von 1941 nicht zu weit, sondern nicht weit genug gegangen (311f). Man kann nicht nur mythologische Begriffe wie Wunder, Himmelfahrt oder Auferstehung entmythologisieren, sondern muß *alle* religiösen Begriffe wie Gott, Christus, Glaube, Rechtfertigung oder Heiligung neu verstehen, eben "religionslos" interpretieren. Bultmann verkürzt das Evangelium, bleibt - trotz gegenteiliger Beteuerungen - liberaler Theologe, während Bonhoeffer theologisch denken will.

Den Hintergrund der religionslosen Deutung christlicher Begriffe in diesen letzten Zeugnissen bildet eine positive Sicht der Neuzeit. Dafür greift Bonhoeffer auf Kants Begriff der "Mündigkeit" zurück. Die mündig gewordene Welt ist rückhaltlos anzuerkennen. In dieser Hinsicht gehen die Gefangenschaftsbriefe einen Schritt weiter als die "Ethik". In der "Ethik" deutet Bonhoeffer die Entwicklung zur Neuzeit im großen und ganzen als *Verfall*. Wohl benennt er einige positive Elemente und meint, daß wir hinter Lessing und Lichtenberg nicht wieder zurückkönnen (Ethik [8]1975, 103f), aber vorherrschend bleibt das Verfallsmodell. Danach ist das Abendland durch Jesus Christus zu einer geschichtlichen Einheit geformt worden (98), die mit dem großen "Säkularisierungsprozeß" seit der französischen Revolution (102f) am Ende wieder auseinanderbricht:

"Mit dem Verlust seiner durch die Gestalt Jesu Christi geschaffenen Einheit steht das Abendland vor dem Nichts" (112).

In den Gefangenschaftsbriefen erörtert Bonhoeffer das Thema unter der Fragestellung: "Christus und die mündig gewordene Welt" (Widerstand und Ergebung [2]1977, 358). Damit hat sich die Perspektive verändert. Der Entwicklungsprozeß zur menschlichen Autonomie wird in seinen Anfängen bis ins 13. Jahrhundert zurückverlagert und mit den wesentlichen Entwicklungsschritten in Wissenschaft, Gesellschafts- und Staatslehre, Kunst, Ethik und Religion in Schutz genommen gegen Tendenzen theologischer Geschichtsschreibung, die den Vorgang als "große(n) Abfall von Gott" diagnostizieren (356-358; 392-394). Auch Versuche der Existenzphilosophie und Psychotherapie, die Wirklichkeit des in seiner Autonomie sicheren, zufriedenen und glücklichen Menschen als Schein-Wirklichkeit zu entlarven, weist Bonhoeffer als "säkularisierten Methodismus" zurück (357f). Die geordnete Welt des Mittelalters gehört der Vergangenheit an, der Rückweg dorthin kann nur als Verzweiflungsschritt beurteilt werden, erkauft mit dem Opfer intellektueller Redlichkeit (393f).

"Gott als moralische, politische, naturwissenschaftliche Arbeitshypothese ist abgeschafft, überwunden; ebenso aber als philosophische und religiöse Arbeitshypothese (Feuerbach!). Es gehört zur intellektuellen Redlichkeit, diese Arbeitshypothese fallen zu lassen bzw. sie so weitgehend wie irgend möglich auszuschalten" (393).

Religiöse Rede von Gott rechnet mit Gott nur noch am Rande, wo der Mensch nicht mehr zu Rande kommt. An den Grenzen des Daseins nimmt er Zuflucht zu einem *deus ex machina*, von dem er in ausweglosen Situationen Hilfe erwartet (307.374.394). In solcher religiösen Perspektive brechen das Bekenntnis zu Gott und das weltliche Leben auseinander. Mit der Autonomie ist es dem Menschen aber auferlegt, auch in Grenzsituationen Verantwortung wahrzunehmen. Er muß leben und entscheiden, auch wenn es Gott nicht gäbe *(etsi deus non daretur;* 394), und dies eben soll und muß er vor Gott selbst erkennen. Gott zwingt ihn zu dieser Einsicht. "Die mündige Welt ist gottloser und darum vielleicht gerade gottnäher als die unmündige Welt" (396). Mit solchen dichten und hochparadoxen Sätzen klingen die Erwägungen zur geschichtlichen Situation des modernen Menschen und der daraus resultierenden Forderung nach nicht-religiöser Interpretation aus. Wie schon die vereinzelten Hinweise auf eine Arkandisziplin (306, 312) ähneln sie mehr Suchbewegungen als gefundenen Lösungen. Bonhoeffer entwirft in diesen letzten Briefen Skizzen, entwickelt Problemstellungen, formuliert Hoffnungen und Visionen. In großer Unbefangenheit werden originelle und provozierende Gedanken ausgesprochen, aber alles bleibt Fragment. Gerade im fragmentarischen Charakter der Äußerungen liegt ihr Reiz. Sie stimulieren zu systematisierender Fortschreibung, verführen auch zur Willkür. Belege für beides bietet die Geschichte der Rezeption, die bis zur Stunde ungebrochen andauert.

VI. Theologie auf neuen Wegen

BECKER, G., Theologie in der Gegenwart, 1978. - BRANTSCHEN, J.B., Zeit zu verstehen. Wege und Umwege heutiger Theologie, 1974.

Erst sehr allmählich löst sich die evangelische systematische Theologie aus den bisher dominierenden Frage- und Frontstellungen und erschließt sich neue Themenfelder. Allerdings sind einige von ihnen nur *relativ* neu, neu im Blick auf die Diskussionslage zwischen den beiden Weltkriegen und auch noch danach, nicht aber neu im Blick auf die Problembestände evangelischer Theologie überhaupt. So hat z.B. die Frage nach dem historischen Jesus eine lange Geschichte in der Theologie des 19. und 20. Jahrhunderts und ist eng verwoben mit dem generellen Problem des Verhältnisses von Glaube und Geschichte. Aber im Zusammenhang dieser relativ neuen Themen kommt es auch zur Entdeckung von "Neuland in der Theologie" ohne jede Anknüpfungsmöglichkeiten an die

Tradition. Hierher gehören die sehr unterschiedlichen Entwürfe zur "politischen Theologie", die im Zuge einer aktualisierten Eschatologie jenseits der Konfessionsgrenzen innerhalb und außerhalb Europas aus dem Boden gewachsen sind, seit über einem Jahrzehnt mit der Variante einer "Feministischen Theologie", die herausfordernd neue Fragestellungen in den Bewußtseinshaushalt der Theologie eingebracht hat. Die Entwicklung insgesamt befindet sich noch im Fluß, so daß sich wohl Linien und Schwerpunkte, aber noch keine tragenden Ergebnisse formulieren lassen. Trotz vielfältiger Unterschiede ist diesen neuen Ansätzen gemeinsam, daß sie die christliche Wahrheit nicht unvermittelt unter Berufung auf die Offenbarung aussprechen, sondern deren Anspruch auf Universalität auszuweisen und so den Wirklichkeitsbezug des christlichen Glaubens einsichtig zu machen suchen.

1. Die Neuentdeckung der historischen Dimension von Theologie am Beispiel der "neuen" Frage nach dem historischen Jesus

ALTHAUS, P., Das sogenannte Kerygma und der historische Jesus, 1958. - BORNKAMM, G., Jesus von Nazareth (1956) [14]1988. - BULTMANN, R., Das Verhältnis der urchristlichen Christusbotschaft zum historischen Jesus (1960) = Exegetica 1967, 445-469. - DERS., Antwort an Ernst Käsemann, Glauben und Verstehen (= GuV) IV, 1965, 190-198. - CONZELMANN, H., Art. Jesus Christus, [3]RGG III (1959) 619-653. - EBELING, G., Die Frage nach dem historischen Jesus und das Problem der Christologie (1959) = Wort und Glaube (I) [3]1967, 300-318. - DERS., Theologie und Verkündigung (1962) [2]1963. - FUCHS, E., Zur Frage nach dem historischen Jesus, Ges. Aufsätze II (1960) [2]1965. - KÄHLER, M., Der sogenannte historische Jesus und der geschichtliche, biblische Christus (1892, [2]1896), neu hg. von E. WOLF (1953) [3]1961. - KÄSEMANN, E., Das Problem des historischen Jesus (1954) = Exegetische Versuche und Besinnungen I, [4]1965, 187-214. - DERS., Sackgassen im Streit um den historischen Jesus, Exegetische Versuche und Besinnungen II (1964) [2]1965, 31-68. - ROBINSON, J.M., A New Quest of the Historical Jesus, London 1959. - DERS., Kerygma und historischer Jesus, 1960.

Die "neue" Frage nach dem historischen Jesus wird virulent auf dem Hintergrund einer durch die Theologie Barths und die Christologie Bultmanns fixierten Position, der die Rückfrage nach dem historischen Jesus aus *wissenschaftlich-methodischen* Gründen als unmöglich und aus *dogmatisch-theologischen* Gründen als überflüssig und abwegig gilt. Diese Doppel-Negation findet sich bereits bei MARTIN KÄHLER (1835-1912). In seiner wegweisenden Studie "Der sogenannte historische Jesus und der geschichtliche, biblische Christus" (1892; ²1896. Neu hg. von E. WOLF [1953], ³1961) urteilt er, daß wir keine Quellen für ein Leben Jesu besitzen, die den kritischen Maßstäben moderner Geschichtswissenschaft standzuhalten vermögen. Insofern ist die ganze Leben-Jesu-Forschung schon in historischer Sicht ein "Holzweg" (³1961, 18). Sie ist es auch in theologischer, denn dem Glauben und der Theologie liegt nicht an einer historischen Figur, sondern am lebendigen Christus; der aber läßt sich nicht aus den Evangelien herauspräparieren. "Der auferstandene Herr ist nicht der historische Jesus *hinter* den Evangelien, sondern der Christus der apostolischen Predigt, des ganzen Neuen Testamentes" (a.a.O. 41). Oder anders: Der wirkliche, der wahrhaft geschichtliche Christus ist nicht der historische Jesus, sondern der *gepredigte Christus* (44). BULTMANN bestätigt diese Einschätzung. Er verschärft zunächst durch die formgeschichtliche Forschungsmethode (Die Geschichte der synoptischen Tradition [1921] ⁹1979) die historische Skepsis gegenüber den Möglichkeiten einer Rekonstruktion des Lebens Jesu. Er kann sich diese radikale *historische Skepsis* leisten, weil er auch *theologisch* von der Illegitimität der Rückfrage nach dem historischen Jesus überzeugt ist. Weil der irdische Jesus nicht zum Glauben an seine Person aufgerufen hat, kann er auch nicht Gegenstand des Glaubens sein. Der Glaube ist statt dessen auf den Christus des urchristlichen Kerygmas bezogen. Der Versuch, hinter dieses Christus-Kerygma nach dem historischen Jesus zurückzufragen, läuft auf das theologisch ruinöse Unterfangen hinaus, den Wagnischarakter des Glaubens zu ermäßigen und damit ihn selbst zu zerstören.

"Es wird versucht, dem Glauben eine Begründung zu geben, die sein Wesen zunichte macht, weil hier überhaupt eine Begründung versucht wird" (GuV I 13).

Erkennbar verbergen sich hinter solcher These nicht nur Einflüsse M. Kählers, sondern auch christologische Argumentationen Sören Kierkegaards, wie er sie vor allem in den "Philosophischen Brokken" (1844) entwickelt hatte.

Die Ablehnung eines Interesses am historischen Jesus bei K. BARTH ist *offenbarungstheologisch* begründet. Im Streit mit Adolf von Harnack formuliert er den grundsätzlichen Einwand gegen eine wissenschaftliche Theologie, die die Person Jesu Christi als Mitte des Evangeliums durch kritisch-geschichtliche Studien zu erschließen sucht:

"Die Zuverlässigkeit und Gemeinschaftlichkeit der Erkenntnis der Person Jesu Christi als Mittelpunkt des *Evangeliums* kann keine andere sein als die des von Gott erweckten *Glaubens*. Kritisch-geschichtliches Studium bedeutet das verdiente und notwendige Ende *der* 'Grundlagen' dieser Erkenntnis, die keine sind, weil sie nicht von Gott selbst gelegt sind" (K. BARTH, Theologische Fragen und Antworten. Ges. Vorträge III, 1957, 13).

Aus der Geschichte läßt sich keine Glaubenserkenntnis gewinnen; Offenbarung Gottes und Geschichte stehen quer zueinander. "Wer Geschichte sagt, sagt eben damit Nicht-Offenbarung", heißt es 1925 (K. BARTH, Die Theologie und die Kirche. Ges. Vorträge II [1928] 310. Ähnlich: Die christliche Dogmatik 1927, 237). Die paulinische Rede von Christus, den wir jetzt nicht mehr nach dem Fleisch kennen (2 Kor 5,16), übernimmt sowohl bei Barth wie bei Bultmann die Funktion einer negativen christologischen Wesensaussage.

Dieser über eine Generation gültige Konsens wird durch einen 1953 gehaltenen und ein Jahr später veröffentlichten Vortrag von ERNST KÄSEMANN (geb. 1906) über "Das Problem des historischen Jesus" aufgekündigt. Er löst eine Diskussionslawine aus. Obwohl Käsemann als Schüler Bultmanns weitgehend dessen Kritik an der liberalen Leben-Jesu-Theologie teilt, vermag er dem von Bultmann gezeichneten Kontrastbild zwischen historischem Jesus und kerygmatischem Christus nicht zuzustimmen. Der unterstellte Kontrast macht die *historische* Entwicklung vom Verkündiger zum Verkündigten unverständlich und ist *theologisch* unhaltbar, weil sich Jesus Christus damit zu einer geschichtslosen und mythologischen Figur zu verflüchtigen droht. Der historische Klärungsbedarf wie auch die Abwehr dieser theologischen Gefahr nötigen zur Wiederaufnahme der Frage nach dem historischen Jesus. Das theologische Interesse wird über historische Argumente abgearbeitet. Dafür stellt schon die pure Existenz der Evangelien entscheidende Gesichtspunkte bereit, sind sie doch als neuartige Literaturgattung ein Beleg dafür, daß die Urgemeinde sich nicht mit dem Glauben an den gekreuzigten und auferstandenen Christus zufriedengeben mochte. Vielmehr ist sie, *nachdem* der irdische Jesus bereits als Kyrios geglaubt und bezeugt worden war, in Gestalt der Evangelien noch einmal den Weg zum irdischen Jesus zurückgegangen. Mögen die Motive dafür im einzelnen im dunkeln bleiben, die Rückkehr als solche zeigt, daß der Urgemeinde an der Einheit von erniedrigtem und erhöhtem Herrn, von irdischer Gestalt und geglaubtem Gottessohn lag. Die vieldiskutierte These Käsemanns lautet:

"Die Frage nach dem historischen Jesus ist legitim die Frage nach der Kontinuität des Evangeliums in der Diskontinuität der Zeiten und in der Variation des Kerygmas" (Exegetische Versuche und Besinnungen I, 213).

Er formuliert damit eine andere Zielrichtung als diejenige der liberalen Leben-Jesu-Theologie. *Sie* wollte ein historisch zuverlässiges

Bild von der Persönlichkeit Jesu von Nazareth als tragfähige Grundlage für den Glauben gewinnen, und dies unter weitgehender Ausklammerung der urchristlichen Christologie. Diese Intention der alten Leben-Jesu-Forschung wird - übrigens in Übereinstimmung mit Bultmann - zurückgewiesen. Im Mittelpunkt der neuen Frage nach dem historischen Jesus steht nicht das persönliche Leben und Wirken Jesu als solches, in seiner Einzelheit oder gar in seinem Gegensatz zur urchristlichen Christusbotschaft, sondern der irdische Jesus als Kriterium auch der urchristlichen Christusbotschaft. Mit diesem Interesse am historischen und sachlichen *Zusammenhang* der beiden Größen wendet sich Käsemann aber nicht nur gegen die liberaltheologische Zielrichtung, sondern gegen Bultmann selbst. Andere Neutestamentler wie GÜNTHER BORNKAMM, HANS CONZELMANN, ERNST FUCHS und systematische Theologen wie PAUL ALTHAUS oder GERHARD EBELING haben seine kritischen Einwände aufgenommen und vertieft. Die entscheidenden Argumente sind noch einmal ausgetauscht worden in einer Heidelberger Akademieabhandlung Bultmanns über "Das Verhältnis der urchristlichen Christusbotschaft zum historischen Jesus" (1960) und den Reaktionen darauf.

Bultmanns Hauptthesen lauten:

1. Die *historische Kontinuität* zwischen dem Wirken des historischen Jesus und der urchristlichen Christusbotschaft versteht sich von selbst, reduziert sich aber auf das blanke "Daß seiner Geschichte", wie sich an Paulus und Johannes ablesen läßt (R. BULTMANN, Exegetica 1967, 449).

2. Diese auf ein Minimum reduzierte historische Kontinuität läßt sich aber nicht als *sachliche Übereinstimmung* ausweisen. In sachlicher Hinsicht besteht vielmehr eine "Differenz" (446), eine "Diskrepanz" (448), sofern (a) das Kerygma die Person des historischen Jesus durch die mythische Gestalt des Gottes-Sohnes ersetzt, (b) Jesus die mit seiner Person hereinbrechende Gottesherrschaft, das Kerygma aber Jesus Christus als den für unsere Sünden gestorbenen und zu unserem Heil erweckten Kyrios verkündet, und schließlich (c) Jesu Verkündigung des Willens Gottes nur in sehr abgewandelter und abgeschwächter Form in das Kerygma eingeht.

Diese Konzeption Bultmanns ist mit guten Gründen bestritten worden, denn sie besagt, streng genommen, daß der christliche Glaube keinen Anhalt am Wirken und Geschick Jesu von Nazareth hat, sondern auf eine durch Ostern veranlaßte Neuschöpfung des Urchristentums bezogen ist. Damit macht Bultmann sich faktisch die Einsicht W. WREDEs von der tiefen Kluft zwischen Jesus und

Paulus und seine These von Paulus als dem "zweite(n) Stifter des Christentums" zu eigen, nur daß er seine Christologie umgekehrt nicht an der Verkündigung Jesu, sondern gerade an dieser paulinischen (und johanneischen) Theologie ausrichtet (W. WREDE, Paulus ²1907, 104; R. BULTMANN, GuV IV, 191). Folgende Argumente sprechen gegen solch einen rigorosen christologischen Ansatz:

1. Die Reduktion der *historischen Kontinuität* auf das "Daß der Geschichte Jesu" muß unter *historiographischen* Gesichtspunkten als Abstraktion beurteilt werden. Das "Daß" einer Geschichte setzt, wie elementar auch immer, das Wissen um ein "Wie" und "Was" voraus. Die Unterstellung einer bloß formalen Anknüpfung des Kerygmas an Jesus von Nazareth schafft mehr Probleme als sie löst (vgl. G. EBELING, Theologie und Verkündigung 68).

2. Unter *materialgeschichtlichem* Gesichtspunkt belegen die synoptischen Evangelien, daß das Interesse der Urgemeinde weit über die Anknüpfung an das "Daß" hinausgeht. Das gilt auch für das Johannesevangelium, das unbeschadet seiner historischen Zuverlässigkeit jedenfalls durch die Wahl dieser spezifischen Literaturform an den Lebensweg Jesu anschließt (KÄSEMANN, Exegetische Versuche und Besinnungen II, 47). Auch im Blick auf Paulus besteht nicht diejenige Eindeutigkeit, die Bultmann unterstellt, sofern die Kreuzigung Jesu als theologisches *und* historisches Datum für seine Botschaft von zentraler Bedeutung ist (vgl. dazu EBELING, Theologie und Verkündigung 69). Und überdies: Was Paulus von der Urgemeinde über das Wirken und Geschick Jesu vermittelt worden ist und ihm als Fundament seines Verständnisses gedient hat, entzieht sich weitgehend dem historischen Zugriff.

3. Obwohl die Spannungen und Differenzen zwischen der Verkündigung des irdischen Jesus und der urchristlichen Christusbotschaft unübersehbar sind, hat Bultmann für die bestehende *sachliche Gemeinsamkeit* mit dem Beziehungsverhältnis von "impliziter" und "expliziter" Christologie selbst den Weg einer Problemlösung gewiesen. Er räumt ein,

"daß *Jesu Auftreten und seine Verkündigung eine Christologie impliziert,* insofern er die Entscheidung gegenüber seiner Person als dem Träger des Wortes Gottes gefordert hat, die Entscheidung, von der das Heil oder das Verderben abhängt. Das im Kerygma gegebene Bekenntnis der Gemeinde wäre dann zu verstehen als die Explikation der Antwort auf die Entscheidungsfrage, des Gehorsams, der in Jesus Gottes Offenbarung anerkennt". Es ist denkbar, ja wahrscheinlich, daß Jesus sein eigenes Wirken als Anbruch der Gottesherrschaft verstanden hat. Aber selbst wenn das zweifelhaft bleiben sollte, "darf man sagen, *daß er sich selbst so-zusagen als eschatologisches Phänomen verstanden hat,* als welches das Kerygma ihn ja auch versteht" (Exegetica 457).

Durch solche Interpretation wird historisch verständlich, wie aus dem Verkündiger der Verkündigte werden konnte, was Bultmann in Spannung zu seiner These vom "Daß" der Geschichte Jesu selbst eingesteht (a.a.O.), sie dokumentiert aber darüber hinaus auch die bestehende sachliche Einheit des Wirkens und der Verkündigung Jesu mit dem Kerygma, was Bultmann gegen jeden guten Sinn bestreitet (a.a.O. Vgl. dazu EBELING, Theologie und Verkündigung 69-72).

4. Auch Bultmanns *theologisches* Desinteresse an einer Vergegen-wärtigung des Wirkens und Weges Jesu für den Glauben kann nicht überzeugen. Ohne geschichtlichen Anlaß und ohne jegliche Veranschaulichung durch den historischen Jesus würde sich der Glaube zum Autoritätsglauben versteifen. Bultmann scheint frü-her ähnlich gedacht zu haben. Jedenfalls erklärt er in "Die Ge-schichte der synoptischen Tradition" die Eigenart der synopti-schen Evangelien "aus dem *Charakter des christlichen Kerygmas,* zu dessen Ergänzung und Veranschaulichung das Evangelium dienen mußte" ([6]1964, 396). Der Glaube bleibt auf den ge-schichtlichen Anstoß und die geschichtliche Konkretion ange-wiesen; insofern hat die Geschichte eine glaubensbegründende Funktion. Die *Wahrheit* des Glaubens läßt sich allerdings nicht aus der Geschichte erweisen; insofern übersteigt der Glaube alle Geschichte.

Um die Mitte der 60er Jahre verebbt die Diskussion; die Argu-mente sind ausgetauscht, wesentlich neue Einsichten nicht mehr zu erwarten. Anders als der Streit um die Entmythologisierung hatte der Diskurs keine Außenwirkung mehr, er blieb eine Angelegen-heit der akademischen Theologie. Gleichwohl ist die "neue" Frage nach dem historischen Jesus nicht ohne Ergebnis geblieben. Bult-manns schroffe christologische Position wird nicht mehr oder je-denfalls nicht mehr theologisch wirksam vertreten, die Nötigung der Christologie zur Vergewisserung an Weg und Wirken des histo-rischen Jesus nicht mehr ernsthaft in Frage gestellt.

Exkurs: Radikale Christologie als atheistische Theologie?

a) ALTIZER, TH.J.J., ... daß Gott tot sei. Versuch eines christlichen Atheis-mus (amerik. Originalausgabe: The Gospel of Christian Atheism, Philadel-phia 1966), 1968. - AUGUSTIN, H.W., Diskussion zu Bischof Robinsons Gott ist anders, [2]1965. - BISHOP, J., Die Gott-ist-tot-Theologie (franz. Original-ausgabe: Les théologieus de "la mort de Dieu"), 1968. - BUREN, PAUL M. VAN, Reden von Gott in der Sprache der Welt (amerik. Originalausgabe: The Secular Meaning of the Gospel, New York 1963), 1965. - HAMILTON, W., The New Essence of Christianity, 1966. - DERS., "Death-of-God-Theolo-gy" in den Vereinigten Staaten. Bericht über einen Trend theologischen Denkens, PTh 56 (1967), 353-362.425-436. - MEHTA, V., Theologie zwischen Tür und Angel. Porträt einer Avantgarde (amerik. Originalausgabe: The new Theologian, New York/London 1965), 1968. - ROBINSON, JOHN A.T., Gott ist anders (engl. Originalausgabe: Honest to God, 1963), [15]1970!. - ROHMANN, K., Vollendung im Nichts? Eine Dokumentation der amerikani-schen "Gott-ist-tot-Theologie", 1977. - VAHANIAN, G., Kultur ohne Gott? Analysen und Thesen zur nachchristlichen Ära (engl. Originalausgabe: The Death of God. The Culture of Our Post-Christian Era, 1961 und No other God, 1966), 1973.

b) SÖLLE, D., Stellvertretung. Ein Kapitel Theologie nach dem "Tode Gottes", (1965) NA 1982. - DIES., Atheistisch an Gott glauben. Beiträge zur Theologie, (1968) [8]1986. - GOLLWITZER, H., Von der Stellvertretung. Christlicher Glaube in der Erfahrung der Verborgenheit Gottes, 1967.

a) Etwa zeitgleich mit dem Auslaufen der Diskussion um den histo-rischen Jesus erregt für kurze Zeit eine christologische Debatte gänzlich anderer Art zunächst in Amerika (und England), später auch in Deutschland die Gemüter. Unter dem schockierenden Oberbegriff "Death-of-God-Theology" (G. VAHANIAN, The Death of God. The Culture of Our Post-Christian Era, 1961; TH. J.J. AL-TIZER, The Gospel of Christian Atheism, 1966) werden ebenso un-gewöhnliche Thesen wie Argumente vorgetragen. Der Ursprung der Bewegung in Amerika scheint in besonderer Weise mit der dortigen Überflußgesellschaft und einem im Verhältnis zu Europa völlig anderen Erfahrungshintergrund zusammenzuhängen (W. HAMILTON, "Death-of-God-Theology" in den Vereinigten Staaten, PTh 56, 1967, 357 Anm. 8). Aber der Amerikanismus ist, ähnlich wie der Vorstoß in England (JOHN A.T. ROBINSON, Honest to God [1963]; deutsch: Gott ist anders [15]1970!), in mehrfacher Hinsicht mit der europäischen und speziell der deutschsprachigen Theologie verwoben. Prominente deutsche bzw. schweizerische Theologen wie Bultmann, Barth, Bonhoeffer und Tillich, den man trotz seiner Lehrtätigkeit in Amerika in diesem Zusammenhang nennen muß, figurieren als Ahnväter der Bewegung; manche ihrer Wortführer haben nicht nur bei Tillich, sondern, wie etwa PAUL M. VAN BU-REN, auch bei Barth in Basel studiert. In unterschiedlicher Weise gewinnen BULTMANN mit seiner Forderung nach *Entmythologisie-rung,* BARTH mit der Einschärfung des *unendlich-qualitativen Unter-schieds von Gott und Mensch,* TILLICH mit der *Kritik am Theismus* und BONHOEFFER mit den Vorstellungen über die *nicht-religiöse Interpretation biblischer Begriffe* Bedeutung für eine Konzeption, die im Ergebnis von diesen Ausgangspositionen weit abweicht, der Intention nach geradezu in die entgegengesetzte Richtung weisen kann. Das gilt vor allem für die Rezeption der Theologie K. Barths. Nach L.B. GILKEY, einem Kenner der damaligen amerikanischen Theologie, wirkt Barth auf die Konzeptionen nachtheistischer Theologie vor allem durch die radikale Trennung von Göttlichem und Weltlichem, von Christentum und Religion sowie durch die konsequente Ausrichtung des theologischen Denkens allein auf Jesus Christus (vgl. V. MEHTA, Theologie zwischen Tür und Angel, 1968, 81). Das qualitative Gegenüber von Gott und Mensch läßt, konsequent verstanden, nach dem Urteil der amerikanischen Theologen Aussagen über Gott nicht mehr zu und grenzt die theologische Rede auf die Welt ein. In eine ähnliche Richtung wird Barths "christologische Konzentration" hochgelesen und als Begründung für die Ersetzung Gottes durch Christus (miß)verstanden, so daß sich *Christologie* und *Weltlichkeit* als Grundelemente der im einzelnen recht unterschiedlichen amerikanischen Entwürfe einer "Tod-Gottes-Theologie" herausbilden.

An TH. J.J. ALTIZERs "Versuch eines christlichen Atheismus" läßt sich dieses Argumentationsgefüge exemplarisch studieren. ALTIZER geht von der Erfahrung aus, daß die in traditionellen Begriffen und Vorstellungen redende Theologie und Verkündigung den heutigen Menschen nicht mehr erreichen. Bezeichnend für dieses Reden sind Jenseitigkeit, Metaphysik, Weltfremdheit, Flucht vor dem Leben. Neuzeitliches Denken läßt für solche Lebenseinstellungen aber (angeblich) keinen Raum mehr.

"Wenn es ein klares Tor zum 20. Jahrhundert gibt, dann ist es der Durchgang durch den Tod Gottes, den Zusammenbruch jeden Sinns und jeder Wirklichkeit jenseits der neu entdeckten radikalen Immanenz des modernen Menschen, einer Immanenz, die selbst die Erinnerung oder den Schatten der Transzendenz auslöscht" (ALTIZER, ... daß Gott tot sei, 1968, 20).

Altizers Neuinterpretation des christlichen Glaubens stützt sich nun aber nicht auf eine Analyse der gegenwärtigen geschichtlichen Situation, die nur in sehr vagen Umschreibungen in den Blick kommt, sondern wird als Ausarbeitung einer steilen theologischen Theorie wahrgenommen und dem herkömmlichen Verständnis hart entgegengesetzt. "Christliche Visionen" des englischen Dichters und Künstlers WILLIAM BLAKE (1757-1827) und der deutschen Philosophen HEGEL und NIETZSCHE fließen in die Theorie ein. Diese Denker repräsentieren einen die Weltflucht des Christentums überwindenden Atheismus, sind Propheten der radikalen Immanenz und somit die wirklichen "radikalen Christen" (21-27). Eine bestimmte christologische Theorie soll den Atheismus als wahren Kern des christlichen Glaubens erweisen.

Dafür setzt Altizer - sehr traditionell! - beim Inkarnationsdogma ein. Fleischwerdung des Wortes meint aber kein "endgültiges und ein für allemal geschehenes Ereignis der Vergangenheit", sondern muß bedacht werden "als ein aktiver, nach vorn gerichteter Prozeß, der selbst jetzt alle Dinge neu macht" (41). Die christliche Theologie hat das wahre Zeugnis der Inkarnation durch die Anbindung an "einen transzendenten, souveränen und teilnahmslosen Gott" verfälscht (42). Solch ein Verständnis Gottes schließt echte Inkarnation aus, die Machtentäußerung kann nicht radikal gedacht werden. "Christlicher Urgott" und "fleischgewordener oder kenotischer Christus" stehen sich unvereinbar gegenüber (44). Nur die total kenotische, sich entäußernde Bewegung Gottes läßt die volle Wirklichkeit Jesu oder des fleischgewordenen Wortes verstehen (76). Fleischwerdung in diesem Sinne bedeutet Selbstvernichtung, also den Tod Gottes. Gott hat sich in Christus ganz negiert und geopfert, ist in ihm gestorben (102). Die zentrale These des Buches lautet:

"Der Tod Gottes in Christus ist eine unvermeidliche Folge des Ganges Gottes in die Welt, des Geistes ins Fleisch; und die Verwirklichung des Todes Gottes in der Erlebnistotalität ist ein entscheidendes Indiz für die fortwährende Vorwärtsbewegung des göttlichen, im dauernden Vollzug der Verneinung seiner partikularen und gegebenen Äußerungen begriffenen und immer voller in die Tiefen des Profanen sich hineinbegebenden Prozesses" (126f).

Die trinitätstheologische Identifizierung des Christus mit dem ewigen Wort zerstört die geschichtliche Wirklichkeit der Fleischwerdung und damit ein Denken in prozeßhaften Kategorien. Aus der Antithese zu diesem traditionellen Mißverständnis bezieht der Entwurf seine Leidenschaft und seine Schärfe. Gott ist nicht ein einzigartiges und absolutes Wesen, wie das "religiöse Christentum" meinte, sondern ein dialektischer Prozeß, ein "sich vorwärts bewegender Prozeß kenotischer Metamorphose, der auch im Durchgang durch die absolute Selbstverneinung er selbst bleibt" (103). So begründet eine aus dem Inkarnationsdogma abgeleitete kenotische Christologie, die freilich über all das weit hinausgeht, was bisher in dieser Richtung gedacht wurde, die These vom "Tode Gottes". Daß sich solch ein Verständnis im Neuen Testament weder aus Paulus noch aus der johanneischen Theologie herauslesen läßt, gibt Altizer unumwunden zu (49, 122f). Neues Testament und Urchristentum kommen aber selbst nur noch als "exotische und fremde Religionsformen" in Betracht (120).

Altizers "Versuch eines christlichen Atheismus" weist nicht nur hinsichtlich der Voraussetzungen und der arrangierten philosophie- und theologiegeschichtlichen Zusammenhänge (z.B. die unterstellte Gemeinsamkeit von Hegel und Nietzsche!), sondern auch im Blick auf die Grundgedanken und die Einzelargumente Züge eines wilden Denkens auf. Mit der neuzeitlichen Theologie teilt er das Bewußtsein von der Notwendigkeit, die christliche Botschaft der jeweiligen Situation entsprechend verständlich zur Aussage zu bringen.

"Christlicher Glaube ist nur wirklich, insofern er einen bestimmten menschlichen und geschichtlichen Ausdruck findet, und wir dürfen diesen Glauben auf keinen Fall verraten, indem wir fälschlich meinen, der Glaube sei entweder auf seine ursprüngliche oder auf seine vergangene historische Ausdrucksform festgelegt" (14).

Dieser Ansatz ist zustimmungsfähig, nicht hingegen die Kenosis-Spekulation selbst, und dies weder für das moderne Denken noch für den christlichen Glauben. Die Konzeption schreckt vor rasanten Zumutungen an das moderne Denken nicht zurück und bleibt damit die beanspruchte Plausibilität schuldig. Der christliche Glaube aber vermag in einer Interpretation, die dessen Fundament zur Disposition stellt, die Identität der christlichen Wahrheit nicht mehr zu erkennen.

b) In Deutschland hat DOROTHEE SÖLLE (geb. 1929) die Thematik des "Todes Gottes" vor allem in ihrem Buch "Stellvertretung. Ein Kapitel Theologie nach dem 'Tode Gottes'" (1965), zur Diskussion gestellt. Obwohl sich nach Motiven, Interessen und theologie- bzw. philosophiegeschichtlichen Bezugnahmen manche Gemeinsamkeiten mit den amerikanischen Konzeptionen ergeben, hat ihre Stellvertretungs-Christologie doch ein eigenständiges Profil. Sie setzt mit der Frage des Menschen nach seiner Identität ein. Dafür verweist die Theologie auf Christus. Nur in der Erfahrung Christi kommt es zum wahren Mensch-Sein. Die Erfahrung der eigenen Identität durch die Erfahrung Christi läßt sich allerdings nicht historisch-empirisch erweisen, wohl aber erläutern, und das ist Aufgabe der Theologie. Erfahrungen werden immer gemacht unter den Bedingungen der jeweiligen geschichtlichen Wirklichkeit. Signatur der neuzeitlichen Wirklichkeit ist nach D. Sölle nun

"der 'Tod Gottes', jenes alles bestimmende Ereignis, das sich innerhalb der letzten zweihundert Jahre europäischer Geschichte begeben hat" (Stellvertretung 1965, 9).

HEGEL, JEAN PAUL und NIETZSCHE werden als Zeugen und Deuter dieses Ereignisses aufgerufen. Der Begriff "Tod Gottes" dient als Chiffre für das *Ende der unmittelbaren Gewißheit Gottes* (12), nicht für das Ende der Erfahrung Gottes überhaupt, selbst wenn manche Formulierungen diesen Sinn nahelegen. Aber im III. Teil des Buches wird der "Tod Gottes" klar als "Abwesenheit Gottes" modifiziert und ausgelegt.

"Die Abwesenheit Gottes kann verstanden werden als eine Weise seines Seins-für-uns. In diesem Fall ist man darauf angewiesen, daß einer den unersetzlichen Gott vertritt ... Gott ist - jetzt - nicht da ... Christus vertritt den abwesenden Gott, solange dieser sich nicht bei uns sehen läßt. Vorläufig steht er für Gott ein, und zwar für den Gott, der sich nicht mehr unmittelbar gibt und uns vor sein Angesicht stellt ... Christus hält diesem jetzt abwesenden Gott seine Stelle bei uns offen" (178f).

An diesem Punkt greifen die Rede vom Tod bzw. von der Abwesenheit Gottes und Stellvertretungs-Christologie systematisch ineinander. Christus steht für den abwesenden Gott ein, vertritt ihn. Was das sagen soll, wird durch eine anthropologische Klärung des Begriffs "Stellvertretung" vorbereitet. Bedingung für die Möglichkeit von Stellvertretung sind *Personalität* und *Zeitlichkeit*. Stellvertretung geschieht immer zwischen Personen und immer im Horizont von Zeitlichkeit: Auf Zeit nimmt einer die Interessen des anderen wahr, nie auf Dauer. Daraus leiten sich als Grundformen von Stellvertretung *Identifikation* (des Vertreters mit dem Vertretenen), *Abhängigkeit* (des Vertreters vom Vertretenen) und die *Vorläufigkeit* des Verhältnisses ab. Der Gegenbegriff zu Stellvertretung lautet *Ersatz;* er bezieht sich statt auf Personen auf Sachen, zielt statt auf Vorläufigkeit auf Dauer. Wird der Begriff auf Personen angewandt, werden sie wie Sachen behandelt. "Der mich ersetzt, behandelt mich als tot" (23). "Ersatz" und "Tod" sind korrelative Begriffe. Dieses originelle anthropologische Strukturgefüge wird christologisch konkretisiert in den drei Modi der Vorläufigkeit Christi (142-150, 175-184), der Identifikation Christi (150-165, 184-192) und der Abhängigkeit Christi von uns (171-174) bzw. von Gott (192-201). Die Schwierigkeiten und Spannungen der Argumentation, die sich dabei im einzelnen ergeben, etwa wenn die Vorläufigkeit Christi im Verhältnis zum Judentum den Status einer "endgültigen Vorläufigkeit" annimmt (142), können auf sich beruhen. Von Bedeutung bleibt, daß unter dem Vorzeichen der Vorläufigkeit ein Sachverhalt gemeint ist, der nicht endgültig zu sein braucht. Ist Gott jetzt, vorläufig, nicht da und erfahrbar, so kann sich das offensichtlich irgendwann ändern.

In sprachlich beeindruckenden Formulierungen und kühnen Gedanken versucht D. Sölle mit ihrer Stellvertretungs-Christologie den Erfahrungen der Abwesenheit Gottes (Auschwitz), der "Gottesfinsternis" (M. BUBER) theologisch standzuhalten. Die bedrükkenden Geschehnisse des 20. Jahrhunderts bilden in besonderer Weise den Hintergrund des Buches und erklären auch die breite Wirkung. Gleichwohl lebt die Konzeption auch von Vereinfachungen und plakativen Entgegensetzungen, die die argumentative Rezeption behindern. Das beginnt (1) beim Titel: Zur *Stellvertretung* kommt es bei zeitlich begrenzter Abwesenheit, *Tod* aber wird ausgelegt als Korrelatbegriff von dauerhaftem Ersatz, hat den Charakter des Definitiven. So hätte der Untertitel eigentlich lauten müssen: "Ein Kapitel Theologie nach der 'Abwesenheit Gottes'". Für die Wahl der jetzigen verwirrenden Kombination von Ober- und Untertitel wird es Gründe gegeben haben. (2) Die Rede vom "Tod Gottes" ist kritisch gegen die Unmittelbarkeit der Erfahrung und Gewißheit Gottes gerichtet, aber der christliche Glaube entzündet sich an der durch Jesus Christus *vermittelten* Wirklichkeit Gottes. Mit der unmittelbaren Erfahrung Gottes bezieht sich der Entwurf also auf einen - möglicherweise folgenreichen - verzerrten Typus von christlicher Frömmigkeit und Theologie, nicht aber auf deren authentischen Gehalt. (3) Auch die philosophiegeschichtliche Verdeutlichung trägt durch den eher assoziativen Umgang mit dem Ausdruck "Tod Gottes" mehr zur Verwirrung als zur Klärung bei. Hegel hatte den Begriff aus der ursprünglichen Fassung eines alten Kirchenliedes ("O Traurigkeit, o Herzeleid") zur Deutung des Karfreitagsgeschehens übernommen; er diente ihm als Interpretationskategorie für die christlich-lutherische Frömmigkeit. Bei Nietzsche hingegen steht er für das Ende aller Frömmigkeit, für den Niedergang des Glaubens an den christlichen Gott und die Heraufkunft des Atheismus. Die Beschwörung beider Denker als Zeugen einer einheitlichen Lebenserfahrung verkehrt die Intention des philosophischen Argumentes beider ins Gegenteil. (4) Der "Tod Gottes" wird von D. Sölle ähnlich wie von den Amerikanern zu einem epochalen Ereignis der letzten 200 Jahre hochstilisiert und als Ende des theistischen Zeitalters in die Diskussion eingebracht. Aber die Wendung des "Todes Gottes" zur "Abwesenheit Gottes" relativiert den Epocheneinschnitt. Der abwesende Gott, der *Deus absens,* ist der *Deus absconditus,* der verborgene Gott (zu Anklängen an diese Terminologie vgl. D. Sölle, Atheistisch an Gott glauben 1968, 73f). Die Vorstellung vom *Deus absconditus* ist aber nicht ein Fund der Neuzeit, sondern diente M. LUTHER für die theologische Reflexion der *Anfechtungen,* denen der Glaube *wesenhaft* ausgesetzt ist. Aber der Ausdruck "Abwesenheit Gottes" bei D. Sölle zielt nicht so sehr in diese Richtung, sondern auf die Überwindung einer metaphysisch eingetrübten Frömmigkeit zugunsten eines neuen Verständnisses von Glauben, in dem Theorie und Praxis dialektisch zur Einheit verbunden sind (Atheistisch an Gott glauben 79, 92f). Die Stellvertretungs-Christologie steht im Dienste der Utopie eines "realen Humanismus". Mit ihr werden die Weichen für eine "politische Theologie" gestellt, und entsprechend verstummt die plakative Rede vom "Tode Gottes" schon nach kurzer Zeit.

2. Offenbarung als Geschichte. Zur Neubegründung heilsgeschichtlicher Theologie (WOLFHART PANNENBERG)

Bibliographie 1953-1987: ROHLS, J./WENZ, G. (Hg.), Vernunft des Glaubens, Festschrift zum 60. Geburtstag, 1988, 689-718. - *Hauptschriften:* Die Prädestinationslehre des Duns Skotus im Zusammenhang der scholastischen Lehrentwicklung, 1954. - Heilsgeschehen und Geschichte, KuD 5, 1959, 218-237.259-288 (jetzt in: Grundfragen I, 22-78). - Offenbarung als Geschichte, hg. von W. Pannenberg, (1961) [5]1982. - Was ist der Mensch?, (1962) [7]1985. - Grundzüge der Christologie, (1964) [7]1990. - Grundfragen systematischer Theologie I, (1967) [3]1979; II, 1980. - Erwägungen zu einer Theologie der Natur (zus. mit A.M.K. MÜLLER), 1970. - Gottesgedanke und menschliche Freiheit, (1972) [2]1978. - Wissenschaftstheorie und Theologie, (1973) [3]1987. - Ethik und Ekklesiologie, 1977. - Die Bestimmung des Menschen, 1978. - Anthropologie in theologischer Perspektive, 1983. - Systematische Theologie I.II, 1988.1990. - Metaphysik und Gottesgedanke, 1988. - *Über Pannenberg:* BERTEN, I., Geschichte, Offenbarung, Glaube: Eine Einführung in die Theologie Wolfhart Pannenbergs, 1970 (mit einem Nachwort von Pannenberg 129-141). - BRAATEN, C.E. - CLAYTON, P.D. (Hg.), The Theology of Wolfhart Pannenberg. Ten American Critiques, with an Autobiographical Essay and Response, Minneapolis 1988. - FISCHER, H., Fundamentaltheologische Prolegomena zur theologischen Anthropologie. Anfragen an W. Pannenbergs Anthropologie, ThR 50 (1985), 41-61. - GALLOWAY, A.D., Wolfhart Pannenberg, London 1973. - GOEBEL, H.-T., Wort Gottes als Auftrag. Zur Theologie von Rudolf Bultmann, Gerhard Ebeling und Wolfhart Pannenberg, 1972. - GOZDZ, K., Jesus Christus als Sinn der Geschichte bei Wolfhart Pannenberg, 1988. - GREINER, S., Die Theologie Wolfhart Pannenbergs, 1988. - KLEIN, G., Theologie des Wortes Gottes und die Hypothese der Universalgeschichte. Zur Auseinandersetzung mit W. Pannenberg, 1964. - KOCH, K., Der Gott der Geschichte. Theologie der Geschichte bei Wolfhart Pannenberg als Paradigma einer Philosophischen Theologie in ökumenischer Perspektive, 1988. - MCKENZIE, D., Wolfhart Pannenberg and Religious Philosophy, Washington D.C. 1980. - NEIE, H., The Doctrine of the Atonement in Theology of W. Pannenberg, New York 1979. - POLK, D., On the Way to God. An Exploration into the Theology of W. Pannenberg, Claremont 1983. - ROBINSON, J.M. - COBB, J.B. (Hg.), Neuland in der Theologie III. Theologie als Geschichte, 1967 (mit einer Stellungnahme zur Diskussion von Pannenberg 285-351). - TUPPER, E.F., The Theology of Wolfhart Pannenberg 1959-1970, Philadelphia 1973.

Obwohl die Radikalisierung der Christologie zu Ansätzen einer "nachtheistischen" Theologie zeitlich der neuen Debatte um den historischen Jesus folgt, bestehen hier doch keine inneren Zusammenhänge. Anders dagegen verhält es sich mit dem Programm von "Offenbarung als Geschichte" (1961), durch das WOLFHART PANNENBERG (geb. 1928) mit theologischen Freunden (u.a. ROLF RENDTORFF, ULRICH WILCKENS, TRUTZ RENDTORFF) bemerkenswert neue Akzente setzt und Zündstoff in die theologische Diskussion hineinträgt. Dieser offenbarungsgeschichtliche Entwurf geht ersichtlich auf Anregungen der "neuen" Frage nach dem historischen Jesus zurück, steht aber auch unter dem Einfluß der neuen Konzeption alttestamentlicher Theologie GERHARD VON RADs. Im ersten Band seiner "Theologie des Alten Testaments", der 1957 erschien, entfaltet v. Rad nicht eine Theologie alttestamentlicher Begriffe und Anschauungen, sondern gibt eine Darstellung "der geschichtlichen Überlieferungen Israels" mit heilsgeschichtlichem Gefälle. Der letzte (III.) Hauptteil des zweiten Bandes (1960) ist dem heilsgeschichtlichen Verhältnis von Altem und Neuem Testament gewidmet und bedenkt "Das Alttestamentliche Heilsgeschehen im Lichte der neutestamentlichen Erfüllung". Damit knüpft v. Rads "Theologie des Alten Testaments" an die ältere heilsgeschichtliche Tradition an. Im Umfeld solcher Entwicklungen betont Pannenberg die Notwendigkeit der historischen Fragestellung in der Theologie und arbeitet sie neu aus. Das Neue ist im Titel der Programmschrift angegeben. Nach bisherigem Verständnis ereignet sich Offenbarung *in* der Geschichte, im Medium der Geschichte, ist aber nicht identisch mit Geschichte. Gott bezeugt seinen Willen durch sein Wort, und dieses Wort konkretisiert und verdichtet sich in der geschichtlichen Gestalt Jesu von Nazareth zu absoluter Einmaligkeit. Das aber gibt sich nicht ohne weiteres als solches zu erkennen, sondern bleibt auf eine subjektive Aneignung im Glauben angewiesen. Genau diese subjektiv-glaubensmäßige Erkenntnis und Vergewisserung der geschichtlichen Offenbarung ist nach dem neuen Programm entbehrlich. Es hat seine Pointe gerade darin, daß sich Offenbarung nicht nur *in* der Geschichte, sondern *als* Geschichte ereignet. Der Inhalt der geschichtlichen Offenbarung läßt sich - auch abgesehen vom Glauben - mit den Mitteln kritischer Geschichtswissenschaft aus der Geschichte erheben, vorausgesetzt, daß man die Geschichte richtig betrachtet. Dafür ist die Rückgewinnung einer universalgeschichtlichen Fragestellung nötig, für die Pannenberg HEGELs Religions- und Geschichtsphilosophie reaktiviert und um die eschatologische Perspektive der spätjüdischen Apokalyptik bereichert.

"Geschichte ist der umfassendste Horizont christlicher Theologie. Alle theologischen Fragen und Antworten haben ihren Sinn nur innerhalb des Rahmens der Geschichte, die Gott mit der Menschheit und durch sie mit seiner ganzen Schöpfung hat, auf eine Zukunft hin, die vor der Welt noch verborgen, an Jesus Christus jedoch schon offenbar ist" (Grundfragen systematischer Theologie I, 22).

Mit diesem Satz beginnt Pannenberg seinen Aufsatz "Heilsgeschehen und Geschichte" (1959 = Grundfragen systematischer Theologie I, 22-78), der das neue Programm erstmals umreißt. In dreifacher Hinsicht wird der Ansatz kritisch profiliert. Einmal unterscheidet er sich von der alten (Erlanger) heilsgeschichtlichen Theologie durch die Anerkennung der Methoden und Ergebnisse historisch-kritischer Forschung. Sodann richtet er sich gegen die Auflösung der Geschichte in die Geschichtlichkeit der Existenz bei Bultmann und Gogarten, die das Wort Gottes unter Ausblendung seiner historischen Dimension, nämlich des Heilshandelns Gottes in der Geschichte, zur bloßen, den einzelnen in die Entscheidung rufenden, Anrede (Kerygma) formalisieren. Und schließlich bedeutet er die Absage an den vergleichgültigenden Umgang mit der Geschichte bei K. Barth, der in Anlehnung an OVERBECKs Begriff der "Urgeschichte" Geschichte mit einer theologischen Qualität ausstattet, die sie resistent macht gegen den historisch-kritischen Zugriff.

Demgegenüber liegt Pannenberg daran, die Offenbarungsqualität der Geschichte zu *erweisen.* Methodisch werden dafür die Weichen durch eine gezielte Kritik an der bisherigen historisch-kritischen Forschung, vor allem an der Verwendung des Analogiebegriffs durch E. TROELTSCH, gestellt. Nach Troeltsch gehört die Analogie neben der Kritik und der Korrelation zu den Grundprinzipien geschichtlicher Forschung (E. TROELTSCH, Über historische und dogmatische Methode in der Theologie, Ges. Schr. II, 729-753, bes. 731-734). Aber Troeltsch legt - so Pannenbergs Vorwurf - für sein Verständnis von Analogie das *Postulat von der Gleichartigkeit aller Wirklichkeit* zugrunde und verfälscht damit den legitimen methodischen Anthropozentrismus in der Geschichtswissenschaft zu einem *weltanschaulichen Anthropozentrismus* (Grundfragen systematischer Theologie I, 50; vgl. auch 81). Das aber hat die relativistische Auf lösung eines einheitlichen Verständnisses von Geschichte zur Folge. Geschichte wird nicht mehr in Gott begründet, sondern findet ihren Träger im Menschen. Damit läßt sie sich nicht mehr als einheitliches Ganzes denken; die Vorstellung einer Universalgeschichte muß preisgegeben werden.

"Die relativistische Auflösung der Einheit der Geschichte durch den Historismus war also die Konsequenz der anthropozentrischen Wendung der Geschichtsphilosophie" (37).

Weltanschaulicher Anthropozentrismus blockiert die Wahrnehmung von wirklich neuen und einmaligen Ereignissen in der Geschichte, er führt lediglich zur Erkenntnis allgemeiner Wahrheiten. Darauf aber kann sich die Theologie nicht einlassen, da solch ein Anthropozentrismus quer steht zum Zeugnischarakter der biblischen Schriften, die nicht von allgemeinen, auch sonst zugänglichen Wahrheiten religiöser oder anderer Art handeln, "sondern von ganz bestimmten, höchst besonderen Ereignissen, die sie als Handeln Gottes, und zwar wiederum des ganz analogielosen Gottes der Bibel, bezeugen" (81). Dieses Handeln Gottes kulminiert im Christusgeschehen, dem *absolute* Bedeutung zukommt:

"Obwohl nur die Gesamtgeschichte die Gottheit des Einen Gottes erweisen und dieses Resultat nur am Ende aller Geschichte sich ergeben kann, hat doch ein einzelnes Geschehen absolute Bedeutung als Offenbarung Gottes, das Christusgeschehen, sofern es das Ende der Geschichte vorweg ereignet ... Aus demselben Grunde, als Vorausereignis des Endes, kann das Christusgeschehen durch kein späteres Geschehen überholt werden ..." (Offenbarung als Geschichte 106).

Im Christusereignis, genauer: in der Auferweckung Jesu von den Toten, hat Gott sich dem Menschen in *analogieloser,* in *absolut* gültiger Weise erschlossen. Damit formuliert Pannenberg aber nicht eine *theologische,* den Glauben reflektierende Aussage, sondern ein *historisches Urteil.* Jeder historisch Gebildete kann, ja muß ihm zustimmen.

Es ist "dem Historiker die Beweislast zuzumuten dafür, daß in Jesus von Nazareth Gott sich offenbart hat" (Grundfragen systematischer Theologie I 67).

Pannenberg selbst führt den Beweis mit Hilfe eines in zweifacher Weise spezifizierten Offenbarungsbegriffs. Danach (1) offenbart Gott sich nicht direkt, z.B. in Theophanien, sondern *indirekt,* in seinem geschichtlichen Handeln und gibt sich (2) nicht am Anfang, sondern erst am *Ende* der offenbarenden Geschichte in seiner Gottheit zu erkennen. Die vorauslaufenden Akte des geschichtlichen Handelns Gottes haben nur relative Bedeutung, werden durch die je folgenden Offenbarungsereignisse in ihrem Wahrheitsgehalt begrenzt. In Christus aber ist das Ende aller Geschichte erreicht, hat es sich "im voraus, als Vorwegnahme ereignet" (Offenbarung als Geschichte 98).

Das aber läßt sich wiederum nur über die in ihrer historischen Tatsächlichkeit ausgewiesene Auferweckung Jesu und deren Einbettung in einen überlieferungsgeschichtlichen Zusammenhang einsichtig machen, für den das Geschichtsverständnis der spätjüdischen Apokalyptik von herausragender Bedeutung ist (vgl. 107). Die Apokalyptik entwickelt eine universale Geschichtsschau von der Schöpfung an bis zum Weltende mit der allgemeinen Totenauferweckung zum Heil oder zum Gericht. Nun hat sich aber - so der heilsgeschichtliche Schluß - mit der Auferweckung an Jesus schon das vollzogen, was allen anderen Menschen noch bevorsteht, und insofern ist in ihm das Ende der Geschichte "im voraus ereignet worden" (103f), "hat der Gott Israels im Geschick Jesu endgültig seine Gottheit erwiesen und ist nun auch als der eine Gott aller Menschen offenbar" (105). Auch in diesem Zusammenhang versichert Pannenberg, daß solche Erkenntnis nicht erst im Glauben, sondern als Ergebnis angemessener historischer Betrachtung und Beurteilung gewonnen werde.

"Daß es seltsamerweise Verblendete gibt, die die offen zutage liegende Wahrheit nicht sehen wollen, entbindet die Theologie und die Verkündigung nicht davon, die schlichte und keineswegs übernatürliche Wahrheit der Offenbarung Gottes im Geschick Jesu Christi zu behaupten und aufzuweisen. Die Theologie hat gar keinen Anlaß, dem Standpunkt der Verblendung das Prädikat und die Würde der allgemeinen vernünftigen Wahrheit zuzubilligen" (100).

Solche Behauptungen haben verständlicherweise auf breiter theologischer Front einen Sturm des Protestes ausgelöst und sind auch von der theologisch interessierten Geschichtswissenschaft zurückgewiesen worden, dies übrigens auch in der Näherbestimmung, die die Argumente in Pannenbergs Christologie (Grundzüge der Christologie 1964) gefunden haben (Zur geschichtswissenschaftlichen Skepsis vgl. R. WITTRAM, Zukunft in der Geschichte. Zu Grenzfragen der Geschichtswissenschaft und Theologie 1966, 50.55f). Partiell ist Pannenberg selbst zu vorsichtigen Revisionen seiner Aufstellungen gelangt, etwa im Blick auf den historischen Nachweis der Auferweckung Jesu (vgl. Grundfragen systematischer Theologie II,

160-173, bes. 166). Im ersten Band seiner Systematischen Theologie (1988) wird der ursprüngliche Programmtitel zu "Offenbarung als Geschichte und Wort Gottes" erweitert (251-281) und darüber hinaus "eine Gebrochenheit der Offenbarungserkenntnis im Kontext noch fortdauernder Strittigkeit und der auch die Glaubenden selber immer wieder anfechtenden Macht des Zweifels" zugestanden, freilich in gleichem Atemzug doch auch wieder die "eschatologische Evidenz" des Christusgeschehens behauptet (273f). ROLF RENDTORFF, der ehemalige Mitstreiter, ist 20 Jahre nach dem Erscheinen der von ihm mitgetragenen Programmschrift auf Distanz zu dieser Konzeption von Theologie gegangen und hat Pannenbergs auf das Alte Testament bezogene Kernthese vom "provisorischen Charakter" des Selbsterweises Jahwes in seinem Geschichtshandeln als "Denkfehler" bezeichnet (J.J. PETUCHOWSKI - W. STROLZ [Hg.], Offenbarung im jüdischen und christlichen Glaubensverständnis 1981, 44. 46f). Es bestehen weiterhin grundsätzliche Fragen an das Programm dieser heilsgeschichtlichen Theologie, etwa zur Verhältnisbestimmung von historischer Erkenntnis und Glaube, auch Skepsis gegenüber den Einzelargumenten, die durch ein kompliziertes Hypothesengeflecht wechselseitig gestützt werden, wie etwa das Geschichtsverständnis der spätjüdischen Apokalyptik und die Auferweckung Jesu. Aber mit seinem kühnen Vorstoß hat Pannenberg der Theologie wieder die historische Dimension zurückgewonnen und sie für die kommunikative Verständigung über den Glauben eingesetzt. Die Inhalte des christlichen Glaubens beruhen nicht auf autoritativer Offenbarungssetzung, die Anerkenntnis erheischt, dürfen aber genausowenig einer unausweisbaren Subjektivität ausgeliefert werden, die in Willkür umschlagen kann, sondern müssen sich dem Verstehen erschließen und dementsprechend entfaltet werden. So gesehen dient sein geschichtstheologischer Entwurf einer "Entpositivierung" des Christentums (vgl. Pannenbergs Nachwort in J.M. ROBINSON - J.B. COBB [Hg.], Theologie als Geschichte 294). Erst der Rückgang auf die geschichtlichen Geschehnisse, auf die der christliche Glaube bezogen bleibt, erlaubt es, dessen Inhalte und den damit verbundenen Wahrheitsanspruch argumentativ zur Geltung zu bringen. Dieser Problem- und Diskussionsansatz bleibt gültig auch abgesehen von der anfechtbaren Ausgestaltung, die er in Pannenbergs heilsgeschichtlichem Entwurf erfährt. Man darf diese "Entpositivierung" des christlichen Glaubens, der das Gespräch der Theologie mit den anderen Wissenschaften dient, als das durchgehende und produktive Motiv der Theologie Pannenbergs ansehen. Der Anspruch der christlichen Wahrheit auf universale Geltung läßt sich nur bewähren, wenn er dem allgemeinen Wahrheitsbewußtsein gegenüber sinnvoll ausgelegt werden kann. Die *heilsgeschichtliche* Konzeption ist ein Weg dieses Bewährungsprozesses, der *wissenschaftstheoretische* Diskussionsgang ein anderer (Wissenschaftstheorie und Theologie 1973), die Auseinandersetzung mit der neueren (philosophischen) *Anthropologie* wieder ein anderer (Was ist der Mensch? Die Anthropologie im Lichte der Gegenwart 1962; Anthropologie in theologischer Perspektive 1983).

Allerdings leidet dieser auf mehreren Ebenen geführte Dialog an einer *grundsätzlichen* Unklarheit. Nach Pannenberg ist Gotteserkenntnis durch Gott selbst ermöglicht, so daß Theologie sich auf göttliche Offenbarung begründet (Systematische Theologie I, 12.14). Gleichzeitig aber wird methodisch gefordert, daß "die Darstellung der christlichen Lehre nicht von der Voraussetzung ihrer Wahrheit ausgehen" darf (59). Die Aussagen der Theologie haben lediglich den wissenschaftstheoretischen Status von "Hypothesen" (66-69), die der Verifikation bedürfen. Der Anspruch der christlichen Lehre auf Wahrheit

"ist in der Theologie darzustellen, zu prüfen, wo möglich zu erhärten, muß aber eben darum als offen und nicht schon vorweg entschieden behandelt werden. Es macht geradezu das Interesse an der Theologie aus, daß im Gang ihres Denkens und ihrer Argumente das Recht dieses Anspruchs auf dem Spiele steht" (60).

Läßt sich die Theologie rückhaltlos auf diese Offenheit ein, dann muß aber das Mißlingen der Wahrheitsprüfung und also die Falsifikation des Wahrheitsanspruches zumindest als möglich zugestanden werden. In jedem Falle redet der Theologe mit gespaltener Zunge: als reflektierender Christ aufgrund von Offenbarung, deren Wahrheit ihm, sofern sie nicht in der Anfechtung zerbricht, gewiß ist, als moderner Zeitgenosse hingegen mit dem Vorbehalt hypothetischer Gültigkeit seiner Aussagen. Was in einer Hinsicht als wahr gilt, muß in anderer als dahingestellt bleibend angesehen werden. Das ergibt eine schlingernde und durch Hypothesenschichtung immer komplizierter werdende Argumentation. Aber kann die durch Offenbarung begründete Wahrheit des christlichen Glaubens für die Theologie als Reflexion dieses Glaubens ernsthaft die wissenstheoretische Bedeutung von Hypothesen annehmen? Ist die Falsifikation solcher Hypothesen eine legitime Möglichkeit der Theologie? Und von der anderen Seite: Wird damit nicht harmonisch aufeinanderzugelesen und apologetisch verharmlost, was der nicht-glaubende Mensch (Iwan Karamasow!) weiterhin als Gegensatz wahrnimmt? (Vgl. die Einsprüche von W. WEISCHEDEL gegen

Pannenbergs Argumentation in: Der Gott der Philosophen II, 1972, 75-87, bes. 77). Glaube ist ein riskierter Akt und unbeschadet seiner kognitiven Gehalte nicht durch das diskursive Geschehen des Denkens zu ersetzen. Theologie bleibt, was sie auch sonst sein möge, jedenfalls als Reflexion des Glaubens in dieses Risiko verwickelt. Theologie kann die Inhalte dieses Aktes beschreiben, verdeutlichen, erläutern und zum allgemeinen Wahrheitsbewußtsein in Beziehung setzen, aber nur unter Voraussetzung der im Glauben vergewisserten Wahrheit. Theologie kann nicht als Zeuge gegen ihre eigene, durch Offenbarung verbürgte Wahrheit auftreten. *Hypothetische Theologie* ist ein hölzernes Eisen.

3. Theologie der Hoffnung. Das neue Interesse an der Eschatologie (JÜRGEN MOLTMANN)

Bibliographie 1954-1987: ISING, D., Bibliographie Jürgen Moltmann, 1987. - *Hauptschriften:* Herrschaft Christi und soziale Wirklichkeit nach Dietrich Bonhoeffer, 1959 (= TEH 71). - Prädestination und Perseveranz, 1961. - Theologie der Hoffnung, (1964) [12]1985. - Perspektiven der Theologie. Gesammelte Aufsätze, 1968. - METZ, J.B. - MOLTMANN, J. - OELMÜLLER, W., Kirche im Prozeß der Aufklärung. Aspekte einer neuen "politischen Theologie", 1970. - Mensch, (1971) [2]1974 (als Tb [1979], [2]1983). - Der gekreuzigte Gott, (1972) [5]1987. - Kirche in der Kraft des Geistes, 1975. - Zukunft der Schöpfung. Ges. Aufsätze, 1977. - Trinität und Reich Gottes. Zur Gotteslehre, (1980) [2]1986. - Politische Theologie - Politische Ethik, 1984. - Gott in der Schöpfung. Ökologische Schöpfungslehre, (1985) [3]1987. - Der Weg Jesu Christi. Christologie in messianischen Dimensionen, 1989. - *Über Moltmann:* MARSCH, W.-D. (Hg.), Diskussion über die "Theologie der Hoffnung" von Jürgen Moltmann, 1967. - REISS, W., Die Theologie Jürgen Moltmanns, 1972. - HENKE, P., Gewißheit vor dem Nichts. Eine Antithese zu den theologischen Entwürfen Wolfhart Pannenbergs und Jürgen Moltmanns, 1978. - WELKER, M. (Hg.), Diskussion über Jürgen Moltmanns Buch "Der gekreuzigte Gott", 1979. - NIEWIADOMSKI, J., Die Zweideutigkeit von Gott und Welt in J. Moltmanns Theologien, 1982.

Die Eschatologie, vor allem in der Ausformung, die sie in der spätjüdischen Apokalyptik erfahren hat, gewinnt für den universalgeschichtlichen Entwurf Pannenbergs konstitutive Bedeutung. Aber sie ist nicht als solche Gegenstand des Interesses, sondern der Konzeption als Bauelement eingegliedert. Bei JÜRGEN MOLTMANN (geb. 1926) wird sie zum beherrschenden Thema. Mit dieser Gewichtung bringt Moltmann einen neuen Zug in die evangelische Theologie.

Eschatologie gehört zum überlieferten Themen- und Problembestand theologischer Reflexion. Nach dem heilsgeschichtlichen Aufriß hat sie als "Lehre von den letzten Dingen" ihren Ort am Ende der Dogmatik. Diese Stellung am Ende deckt sich seit Beginn der Neuzeit ungefähr auch mit dem theologischen Interesse an diesem Lehrstück, mag es sich mit der Frömmigkeit, vor allem in pietistischen Kreisen, auch anders verhalten. Im 19. Jahrhundert wird die Eschatologie nur noch pflichtgemäß, ohne jedes innere Feuer, abgehandelt. Das christliche Hoffnungspotential verkümmert, wandert aus Theologie und Kirche aus, wandelt sich und erfährt in den Visionen des Vormärz 1848 und in der Geschichtsphilosophie des Kommunistischen Manifestes von Karl Marx eine politische Erneuerung. Auch die historische Entdeckung vom futurisch-eschatologischen Charakter der Verkündigung Jesu und der urchristlichen Botschaft, die durch FRANZ OVERBECK (1837-1905) vorbereitet, später durch JOHANNES WEISS (1863-1914) exegetisch entwickkelt (Die Predigt Jesu vom Reiche Gottes 1892, ²1900) und von ALBERT SCHWEITZER (1875-1965) zur These von der "konsequenten Eschatologie" radikalisiert wurde (Von Reimarus zu Wrede 1906, seit ²1913: Geschichte der Leben-Jesu-Forschung ⁶1951), ändert nichts an der systematisch-theologischen Interessenlage.

Auch hier bedeutet der Erste Weltkrieg eine Wende. 1922 veröffentlicht P. ALTHAUS, mit durch die Zeitsituation inspiriert, sein Buch "Die letzten Dinge. Entwurf einer christlichen Eschatologie" (¹⁰1970). Hier entwickelt er eine nicht exegetisch, sondern christologisch begründete Eschatologie, für die ein *axiologischer* und ein *teleologischer* Begriff der letzten Dinge leitend ist. Ein endgeschichtliches Verständnis von Eschatologie lehnt Althaus ab. Diese Kritik wie überhaupt das Wiedererwachen des eschatologischen Interesses verbindet ihn mit K. BARTH. In der 2. Aufl. des Kommentars zum Römerbrief findet sich Barths vielzitierter Satz: "Christentum, das nicht ganz und gar und restlos Eschatologie ist, hat mit *Christus* ganz und gar und restlos nichts zu tun" (Der Römerbrief, 10. Abdruck der neuen Bearbeitung 1967, 298). Mit dieser Aussage formuliert Barth nicht eine exegetisch-historische Erkenntnis, sondern gibt eine theologische Wesensbestimmung des Christentums. Allerdings meint Eschatologie nicht - wie bisher - Geschehnisse am Ende der Geschichte, sondern dient der Beschreibung des unendlich qualitativen Unterschiedes zwischen Gott und Mensch. Eschatologisch ist das Christentum insofern, als es Gottes totales Anders-Sein gegenüber der Welt zur Sprache bringt. Das "Letzte" ereignet sich nicht am *Ende* der Geschichte, sondern *jederzeit.*

"Unvergleichlich steht der *ewige* Augenblick *allen* Augenblicken gegenüber, gerade weil er aller Augenblicke transzendentaler Sinn ist. Und unvergleichlich die 'Errettung', der 'Tag', das Reich Gottes *allen* Zeiten, gerade weil es aller Zeiten Erfüllung ist" (482).

In seiner Interpretation von 1 Kor 15 weist Barth ein Verständnis von Eschatologie im Sinne von Endgeschichte förmlich zurück (Die Auferstehung der Toten 1924, 56f). Wohl vermag er bestimmte Schlußmöglichkeiten der Geschichte als "Gleichnisse" für die letzten Dinge anzuerkennen, aber "letzte Dinge" im Sinne des Neuen Testaments sind das nicht. "Von der *wirklichen* Endgeschichte wird zu *jeder* Zeit zu sagen sein: Das Ende ist nahe!" (a.a.O. 59). So fügt sich die Bestimmung des Christentums als Eschatologie fugenlos in die Intentionen einer "Theologie der Krisis" ein.

MOLTMANNs "Theologie der Hoffnung" bedeutet solchen eschatologischen Erneuerungsbemühungen gegenüber ihrerseits etwas Neues. Er faßt die Konzeptionen von Barth und Althaus, aber auch Bultmanns präsentische Eschatologie (vgl. u.a. R. BULTMANN, Geschichte und Eschatologie 1955/58) großräumig zum Typus einer "transzendentalen Eschatologie" zusammen,

"mit der die Entdeckung der urchristlichen Eschatologie wiederum eher verdeckt als entfaltet wurde. Gerade die transzendentalistische Fassung der Eschatologie hat den Durchbruch eschatologischer Dimensionen in der Dogmatik verhindert" (Theologie der Hoffnung [3]1965, 33f).

Im Gegensatz dazu hebt Moltmann das Element der Gegenwärtigkeit des Letzten zugunsten einer *Zukünftigkeit* des Letzten auf. Er entwickelt nicht eine endgeschichtliche Eschatologie im traditionellen Sinne, aber er löst die Eschatologie aus den präsentischen ("transzendentalistischen") Bedeutungshorizonten heraus. Die Gegenwart ist Ort der Gottlosigkeit, Hoffnung streckt sich aus nach dem geschichtlich noch nicht Realisierten. Das Erhoffte kann aber nicht nur erwartet, es muß durch Handeln auf den Weg gebracht werden. So wirkt Hoffnung weiter als Impuls, Eschatologie wandelt sich unter der Hand zu einer Funktion der Ethik. Mit der appellativen Spitze der Eschatologie scheint Moltmann das Bedürfnis des Menschen nach Veränderung der je gegebenen Wirklichkeit getroffen zu haben; jedenfalls erfreut sich sein Entwurf, 1964 erstmals, 1985 bereits in 12. Aufl. erschienen, eines dauerhaften Interesses und gehört vermutlich zu den meistgelesenen theologischen Büchern der Gegenwart.

Nach den Entstehungsbedingungen entspricht Moltmanns "Theologie der Hoffnung" in hohem Maße dem Zeitgeist. In den 50er und 60er Jahren scheint das Interesse an der Zukunft dasjenige an der (beklemmenden) Vergangenheit zu verdrängen. Publikationen zu Stichworten wie Zukunft, Futurologie oder Hoffnung haben Konjunktur. Mit seinem Buch "Die Zukunft hat schon begonnen" (1953) stimmt ROBERT JUNGK ein breites Publikum in die Thematik ein. 1963 plädiert H. GROSS für den "Mut zum Neuen", seit 1964 betätigen sich R. JUNGK und H.J. MUNDT als Herausgeber der Reihe "Modelle für eine neue Welt" und versehen deren 1. Band mit dem Titel "Der Griff nach der Zukunft" (1964), 1965 gründet Jungk das "Institut für Zukunftsfragen" in Wien. Die entscheidenden Anregungen aber verdankt die damalige theologische Diskussion dem philosophisch-utopischen Entwurf "Das Prinzip Hoffnung" von ERNST BLOCH (I-III 1954-1957; [2]1959 in 2 Bänden), die Moltmann schon ein Jahr vor Erscheinen seiner "Theologie der Hoffnung" durch "Ein Gespräch mit Ernst Bloch" (J. MOLTMANN, Das "Prinzip Hoffnung" und die christliche Zuversicht, EvTh 23, 1963, 537-557) dokumentiert hat, das dem Buch seit der 3. Aufl. als Anhang beigegeben ist (313-334). 1965 erscheint von GERHARD SAUTER eine weitere theologische Monographie zur eschatologischen Thematik, die ebenfalls die Einwirkung der Hoffnungsphilosophie E. Blochs bekundet (Zukunft und Verheißung. Das Problem der Zukunft in der gegenwärtigen theologischen und philosophischen Diskussion, [2]1973).

ERNST BLOCH (1885-1977) hat als marxistischer Philosoph ein vitales Interesse an der *Zukunft.* Sie wird die Überwindung der gegenwärtigen Entfremdung und die Verwirklichung der klassenlosen Gesellschaft bringen. Aber "Das Prinzip Hoffnung", bereits 1918 durch "Geist der Utopie" vorbereitet, zielt nicht nur orthodox-marxistisch auf die Schaffung der klassenlosen Gesellschaft, sondern anthropologisch auf das Reich überwundener Entfremdung. Nicht allein das Proletariat, alle Menschen sind angesprochen. Solch eine universal angelegte Hoffnungsphilosophie hat eine innere Affinität zur *Religion.* "Wo Hoffnung ist, ist Religion" (Das Prinzip Hoffnung, [2]1959, 1404.1417), mag es sich auch um einen Sonderfall von "Religion" handeln. So überrascht es nicht, daß Bloch seinem ausgreifenden Werk über "Das Prinzip Hoffnung" später einen marxistischen Versuch in Religionsphilosophie hat folgen lassen (Atheismus im Christentum. Zur Religion des Exodus und des Reichs, 1968). Hier wird die Beziehung von Hoffnung und Religion (vgl. 23) auf sehr unkonventionelle Weise thematisiert und zu einer "Religionsphilosophie ... des revolutionär-utopischen Begriffs" (108) weitergeführt. Diese Umpolung marxistischer Geschichtsdialektik zu einer anthropologisch offenen Hoffnungsphilosophie unter Einschluß der religiösen Komponente wirkt provozierend und inspirierend auf die Theologie. Lapidar beginnt Moltmann:

"Es gibt ... nur ein wirkliches Problem der christlichen Theologie, das ihr von ihrem Gegenstand her gestellt ist ...: das Problem der Zukunft" (Theologie der Hoffnung, [3]1965, 12).

Alle Begriffe des Entwurfs signalisieren ein *nach vorne ausgerichtetes* Verständnis von Eschatologie: "Aussicht und Ausrichtung nach vorne", "Aufbruch und Wandlung der Gegenwart", "Exodus", "Verheißung". Das Christentum ist eine "Erwartungsreligion", geradezu "zukunftssüchtig" (15). Eschatologie als Lehre von der christlichen Hoffnung umfaßt sowohl das Erhoffte wie das von ihm bewegte Hoffen. Der Lebensimpuls der urchristlichen Eschatologie soll wieder freigelegt und zur Mitte des Glaubens werden. Moltmann knüpft an den Barth des Römerbriefes an und grenzt sich zugleich von ihm ab. Von Barth übernimmt er die These vom durch und durch eschatologischen Charakter des Christentums. Aber gegen die *vertikale* Dialektik von Zeit und Ewigkeit stellt er die *horizontale* von jetzt und dann, von Gegenwart und Zukunft. Mit deutlichen Anklängen an Barth und mit ebenso deutlicher Unterscheidung von ihm heißt es:

"Das Christentum ist ganz und gar und nicht nur im Anhang Eschatologie, ist Hoffnung, Aussicht und Ausrichtung nach vorn, darum auch Aufbruch und Wandlung der Gegenwart" (12).

Die "Theologie der Hoffnung" wird *christologisch* begründet. Thema der christlichen Eschatologie ist nicht - wie etwa bei Bloch - die Zukunft überhaupt, sondern die Zukunftsmöglichkeit und Zukunftsermächtigung der bestimmten geschichtlichen Gegenwart Jesu Christi. Wie im Urchristentum wird die Hoffnung ausgelöst durch Jesus Christus. Er ist nicht im Tode geblieben, sondern hat den Tod in seiner Auferstehung bezwungen. Dieses neue Leben hat aber erst begonnen, es ist noch nicht vollendet. Die Auferstehung Jesu Christi markiert den Beginn einer neuen Wirklichkeit, die unser aller Auferstehung bringen und die eingeleitete Versöhnung zur Erlösung vollenden wird.

"Der christliche Glaube lebt von der Auferweckung des gekreuzigten Christus und streckt sich aus nach den Verheißungen der universalen Zukunft Christi" (12).

An der Person und Geschichte Jesu Christi entscheidet sich die Echtheit "der eschatologischen und utopischen Geister" (13). So hat die Hoffnungstheologie ihr systematisch-theologisches Fundament in der Christologie, ihr Gefälle aber weist in die Richtung einer (gesellschaftspolitischen) Erneuerung der Wirklichkeit. Denn

sie will ein neues Verständnis für die mobilisierende, revolutionierende und kritische Kraft der Eschatologie wecken - gegen die Be-
scheidung mit einer unversöhnten Welt (11). Freilich ist das erhoffte und ansatzweise zu gestaltende Neue noch nicht griffig darstell-
bar, entzieht sich exakter Analyse und Beschreibung; man muß sich
mit Bildern, Metaphern und Symbolen behelfen. Die indirekte
Weise der Darstellung gehört wesentlich zur Theologie der Hoffnung, in noch ganz anderem Maße, als das für jede Theologie gilt.
Ein Hauch von Poesie, der schon Blochs Monographie auszeichnet,
weht einem auch aus Moltmanns Entwurf entgegen, "die Farbe der
Morgenröte eines erwarteten neuen Tages" (12) läßt sich ohne
Phantasie nicht erschauen.

So wird denn über allgemeinste Hinweise hinaus auch nicht deutlich, wie die revolutionierende und kritische Kraft der christlichen
Hoffnung konkret wirksam werden solle. Moltmann scheint sich
alle Möglichkeiten solch einer Klärung dadurch selbst zu verbauen,
daß er die Zukunft der Gegenwart radikal gegenüberstellt:

"Überall richtet sich im Neuen Testament die christliche Hoffnung auf das
noch nicht Sichtbare, ist darum ein 'Hoffen wider Hoffen' und verurteilt
damit das Sichtbare und jetzt Erfahrbare zu einer gottverlassenen und zu
überholenden, vergehenden Wirklichkeit" (14).

Wie aber soll sich die Gegenwart der in Christus realisierten Versöhnung (2 Kor 5,17.19) noch denken lassen, wenn der christliche
Glaube nur auf die Zukunft hin und von ihr her bestimmt ist? Wohl
hat der christliche Glaube eine eschatologische Perspektive, aber er
ist mehr als Eschatologie. Er schaut zurück auf Gottes Handeln mit
dem Menschen in Christus, und er blickt nach vorn auf das Kommen des Reiches Gottes. Er lebt vom Zuspruch und vernimmt
gleichzeitig Gottes Anspruch. Moltmann möchte beides sagen, aber
faktisch überlagert der Imperativ den Indikativ, die Verheißung die
Erfüllung, die Eschatologie die Christologie. Hoffnungstheologie
droht in Total-Eschatologisierung umzuschlagen, wo die gegenwärtige Wirklichkeit nur noch als "gottverlassene", also ohne Partizipa-
tion an jenem Versöhnungsgeschehen in den Blick kommt. Das
qualitativ Neue kann als Christologie nicht mehr begründet ausgesagt werden, wenn die unüberbrückbare Differenz des Neuen Testaments gegenüber dem Alten Testament zugunsten einer Beina-
he-Identität eingezogen wird:

"Die alttestamentliche Verheißungsgeschichte findet im Evangelium nicht
einfach eine Erfüllung, die sie aufhebt, sondern sie findet im Evangelium
ihre Zukunft ... So ist das Evangelium nicht als Überholung oder gar als

Beendigung der Verheißungen Israels zu verstehen. Es ist in einem letzten, eschatologischen Sinne dieser Verheißungen mit ihnen sogar identisch" (133).

Solche und ähnliche Sätze (vgl. u.a. 208f) scheinen den glaubenden Menschen wieder auf den Boden der Erwartung zurückzuversetzen. Das Neue Testament sagt danach nicht etwas wirklich Neues, sondern es sagt das Alte nur auf neue Weise, und beide, Altes Testament und Neues Testament, sind dem *wirklich Neuen* entgegengesetzt, das einst kommen wird. Gegen Moltmanns Absicht läuft die christologisch begründete Theologie der Hoffnung in Konsequenzen aus, die das Fundament in Frage stellen. Sie verliert theologisch die Wirklichkeit der in Christus bereits geschehenen Versöhnung aus dem Auge, sie verfehlt säkular jede Möglichkeit der Anknüpfung an die gegenwärtige Wirklichkeit und wird damit abstrakt. Entscheidungen, die sich für die Gegenwart aus dem "Traum der Zukunft" ergeben sollen (213), bleiben im Beliebigen. Sie suggerieren eine globale Handlungskompetenz, für die sich gute Gründe und verständliche Argumente nicht mehr beibringen lassen. Die verführerische Wirkung der Hoffnungstheologie Moltmanns ist unübersehbar. Zu Recht hat REINHARD WITTRAM gewarnt: Die eschatologische Geschichtsbetrachtung "macht unser Auge untauglich für den Blick auf das Nächste, das sich morgen zu unserer Schuld auswächst, wenn wir es heute versäumen" (R. WITTRAM, Zukunft in der Geschichte 1966, 58).

Moltmann hat nach der "Theologie der Hoffnung" eine Vielzahl weiterer Monographien zu dogmatischen Problemfeldern veröffentlicht, die sich aber nicht ohne weiteres als systematische Entfaltung der Hoffnungsthematik verstehen lassen. Das gilt zunächst für sein Buch "Der gekreuzigte Gott. Das Kreuz Christi als Grund und Kritik christlicher Theologie" (1972). Wohl hat Moltmann in den einleitenden Erwägungen des Werkes eine Beziehung dieser Kreuzestheologie zur Hoffnungstheologie herstellen wollen (10f), aber diese Erklärungen wirken gekünstelt, haben mehr den Charakter von Versicherungen. Das Buch verfolgt andere Themen und setzt auch andere Schwerpunkte. In Anpassung an die veränderte Diskussionslage ist auch ein neuer philosophischer Gesprächspartner gesichtet: Statt der Hoffnungsphilosophie E. Blochs nimmt Moltmann Fragen der "Negativen Dialektik" und der "Kritischen Theorie" von M. HORKHEIMER und TH.W. ADORNO auf. Die Leidensgeschichte Jesu Christi ist zu beziehen auf die Leidensgeschichte der Welt. - Anders steht es mit der Ekklesiologie "Kirche in der Kraft des Geistes" (1975), die schon durch den Untertitel "Ein Beitrag zur messianischen Ekklesiologie" den Bogen wieder zur "Theologie der Hoffnung" zurückschlägt. Allerdings trägt der uferlose Gebrauch der Begriffe "Hoffnung" und "messianisch" wenig zur Klarheit eines Verständnisses von Kirche bei, das die konkreten Probleme der empirischen Wirklichkeit von Kirche im Auge behält. Wenn ich recht sehe, nimmt Moltmann vereinzelt an besonders zugespitzten Thesen der "Theologie der Hoffnung" indirekte Einschränkungen vor. Von der Kirche heißt es z.B., sie bezeuge, auch als Stachel in der Seite Israels, "die *Gegenwart der Versöhnung* der Welt mit Gott, ohne die es keine begründete Hoffnung auf ihre Erlösung gibt" (170. Hervorhebung von H.F. Vgl. auch ähnlich einschränkende Ausführungen über das Verhältnis der messianischen Sendung Jesu zum Hoffnungsbild des messianischen Propheten a.a.O. 104).

Diese drei Monographien bilden nach Moltmann insofern eine Einheit, als von einem bestimmten Punkt aus das Ganze der Theologie programmatisch neu verstanden werden soll. Im Unterschied dazu hat er inzwischen drei neue Werke zur Gottes-, Schöpfungslehre und Christologie vorgelegt und zwei weitere zur Eschatologie und zu den Grundlagen und Methoden christlicher Theologie in Aussicht gestellt, die er als "systematische Beiträge zur Theologie" versteht und in denen "die Zusammenhänge wichtiger Begriffe und Lehren der christlichen Theologie behandelt werden" sollen (Trinität und Reich Gottes 1980, 11). Auch hier steht die Eschatologie nicht immer im Vordergrund, obwohl Moltmann diese fünf Bände als Teile einer "messianischen Theologie" versteht. Der 1. Band dieser Reihe "Trinität und Reich Gottes. Zur Gotteslehre" (1980) entwickelt gegen die "Substanztrinität" der theologischen Tradition seit Tertullian und gegen die "Subjekttrinität" der neuzeitlichen Theologie und Philosophie eine "geschichtliche Lehre von der Trinität" (34). Dem konsequent christlichen Gottesbegriff entspricht eine "soziale Trinitätslehre", die nicht von der Einheit Gottes, sondern von der Dreiheit der Personen her aufgebaut wird (34f). - Auch der nächste Band "Gott in der Schöpfung. Ökologische Schöpfungslehre" (1985) bietet zukunfts- und hoffnungstheologische Reflexionen mehr als Programm, das nur von Fall zu Fall in die dogmatischen Ausführungen eingeht. Christliche Schöpfungslehre ist messianische Schöpfungslehre, sofern sie die Welt im Lichte des Messias Jesus und d.h. im Lichte der Zukunft sieht (19). Inhaltlich läßt sich Moltmann für seine ökologische Schöpfungslehre von einer griffigen Alternative leiten, die die theologische Tradition ebenso wie das neuzeitliche Denken einer radikalen Kritik unterzieht. Bisher verstanden Kirche und Theologie Gott als absolutes Subjekt, als Herrscher über die Welt, die Welt als Objekt seines Handelns. Dadurch wurde Gott zunehmend entweltlicht, die Welt zunehmend säkularisiert. Gottes Herrschaft über die Welt begründet die Herrschaft des Menschen - als des Ebenbildes Gottes - über die Erde. Dieses Herrschaftsmodell war bestimmend für die "zentralistischen Theologien" und bildete "das Fundament der hierarchischen Souveränitätslehren" (16). Demgegenüber interpretiert Moltmann Gottes Verhältnis zur Welt nicht als einseitiges Herrschaftsverhältnis, sondern als "vielschichtiges und mehrstelliges *Gemeinschaftsverhältnis*". (Wirkliche) Trinität steht gegen (vermeintlich trinitarischen) Monotheismus, dezentralisierte, genossenschaftliche Theologie gegen hierarchische (ebd.). Philosophisch bedeutet das die Verabschiedung des neuzeitlichen Denkens mit den objektivierenden, analysierenden, partikularisierenden und reduktionistischen Verfahrensweisen durch ein neues, kommunikatives, integrierendes, ganzheitliches Denken. Nötig ist (17) der Rückgang "auf den vormodernen Begriff der Vernunft als vernehmendes und anteilnehmendes Organ (methexis)". Auch dieser Versuch einer ökologischen Schöpfungslehre wirkt mehr suggestiv als durch klare Analysen, die als Produkt modernen Denkens ja gerade unter Verdacht geraten. Es ist aber schwer einsehbar, wie sich dieses Denken durch sehnsuchtsvolle Blicke nach rückwärts sollte umgehen oder gar aufheben lassen können. Andere Möglichkeiten als die des modernen Denkens sind uns nicht gegeben. Es bedarf wohl eines geschärften Blickes und kritischer Selbstbesinnung angesichts neuer Herausforderungen, die Beschwörung der Vormoderne indes wird kaum helfen. - Der vorläufig letzte Band "Der Weg Jesu Christi. Christologie in messianischen Dimensionen" (1989) nimmt die für alle Teilbände gedachte Näherbestimmung nun ausdrücklich als Untertitel auf. Auch hier schreckt Moltmann vor großräumigen Problem- und Forschungsperspektiven mit den entsprechenden kritischen Verwerfungen nicht zurück. "Grob gesagt" ist die Entwicklung der bisherigen christologischen Reflexion von der metaphysischen Christologie der Antike auf die geschichtliche Christologie der Moderne zugelaufen. Jetzt aber wird ein neuer Übergang nötig "von der geschichtlichen Christologie der Moderne zu einer postmodernen Christologie, die menschliche Geschichte ökologisch im Rahmen der Natur ansiedelt" (13). Mit diesen Stichworten (Postmoderne, Ökologie, Natur), die noch durch Aspekte des christlich-jüdischen Dialogs und der feministischen Theologie angereichert werden, hat Moltmann die brisanten gegenwärtigen Diskussionsfäden christologisch verknäult. Geblieben ist die Hypertrophie messianischer, apokalyptischer und eschatologischer Begrifflichkeit (Die *messianische* Sendung Jesu [92-171]. Die *apokalyptischen* Leiden Christi [172-234]. Die *eschatologische* Auferstehung Christi [235-296]). "Der Weg Jesu Christi" bildet den vorläufig letzten Band der Reihe. Es besteht Anlaß zu der Vermutung, daß Moltmann auch in den letzten Bänden, zumal in einem über die "Eschatologie", von seiner eschatologischen Redundanz nicht ablassen wird. Ebenso ist freilich zu vermuten, daß das Besondere der Eschatologie verblaßt und das Sensorium für diese Grundierung christlichen Glaubens und christlicher Theologie abstumpft, wo alles unterschiedslos solch einer Globalschau eingeordnet wird.

4. Politische Theologie als ethische Konsequenz eschatologischer Theologie

BAUMOTTE, M. - SCHÜTTE, H.-W. - WAGNER, F. - RENZ, H., Kritik der politischen Theologie, 1973. - FEIL, E. - WETH, R. (Hg.), Diskussion zur "Theologie der Revolution", 1970. - LOCHMANN, J.M., Perspektiven politischer Theologie, 1971. - METZ, J.B., Zur Theologie der Welt, 1968 (= Topos Taschenbuch 11, 1973). - DERS., Kirchliche Autorität im Anspruch der Freiheitsgeschichte, METZ, J.B. - MOLTMANN, J. - OELMÜLLER, W., Kirche im Prozeß der Aufklärung, 1970, 53-90. - DERS., Glaube in Geschichte und Gesellschaft (1977) [4]1984. - MOLTMANN, J., Theologische Kritik der politischen Religion, METZ, J.B. u.a., Kirche im Prozeß der Aufklärung, 1970, 11-51. - DERS., Politische Theologie - Politische Religion, 1984. - PEUKERT, H. (Hg.), Diskussion zur "politischen Theologie", 1969. - SCHMITT, C., Politische Theologie (1922), [2]1934. - DERS., Politische Theologie II. Die Legende von der Erledigung jeder Politischen Theologie, 1970. - SCHREY, H.-H., "Politische Theologie" und "Theologie der Revolution", ThR 36, 1971, 346-377 und 37, 1972, 43-77. - SÖLLE, D., Politische Theologie. Auseinandersetzung mit Rudolf Bultmann, 1971. - WIEDENHOFER, S., Politische Theologie (Lit.!), 1976.

Mit seiner Hoffnungstheologie hat J. MOLTMANN den Anstoß zu Konzeptionen "politischer Theologie" gegeben. Mehr noch: seine "Theologie der Hoffnung" ist selbst verkappte politische Theologie. Moltmann begnügt sich nicht mit einer gegenwartsbezogenen Rekonstruktion der urchristlichen Hoffnung auf den Anbruch des Reiches Gottes, sondern gibt dieser Erwartung eine politische Wendung, indem er an der Eschatologie gerade "ihre mobilisierende, revolutionierende und kritische Einwirkung in die jetzt zu lebende Geschichte" hervorhebt.

Die unauslöschliche Hoffnung auf die Verheißungen Gottes "macht die Gemeinde zum Quellort immer neuer Impulse für die Verwirklichung von

Recht, Freiheit und Humanität" (Theologie der Hoffnung, [3]1965, 17; vgl. auch 11).

Eschatologie als Inhalt und Perspektive des christlichen Glaubens drängt zu politischer Theologie. Die "Theologie der Hoffnung" vollzieht noch nicht selbst diese Wende, spricht auch noch nicht von politischer Theologie, aber sie stimmt in das Thema ein, lenkt den Blick in die neue Richtung und nennt erste Stichworte (vgl. auch J. MOLTMANN, Politische Theologie - Politische Ethik, 1984, 154f).

Erst der Rahner-Schüler JOHANN BAPTIST METZ (geb. 1928) arbeitet den systematischen Zusammenhang von Eschatologie und politischer Theologie aus.

"Jede eschatologische Theologie muß ... zu einer politischen Theologie als einer (gesellschafts-)kritischen Theologie werden" (J.B. METZ, Zur Theologie der Welt, 1968, 106).

Vielleicht ist es kein Zufall, daß ein katholischer Fundamentaltheologe für das gesellschaftskritische Potential der neu verstandenen Eschatologie den Begriff "Politische Theologie" einführt. In *diesem* Sinn ist der Begriff neu, aber er selbst ist älter und geht auf den bekannten - ebenfalls katholischen - Staatsrechtler und Verfassungstheoretiker CARL SCHMITT (1888-1985) zurück, der ihn allerdings in ganz anderer Bedeutung verwendet (Politische Theologie. Vier Kapitel zur Lehre von der Souveränität [1922] [2]1934. - Politische Theologie II. Die Legende von der Erledigung jeder Politischen Theologie, 1970). Die neueren Entwürfe politischer Theologie knüpfen nicht an das gegenaufklärerisch-dezisionistische Modell C. Schmitts an, sondern bedenken umgekehrt die Wirklichkeit von "Kirche im Prozeß der Aufklärung" und verstehen die neuzeitliche Freiheitsgeschichte als Herausforderung für Theologie und Kirche. "Politische Theologie bezeichnet ... das Feld, das Milieu, den Raum und die Bühne, auf welchen christliche Theologie in der Neuzeit bewußt getrieben werden soll" (J. MOLTMANN, Theologische Kritik der Politischen Religion, a.a.O. 17).

Was heißt "politische Theologie" genauer und was nötigt zu ihr? METZ verwendet den Begriff in einem doppelten Sinne: *kritisch* als Korrektiv gegen die Privatisierungstendenz in der gegenwärtigen Theologie, *positiv* als "Versuch, die eschatologische Botschaft unter den Bedingungen unserer gegenwärtigen Gesellschaft zu formulieren" (J.B. METZ, Zur Theologie der Welt, 1968, 99). *Voraussetzung* jeder politischen Theologie ist nach Metz eine *Theologie der Welt*, die die Beziehung des christlichen Glaubens zur Welt aus den traditionellen Verzerrungen und Engführungen befreit. Das Bewußtsein für die politische Funktion von Theologie kann sich überhaupt nur bilden, wenn die Welt nicht mehr als das feindliche Gegenüber des Glaubens wahrgenommen wird, als das "Bauchsreich", das nach Luther vergeht und auch getrost vergehen mag, sondern als Gottes Schöpfung, die dem Menschen zu verantwortlicher Gestaltung anvertraut ist. Die Theologie der Welt baut sich also auf dem *christlichen Schöpfungsglauben* auf. Erst dieser Glaube eröffnet ein genuines Weltverständnis. In der Antike und im außerchristlichen Raum ist das Verhältnis zur Welt mythisch oder religiös aufgeladen. Mit dem christlichen Schöpfungsglauben wird die religiös besetzte Welt - jedenfalls grundsätzlich - entsakralisiert, profanisiert. Das Bekenntnis zu Gott dem Schöpfer, zu Gott in seiner absoluten Transzendenz und Weltüberlegenheit, läßt keinen Raum mehr für irgendwelche Art von Weltscheu oder Weltverehrung.

Die Welt verliert für den Glaubenden "ihre innerweltlichen Numinositäten und Verabsolutierungen und die dadurch entstehenden innerweltlichen Tabus. Der Glaube selbst also gewährt eine ursprüngliche Weltlichkeit der Welt, bringt eine anfängliche Säkularisierung der Welt mit sich ... (Es ist) gerade diese im christlichen Schöpfungsglauben selbst anfänglich geschehende Freigabe der Welt in ihre Weltlichkeit, die im Menschen den unbedingten Willen zur Welterhellung, zur Weltaufklärung erweckte und die damit die umgreifend aktive Verfügung des Menschen über diese Welt, ihre Hominisierung vorbereitete" (a.a.O. 58f, 60).

Mit dieser Deutung macht der katholische Fundamentaltheologe J.B. Metz deutliche Anleihen bei der Säkularisierungstheorie des späten Gogarten (vgl. u.a. Theologie der Welt 17, Anm. 10; 30-32; 43, Anm. 49). Er folgt ihm - zumindest formell - auch darin, daß er das Schöpfungsverständnis *christologisch* vertieft. Damit erhält die Theologie der Welt erst ihre zureichende Begründung (a.a.O. 17-28: "Christologische Fundamente einer theologischen Deutung der Weltlichkeit der Welt"). Im Blick auf die Welt bedeutet das Christus-Geschehen, daß Gott die Welt in seinem Sohn Jesus Christus in "endzeitlicher Definitivität" angenommen hat (a.a.O. 18). Die Theologie der Welt interpretiert das christliche Weltverständnis in der Perspektive von Schöpfung *und* Versöhnung und bleibt damit vor eschatologischer Hypertrophie bewahrt. Die jetzt erfahrbare Wirklichkeit ist nicht einfach, wie MOLTMANN behauptet hatte, gottverlassen und damit zu überholen, sondern in Christus angenommen und damit in ihren eigensten weltlichen Möglichkeiten erst freigesetzt (a.a.O. 24). Die Welt gehört zu Gott, er hat sie liebend in seinen Lebensraum hineingenommen.

Trotz dieses Angenommenseins ist die Welt aber noch nicht das vollendete Reich Gottes, sie verbleibt in der "Ambivalenz", ist weiterhin verstrickt in Sünde und Schuld, dem Leiden ausgesetzt. Nach christlichem Verständnis kann die Welt nur in der paradoxen Einheit von Angenommenheit und "Passibilität" gedacht werden (a.a.O. 26f). Und genau hier hat die eschatologisch inspirierte *politische Theologie* anzusetzen. Sie fügt sich gewissermaßen dem durch Gottes schöpferisches und versöhnendes Handeln eingeleiteten Prozeß ein und treibt ihn weiter. Eschatologie bezeichnet das Movens und die Richtung dieses Prozesses, politische Theologie die Art und Weise, diese Richtung auf das Reich Gottes mit Inhalt zu füllen.

"Die Rede von der politischen Theologie sucht in der gegenwärtigen Theologie das Bewußtsein zu reklamieren vom anhängenden Prozeß zwischen der eschatologischen Botschaft Jesu und der gesellschaftlich-politischen Wirklichkeit. Sie betont, daß das von Jesus verkündete Heil ... in einem gesellschaftlich-politischen Sinne bleibend weltbezogen ist: als kritisch befreiendes Element dieser gesellschaftlichen Welt und ihres geschichtlichen Prozesses. Die eschatologischen Verheißungen der biblischen Tradition - Freiheit, Friede, Gerechtigkeit, Versöhnung - lassen sich nicht privatisieren. Sie zwingen immer neu in die gesellschaftliche Verantwortung hinein" (a.a.O. 105).

Der positiven entspricht die *kritische* Zielsetzung politischer Theologie. Diese richtet sich gegen die extreme Privatisierungstendenz in der gegenwärtigen Theologie und wendet sich damit in bestimmter Weise zugleich polemisch gegen die Neuzeit. Denn die Privatisierungstendenz ist ausgelöst durch die Religionskritik der frühen Aufklärung in Frankreich und England. Seit dieser Zeit bewegen sich Religion und Gesellschaft auseinander. Nach den großen Religionskriegen können Kirche und Theologie den Universalitätsanspruch der christlichen Wahrheit nicht mehr verständlich einlösen; die Religion büßt ihre gesamtgesellschaftliche Funktion ein, sie emigriert aus der Gesellschaft. Nur noch im privaten Bereich vermag sie Verbindlichkeiten zu stiften. Die Theologie des 20. Jahrhunderts paßt sich dieser tatsächlichen geschichtlichen Entwicklung nicht nur an, sondern legitimiert sie auch, indem sie ihrerseits die gesellschaftliche Funktion und Dimension der christlichen Botschaft weithin ausblendet. Das gilt nach Metz für "die klassische metaphysische Theologie" (a.a.O. 100), es gilt vor allem aber für die existentiale Theologie, die den Glauben nur noch als personales Begegnungsgeschehen auslegt und deren Hermeneutik dementsprechend auf das private Ich-Du-Verhältnis zugeschnitten ist. Dem gilt es durch ein neues Verständnis der biblischen Botschaft und des Glaubens entgegenzuwirken:

"Diese Entprivatisierung ist die primäre theologiekritische Aufgabe der politischen Theologie" (a.a.O. 101).

Entprivatisierung bedeutet nicht Entpersonalisierung des christlichen Glaubens; gegen solch ein Mißverständnis setzt Metz sich ausdrücklich zur Wehr (a.a.O. 107). Der immer nur personal vertretbare Glaube soll mit der theologiekritischen Aufgabe der Entprivatisierung aber in seiner gesellschaftsbezogenen Dimension bewußt gemacht werden. Das führt zu einer neuen Interpretation von *Kirche*. Wie der eschatologisch beflügelte Glaube hat auch die Kirche als eine Institution in der gesellschaftlichen Wirklichkeit eine gesellschafts-kritische Funktion. Sie kann sich nicht im Bestehenden einrichten und mit Bestätigung zufriedengeben, sondern wird mit ihrer Botschaft auch kritisch-befreiend wirken. Metz schwebt eine Vision von Kirche vor, in der und durch die der einzelne Glaubende den notwendigen institutionellen Rahmen und Lebensraum für seinen Glauben findet und die er deshalb als "Institution der kritischen Freiheit des Glaubens" skizziert (a.a.O. 108; 122-126). Die politische Theologie nimmt deutlich *kirchenkritische* Züge an.

Mit der These von der Entprivatisierung hat Metz ein wirkungskräftiges Motiv politischer Theologie angeschlagen. DOROTHEE SÖLLE beispielsweise stützt sich in ihrer Auseinandersetzung mit Bultmann weitgehend auf solche Argumentationen (D. SÖLLE, Politische Theologie. Auseinandersetzung mit Rudolf Bultmann, 1971, 55-61, bes. 56). Sie vermag dem theologischen Ansatz Bultmanns bei der Geschichtlichkeit der Existenz durchaus zuzustimmen, legt ihm aber zur Last, daß er die in diesem Ansatz beschlossenen politischen Möglichkeiten nicht wahrgenommen, sondern das Heil individualisiert habe. Bezeichnend für das Existenzverständnis Bultmanns sei eine "punktuelle Existenzialisierung" (a.a.O. 59), die der tiefen Weltverflochtenheit des Menschen nicht gerecht werde. Aufgrund dieser "individualistischen Verengung" (a.a.O. 63) habe Bultmann die historisch-kritische Methode nicht zu einer politischen Hermeneutik des Evangeliums weiterentwickeln können.

JÜRGEN MOLTMANN hat sich auf dem Umweg über die politische Ausdeutung seiner "Theologie der Hoffnung" anregen lassen. "Ich nehme diese Richtungsanweisung (nämlich zu einer politischen Theologie) gerne auf, um die 'Theologie der Hoffnung' ins Feld einer Praxis der Hoffnung mit bestimmten Negationen voranzutreiben" (J. MOLTMANN, Theologische Kritik der politischen Religion a.a.O. 11). Moltmann versteht politische Theologie sehr allgemein als denjenigen Reflexionsprozeß, mittels dessen sich Kirche und Theologie Klarheit verschaffen über ihre faktisch immer schon bestehende politische Wirksamkeit. Wohl gibt es nach Moltmann naive und politisch bewußtlose Theologie, aber grundsätzlich keine a-politische Theologie, da Kirche und Theologie als Institutionen der Öffentlichkeit unumgänglich in das politische Geschehen verwickelt sind. Politische Theologie hat also die Aufgabe, die verborgenen oder offenen Beziehungen zwischen kirchlicher und gesellschaftspolitischer Lebenswirklichkeit kritisch und selbstkritisch in den Blick zu bringen und deren Recht oder Unrecht zu klären.

Moltmann grenzt die "neue" politische Theologie von der politischen Theologie alten Stils, für die C. Schmitt den Begriff geprägt hatte, durch eine semantische Unterscheidung ab: Jene alte Vorstellung sei *politische Religion* gewesen (a.a.O. 20-23) und "stets zur Rechtfertigung politischer Situationen und Ideologien verwendet" worden (a.a.O. 17; vgl. auch 18; 27). Politische Religion leistet "die symbolische Integration und die mythische Selbstbestätigung einer Gesellschaft" (a.a.O. 23), sie hat im wesentlichen *Legitimationscharakter*. *Politische Theologie* verhält sich demgegenüber *kritisch* zur Gesellschaft. Allerdings reicht es nicht aus, unter Hinweis auf den "eschatologischen Vorbehalt" dauerhaft die Veränderung der gesellschaftlichen Zustände zu fordern, weil dies ihrerseits auf die religiöse Sanktionierung einer Gesellschaftskritik hinauslaufen würde, die sich im Zuge der modernen, in ständiger Veränderung befindlichen, Gesellschaft ohnehin schon herausgebildet hat. Vielmehr bedarf es einer *spezifischen* Art von Kritik, und die ist nach Moltmann nur dadurch zu leisten, "daß man selbstkritisch bei der Konfrontation der kirchlichen und christlichen Wirklichkeit mit ihrem eigenen christlichen Anspruch einsetzt" (a.a.O. 18). Freilich bleibt undeutlich, was eine so über ihre eigene politische Dimension aufgeklärte Theologie politisch sollte leisten können. Moltmann formuliert als "These" seiner Erwägungen zur politischen Theologie:

"Das Kreuz ist unsere politische Kritik, das Kreuz ist unsere Hoffnung für die Politik der Freiheit. Die Erinnerung an den Gekreuzigten nötigt uns zu einer politischen Theologie" (a.a.O. 51).

Aber solche These hat lediglich Versicherungscharakter. Ihr ist über die vage Behauptung einer grundsätzlichen politischen Kritik hinaus keine Beschreibung der Aufgaben und Funktionen einer politischen Theologie zu entnehmen. Sie sagt alles und gerade darum nichts.

Auch die Unterscheidung von *Politischer Religion* und *Politischer Theologie* kann nicht überzeugen. Politische Theologie bedeutet nicht nur Aufklärung über die Implikationen jeder Theologie, sie will auch etwas bewirken, und sei es nur im Modus der (Gesellschafts-)Kritik. Damit aber gewinnt sie ihrerseits *sanktionierende* Züge, sie unterstützt oder rechtfertigt die Kritik an der jeweiligen gesellschaftlichen Wirklichkeit - konkret: an der "Restauration antiquierter Verhältnisse in Deutschland" nach 1945 (J. MOLTMANN, Politische Theologie - Politische Ethik 1984, 152) - und *favorisiert* damit diejenige Gestalt von gesellschaftlicher Wirklichkeit, die durch diese Kritik erreicht werden soll. Prominentes Beispiel dafür aus den letzten Jahren ist die von Moltmann mitgetragene *Erklärung des Moderamens des Reformierten Bundes* "Das Bekenntnis zu Jesus Christus und die Friedensverantwortung der Kirche", 1982. Hier wird, gleich zu Beginn, in der 1. These die politische Bemühung um den Frieden angesichts der Massenvernichtungsmittel zu einer Frage des Glaubens und Bekenntnisses, geradezu zum Fall eines *status confessionis*, hochstilisiert: "Die Friedensfrage ist eine Bekenntnisfrage. Durch sie ist für uns der status confessionis gegeben, weil es in der Stellung zu den Massenvernichtungsmitteln um das Bekennen oder Verleugnen des Evangeliums geht" (6). In der Erläuterung zu dieser These unterscheidet die "Erklärung" zu Recht zwischen dem Frieden Gottes in Jesus Christus und dem in unserer Verantwortung liegenden Frieden auf Erden und hebt hervor, daß beides nicht voneinander zu trennen ist (12). Aber wenn die Friedensfrage in den Rang einer Bekenntnisfrage erhoben wird, dann lassen sich der Friede Gottes und der von Menschen zu erstrebende Friede nicht mehr klar voneinander unterscheiden, und das widerspricht evangelischer Lehre, der lutherischen ebenso wie der reformierten. Politische Fragen können nie die Qualität von Glaubens- und Bekenntnisfragen annehmen. Die *Erklärung des Reformierten Bundes* betreibt Politik mit den Mitteln der Theologie und nicht mit denen der politischen Vernunft; ihre Anhänger entziehen sich damit denjenigen Diskursen und Instanzen, über die in einem demokratisch verfaßten Staat politische Konsense erzielt werden. Gegen politische Optionen im Medium von Bekenntnisaussagen ist kein Kraut politischer Vernunft gewachsen. Eine theologische Politik verspielt damit aber diejenige Freiheit, die durch die grundsätzliche Unterscheidung von Kirche und Staat (Obrigkeit) in der Reformationszeit ermöglicht und durch die Unterscheidung von Religionsfreiheit und Bürgerrechten seit der Aufklärung erreicht worden ist. Indem Moltmann der Erklärung des Reformierten Bundes zustimmt (vgl. u.a. J. MOLTMANN, Politische Theologie - Politische Ethik 1984, 192), scheint er auch den Weg einer theologisierten Politik mitgehen zu wollen. Damit aber fällt die Unterscheidung von Politischer Religion und Politischer Theologie in sich zusammen. Die gesellschaftskritische Funktion politischer Theologie schlägt um in einen theologisch vorgeprägten Dezisionismus, der sich politisch nicht mehr zu rechtfertigen braucht, weil er die Wahrheit Gottes auf seiner Seite weiß.

Es gehört zu den Aufgaben der Theologie, die Funktion von Religion, Kirche und Theologie in allen Dimensionen zu bedenken. Das schließt auch die politische Dimension ein. Sofern es der politischen Theologie um die kritische und selbstkritische Wahrnehmung dieses Beziehungsgeflechtes geht, verdient sie Zustimmung. Kirche und Theologie entwickeln in ihrer Ethik, vor allem in der Sozialethik, Argumentationen, die *indirekt* auch politisch bedeutsam werden können. Dafür ist die evangelische Denkschrift "Die Lage der Vertriebenen und das Verhältnis des Deutschen Volkes zu seinen östlichen Nachbarn" von 1965 ein prominentes Beispiel. Dieses nur *indirekte* Beziehungsverhältnis von politischer Theologie und politischer Ethik hat auch METZ hervorgehoben (Diskussion zur "politischen Theologie", hg. von H. PEUKERT, 280; allerdings ist der andere gebrauchte Begriff "unmittelbar" falsch, es muß "mittelbar" heißen). Der Beitrag von Kirche und Theologie zu politischer Urteilsbildung ist deutlich zu unterscheiden von Glaubens- und Bekenntnisfragen. Eine politische Theologie hingegen, die unter dem Vorzeichen eschatologisch geleiteter Gesellschaftskritik bestimmte Optionen für eine bestimmte Politik verbindlich machen will, wirkt nicht nur sanktionierend und legitimierend, sondern setzt letztlich die Gewißheit und Wahrheit des Glaubens mit politischen Entscheidungen gleich. Damit aber richtet sie sich gegen die Kultur politischer Urteilsbildung in einem demokratischen Gemeinwesen ebenso wie gegen die Freiheit des Glaubens.

Die Problematik der politischen Theologie bzw. bestimmter Vorstellungen derselben kann aber nicht darüber hinwegtäuschen, daß hier ein Nerv kirchlicher und theologischer Wirklichkeit getroffen ist. Hinsichtlich der politischen Funktion von Kirche und Theologie hatte sich ein Erklärungsstau aufgebaut, für den das bisherige Reservoir sozialethischer Begriffe und Argumente offensichtlich nicht mehr ausreichte. Das Interesse an politischer Theologie bildet sich in den 60er und 70er Jahren überdies jenseits der Konfessionsgrenzen. Die Berührungspunkte zwischen den Konzeptionen des katholischen Theologen J.B. METZ und des evangelischen Theologen J. MOLTMANN sind trotz unterschiedlicher Begründung und Akzentuierung unübersehbar. Die beiden Namen stehen stellvertretend für den *interkonfessionellen* Charakter der politischen Theologie. Inzwischen hat sich dieser interkonfessionelle Zuschnitt zu einem *interkontinentalen* ausgeweitet. Die "Theologie der Revolution" und vor allem die südamerikanische "Theologie der Befreiung" bedeuten die Fortschreibung der politischen Theologie unter veränderten geographischen, kulturellen und sozialen Verhältnissen. In der *Theologie der Befreiung,* deren Autoren überwiegend in Europa studiert haben, ist der Einfluß der politischen Theologie nachweisbar und beleuchtet auch noch einmal von dieser Seite die Bedeutung des Themas.

5. Theologie der Befreiung

BOFF, C., Theologie und Praxis: Die erkenntnistheoretischen Grundlagen der Theologie der Befreiung, 1983. - DERS., Die Befreiung der Armen: Reflexionen zum Grundanliegen der lateinamerikanischen Befreiungstheologie, 1986. - DERS., Mit den Füßen am Boden. Theologie aus dem Leben des Volkes, 1986. - DERS. und BOFF, L., Wie treibt man Theologie der Befreiung?, 1986. - DERS. und PIXLEY, J., Die Option für die Armen, (port. 1986) 1987. - BOFF, L., Kirche: Charisma und Macht: Studien zu einer streitbaren Ekklesiologie, 1985; NA 1990. - DERS., Jesus Christus der Befreier, 1986. - DERS., Die Neuentdeckung der Kirche. Basisgemeinden in Lateinamerika, (port. 1977) 1980. - DERS. (Hg.), Theologie der Befreiung für Deutschland?, 1990. - BONINO, J.M., Theologie im Kontext der Befreiung, (amerik. 1975) 1977. - DUSSEL, E., Die Geschichte der Kirche in Lateinamerika, 1988. - FRIELING, R., Befreiungstheologien, 1984. - GOLDSTEIN, H., Befreiungstheologie als Herausforderung, 1985. - DERS., Selig ihr Armen. Theologie der Befreiung in Lateinamerika ... und in Europa?, 1989. - GREINACHER, N., Konflikt um die Theologie der Befreiung: Diskussion und Dokumentation, 1985. - DERS., Der Schrei nach Gerechtigkeit. Elemente einer prophetischen politischen Theologie, 1986. - GUTIÉRREZ, G., Theologie der Befreiung, (span. 1972, dt. 1973) 1986. - DERS., Die historische Macht der Armen, 1986. - DERS., Aus der eigenen Quelle trinken, 1986. - MELO MAGALHAES, A.C. DE, Christologie und Nachfolge. Eine systematisch-ökumenische Untersuchung zur Befreiungschristologie bei Leonardo Boff und Jon Sobrino. Theol. Diss. Hamburg 1991. - METZ, J.B. - ROTTLÄNDER, P. (Hg.), Lateinamerika und Europa, 1988. - SCANNONE, J.C., Theologie der Befreiung - Charakterisierung, Strömungen, Etappen, NEUFELD, K.H. (Hg.), Probleme und Perspektiven dogmatischer Theologie, 1986, 401-439. - SCHMELLER, T., Zugänge zum Neuen Testament in lateinamerikanischen Basisgemeinden, MThZ 38 (1987), 153-175. - SCHÖPFER, H., Lateinamerikanische Befreiungstheologie, 1979. - VENETZ, H.-J. - VORGRIMLER, H. (Hg.), Das Lehramt der Kirche und der Schrei der Armen, 1985. - Instruktion der Kongregation für die Glaubenslehre über einige Aspekte der "Theologie der Befreiung". 6. August 1984 und Instruktion der Kongregation für die Glaubenslehre über die christliche Freiheit und die Befreiung. 22. März 1986, METZ, J.B. (Hg.), Die Theologie der Befreiung, Hoffnung oder Gefahr für die Kirche?, 1986, 161-188; 189-243.

Mit einer Phasenverschiebung von nur wenigen Jahren entwickelt sich nach der eschatologischen und politischen Theologie in Deutschland die - überwiegend von katholischen Theologen verantwortete - lateinamerikanische Befreiungstheologie. Trotz des gänzlich veränderten Kontextes sind die Einwirkungen und sachlichen Zusammenhänge unverkennbar. GUSTAVO GUTIÉRREZ (geb. 1928), dessen "Theologie der Befreiung" (spanisch 1972, dt. 1973) als das erste und grundlegende Werk dieser neuen theologischen Bewegung gilt, bezieht sich auf die eschatologische und politische Theologie von J. MOLTMANN und J.B. METZ. Die Art dieser Bezugnahme beleuchtet aber sofort den charakteristischen Unterschied der Konzeptionen. Nach Gutiérrez mangelt es den Entwürfen Moltmanns (a.a.O. 202-204) und Metz' (a.a.O. 208-215) an geschichtlicher und sozialer Konkretion. Kritisch wird angemerkt, daß Moltmann seine "Theologie der Hoffnung" ganz von der Verheißung her entwirft und die Vermittlung zur konkreten geschichtlichen Erfahrung und Wirklichkeit des Menschen nicht erreicht.

"Hoffnung, die in der Jetzt-Zeit keine konkrete Gestalt gewinnt, um die Gegenwart vorwärtszutreiben, ist nichts anderes als Weltflucht und bleibt barer Futurismus" (a.a.O. 204).

Das (traditionelle) "Christentum des Jenseits" darf nicht durch ein "Christentum der Zukunft" ersetzt werden. Und die aus der Hoffnungstheologie hervorgegangene politische Theologie der westeuropäischen Wohlstandsgesellschaft läßt sich nicht einfach auf die soziale und wirtschaftliche Situation der Dritten Welt mit ihrer Massenarmut und den revolutionären Entwicklungen übertragen. Hier bedarf es eines anderen Ansatzes und einer anderen Durchführung.

Die lateinamerikanische Theologie der Befreiung bedeutet politische Theologie unter neuen Bedingungen. Sie löst die von Paul Tillich geforderte Korrelation von Botschaft und Situation auf ihre Weise ein. Die elementare *Erfahrung von Armut und Unterdrückung* bildet den lebensgeschichtlichen Ausgangs- und Bezugspunkt einer Theologie, die die biblische Botschaft im Kern als *Befreiung* versteht und auslegt. Der spezifische Erfahrungshorizont nötigt dazu, die Ursachen und Gründe der Armut und Unterdrückung im lateinamerikanischen Kapitalismus bewußt zu machen. Dafür arbeiten die Befreiungstheologen unbefangen mit den einschlägigen sozialwissenschaftlichen Theorien. Hier greift vor allem die stark mit neo-marxistischen Kategorien und Vorstellungen durchsetzte *Dependenztheorie* (Abhängigkeitstheorie), nach der sich die ökonomische und soziale Situation in den lateinamerikanischen Ländern aus ihrer Abhängigkeit vom westlichen Kapitalismus erklärt. Die Erfahrung und Analyse der Armut und Unterdrückung schlägt um in den Kampf gegen den lateinamerikanischen Kapitalismus; die Theorie befördert die Praxis und umgekehrt. In diesen Prozeß ist der christliche Glaube verwickelt. Die Praxis des Glaubens vollzieht sich als Option für die Armen (BOFF, C. - PIXLEY, J., Die Option für die Armen, 1987). Dem entspricht die Option für den *Sozialismus* als System ökonomischer und sozialer Gerechtigkeit. In der Sicht der Befreiungstheologen konvergieren - ähnlich wie bei den Religiösen Sozialisten in der Schweiz und in Deutschland - Reich Gottes und Sozialismus. Die Verwirklichung von sozialer Gerechtigkeit bedeutet partiell die Realisierung des Reiches Gottes (BOFF, C., Mit den Füßen am Boden, 153).

Die Verschränkung von lebensgeschichtlicher Wirklichkeit und Glauben hat zur Folge, daß dem *Verhältnis von Theorie und Praxis* in der lateinamerikanischen Theologie ein ungleich anderer Stellenwert zukommt als in der europäischen Theologie. Unterstützend in dieser Richtung wirkt, daß die Befreiungstheologie in hohem Maße von der Lebendigkeit und Spiritualität der sog. *Basisgemeinden* getragen wird. Die vor allem von katholischen Theologen entwickelte Theologie der Befreiung steht in kritischer Distanz zur hierarchisch strukturierten Amtskirche und versteht Kirche "von der Basis her, aus der Mitte des Volkes Gottes" (BOFF, L., Die Neuentdeckung der Kirche. Basisgemeinden in Lateinamerika, 1980, 39). Dieser Praxisschub ist die bestimmende Kraft der lateinamerikanischen Theologie der Befreiung. Als Theorie dieser Praxis hat die Theologie die Funktion eines zweiten Schrittes. "Das erste ist die Verpflichtung zu Liebe und Dienst. Theologie kommt *erst danach* und ist ein zweiter Akt" (G. GUTIÉRREZ, Theologie der Befreiung 17). Theologie als Reflexion des Glaubens bleibt immer ein sekundärer Vorgang. Aber in der Theologie der Befreiung gewinnt dieses Beziehungsverhältnis emphatische Bedeutung: Die Praxis des Glaubens motiviert, speist die Theologie, setzt die Akzente und markiert die Rahmenbedingungen, innerhalb derer die theologische Theorie sich dann zu bewegen hat.

Mit der herausragenden Bedeutung der Praxis hängt der starke Einfluß des *marxistischen Denkens* auf die Befreiungstheologie zusammen (G. GUTIÉRREZ, Theologie der Befreiung 14). Nicht nur der politische und revolutionäre Wille, auch die Praxis des Glaubens zielt auf die Umgestaltung der wirschaftlichen, sozialen und politischen Verhältnisse. Einer solchen Umgestaltung muß aber, wenn sie nicht zu blindwütigem Aktionismus ausarten soll, eine

Analyse der gesellschaftlichen Verhältnisse und der Bedingungen und Möglichkeiten ihrer Veränderung vorausgehen. Dafür hat die marxistische Gesellschaftsphilosophie das nach Meinung der Befreiungstheologie immer noch gültige theoretische Instrumentarium ausgearbeitet, das sie sich - vermittelt über die Dependenztheorie - zunutze macht. So wird etwa Sache und Begriff des Klassenkampfes von Marx übernommen. Lapidar urteilt Gutiérrez: "Klassenkampf ist eine Tatsache, und Neutralität in diesem Punkte ist schlicht unmöglich" (a.a.O. 260). Leitend für die Rezeption des Marxismus sind aber lediglich die zentralen Kategorien und Interpretationsmuster, nicht die atheistische Ideologie, die ihm noch einmal eine besondere kritische Stoßkraft verleiht.

Befreiung bezeichnet einen komplexen Vorgang, an dem das politische Handeln und die Praxis des Glaubens auf unterschiedliche Weise beteiligt sind. Der Theologie der Befreiung liegt trotz der Wechselwirkung beider Grundeinstellungen an ihrer klaren Unterscheidung. Gutiérrez verdeutlicht das an der Differenz von *Utopie* und *Evangelium.* Wirtschaftliche, soziale und politische Befreiung wird auf der Basis wissenschaftlicher Rationalität durch menschliches Handeln in Gang gesetzt. Dem Glauben aber erschließt sich die Tiefendimension dieses Geschehens. Er nimmt als "letzte Ursache aller Ungerechtigkeit" die Sünde wahr (a.a.O. 232) und versteht Befreiung dementsprechend als "Befreiung von der Sünde als Ermöglichung von Gemeinschaft mit Gott und den anderen Menschen" (a.a.O. 229). Beide Weisen von Befreiung stehen in einem engen Zusammenhang miteinander und sind ausgerichtet auf die qualitativ neue Gesellschaft, die als *Utopie* menschliches Handeln beflügelt, aber als *Reich Gottes* und Reich seines *Evangeliums* vom Glauben erhofft und erwartet wird.

"Wenn die Utopie der wirtschaftlichen, sozialen und politischen Befreiung eine menschliche Dimension verleiht, dann offenbart sich im Lichte des Evangeliums in dieser menschlichen Dimension Gott selbst ... Das Evangelium liefert uns keine Utopie. Während die Utopie Menschenwerk ist, ist das Evangelium unverdientes Geschenk des Herrn. Aber das Evangelium steht dem historischen Projekt (nämlich einer qualitativ neuen Gesellschaft) nicht fremd gegenüber" (a.a.O. 232f; vgl. auch 224).

Grundlegend für die Theologie der Befreiung ist eine *neue Hermeneutik* im Umgang mit der Bibel, die aus der Praxis der Basisgemeinden erwächst (vgl. SCHMELLER, TH., Zugänge zum Neuen Testament in lateinamerikanischen Basisgemeinden, MThZ 38, 1987, 153-175). Da die Theologen der Befreiung auch in Europa studiert haben, sind sie mit der historisch-kritischen Forschungsmethode

vertraut. Sie bildet die Voraussetzung ihrer Theologie, wird aber
als nicht ausreichend angesehen. Charakteristisch für die lateinamerikanischen Christen und Theologen ist ein *unmittelbares Bi-
belverständnis*. Die Ähnlichkeit der Situation damals und heute
ermöglicht einen direkten Zugang zur Botschaft Jesu. Sein Wirken
und seine Verkündigung richten sich vornehmlich an die Sünder,
die Entrechteten und die Armen, und das können die unterdrückten Menschen Lateinamerikas unmittelbar auf sich beziehen. Die
hermeneutischen Probleme, die sich für die westliche Theologie
aus der Wahrnehmung der historischen Distanz ergeben, treten für
die Theologie der Befreiung in den Hintergrund. Mit dem unmittelbaren Zugang zu den biblischen Texten verbindet sich ein
"emanzipatorisches Interesse" (SCHMELLER, a.a.O. 161). Die Bibel
wird in einem grundsätzlichen Sinne als Buch der Befreiung
gelesen, und dieser Kanon bestimmt dann auch die - partiell recht
freie und unkonventionelle! - Interpretation.

Im Wärmestrom des II. Vatikanischen Konzils konnte sich die
Theologie der Befreiung zunächst ungehindert entfalten, wurde
auch von der lateinamerikanischen Amtskirche begrüßt und unterstützt. Sichtbaren Ausdruck fand das im Schlußdokument der II.
Generalkonferenz des Lateinamerikanischen Episkopats in Medel-
lin 1968. Freilich wirft die Politisierung der Befreiungstheologie
auch Probleme auf. Die Gefahren der politischen Theologie in
Westeuropa sind grundsätzlich auch die Gefahren der Befreiungstheologie. Sie bestehen nicht in der Korrelation von Botschaft und
Situation als solcher, sondern in der spezifischen Wahrnehmung
dieser Korrelation. Das Ineinandergreifen von politisch-revolutio-
närer und christlich-religiöser Praxis, die Forderung nach Parteilichkeit der Anschauungen und des Handelns und vor allem die
Anleihen der Befreiungstheologie beim Marxismus haben die katholische Amtskirche denn auch herausgefordert. Durch Kardinal
JOSEPH RATZINGER, den Präfekten der Kongregation für die Glaubenslehre, ist der Begriff der Befreiungstheologie geradezu auf diejenigen eingeschränkt worden, "die sich in irgend einer Weise die
marxistische Grundoption zueigen gemacht haben" (Konflikt um
die Theologie der Befreiung, hg. v. N. GREINACHER 1985, 134).
Damit geraten Motive und Anliegen der Theologie der Befreiung
schon im Ansatz in eine Schieflage. Diese verzerrte Sicht bestimmt
auch die Auseinandersetzung des römisch-katholischen Lehramtes
mit der Theologie der Befreiung in der ersten "Instruktion der
Kongregation für die Glaubenslehre über einige Aspekte der
'Theologie der Befreiung'" vom 6.8.1984 (abgedruckt u.a. bei N.
GREINACHER [Hg.], Konflikt um die Theologie der Befreiung, 197-

225). In sehr allgemeinen Wendungen werden der Befreiungstheologie vorgeworfen:
- "unkritische Anleihen bei der marxistischen Ideologie" (VI, 10;
  VII, 1-13) und ein Denken in Kategorien des Klassenkampfes
  (Abschnitte VIII und IX),
- eine "parteiliche Auffassung von der Wahrheit" (X, 1),
- eine "radikale Politisierung der Glaubensaussagen und der theologischen Urteile" (IX, 6),
- die "Infragestellung der sakramentalen und hierarchischen Struktur der Kirche, wie der Herr selber sie gewollt hat" und die Be-
  kämpfung von Hierarchie und Lehramt als Vertretern der "herrschenden Klasse" (IX, 13),
- die Entfernung von der autorisierten Auslegung der Hl. Schrift
  durch das Lehramt (X, 8).
Soziale Veränderungen, die dem Menschen wirklich dienen, sollen
sich an der "kirchlichen Soziallehre" orientieren, deren Bedeutung
erneut zu betonen ist (XI, 12).

Die Kongregation für die Glaubenslehre hat sich in einer "Instruktion ... über die christliche Freiheit und die Befreiung" vom
22.3.1986 noch einmal zur Theologie der Befreiung geäußert (abgedruckt u.a. bei J.B. METZ [Hg.], Die Theologie der Befreiung:
Hoffnung oder Gefahr für die Kirche? 1986, 189-243). In dieser
Verlautbarung wird von der scharfen Kritik der ersten Instruktion
nichts zurückgenommen, wie die ständigen Querverweise belegen,
und doch haben sich Tonlage und Akzent verändert. In breiten
Darlegungen kommen nun die biblischen Aspekte von Befreiung
und Freiheit zur Sprache, und die Beziehung zur gegenwärtigen Situation fällt wesentlich positiver aus. Im Abschnitt 68 heißt es:

"Die Option, die den Armen den Vorzug gibt, ist weit davon entfernt, ein
Zeichen von Partikularismus und Sektarismus zu sein; sie offenbart vielmehr, wie universell Sein und Sendung der Kirche sind. Diese Option
schließt niemanden aus."

Die kirchlichen Basisgemeinschaften oder andere Gruppen von
Christen werden als Zeugen der evangelischen Liebe und als "Motiv großer Hoffnung" für die Kirche gewürdigt (Abschn. 69). Selbst
wenn die Instruktion sich gegen den "Mythos der Revolution" ausspricht (Abschn. 78), läßt sich doch "im Extremfall ... der bewaff-
nete Kampf ... als letzter Ausweg" rechtfertigen. Mit solchen und
ähnlichen Aussagen ist diese zweite Instruktion deutlich um ein
Verständnis von Anliegen und Wesen der Theologie der Befreiung
bemüht, deren zustimmungsfähigen Kern sie mit der kirchlichen
Soziallehre zu vermitteln sucht (vgl. Kap. V der Instruktion: "Die

Soziallehre der Kirche im Dienst einer christlichen Praxis der Befreiung").

Die Theologie der Befreiung ist eine extreme Antwort angesichts einer extremen Situation. Sie läßt sich ebensowenig auf die europäischen Verhältnisse übertragen wie die hier beheimatete politische Theologie auf die lateinamerikanischen. Nur unter Berücksichtigung dieser außergewöhnlichen Rahmenbedingungen wird man dieser neuen theologischen Bewegung gerecht werden und dann auch den notwendigen kritischen Dialog mit ihr führen können - um der Freiheit des Evangeliums willen, die von qualitativ anderer Art ist als eine - immer gesetzliche - Parteilichkeit des Denkens und Handelns.

6. Feministische Theologie als Befreiungstheologie

GERBER, U., Feministische Theologie, ThLZ 109, 1984, 561-592. - JANOWSKI, J.C., Theologischer Feminismus, Berliner Theol. Zeitschr. 5, 1988, 28-47, 146-177.

DALY, M., Kirche, Frau und Sexus, 1970 (amerik. 1968). - DIES., Jenseits von Gottvater, Sohn & Co. Aufbruch zu einer Philosophie der Frauenbefreiung (1980) [5]1988 (amerik. 1973). - DIES., Gyn/Ökologie. Eine Meta-Ethik des radikalen Feminismus, 1981 (amerik. 1978). - FRIEDAN, B., Der Weiblichkeitswahn, 1966 (amerik. 1963). - GÖTTNER-ABENDROTH, H., Die Göttin und ihr Heros. Die matriarchalen Religionen in Mythos, Märchen und Dichtung (1980) [7]1986. - HALKES, C.J.M., Gott hat nicht nur starke Söhne. Grundzüge einer feministischen Theologie (1980) [5]1987. - DIES., Suchen, was verlorenging. Beiträge zur feministischen Theologie, 1985 (holl. 1984). - DIES., Das Antlitz der Erde erneuern. Mensch - Kultur - Schöpfung, 1990 (holl. 1989). - HEINE, S., Wiederbelebung der Göttinnen? Zur systematischen Kritik einer feministischen Theologie (1987) [2]1989. - HEYWARD, C., Und sie rührte sein Kleid an. Eine feministische Theologie der Beziehung (m.e. Einleitung von D. SÖLLE), [2]1987 (amerik. 1982). - KASSEL, M. (Hg.), Feministische Theologie. Perspektiven zur Orientierung, 1988. - MEYER-WILMES, H., Rebellion auf der Grenze. Ortsbestimmung feministischer Theologie, 1990. - MOLTMANN-WENDEL, E. (Hg.), Frauenbefreiung. Biblische und theologische Argumente ([2]1978 = veränderte Aufl. von "Menschenrechte für die Frau", 1974) [4]1986. - DIES., Freiheit - Gleichheit - Schwesterlichkeit. Zur Emanzipation der Frau in Kirche und Gesellschaft (1977) [4]1984. - DIES., Ein eigener Mensch werden. Frauen um Jesus (1980) [6]1987. - DIES., Das Land, wo Milch und Honig fließt. Perspektiven einer feministischen Theologie (1985) [2]1987. - DIES., Wenn Gott und Körper sich begegnen. Perspektiven zur Leiblichkeit, 1989. - MULACK, C., Die Weiblichkeit Gottes. Matriarchale Voraussetzungen des Gottesbildes (1983) [4]1986. - RUETHER, R.R., Frauenbefreiung und Wiederversöhnung mit der Erde, E. MOLTMANN-WENDEL (Hg.), Frauenbefreiung s.o., 192-202. - DIES., Frauen für eine neue Gesellschaft. Frauenbewegung und menschliche Befreiung,

1979 (amerik. 1975). - DIES., Sexismus und die Rede von Gott. Schritte zu einer anderen Theologie, 1985 (amerik. 1983). - DIES., Frauenbilder - Gottesbilder. Feministische Erfahrungen in religionsgeschichtlichen Texten, 1987 (amerik. 1985). - DIES., Unsere Wunden heilen - Unsere Befreiung feiern. Rituale in der Frauenkirche, 1988 (amerik. 1985). - SCHAUMBERGER, C. - MAASSEN, M. (Hg.), Handbuch feministische Theologie, 1986. - SCHÖPSDAU, W. (Hg.), Mariologie und Feminismus, 1985. - SCHÜSSLER-FIORENZA, E., Zu ihrem Gedächtnis. Eine feministisch-theologische Rekonstruktion der christlichen Ursprünge, 1988 (amerik. 1983). - SÖLLE, D., Vater, Macht und Barbarei. Feministische Anfragen an autoritäre Religion, BROOTEN, B. - GREINACHER, N. (Hg.), Frauen in der Männerkirche, 1982, 149-157. - DIES., lieben und arbeiten. Eine Theologie der Schöpfung (1985) [5]1988. - SORGE, E., Religion und Frau. Weibliche Spiritualität im Christentum (1985) [5]1988. - STRAHM, D., Aufbruch zu neuen Räumen. Eine Einführung in feministische Theologie, 1987. - WACKER, M.-TH. (Hg.), Der Gott der Männer und die Frauen, 1987. - DIES. (Hg.), Theologiefeministisch. Disziplinen - Schwerpunkte - Richtungen, 1988. - WEILER, G., Ich verwerfe im Lande die Kriege. Das verborgene Matriarchat im Alten Testament, 1984 (1989 verändert als: Das Matriarchat im Alten Israel).

Seit ungefähr zwei Jahrzehnten hat sich durch die sog. feministische Theologie eine im Verhältnis zur traditionellen Theologie völlig neue Diskussionslage ergeben. Auch die feministische Theologie versteht sich weithin als Befreiungstheologie, selbst wenn die Zustände, aus denen hier und dort Befreiung erstrebt wird, kaum miteinander vergleichbar sind. Der wirtschaftlichen und politischen Unterdrückung der Armen in Lateinamerika und anderen Ländern der Dritten Welt entspricht eine kulturell-gesellschaftlich sublimierte Unterdrückung der Frauen durch theoretische Vorstellungen und praktische Eingewöhnungen, die durch Jahrhunderte hindurch unbewußt und selbstverständlich das Patriarchat zum Maßstab hatten. Bestehen also hinsichtlich des Gegenübers der Befreiung Unterschiede, so lassen sich im Blick auf die empfundene Notwendigkeit der Befreiung und die z.T. radikalen Forderungen zu ihrer Durchsetzung Analogien erkennen. Und auch darin zeigen sich Ähnlichkeiten, daß es wie in der lateinamerikanischen Befreiungstheologie so auch in der feministischen Theologie nach ersten gemeinsamen Vorstößen zu erheblichen Differenzierungen und innerfeministischen Kontroversen gekommen ist, die die Frage nahelegen, ob man diese Strömung noch unter einem einheitlichen Begriff zusammenfassen kann. "Die" feministische Theologie jedenfalls gibt es nicht.

In ihren Anfängen ist die feministische Theologie eng verwoben mit der Neuen Frauenbefreiungsbewegung in den USA zu Beginn der 60er Jahre, die unter der Bezeichnung "Women's Lib" eine breite Wirkung erzielt hat und in Deutschland u.a. durch BETTY FRIEDAN (Der Weiblichkeitswahn, 1966, amerik. 1963) bekannt geworden ist. Es wird kaum ein Zufall sein, daß sich in den USA vor allem *katholische* Theologinnen, die in besonderer Weise an ihrer Kirche leiden, für die feministische Theologie einsetzen. So hat etwa MARY DALY, eine ehemalige katholische Theologin, entscheidenden Anteil an der Entstehung und Zielrichtung feministischer Theologie. In ihrem ersten feministischen Buch *The Church and the Second Sex* (1968, dt. Kirche, Frau und Sexus, 1970) versucht sie noch, für die Gleichberechtigung der Frau in der katholischen Kirche zu wirken. Dieses Unterfangen gibt sie aber in einer weiteren Monographie *Beyond God the Father* (1973, dt. Jenseits von Gottvater Sohn & Co. [1980] [5]1988) auf und bricht mit der katholischen Kirche wie dem Christentum überhaupt.

Ich erkannte "voll die Absurdität des Versuchs, die katholische Kirche oder überhaupt jegliche christliche Kirche zu 'reformieren'. Mir war klar geworden, daß die Vorstellung eines nicht-sexistischen Christentums ebenso ein Widerspruch in sich ist, wie etwa die Idee eines viereckigen Dreiecks" (so 1980 im Vorwort zur dt. Ausgabe von "Jenseits von Gottvater Sohn & Co", 5).

Dieses neue Buch bezeichnet den "Aufbruch zu einer Philosophie der Frauenbefreiung" (so der Untertitel). Der Aufbruch vollzieht sich *negativ* als radikale Kritik an aller bisherigen, durch das Patriarchat geprägten Kultur. Insofern nimmt die "Frauenrevolution" Züge einer Kulturrevolution an. Das Christentum stellt lediglich ein Element dieser alten Kultur dar. Da das Wort *Gott* nach Meinung von M. Daly "die Nekrophilie des Patriarchats repräsentiert" (8), muß es mit seinem Sündenverständnis (61-87) und seiner "Christolatrie" (88-117) preisgegeben werden. *Positiv* lebt dieser Aufbruch mehr von Visionen als klaren Vorstellungen. M. Daly hält ihre eigenen Gedanken für "prophetisch" und reaktiviert alte mythische Begriffe und Muster (Göttin bzw. Göttinnen, Wahrsagerinnen, Kassandra, Nornen, symbolische Zahlenspiele u.a.; vgl. II-IV). Als Gegenbild zur bisherigen uralten Knechtschaft der Frau schwebt ihr eine "Antikirche" vor, eine "Schwesterschaft als kosmischer Bund" (176-200), ein abgesonderter heiliger Raum, in dem sich der Frau mittels bestimmter Rituale und neuer Symbole der Weg zur Selbstfindung eröffnet, "ohne die Verzerrung von Geist, Willen, Gefühl und Vorstellungskraft, welche die sexistische Gesellschaft von ihr fordert" (177). Da die "herrschende Logik" als Erfindung der Männer verworfen wird, bedarf der *radikale* Feminismus einer "neuen Logik" und Begrifflichkeit (IXf). Die Schwierigkeiten, die mit der verstehenden Aneignung der neuen Gedanken verbunden sind, haben ihren Grund also in der Sache selbst. Obwohl M. Daly mit diesem und dem folgenden Buch (Gyn/Ökologie. Eine Meta-Ethik des radikalen Feminismus, 1981; amerik. 1978) die christliche Tradition hinter sich läßt, hat sie mit ihrem forschen Vorstoß die Entwicklung der feministischen Theologie nachhaltig beeinflußt.

Für diese in sich keineswegs einheitliche Entwicklung setzen sich einerseits mehr *befreiungstheologische,* andererseits stärker *remythisierende* Tendenzen durch. Für das befreiungstheologische Selbstverständnis kann u.a. auf die Arbeiten von ROSEMARY RADFORD RUETHER, CARTER HEYWARD, CATHARINA HALKES, ELISABETH MOLTMANN-WENDEL oder DOROTHEE SÖLLE hingewiesen werden; die Rezeption mythisch-kultischer Elemente findet sich etwa bei GERDA WEILER, HEIDE GÖTTNER-ABENDROTH oder CHRISTA MULACK.

Auch ROSEMARY RADFORD RUETHER ist katholische Theologin und wirkt seit 1976 als Theologieprofessorin am gemischt-konfessionellen Garrett-Evangelical Theological Seminary in Evanston in den USA. Sie versteht den Kampf für die Befreiung der Frauen im größeren Zusammenhang einer Befreiung aller Unterdrückten. In ihrem 1979 erschienenen Buch "Frauen für eine neue Gesellschaft. Frauenbewegung und menschliche Befreiung" (amerik. 1975) beschreibt sie als Ursache der Unterdrückung die generell patriarchalen Gesellschaftsstrukturen und -verhältnisse. Sie beruhen auf einer - für das männliche Denken charakteristischen - aufspaltenden Zuordnung bestimmter Merkmale zu bestimmten Menschengruppen. Danach sei für die Frau das Gefühl, für den Mann der Verstand bestimmend; den farbigen Völkern sei das Los der Armut zuteil geworden, den weißen hingegen Besitz und Reichtum vorbehalten. Die Aufspaltung von Körper und Geist habe auch das Verhältnis des Menschen zur Natur zerstört. Von der Überwindung der patriarchalen Herrschaftsverhältnisse erwartet R.R. Ruether nicht nur die Befreiung der Frau, sondern aller unterdrückten Menschen. Die Ausbildung einer ganzheitlichen Lebensweise werde überdies auch das unterdrückende Verhältnis des Menschen zur Natur beenden und eine "Wiederversöhnung mit der Erde" ermöglichen (vgl. R.R. RUETHER, Frauenbefreiung und Wiederversöhnung mit der Erde, E. MOLTMANN-WENDEL [Hg.], Frauenbefreiung [2]1978, 192-202). Besondere Bedeutung hat R.R. Ruether durch ihren Versuch erlangt, die Grundannahmen feministischer Theologie in einen Entwurf systematischer Theologie zu überführen (Sexismus und die Rede von Gott. Schritte zu einer anderen

Theologie, 1985; amerik. 1983). Auch dafür ist die Kritik gegen das aufspaltende Denken leitend. In der Tradition seien mit dem Gottesverständnis lediglich männliche Grundzüge verbunden worden; es gälte aber, die Einheit von männlichen und weiblichen Elementen im Gottesbild neu zu entdecken und bewußt zu machen. Das ergibt dann auch für die klassischen Themen der Dogmatik wie Prinzipienlehre (Methoden, Quellen und Kriterien der Theologie), Gotteslehre, Anthropologie, Christologie, Mariologie, Sündenlehre, Kirchen- und Amtsverständnis sowie Eschatologie, die sie in ihrem Buch behandelt, ein neues Bild. In ihren jüngsten Veröffentlichungen betont sie die Notwendigkeit von Symbolen und Ritualen für den Befreiungsprozeß der Frau (Frauenbilder - Gottesbilder. Feministische Erfahrungen in religionsgeschichtlichen Texten, 1987; amerik. 1985. - Unsere Wunden heilen - Unsere Befreiung feiern. Rituale in der Frauenkirche, 1988; amerik. 1985).

Die Überwindung von zerstörerischer Aufspaltung bezeichnet auch die Intention des Versuches von CARTER HEYWARD, einer amerikanischen Theologieprofessorin, die in der anglikanischen Tradition beheimatet ist und an der Episcopal Divinity School in Cambridge, Massachusetts, wirkt. Sie entwickelt "Eine feministische Theologie der Beziehung" (so der Untertitel ihres Buches "Und sie rührte sein Kleid an", 1986; amerik. 1982). Die grundlegende Kategorie der Beziehung ist für sie beinahe deckungsgleich mit dem Ausdruck *feministisch:*

"Als 'feministisch' bezeichne ich Menschen, die andere Menschen achten und versuchen, mit ihnen in Beziehung zu leben, ganz gleich, ob es sich um Frauen oder Männer handelt" (113).

Man mag über die Zweckmäßigkeit solch einer semantischen Bestimmung streiten; dem Entwurf fehlt aber, vermutlich infolge dieses weiten Verständnisses von "feministisch", die aggressive Note und unterscheidet ihn damit wohltuend von anderen Konzeptionen. "Im Anfang ist Beziehung" (43-54). Wo Beziehung wirklich wird, da zeigt sich Gott. Zur Beschreibung Gottes aber bedarf es neuer Bilder, in denen das Element der Beziehung dominiert. Die Entdeckung von Beziehung bedeutet die Überwindung des Patriarchats, auf den die Vorstellung eines transzendenten, über die Menschen herrschenden Gottes zurückgeht. C. Heyward bezieht sich in ihrem Buch ausdrücklich auf die lateinamerikanische "Theologie der Befreiung" (67-71), die uns den Armen als unseren Nächsten par excellence verstehen lehrt. Aber die soziale Situation der Armen in Lateinamerika ist nicht beliebig übertragbar. Sie hat und behält Bedeutung als Paradigma für den "absoluten Wert menschlicher

Beziehung ... Gott wird in menschlicher Liebe erfahren". Diesen Gedanken legt C. Heyward kritisch gegen die überlieferte Vorstellung von der Allmacht Gottes aus. Erlösung des Menschen vom Bösen hängt *von uns* ab. "Nie wieder können wir unsere Verantwortung an eine allmächtige Gottheit abgeben. Wenn Gott allmächtig *ist,* ist er es in und durch die Macht *menschlicher* Liebe" (163f).

Zu den Gründerfiguren feministischer Theologie in Europa gehört die holländische katholische Theologin CATHARINA J.M. HALKES. Bis zu ihrer Emeritierung hat sie den ersten europäischen Lehrstuhl für feministische Theologie (seit 1983) an der Katholischen Universität in Nijmegen wahrgenommen. Auch sie ordnet die feministische Theologie der Befreiungstheologie zu (C.J.M. HALKES, Gott hat nicht nur starke Söhne, [4]1985, 79-91), allerdings mehr der "schwarzen Theologie" aus Südafrika. Denn: Hautfarbe und Geschlecht sind für das Leben von vitaler Bedeutung und unauslöschlich mit ihm verbunden (79). Feminismus ist zu verstehen als Prozeß der Befreiung von herkömmlichen Projektionen, negativen Selbstbildern, hierarchischen Denkmustern und der Vorherrschaft ausschließlich rationaler Argumente; positiv als Anstoß zum "Mut zum Sein, wir selber zu werden" (25). Dieses Geschehen schließt eine generelle Überprüfung aller leitenden Werte und Normen menschlichen Zusammenlebens ein (19). C. Halkes beschreibt feministische Theologie als einen

"dialektische(n) Prozeß von Aktion und Reflexion, der immer wieder neue Fragen aufwerfen wird. Diesen Aspekt teilt die feministische Theologie mit den Befreiungstheologien der Dritten Welt" (36).

Eine systematisch geschlossene Gestalt von Theologie ist dem Feminismus deshalb nicht nur aus den zufälligen Bedingungen seiner noch jungen Geschichte, sondern aus inneren Gründen fremd. In ihrer jüngsten Publikation "Das Antlitz der Erde erneuern" (1990; holl. 1989) werden die Konsequenzen feministischer Theologie für das Verhältnis des Menschen zur Natur unter Einschluß der ökologischen Probleme bedacht.

In Deutschland kommt die befreiungstheologische Perspektive feministischer Theologie vor allem in den Publikationen von ELISABETH MOLTMANN-WENDEL und DOROTHEE SÖLLE zur Geltung. E. MOLTMANN-WENDEL hat mit ihren ausgewogenen, aus Bibelarbeiten und historischen Analysen erwachsenen Beiträgen zur feministischen Theologie in hohem Maße die Diskussion versachlicht. In ihrer ersten Monographie zum Thema (Das Land, wo Milch und Honig fließt. Perspektiven einer feministischen Theologie, 1985) konzipiert sie feministische Theologie als eine Weise von Befreiungstheologie (71-75). Die bisherige Theologie hat den Frauen oft schon dadurch, daß sie an ihr nicht beteiligt waren, das Selbstwertgefühl genommen. Deshalb bedarf es neuer Wege der Selbstfindung von Frauen, für die Phänomene wie Leiblichkeit und Emotionalität neue Bedeutung gewinnen. Ausgangspunkt des theologischen Denkens und kirchlichen Handelns muß in solcher Perspektive die *Erfahrung* von Frauen bilden, in der Regel Erfahrungen gesellschaftlicher Unterdrückung (76f). Wirklichkeit erschließt sich über eine intuitiv und emotional eingefärbte Erfahrung anders als über das bisher dominierende analytische Denken und führt dementsprechend auch zu anderen Einsichten. Feministische Theologie als Erfahrungstheologie bedeutet eine originelle Variante bisheriger Erfahrungstheologie, kann ihr aber nicht als ausschließende Alternative gegenübergestellt werden. In ihrer jüngsten Veröffentlichung hat E. Moltmann-Wendel den Aspekt der Leiblichkeit noch einmal eigens zum Thema gemacht (Wenn Gott und Körper sich begegnen. Perspektiven zur Leiblichkeit, 1989).

DOROTHEE SÖLLE wirft der traditionellen Theologie vor, daß sie das Symbol "Vatergott" weithin mit "Gehorsam" verbunden und die wesentliche Beziehung von Gott und Befreiung ausgeblendet habe (D. SÖLLE, Vater, Macht und Barbarei. Feministische Anfragen an autoritäre Religion, B. BROOTEN - N. GREINACHER [Hg.], Frauen in der Männerkirche 1982, 149-157). D. Sölle plädiert nicht für eine radikale Verwerfung des Vaternamens als Bezeichnung Gottes. Dieser Ausdruck kann sinnvoll sein, muß zum Schutz vor Mißverständnissen aber durch andere Symbole wie "Grund", "Tiefe" oder "Meer" ersetzt werden.

"Vater zu Gott sagen bedeutet, Leben und Tod nicht der vitalistischen Zufälligkeit zu überlassen. Die Welt als Schöpfung ansehen heißt, sie als gewollt, entworfen, als 'gut' anzusehen. Wenn die Rede von Gott als dem Vater uns dazu hilft, unsere Abhängigkeit nicht nur als zu überwindenden Erdenrest hinzunehmen, sondern sie zu bejahen, ... dann ist nichts gegen diese Rede einzuwenden" (157).

In ihrem Buch "lieben und arbeiten. Eine Theologie der Schöpfung" ([1985], ⁴1987) hat sie diese Gedanken zu einer "feministischen Theologie der Schöpfung" weiterentwickelt - mit klaren Absagen an die herkömmliche Theologie (26, 28, 42, 106 u.ö.). Die falsche Alternative von einseitig *ontologisch* fixiertem Schöpfungsglauben und ebenso einseitig *geschichtlich* ausgerichtetem Befreiungsprozeß (E. Bloch) soll zugunsten einer "Synthese von Schöpfungs- und Befreiungstraditionen" (24) überwunden werden, in der Gott nicht mehr als "Machtgott", sondern - in Übereinstimmung mit C. Heyward - als "Kraft der Beziehung" gedacht ist (59). Trotz der pointierten Abgrenzungen D. Sölles läßt sich dieses "feministische Gottesverständnis" (60) in vieler Hinsicht mit Vorstellungen der klassischen Theologie vermitteln.

Gilt das generell für die befreiungstheologische Perspektive feministischer Theologie, so verhält es sich anders mit den *mythisch-matriarchalen* Auslegungen innerhalb der feministischen Theologie und Philosophie. Ansätze dazu finden sich bereits bei M. DALY. Für die Entdeckung matriarchaler Urgründe und Ursprünge der menschlichen Geschichte kommen neben den biblischen Texten die religionsgeschichtlichen Materialien überhaupt in Betracht. Vornehmlich auf das Alte Testament und die Religionen im Umfeld Israels konzentriert sich die ehemalige Lehrerin (mit Schwerpunkt Religion) GERDA WEILER für die Rekonstruktion eines Matriarchats (Ich verwerfe im Lande die Kriege. Das verborgene Matriarchat im Alten Testament, 1984). Nach ihrem Urteil sind die ursprünglichen Symbole der Menschen weiblich. Die alttestamentlichen Wundergeschichten lassen noch einen "matriarchalen Jahwe" (140) und matriarchale Kulte erkennen, die erst später eine männliche Deformation erfahren. - Auf breiterer Materialbasis durchmustert die Philosophin und Literaturwissenschaftlerin HEIDE GÖTTNER-ABENDROTH die indoeuropäische Mythologie und rekonstruiert die verdrängten und vergessenen matriarchalen Religionen (Die Göttin und ihr Heros. Die matriarchalen Religionen in Mythos, Märchen und Dichtung 1980, [7]1986). Danach dominiert die Göttin, während der Heros ihr zu- und untergeordnet bleibt. Das männliche Prinzip ist in der matriarchalen Vorstellungswelt ganz und gar in ein weibliches Universum eingebettet.

"Von einem agonalen Gegensatz zwischen beiden Prinzipien ist nicht die Rede. Antagonistische Pole zu konstruieren widersprach den integrierenden Fähigkeiten der matriarchalen Frau, wie uns die schönsten und tiefsten magischen Symbole aus ihrer Epoche ... zeigen" (6).

Erst mit der patriarchalischen Gesellschaftsform bricht das Integrierte auseinander. Die kritische Absicht der religions- und literaturwissenschaftlichen Studien gilt deshalb auch nicht der Erneuerung des Antagonismus, dieses Mal nur in umgekehrter Richtung, sondern zielt auf die Erneuerung der Integration des männlichen und des weiblichen Prinzips. Diese Aufgabe kann nach ihrer Einschätzung allerdings nur durch Frauen geleistet werden, die die Mythologie von damals "für uns heute weiterdichten" müssen (9). -

Ähnlich wie H. Göttner-Abendroth fragt auch CHRISTA MULACK nach den "Matriarchale(n) Voraussetzungen des Gottesbildes" (so der Untertitel ihres Buches "Die Weiblichkeit Gottes", 1983). Dafür wird u.a. die jüdische Kabbala befragt, des weiteren die Archetypenlehre C.G. Jungs, für die H. Göttner-Abendroth nur Hohn aufzubringen vermochte (vgl. a.a.O. 8: "verblasene 'Anima-Animus'-Vorstellungen der Jung'schen Psychoanalyse").

Die remythisierenden Tendenzen sind inzwischen selbst innerhalb der feministisch-theologischen Bewegung auf Kritik gestoßen. In dieser Hinsicht hat u.a. SUSANNE HEINE, seit 1990 Professorin für Praktische Theologie an der Ev.-Theol. Fakultät der Universität Zürich, eine neue Phase der Diskussion eröffnet. In ihrer Monographie "Wiederbelebung der Göttinnen? Zur systematischen Kritik einer feministischen Theologie" ([2]1989) widersetzt sie sich dem radikalen Schnitt zwischen überlieferter Problemstellung und feministischer Theologie und ist gerade um die Vermittlung zwischen berechtigten Intentionen dieser neuen und Fragestellungen der bisherigen Theologie bemüht. Sie plädiert "Wider die Kopflosigkeit des Herzens" (so die Überschrift der Einleitung ihres Buches), gegen eine Verabsolutierung spezifisch weiblicher Einstellungen und Erfahrungen, gegen den "Terror der Empirie" (128) und für die Notwendigkeit theoretisch-systematischer Abklärungen mit der "Fähigkeit zur Gegenprobe" (12). Mit ihrem Plädoyer für einen selbstkritischen Diskurs einiger historisch-systematischer Probleme und Entwicklungsrichtungen innerhalb der feministischen Theologie leistet sie einen produktiven Beitrag zum differenzierenden Gespräch zwischen traditioneller und feministischer Theologie. Die Versäumnisse und Schädigungen einer bisher weithin ohne Beteiligung von Frauen entwickelten Theologie werden wahrgenommen und doch nicht zu einem Total-Gegensatz hochstilisiert, der das weitere Gespräch blockiert. In solcher Sicht übernimmt die feministische Theologie auf ihre Weise Funktionen der liberalen Theologie. Mit ihr teilt sie das emanzipatorische Interesse gegenüber traditionellen, aber problematisch gewordenen Vorstellungen und Überzeugungen. Die Wahrnehmung dieses Interesses allerdings widerspricht - in der gegenwärtigen Situation aus verständlichen Gründen - noch weithin demjenigen "liberalen" Geist, dem sie sich verdankt.

VII. Aufgaben und Grenzen systematischer Theologie

Systematische Theologie ist diejenige Gestalt von Theologie, die auf dem Boden des biblischen Zeugnisses und im Horizont der (kirchen-)geschichtlichen Tradition als Funktion der Kirche den auf Offenbarung beruhenden christlichen Glauben nach seinen zentralen Inhalten (Dogmatik) und nach seinen praktischen Handlungsorientierungen (Ethik) auf wissenschaftliche Weise, d.h. methodisch, begründend und kritisch, und systematisch, also als klares und gegliedertes Ganzes, denkend entfaltet, auf die jeweilige Situation bezieht und so die christliche Wahrheit als eine gegenwärtige verantwortet.

Die vorgetragene Definition von *Systematischer Theologie* versucht deren wesentliche Elemente zu benennen, ist aber zugleich Ausdruck des Dilemmas dieser Disziplin. Als Selbstklärungsprozeß des *christlichen Glaubens* hat die systematische Theologie an dessen Wirklichkeit ihr dauerhaftes Thema. Als *Reflexionsgestalt* des Glaubens aber tendiert sie - zumal unter Berücksichtigung der aufgeführten Rahmenbedingungen - zu einer Eigendynamik, die den gelebten Glauben weit hinter sich und vor allem tief unter sich lassen kann. Die Theologie kreist dann nur noch um die von ihr selbst erzeugten Probleme; die notwendige Unterscheidung von Glaube und Theologie droht in eine Beziehungslosigkeit abzugleiten. Diese Gefährdung, der die Theologie von der Sache her seit je ausgesetzt ist, scheint mit der zunehmenden Ausdifferenzierung der Gesellschaft und der Spezialisierung der Wissenschaften, die auch auf die Theologie durchschlägt, am Ende des zweiten Jahrtausends christlicher Zeitrechnung noch einmal einen kräftigen Schub zu erfahren. Es wird deshalb für die kirchliche und gesellschaftliche Funktion der Theologie viel davon abhängen, ob und wie weit es ihr gelingt, zu einer Elementarisierung durchzustoßen und die von ihr verhandelten Probleme in einer schlanken Theorie auch wirklich als Probleme des christlichen Glaubens verständlich zu machen. Einige Elemente solch einer Theorie sollen abschließend skizziert werden.

1. Theologie unter den Bedingungen der Neuzeit

FISCHER, H., Die Ambivalenz der Moderne, RENZ, H. - GRAF, F.W. (Hg.), Protestantismus und Neuzeit, 1984, 54-77. - JÜNGEL, E., Gott als Geheimnis der Welt (1977) [5]1986. - RENDTORFF, T., Kirche und Theologie, [2]1970. - DERS., Theorie des Christentums, 1972. - DERS., Ethik I (1980) [2]1990, II

(1981) ²1991. - DERS., Theologie in der Moderne, 1991. - RENZ, H. - GRAF, F.W. (Hg.), Troeltsch-Studien, Bd. 1ff, 1982ff.

Die theologische Reflexion des Glaubens vollzieht sich immer unter den Vorgaben der jeweiligen Zeitsituation, selbst wenn sie nicht immer als solche bewußt sind. Es gehört zu den Aufgaben einer Theologie unter den Bedingungen der Neuzeit, diese zeitbedingten Vorgaben wahrzunehmen und sich kritisch zu ihnen in ein Verhältnis zu setzen, weil selbstkritische Reflexion zu den Standards moderner Wissenschaft gehört. Ihnen muß auch die Theologie genügen, sofern sie sich als Wissenschaft versteht. Neben dieser strukturellen Verflechtung ist die Theologie aber auch durch einen qualitativen Umschlag ihrer eigenen Geschichte zu solch einer Standortbestimmung genötigt. Mit der Ausbildung und Anerkennung der historisch-kritischen Forschung ergibt sich für die evangelische - und zunehmend auch für die katholische - Theologie ein völlig verändertes Verhältnis zu den fundierenden Dokumenten des christlichen Glaubens. Die unmittelbare Beziehung auf diese Zeugnisse, die für die reformatorische und altprotestantische Theologie selbstverständlich war, trägt nicht mehr. Hier hat das historische Bewußtsein einen *grundsätzlichen* Wandel bewirkt, der in seinen Konsequenzen erst ansatzweise bis in die kirchliche Lebenswirklichkeit hineinreicht. Sofern die Inspirationslehre als hermeneutisches Prinzip und Begründungsinstanz christlicher Lehre nicht mehr in Betracht kommt, sondern durch andere Argumentationsverfahren ersetzt worden ist, sind wir alle Neuprotestanten. Diesen Sachverhalt nicht nur in seiner Faktizität zu beschreiben, sondern auch in seiner Legitimität und mit den weitreichenden Folgen zu verantworten, verleiht der Theologie ihre neuzeitliche Signatur.

Die theoretische Durchklärung des Verhältnisses von Theologie und Neuzeit wird auch dort als Notwendigkeit anerkannt, wo diese Standortbestimmung nicht zu den originären Aufgaben der Theologie gehört. So hat z.B. EBERHARD JÜNGEL (geb. 1934) von einem ganz anderen Ausgangspunkt eingeräumt, "daß die fundamentalen theoretischen und praktischen Veränderungen der sogenannten Neuzeit das gegenwärtige Problembewußtsein in einer für die Theologie besonders aporetischen Weise bestimmen", und er hat diese Einschätzung mit dem Vorschlag verbunden, "die für das Reden von Gott in der Neuzeit entstandene Grundaporie als Möglichkeit einer ... theologischeren Theologie auszuarbeiten" (Gott als Geheimnis der Welt, ²1977, 2f). Die Verantwortung der Theologie unter den Bedingungen der Moderne gehört vor allem für TRUTZ RENDTORFF (geb. 1931) zu den zentralen Themen gegenwärtiger

Theoriebildung. Soeben ist ein Aufsatzband von ihm zu diesem Problemfeld erschienen (Theologie in der Moderne. Über Religion im Prozeß der Aufklärung, 1991 = Troeltsch-Studien Bd. 5). Rendtorff knüpft an die Fragestellungen ERNST TROELTSCHs an und treibt sie weiter. Auf seine Initiative geht die Gründung der Ernst-Troeltsch-Gesellschaft zurück (1981), der er seit ihren Anfängen als Präsident vorsteht (und der sich auch Vf. durch langjährige Mitarbeit im Vorstand verbunden weiß). Parallel zur Erschließung des Werkes von E. Troeltsch, der in der Klärung des Verhältnisses von Christentum und Kirche zur Neuzeit sein Lebensthema gefunden hatte, versteht sich die Troeltsch-Gesellschaft als Diskussions- und Forschungsforum für die grundsätzlichen Probleme, denen Kirche und Theologie durch das neuzeitliche Wahrheits- und Wirklichkeitsbewußtsein ausgesetzt sind. T. Rendtorff selbst liegt in seinen weitgefächerten Untersuchungen an dem Nachweis, daß Elemente christlicher Überlieferung in die Aufklärung und die neuzeitliche Freiheitsgeschichte eingeflossen sind, so daß es gilt, deren Erbe in die Theologie einzubringen und eine diastatische Verhältnisbestimmung von Christentum und Neuzeit zu überwinden. In der Konzeption einer "ethischen Theologie" hat dieses Interesse systematische Gestalt gewonnen (Ethik I ²1990; II ²1991).

2. Erfahrung als methodisches Prinzip der Theologie

HERMS, E., Theologie - eine Erfahrungswissenschaft, 1978. - LANGE, D., Erfahrung und die Glaubwürdigkeit des Glaubens, 1984.

Es gehört zu den Konsequenzen der historischen Kritik und der Vernunftkritik I. Kants, daß sich systematische Theologie in der Neuzeit methodisch über die *Erfahrung* aufbaut. Systematische Theologie ist in einem weiten Verständnis Erfahrungstheologie. Christlicher Glaube beruht auf Erfahrung. Das biblische Zeugnis bleibt stumm, wenn es als objektive Offenbarung nicht subjektiv vergewissert wird. Diese alte Einsicht gewinnt in der Neuzeit grundsätzliche Bedeutung. Traditionen sind generell fragwürdig geworden, vorgegebene Wahrheiten können nicht mehr auf "Treu und Glauben" hin übernommen werden, sondern nur noch durch den "Beweis des Geistes und der Kraft" überzeugen. Dabei gewinnen Begriffe wie Vernunft, Autonomie, Emanzipation und Mündigkeit eine Schlüsselfunktion. Erfahrung steht nun gegen Zwang, Gehorsam und Autorität für Freiheit und religiöse Selbstbestimmung.

"Das Prinzip der *Erfahrung* enthält die unendlich wichtige Bestimmung, daß für das Annehmen und Fürwahrhalten eines Inhalts der Mensch selbst *dabei sein* müsse, bestimmter, daß er solchen Inhalt mit *der Gewißheit seiner selbst* in Einigkeit und vereinigt finde. Er muß selbst dabei sein, sei es nur mit seinen äußerlichen Sinnen oder aber mit seinem tieferen Geiste, seinem wesentlichen Selbstbewußtsein" (Hegel, Encyklopädie der philosophischen Wissenschaften, § 7, [³1830] ⁵1949).

SCHLEIERMACHER hat die Erfahrung zum methodischen Prinzip seiner Glaubenslehre erhoben und der Dogmatik damit ihre neuzeitliche Fassung gegeben (Der christliche Glaube, 2 Bde., 1821/22, ²1830/31). Die geschichtliche Erfahrung des Glaubens schließt historisches Wissen und kognitive Elemente ein, aber die Inhalte der christlichen Wahrheit sind weder durch historische Argumente noch durch vernünftige Einsichten erzwingbar, sondern bleiben auf die Erfahrung als Modus der Vergewisserung angewiesen. Auch die Tatsache, daß der Glaube *gegen* die Erfahrung stehen kann, gegen die Erfahrung riskiert wird, sich als Hoffen wider alle Hoffnung (Röm 4,18) durchhält, verlangt als eine Weise von Erfahrung einsichtig gemacht zu werden. Die Absage der frühen dialektischen Theologie an die durch Schleiermacher begründete Tradition der Erfahrungstheologie hat sich als Episode erwiesen. Allenthalben steht das Thema erneut zur Diskussion, auch bei Barth selbst und seinen Schülern, bei E. JÜNGEL z.B. mit seiner These von der "Erfahrung mit der Erfahrung" (vgl. Gott als Geheimnis der Welt, ²1977, XIf, 40f u.ö.). Unter den Bedingungen der Neuzeit ist es unumgänglich. Nicht der Erfahrungsaspekt des Glaubens und damit der Theologie als solcher steht in Frage, sondern lediglich dessen genauere Bestimmung.

3. Die anthropologische Wende

JÜNGEL, E., Unterwegs zur Sache (1972) ²1988. - DERS., Gott als Geheimnis der Welt (1977) ⁵1986. - DERS., Entsprechungen (1980) ²1986. - DERS., Nihil divinitatis, ubi non fides. Ist christliche Dogmatik in rein theoretischer Perspektive möglich? Bemerkungen zu einem theologischen Entwurf von Rang, ZThK 86, 1989, 204-235. - PANNENBERG, W., Gottesgedanke und menschliche Freiheit, ²1978. - Zu PANNENBERG s. im übrigen VI.2. (S. 198f).

In der Neuzeit vollzieht sich die Wende zum Subjekt. Die alten metaphysischen und ontologischen Problemstellungen werden in anthropologische übersetzt. Auch die Theologie kann sich diesem Prozeß aus historischen und sachlichen Gründen nicht versagen. In Schleiermachers Erfahrungstheologie erlangt die anthropologisch ansetzende Theologie ihre bisher eindrücklichste systematische Gestalt. Gott begegnet dem Menschen in der Weise des unbedingten Anspruchs bzw. der unbedingten Betroffenheit, er erschließt sich dem Verstehen über Grundbefindlichkeiten menschlichen Seins. Theologische Aussagen sind deshalb immer auch anthropologische Aussagen. In der Gegenwart hat vor allem W. PANNENBERG diesen Gedanken zum Ausgangspunkt seiner Argumentationen genommen. Die anthropologisch erweisbare Weltoffenheit wird in ihrer Hinweisfunktion auf die Gottoffenheit des Menschen ausgelegt, an den Phänomenen menschlicher Wirklichkeit die verborgene religiöse Dimension ins Bewußtsein gehoben.

"Allgemeine anthropologische Erwägungen können nie über den Punkt hinausführen, daß es zum wachen Menschsein gehört, daß der Mensch seines Verwiesenseins auf eine alles Endliche übersteigende und tragende und in diesem Sinne göttliche Wirklichkeit gewahr ist." Aber bis zu diesem Punkt können sie kommen. Noch mehr: "Es gibt keine Vergewisserung und Wirklichkeit Gottes mehr, die an der Problematik des Selbstverständnisses des Menschen vorbei führte" (W. PANNENBERG, Gottesgedanke und menschliche Freiheit, 1972, 25f).

Solch ein argumentativer Ansatz, der sich von Schleiermacher über Tillich bis heute durchgehalten hat, ist von K. BARTH zurückgewiesen worden. Die Theologie hat unvermittelt beim biblisch-christlichen Offenbarungszeugnis einzusetzen. Der Gegensatz erweist sich aber bei genauerer Sicht als Schein-Alternative, denn Barth vertritt ebenfalls den Gedanken, daß sich Gott "außerhalb der Beziehung zu unserer Existenz" nicht verstehen lasse (Ethik I, 1973, 27). Auch hier gilt also: Nicht die Verzahnung von Theologie und Anthropologie ist strittig, sondern lediglich die Art dieser Beziehung. Dafür sind E. JÜNGELs Erwägungen aufschlußreich. Jüngel, der profilierteste Sachwalter der Theologie Barths in der Gegenwart, setzt offenbarungstheologisch an, schreckt aber gleichwohl nicht davor zurück, die christliche Wahrheit anthropologisch zu "verifizieren" und sie so in ihrer allgemeinen Gültigkeit zu erhärten. Vor allem sein Versuch, die alte natürliche Theologie in der "Wahrheit ihres Problems" ernst zu nehmen und sie zu einer "natürlicheren Theologie" umzubauen, dokumentiert das Interesse an einer *anthropologischen Verdeutlichung* offenbarungstheologisch gewonnener Einsichten, selbst wenn er bisher über erste Schritte in diese Richtung nicht hinausgelangt ist. Gegen den Versuch Pannenbergs, zunächst unter Absehung Gottes *(remoto deo)* auf dem Wege anthropologischer Einsichten den Gottes*gedanken* als Rahmenvorstellung auch für den christlichen Glauben an Gott freizulegen, geht Jüngel den umgekehrten Weg vom Besonderen zum Allgemeinen, "von der spezifisch christlichen Glaubenserfahrung zu einem universale Geltung beanspruchenden Gottesbegriff" (Gott als Geheimnis der Welt, [2]1977, X). Aus der inneren Kraft der christlichen Wahrheit heraus soll die allgemeine Geltung dieser Wahrheit dann aber auch "erwiesen" werden.

Die "anthropologische Relevanz der Rede von Gott ist erst dann eingelöst, wenn die theologischen Aussagen über den Menschen auch für einen Nichtglaubenden einen anthropologischen Gewinn ergeben. Es ist folglich für den aufgrund von Offenbarung gewonnenen Begriff Gottes wesentlich, daß die unter seiner Voraussetzung entstandenen anthropologischen Sätze auch dann sinnvoll und brauchbar sein müssen, wenn der Ausdruck 'Gott' als bloße Leerstelle mißverstanden und entsprechend verwendet werden sollte" (Entsprechungen, 1980, 189f).

Theologische Aussagen lassen sich also anthropologisch ausweisen, verifizieren (vgl. E. JÜNGEL, Gott als Geheimnis der Welt, [2]1977, 212; Entsprechungen, 1980, 291f). Damit aber verliert der Dissens zwischen Pannenberg und Jüngel trotz entgegengesetzter Ausgangspunkte den Charakter des Prinzipiellen und reduziert sich auf eine Frage angemessener theologischer Argumentation. Unter dem Vorzeichen eines offenbarungstheologischen Verständnisses werden Sachverhalte thematisch, die auch im Gegenmodell zur Sprache kommen; und für die Erörterung der anthropologischen Zugänge zum Gottesverständnis bleibt die "theologische Perspektive" (PANNENBERG) leitend. Insofern bestätigen beide Modelle wechselweise die grundsätzliche Bedeutung der anthropologischen Wende.

4. Die allgemeine Geltung der besonderen Wahrheit

Mit dem eben verhandelten Problem ist ein weiteres verknüpft. Die Erschließung des Gottesverständnisses über anthropologische Gegebenheiten (Pannenberg) bzw. die Umformulierung theologischer zu anthropologischen Aussagen (Jüngel) entspringt der Notwendigkeit, die christliche Wahrheit kommunikabel zu machen und erweist sich insofern als eine typisch neuzeitliche Problemstellung. Wo die Inhalte des christlichen Glaubens frag- und klaglos anerkannt sind, erübrigen sich Verifikationsprozesse, mögen sie auch das theoretische Interesse befriedigen. Sie werden aber nötig in dem Augenblick, in dem christliches und allgemeines Wahrheitsbewußtsein sich auseinanderbewegen. Diese Situation ist für die

Kirche und Theologie seit ihrem Eintritt in die Moderne bestimmend geworden. Die allgemeine Geltung der christlichen Wahrheit läßt sich nicht mehr voraussetzen, sondern muß argumentativ vertreten werden. Das Dilemma dieser Aufgabe ist am Begriff "christliche Wahrheit" ablesbar: Durch das Adjektiv gibt sie sich als *besondere* Gestalt von Wahrheit zu erkennen, als Wahrheit aber beansprucht sie *allgemeine* Geltung. Die Wahrnehmung der unauflöslichen Spannung von christlicher und vernünftiger Wahrheit gehört zu den großen Leistungen der evangelischen Theologie in der Neuzeit. Sie hat sich nicht in theologischer Esoterik abgekapselt und selbstgenügsam das eigene Haus bestellt, sondern modernitätsoffen die trennenden Zäune zur menschlichen Vernunft, zur Philosophie, zum allgemeinen Wahrheitsbewußtsein, kurz: zu den nicht-christlich bestimmten Instanzen der Denk- und Handlungsorientierung eingerissen und den Dialog geführt. Am Aufbau und der Konzeption der Glaubenslehren im 19. und auch im 20. Jahrhundert ist das ablesbar. Freilich: Wo Zäune eingerissen werden, droht sich die Identität der Gesprächspartner zu verwischen. Die Argumente und Gegenargumente werden um ihre Trennschärfe gebracht und verlieren sich in einer diffusen Harmonie. Wo alles vermittlungsfähig erscheint, die Integration keine Grenzen mehr kennt, zieht die Nacht herauf, in der alle Katzen grau sind. Dann läßt sich das Christliche nicht mehr klar umreißen und macht Warnungen verständlich, wie sie etwa ROBERT SPAEMANN ausgesprochen hat:

"Der christliche Glaube kann für die Welt nichts bedeuten, wenn er, um der Welt etwas zu bedeuten, der Versuchung erliegt, seine Identität preiszugeben. Der erste fundamentale Dienst des Glaubens an der Welt, auch an der modernen Welt besteht darin, er selbst zu sein" (Die christliche Religion und das Ende des modernen Bewußtseins, Internationale kathol. Zeitschr. Communio, 8, 1979, 251-270; hier: 269f).

Damit wird allerdings die entgegengesetzte Gefahr heraufbeschworen. Das Insistieren auf Eigenständigkeit, die notwendige Abgrenzung von Positionen, die sich nicht mehr zur christlichen Wahrheit hin vermitteln lassen, kann die Neigung befördern, Mauern aufzuziehen und die Identität um ihrer selbst willen zu kultivieren. Das Allgemeine, die Vernunft in der Religion, wird der Besonderheit aufgeopfert und dem Christentum der Weg ins geistig-kulturelle Abseits gewiesen. Es stagniert dann zu einer religiösen Kultur von folgenloser Besonderheit mit Sektenmentalität (H. LÜBBE).
Der Weg der evangelischen Theologie verläuft zwischen diesen beiden Polen; die Spannung von Allgemeinheit und Besonderheit kommt nicht zur Ruhe. Die Theologie kann nicht darauf verzich-

ten, die christliche Wahrheit in ihrer universalen Dimension auszulegen, weil die Grundannahmen von Schöpfung, Sünde und Erlösung sich nicht auf eine Gruppe von Menschen, sondern auf alle Menschen beziehen. Sie kann diese allgemein geltenden Gehalte aber nur als besondere aussagen, weil sie in einer Geschichte wurzeln und von ihr nicht ablösbar sind. Die Vernunft in der Religion bleibt geschichtlich verankerte Vernunft und läßt sich nicht in allgemein erzwingbare Einsichten umsetzen. Diese Paradoxie anzunehmen und in den wechselnden Situationen und Konstellationen neu auszuarbeiten ist für die Theologie unter den Bedingungen der Neuzeit unausweichlich geworden.

5. Die Unterscheidung von Prinzip und historischer Erscheinung

BIRKNER, H.-J., Protestantismus im Wandel, 1971. - SCHÄFER, R., Welchen Sinn hat es, nach einem Wesen des Christentums zu suchen? ZThK 55, 1968, 329-347. - DERS., Art. "Christentum, Wesen des" HWP I (1971), 1008-1016. - TILLICH, P., Der Protestantismus. Prinzip und Wirklichkeit, 1950. - DERS., Der Protestantismus als Kritik und Gestaltung (= GW VII), 1962. - TROELTSCH, E., Was heißt "Wesen des Christentums"? (1903) = DERS., Ges. Schr. II 1913, 386-451.

In der Konsequenz des historischen Bewußtseins hat die evangelische Theologie die Unterscheidung von Prinzip und historischer Erscheinung ausgebildet. Nach E. TROELTSCH beruht das Prinzip bzw. das Wesen einer historischen Erscheinung auf den Fakten der Geschichte, ist aber nicht selbst ein Faktum der Geschichte. Die Unterscheidung von Prinzip und Erscheinung hat einen *kritischen* und einen *positiven* Sinn. Nach der *kritischen* Seite besagt sie, daß nicht schon die geschichtliche Faktizität des Protestantismus auch dessen Recht begründe, sondern erst die Übereinstimmung mit seinem Prinzip. Insofern ermöglicht die Unterscheidung die kritische Distanz zur eigenen Herkunft und Geschichte. Nach der *positiven* Seite stellt das Prinzip das Kriterium dar, über das sich das evangelische Christentum im Fluß der Geschichte seiner Identität und Kontinuität zu vergewissern vermag. Ansätze zu solch einem Verständnis finden sich bereits in der Reformation. Gegen das herrschende Urteil bindet sich die neu entstehende Theologie an das formale Prinzip, daß *allein* die Heilige Schrift gelten soll und nicht neben ihr auch noch die Tradition. Dieses Schriftprinzip wird inhaltlich durch die *christologische* Mitte präzisiert und als Rechtfertigungslehre entfaltet (sog. Materialprinzip). An dieser Doppelgestalt von Formal- und Materialprinzip orientiert sich sowohl die von ihr. Offensichtlich trägt die gegenwärtige Theologie in ihrer komplexen Fülle mehr zur Desorientierung als zur Klärung bei. Dieser Zustand läßt sich aus inneren Gründen nicht durch eine Reduktion der unterschiedlichen Konzeptionen auf gemeinsame Leitlinien beheben. Wohl aber bedarf es einer elastischen und überzeugungskräftigen Theorie, die die Unterschiede als Möglichkeiten des eigenen Prinzips der Theologie zu erklären vermag. Die Theologie wird ihre Orientierungskraft für den Glauben nur behalten oder wieder neu gewinnen können, wenn sie die unterschiedlichen Entwürfe nicht als sich ausschließende Alternativen festschreibt, sondern auf ihre Einheit hin lesbar macht.

Auseinandersetzung mit der bisherigen Tradition als auch das neu
Verständnis von Kirche und Theologie. Mit der beginnenden Neu
zeit werden diese Ansätze methodisch ausgearbeitet, die vornehm
lich nach außen gerichtete kritische Spitze im Medium des histor
schen Bewußtseins überdies durch die *selbstkritische* angereicher
Evangelische Theologie und Kirche bedürfen der fortdauernde
Überprüfung an ihrem eigenen Prinzip. Mit der Frage nach de
Wesen bzw. dem Prinzip wird die (Selbst-)Kritik gewissermaße
auf Dauer gestellt. Die angemessene Wahrnehmung der christl
chen Wahrheit läßt sich nicht wie im Katholizismus über das kircl
liche Lehramt sichern, sondern nur über die Bewährung an de
dem evangelischen Christentum zugrundeliegenden Prinzip. Unt
den Voraussetzungen des historischen Bewußtseins kann auch di
ses Prinzip nicht dem Streit der Meinungen entnommen sein. Es i
der evangelischen Kirche und Theologie nicht ein für allemal geg
ben, sondern aufgegeben; die Verständigung darüber muß dur
das wissenschaftliche Gespräch erzielt werden. Die theologisc
Aussage bleibt als historisch bedingte Rede in einem grundsätz
chen Sinne revisionsbedürftig, sie taugt nicht zum Lehrgesetz od
gar zu einer *theologia perennis*. Mit der Einsicht in die Notwend
keit der Unterscheidung von Prinzip und historischer Erscheinu
eignet dem evangelischen Christentum eine Weite, die als Freih
genutzt, als Gefährdung seiner Identität und Kontinuität aber au
verspielt werden kann.

Damit sind einige Elemente benannt, die in einer theologisc
Theorie unter den Bedingungen des neuzeitlichen Bewußtseins
ren Platz werden finden müssen. Allerdings bleibt es die Gre
jeder Theologie, daß sie immer nur einen zweiten Schritt darst
Wohl bedarf der Glaube der Theologie zu seiner eigenen Du
klärung, aber noch mehr bedarf die Theologie des Glaubens. C
dessen Lebendigkeit verkümmert sie zu blutleerer Übung oder
steigt sich zu theoretischer Artistik. Angesichts des Reichtum
Themen und der Nötigung zu immer differenzierterer Aussag
eine Tendenz erkennbar, sich an selbstgestellten Problemen k
zuranken und die elementaren und vitalen Interessen des Glau
aus den Augen zu verlieren. Damit verliert die Theologie
aber ihrerseits an Interesse. Sie wird in gelehrten Zirkeln betr
und büßt an Bedeutung ein, sobald diese Zirkel verlassen
Wenn nicht alles trügt, scheinen gegenwärtig die Lebensfrag
Glaubens in der Theologie nicht hinreichend Raum zu finde
der Bedarf an theologischer Orientierung in der Praxis d
drastisch zurückzugehen. Das mag viele Gründe haben, di
allein von der Theologie zu verantworten sind, aber doch eb

Namenregister

Adorno, Th.W. 211
Albrecht, R. 150f
Almén, E. 16
Almond, P.C. 68
Althaus, P. 10f. 46. 55f. 61-63. 81.
 84. 86-89. 91. 94. 121-123. 132f.
 135. 140. 167. 170. 186. 189. 206f
Altizer, Th.J.J. 191-195
Amelung, E. 151
Andresen, C. 9
Anselm von Canterbury 97f. 104.
 111
Anton, K.-H. 16
Asmussen, H. 76-80. 83. 86. 90-94
Augustin 106
Augustin, H.W. 191

Bächli, O. 102
Bäumler, C. 102
Bailer, A. 67
Bakker, N.T. 16
Balthasar, U. von 16. 99f. 105
Barth, Chr. 79. 83
Barth, K. 10-25. 27-32. 34. 36f. 39-
 49. 56. 59. 61f. 66. 77-81. 83-88.
 90-108. 110-122. 124. 129. 131f.
 135-141. 153f. 158-164. 168.
 170f. 177f. 182. 186-188. 192f.
 200. 206f. 209. 240f
Barth, U. 55
Bartsch, H.-W. 19. 124
Bauer, A.V. 17
Baumotte, M. 214
Bavinck, H. 18
Beck, H.W. 68
Becker, G. 9. 185
Beintker, H. 18. 67. 69
Beintker, M. 96
Bentum, A. van 158
Berkouwer, G.C. 16. 25
Bernet-Strahm, A. 151
Berten, I. 198
Bethge, E. 79. 178-182
Beyer, A. 55
Beyer, H.W. 58

Bintz, H. 102
Birkner, H.-J. 46. 55. 244
Bishop, J. 192
Blake, W. 193
Bloch, E. 159. 208-211. 234
Blumhardt, J.Chr. 47f
Blumhardt, Chr. 18. 46-48
Bodenstein, W. 54
Böbel, F. 55. 134
Böhmer, H. 57
Boff, C. 222. 224
Boff, L. 222. 224
Bohlin, T. 15
Bohren, R. 18
Bolli, H. 23
Bonhoeffer, D. 10. 15f. 19. 111.
 138. 167. 177-185. 192f. 205
Bonino, J.M. 222
Bonus, A. 13. 64
Boozer, J.S. 68
Bornkamm, G. 124. 128. 186. 189
Bornkamm, H. 58
Bouillard, H. 16. 99
Bousset, W. 12
Boutin, M. 19
Boyens, A. 76
Braaten, C.E. 198
Brandi-Hinnrichs, F. 15
Brantschen, J.B. 185
Braun, D. 90. 111
Braun, H. 19
Breipohl, R. 46
Breit, Th. 83
Bretall, R.W. 18. 151
Brezger, R. 67
Brinkschmidt, E. 16
Brooten, B. 229. 234
Brügmann, V. 151
Brunner, E. 10. 13. 15. 18. 20. 37-
 40. 45f. 48. 78f. 81. 89. 96. 98.
 102. 106. 114f. 121. 123. 129-
 133. 140. 162
Brunotte, H. 80
Brunstäd, F. 122
Buber, M. 34. 64. 197

247

Trutz Rendtorff
Ethik
Grundelemente, Methodologie und
Konkretionen einer ethischen Theo-
logie

Band 1:
2., überarb. und erw. Auflage
1990. 184 Seiten. Kart. DM 25,–
ISBN 3-17-010750-X
Theologische Wissenschaft, Bd. 13,1

Band 2:
1991. 190 Seiten. Kart. DM 28,–
ISBN 3-17-005661-1
Theologische Wissenschaft, Bd. 13,2

„Dieses Buch ist ein Gewinn für die
evangelische Theologie und die evangelische Kirche".
                    Deutsches Pfarrerblatt

 Verlag   Postfach 80 04 30
W. Kohlhammer 7000 Stuttgart 80

620-1291 462 MFG

E. Coreth / P. Ehlen / G. Haeffner / F. Ricken

Philosophie des 20. Jahrhunderts

1986. DM 20,–
ISBN 3-17-008462-3
Urban-Taschenbücher, Band 354
Grundkurs Philosophie, Band 10

Die Philosophie des 20. Jahrhunderts ist gekennzeichnet durch die Krise ihres Selbstverständnisses. Die Vielfalt der Methoden, Ausgangspunkte
und Gegenstandsbereiche läßt fragen: Ist die Philosophie noch eine einheitliche Disziplin? Hat sie
neben den Einzelwissenschaften noch eine Exi-
stenzberechtigung? Ist ein Gespräch zwischen
den verschiedenen Richtungen noch möglich?
Hier wird der Leser über historische Zusammenhänge, Methoden und Sachgebiete informiert.

Der Band umfaßt u. a. die Existenz- und Dialog-
philosophie von Jaspers bis Lévinas, die philoso-
phische Anthropologie (Plessner, Gehlen), den
Strukturalismus (Lévi-Strauss, Foucault), die
Hermeneutik von Dilthey bis Gadamer, die christ-
liche Philosophie, den Marxismus (Lenin, Lukács,
Bloch) und die Kritische Theorie (Adorno).
Schwerpunkte sind die Phänomenologie (Hus-
serl, Heidegger) und die Analytische Philosophie
(Wittgenstein, Carnap, Quine).

Verlag   Postfach 80 04 30
W. Kohlhammer   7000 Stuttgart 80

621·1291 462 MFG